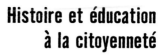

Histoire et éducation
à la citoyenneté
1er cycle du secondaire

D'hier à demain

Christian Laville

Manuel **B**

GRAFICOR

CHENELIÈRE ÉDUCATION

D'hier à demain
Histoire et éducation à la citoyenneté, 1er cycle du secondaire

Manuel B

Christian Laville

© 2006 Les Éditions de la Chenelière inc.

Édition : Nagui Rabbat et Maude Ladouceur
Coordination et révision linguistique : Caroline Bouffard et
   Christiane Gauthier
Correction d'épreuves : André Duchemin
Conception graphique : Flexidée
Adaptation et infographie : Interscript
Conception de la couverture : Catherine Bouchard et
   Norman Lavoie
Adaptation de la couverture : Claude Bernard
   (Les Studios Artifisme)
Recherche iconographique : Marie-Chantal Laforge,
   Bernard Théoret et Claudine Bourgès
Cartes : Julie Benoit

Consultation pédagogique
Pierre Michaud, Conseiller pédagogique, CS des Trois-Lacs ;
Jacques Robitaille, Conseiller pédagogique

Consultation scientifique
Christian DesRoches, Université Concordia, Reconnaissance
des libertés et des droits civils ; Sonia Engberts, Université
Laval, Civilisation japonaise ; Corinne Gaudin, Université
d'Ottawa, Russie tsariste ; Christophe Horguelin, Révolutions ;
Guy Lazure, Université de Montréal, Renaissance et
expansion européenne dans le monde ; Marine Lefèvre,
Impérialisme et colonisation de l'Afrique ; Stéphanie Olsen,
Université McGill, Industrialisation de la Grande-Bretagne ;
Jacques Pincince, Collège de Rosemont, Industrialisation
de l'Allemagne.

GRAFICOR

CHENELIÈRE ÉDUCATION

7001, boul. Saint-Laurent
Montréal (Québec)
Canada H2S 3E3
Téléphone : (514) 273-1066
Télécopieur : (514) 276-0324
info@cheneliere.ca

ISBN 2-89242-980-3

Dépôt légal : 2e trimestre 2006
Bibliothèque et Archives nationales du Québec
Bibliothèque et Archives Canada

Imprimé au Canada

2 3 4 5 ITIB 10 09 08 07 06

Nous reconnaissons l'aide financière du gouvernement du Canada
par l'entremise du Programme d'aide au développement de l'industrie de l'édition (PADIÉ) pour nos activités d'édition.

Gouvernement du Québec – Programme de crédit d'impôt pour
l'édition de livres – Gestion SODEC.

Table des matières

Avant-propos

Dans une société comme la nôtre, les individus diffèrent entre eux. Certaines personnes étudient, d'autres pratiquent des activités dans divers domaines, dont la santé, l'agriculture, les arts, etc. Cependant, nous sommes tous des citoyennes et des citoyens.

Dans une société démocratique, être citoyenne ou citoyen est un rôle important. La démocratie suppose que tous les individus participent aux affaires de la collectivité. Pour prendre part à la vie collective, il y a des choses qu'il faut savoir, et d'autres qu'il faut savoir faire. Ces choses s'apprennent. À ce sujet, quelqu'un a dit : «On ne naît pas citoyen, on le devient.» Cette citation témoigne de l'importance de l'éducation à la citoyenneté.

Dans le manuel *D'hier à demain*, s'éduquer à la citoyenneté, c'est s'intéresser à l'histoire, à des concepts, à des compétences.

L'histoire

Les sociétés humaines ne s'inventent pas au jour le jour. Elles prennent racine dans le passé et sont le résultat de situations passées. Ce manuel présente des connaissances historiques, choisies selon leur apport à la compréhension du présent.

Les concepts

Tout comme les connaissances historiques, la compréhension des concepts aide à interpréter les sociétés du présent et du passé. C'est le cas, par exemple, du concept de démocratie. Lorsqu'on connaît ce concept, on peut l'appliquer à diverses réalités sociales. Ce manuel favorise l'enseignement des principaux concepts utiles à la connaissance des sociétés actuelles et futures.

Les compétences

La démocratie suppose que chaque individu participe de façon compétente aux affaires de sa collectivité. Posséder des connaissances historiques et conceptuelles ne suffit pas, il faut aussi savoir s'en servir. Ce manuel nous initie à la méthode de l'histoire, un ensemble de compétences accessibles et réutilisables selon les diverses situations sociales.

On s'intéresse à l'histoire et à l'éducation à la citoyenneté pour le plaisir, bien sûr, mais aussi pour devenir des citoyens compétents. Cela signifie devenir des citoyens informés, actifs et ayant un bon jugement.

Aider à de telles acquisitions est le but premier de la collection *D'hier à demain*.

Christian Laville

Comment utiliser ton manuel

LES COMPÉTENCES ET LES CONCEPTS EN HISTOIRE ET ÉDUCATION À LA CITOYENNETÉ

Ton manuel *D'hier à demain* te présentera des réalités sociales qui constituent des moments de changements importants dans l'histoire. En étudiant ces réalités, tu développeras les compétences disciplinaires de ton cours d'histoire et éducation à la citoyenneté. Ces compétences t'aideront à interroger et à interpréter les sociétés du passé, et à avoir un regard éclairé sur le présent. Tu comprendras également que ce sont les actions des individus qui font l'histoire.

De plus, l'étude des réalités sociales te permettra de créer un réseau de concepts. Ces concepts s'expriment par des mots que tu connais ou que tu as probablement déjà entendus et employés.

Dans chaque chapitre du manuel, tu exploreras une réalité sociale et un concept central qui est accompagné de concepts particuliers.

Tableau synthèse

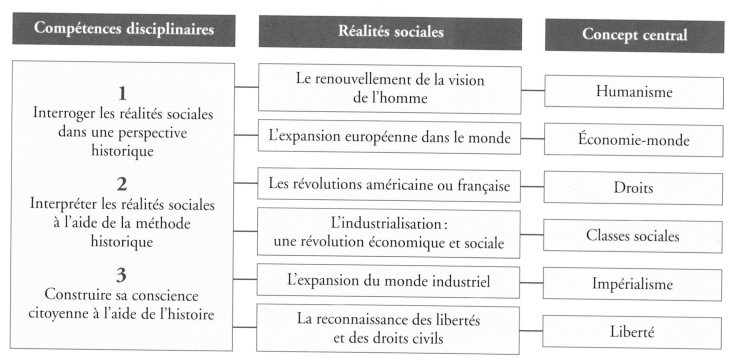

Compétences disciplinaires	Réalités sociales	Concept central
1 Interroger les réalités sociales dans une perspective historique	Le renouvellement de la vision de l'homme	Humanisme
	L'expansion européenne dans le monde	Économie-monde
2 Interpréter les réalités sociales à l'aide de la méthode historique	Les révolutions américaine ou française	Droits
	L'industrialisation : une révolution économique et sociale	Classes sociales
3 Construire sa conscience citoyenne à l'aide de l'histoire	L'expansion du monde industriel	Impérialisme
	La reconnaissance des libertés et des droits civils	Liberté

LES COMPÉTENCES TRANSVERSALES

Les activités proposées dans ton manuel t'aideront à développer des compétences utiles non seulement en histoire, mais aussi dans d'autres disciplines et même dans ta vie de tous les jours. On les appelle « compétences transversales ».

- Exploiter l'information.
- Résoudre des problèmes.
- Exercer son jugement critique.
- Mettre en œuvre sa pensée créatrice.
- Se donner des méthodes de travail efficaces.
- Exploiter les technologies de l'information et de la communication.
- Actualiser son potentiel.
- Coopérer.
- Communiquer de façon appropriée.

L'ORGANISATION DU MANUEL

Ton manuel comprend un retour sur le manuel A, sept chapitres et quatre sections qui fournissent des outils précieux : **OUTILS ET TECHNIQUES** ; **ATLAS** ; **CHRONOLOGIE** ; **GLOSSAIRE**.

L'ORGANISATION D'UN CHAPITRE

Les chapitres de ton manuel sont organisés en séquences. Chaque séquence est bien identifiée et possède ses propres objectifs. Cette organisation t'aidera à repérer et à exploiter l'information qui t'intéresse, et ainsi à tirer le meilleur parti de ton manuel.

Phase de préparation

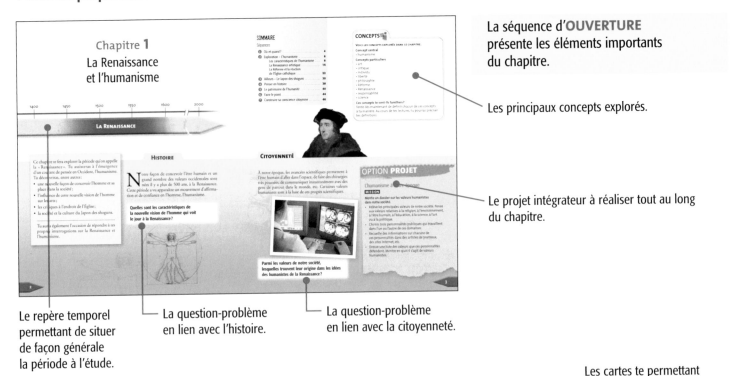

La séquence d'OUVERTURE présente les éléments importants du chapitre.

Les principaux concepts explorés.

Le projet intégrateur à réaliser tout au long du chapitre.

Le repère temporel permettant de situer de façon générale la période à l'étude.

La question-problème en lien avec l'histoire.

La question-problème en lien avec la citoyenneté.

Les mots clés de la séquence.

Les cartes te permettant de situer les territoires étudiés.

La séquence OÙ ET QUAND ? fournit des renseignements qui te permettront de situer le territoire des sociétés abordées et la période à l'étude.

Pour guider ton questionnement sur le contenu de la séquence.

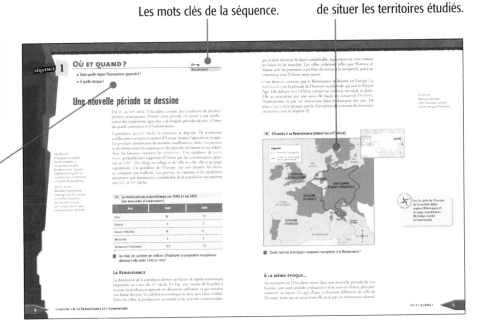

Phase de réalisation

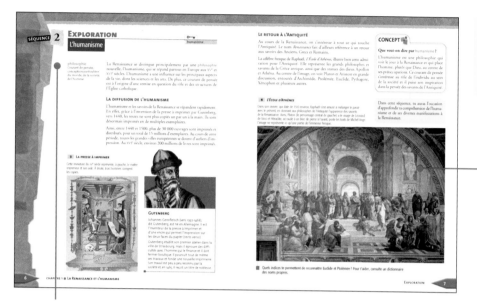

La séquence EXPLORATION
t'amène à explorer la société principale
à l'étude et à approfondir ta compréhension
de la réalité sociale et des concepts.

Les éléments visuels te permettant
de compléter l'information.

La définition ou l'origine étymologique
de mots complexes ou de concepts particuliers.

Les termes, écrits en bleu dans le texte,
sont expliqués dans la marge ou dans le texte.
Ils sont regroupés dans le glossaire
à la fin du manuel.

Des éléments d'information complémentaires.

Pour t'amener à établir
des liens avec le présent.

Les documents historiques.

Pour faire le lien, tout au long du chapitre,
entre le contenu historique,
la question-problème se rapportant
à la citoyenneté et l'Option projet.

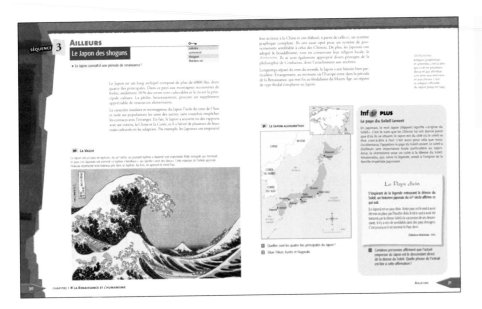

La séquence **AILLEURS** te donne de l'information concise sur d'autres sociétés. Tu peux ainsi comparer la société présentée dans la séquence *Exploration* avec une ou plusieurs sociétés de la même époque.

Phase d'intégration

La séquence **PENSER EN HISTOIRE** propose des activités d'application et d'interprétation propres à la démarche historique. Tu peux ainsi exercer tes compétences et réutiliser tes apprentissages dans de nouvelles situations.

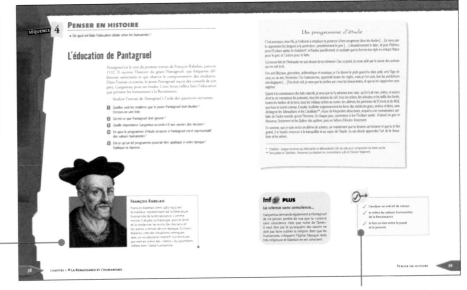

Les portraits de personnages historiques.

Pour cibler des aspects importants à observer ou à évaluer dans l'exercice des compétences.

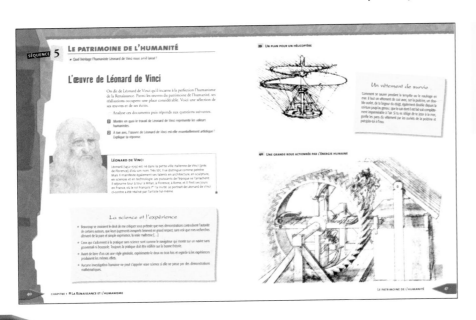

La séquence **LE PATRIMOINE DE L'HUMANITÉ** offre une ouverture sur le monde. Elle t'amène à poser un regard sur l'influence et l'héritage culturels des sociétés dans le temps, et ce, jusqu'à aujourd'hui.

La séquence **FAIRE LE POINT** t'invite à faire un retour sur les principaux éléments du chapitre.

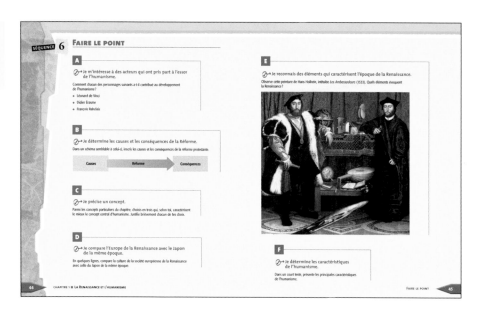

La séquence **CONSTRUIRE SA CONSCIENCE CITOYENNE** est une occasion d'actualiser tes apprentissages et d'exprimer ta conscience citoyenne.

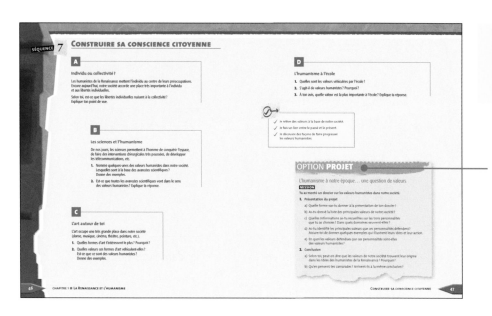

La conclusion du projet.

À la fin du manuel, tu trouveras des sections à consulter tout au long de ton apprentissage.

La section **OUTILS ET TECHNIQUES** te permet de développer des stratégies importantes pour interroger et interpréter les réalités sociales.

La section **ATLAS** te fournit les cartes de référence qui t'aideront à situer les territoires étudiés en établissant un rapport avec le présent.

La **CHRONOLOGIE** te donne un aperçu des événements importants et du contexte de l'époque qui t'intéresse.

Le **GLOSSAIRE** regroupe toutes les définitions du manuel et renvoie aux pages des chapitres où les mots apparaissent pour la première fois.

D'où venons-nous, où allons-nous ?

RETOUR SUR LE MANUEL A

Les réalités sociales qui te sont présentées dans le manuel B *D'hier à demain* s'appuient sur certaines des réalités abordées dans le manuel A. C'est pourquoi il est nécessaire de faire un bref retour sur le contenu déjà vu, particulièrement sur les savoirs et les concepts nécessaires à la compréhension des réalités sociales présentées dans ce manuel.

Dans le manuel A, tu as parcouru un itinéraire historique de plusieurs milliers d'années, soit 14 000 ans environ. Tu as exploré six grandes étapes dans la construction de notre civilisation, sur lesquelles nous reviendrons brièvement dans les pages qui suivent. Ainsi, tu as découvert l'origine de la vie en société, la naissance des premières civilisations, celle de l'idée de démocratie, l'expansion de l'Empire romain, la christianisation de l'Occident et l'avènement du grand commerce. À l'occasion, tu as pu jeter un regard comparatif sur des phénomènes semblables dans d'autres régions du monde.

Pour chacune des réalités sociales présentées dans le manuel A, une série de concepts t'ont servi à connaître et à comprendre les réalités de notre époque. Dans les pages qui suivent, tu rencontreras certains de ces concepts, qui seront abordés à nouveau dans le manuel B. Par exemple, le concept de société est le premier concept central à avoir été abordé dans le manuel A. C'est avec ce même concept que tu termineras ton étude dans le manuel B. L'itinéraire historique parcouru t'aura ainsi permis d'explorer les premières sociétés jusqu'à la société actuelle.

1 UNE PEINTURE RUPESTRE

2 LA VILLE DE SHANGHAI AU XXIᵉ SIÈCLE

1 LA VIE EN SOCIÉTÉ : SÉDENTARISATION ET ORGANISATION

Les premières sociétés naissent lorsque les êtres humains passent de l'état de chasseurs-cueilleurs à celui d'agriculteurs, c'est-à-dire du nomadisme à la sédentarité. Ce phénomène débute il y a environ 14 000 ans au Moyen-Orient, dans cette région en arc de cercle qu'on appelle le « Croissant fertile ».

L'agriculture

Les êtres humains découvrent qu'ils peuvent cultiver des plantes, mais aussi domestiquer et élever des animaux. Pour cultiver, ils créent des outils de pierre et de métal de plus en plus perfectionnés. Pour conserver les aliments et les cuire, ils fabriquent des récipients. Le développement de l'agriculture fournit des surplus alimentaires qui permettent aux êtres humains d'améliorer leurs conditions de vie et leur espérance de vie.

Le village, puis la cité

Les groupes sédentaires construisent leurs demeures à proximité des champs et des enclos de leurs animaux. C'est la naissance du village. Avec l'augmentation du nombre d'habitants, le village devient une cité. L'administration des affaires communes est alors confiée à certaines personnes qui vont détenir le pouvoir. C'est le début du gouvernement.

L'organisation sociale

Les habitants des cités ne sont pas tous des agriculteurs ou des éleveurs. Certains se perfectionnent dans la fabrication d'outils et de récipients qui vont faciliter le travail des agriculteurs. Ce sont les artisans. Les artisans échangent les produits qu'ils fabriquent contre des denrées alimentaires. Bientôt, des intermédiaires se spécialiseront dans ce genre d'échange. Ce sont les marchands. Ainsi, les rôles dans la société se diversifient. Certaines fonctions gagnent en prestige ou sont considérées comme plus importantes, et une hiérarchie sociale s'installe.

3 UN BÉLIER TRANSPORTANT DES RÉCIPIENTS

4 UN VASE DE PIERRE

2 UNE CIVILISATION DE L'ÉCRITURE : LA MÉSOPOTAMIE

Une fois les êtres humains installés de façon permanente sur un territoire, ils établissent les bases de ce que nous appelons la « civilisation ». C'est en Mésopotamie, dans la région des riches vallées du Tigre et de l'Euphrate, qu'une première civilisation prend racine à partir du IVe millénaire av. J.-C.

L'écriture

L'écriture cunéiforme serait apparue en Mésopotamie environ 3300 ans av. J.-C. Elle est rapidement devenue essentielle au développement des civilisations. En effet, l'écriture permet entre autres de consigner les savoirs et de les communiquer. L'écriture contribue également à la formation d'une culture commune.

5 UN ABÉCÉDAIRE EN ÉCRITURE CUNÉIFORME

Grâce à l'écriture, les Mésopotamiens se dotent des éléments essentiels d'une civilisation. Ainsi, sur les territoires où ils s'établissent, ils forment des gouvernements et des administrations, et ils se donnent des règles de justice, avec des codes de lois comme celui d'Hammourabi. De plus, l'écriture permet aux Mésopotamiens de faire progresser leur économie, d'enregistrer des actes de propriété et d'établir des contrats. Les Mésopotamiens développent leur culture en élaborant des savoirs nouveaux, en composant et en transmettant des récits légendaires, en formant des croyances et une religion.

Les civilisations des vallées fertiles

D'autres civilisations émergent à la même époque. Ainsi en est-il dans la vallée du Nil en Égypte, de l'Indus au Pakistan et du Huang he en Chine. Ces grandes civilisations partagent des similitudes avec celle de la Mésopotamie. Elles sont notamment situées dans des vallées fertiles et elles possèdent un système d'écriture.

6 LA STÈLE DU CODE D'HAMMOURABI

3 LA DÉMOCRATIE : UNE PREMIÈRE EXPÉRIENCE À ATHÈNES

Dans le cadre du cours d'histoire et éducation à la citoyenneté, l'apparition des fondements de la démocratie est de première importance.

La cité-État d'Athènes

À partir du VIIIᵉ siècle av. J.-C., la civilisation grecque s'organise et les cités-États partagent une culture commune. Trois siècles plus tard, la cité d'Athènes est en pleine expansion. Les victoires militaires, l'économie florissante et la bonne administration de la cité assurent à Athènes une situation prospère. Les Athéniens mettent alors en place de nouvelles structures sociales et une organisation politique différente. Au Vᵉ siècle av. J.-C., Athènes est certainement la cité grecque qui jouit de la civilisation la plus avancée de tout le monde occidental.

La démocratie athénienne

À Athènes, des philosophes élaborent l'idée de démocratie, c'est-à-dire du gouvernement par le peuple. Le régime politique athénien fait donc une large place aux citoyens, qui sont appelés à participer activement aux diverses décisions politiques. Il s'agit toutefois d'une démocratie incomplète, puisque seule une minorité d'hommes sont considérés comme citoyens. Les femmes, les métèques et les esclaves n'ont aucun droit politique.

À Sparte et en Perse

Les régimes politiques de Sparte, une autre cité grecque, et de l'Empire perse sont à l'opposé de la démocratie athénienne. À Sparte, une minorité de riches propriétaires imposent leur autorité à une société guerrière. Dans l'Empire perse, le souverain est tout-puissant, c'est-à-dire qu'il se réserve la totalité du pouvoir.

7 PÉRICLÈS

8 LE PARTHÉNON AUJOURD'HUI

4 L'ÉTAT ROMAIN : L'INFLUENCE D'UN EMPIRE

Au IIᵉ siècle de notre ère, l'Empire romain est à son apogée. Rome devient un État moderne et étend sa domination politique, culturelle et sociale sur tout le territoire entourant la mer Méditerranée.

Le modèle romain

Rome connaît une longue période de paix au cours des deux premiers siècles de notre ère. Cette situation lui permet de consolider sa puissance et d'améliorer l'administration de son territoire. Sous l'autorité de l'empereur, Rome dispose d'une armée bien équipée et entraînée, d'une administration efficace, d'un système de lois (le droit romain) et de valeurs qui nous inspirent encore aujourd'hui. L'économie est prospère et d'importants travaux d'urbanisme sont planifiés. De vastes avenues traversent les grandes villes, qui se couvrent de places publiques, de monuments, de temples, de cirques, de théâtres, etc. Rome devient un modèle à imiter.

L'expansion de l'Empire

L'Empire tout entier, qui couvre alors une grande partie de l'Europe et de l'Asie Mineure, adopte le modèle romain. On y parle latin, on s'habille à la romaine, on emprunte à Rome ses mœurs et ses institutions, on imite son mode d'urbanisation, etc. Les habitants des provinces sont d'autant plus disposés à accueillir la civilisation de l'Empire que Rome leur accorde la citoyenneté romaine.

Les Gupta et les Han

À la même époque, l'Inde, sous la dynastie Gupta, et la Chine, sous celle des Han, forment également de puissants empires. Leur expansion territoriale est comparable à celle de Rome.

10 LE COLISÉE DE ROME

5 LA CHRISTIANISATION DE L'OCCIDENT

À partir du Vᵉ siècle, la religion chrétienne s'organise et exerce une influence déterminante dans le monde occidental.

L'Europe se christianise

Sur les ruines de l'Empire romain, le christianisme devient un nouveau facteur d'unité en Europe. Même si les royaumes sont soumis à des autorités différentes, l'autorité de l'Église se place au-dessus de toutes. L'Église jouit d'un pouvoir spirituel et temporel. Elle cherche à soumettre les souverains en prétendant que son pouvoir vient de Dieu. En conséquence, toute la vie politique, sociale et culturelle au Moyen Âge est imprégnée de la foi chrétienne et soumise à l'Église. Par ailleurs, la société médiévale est composée principalement de trois groupes interdépendants : ceux qui se battent pour protéger le territoire, les seigneurs, ceux qui prient, le clergé, et ceux qui travaillent, les paysans.

La chasse aux non-chrétiens

Ceux qui osent s'opposer à l'Église ou qui ont des vues différentes sont sévèrement réprimés. Les chrétiens lancent de grandes expéditions guerrières contre les musulmans, les croisades, afin de reprendre le tombeau du Christ et de libérer la Palestine de l'occupation musulmane.

L'avènement de l'islam

Environ 600 ans après les débuts de la christianisation, une autre religion naît au Moyen-Orient : l'islam. Cette religion a plusieurs traits de parenté avec le christianisme. La civilisation islamique connaît bientôt un développement culturel sans égal. Comme le christianisme, l'islam étend rapidement son influence vers les populations d'Asie occidentale, d'Afrique du Nord et même d'Espagne. Il deviendra une des grandes religions de notre époque.

11 LE COURONNEMENT DE CHARLEMAGNE

12 DES CROISÉS À LA PORTE DE JÉRUSALEM

13 LE DÔME DU ROCHER

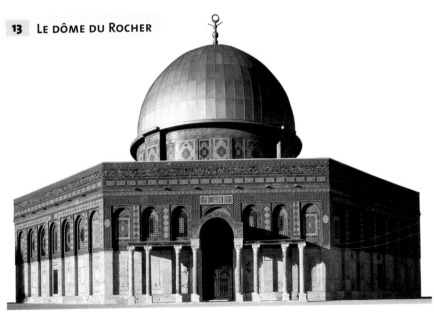

L'essor urbain et commercial à la fin du Moyen Âge marque encore les sociétés actuelles. La naissance du grand commerce entraîne l'urbanisation et permet l'émergence de nouveaux groupes sociaux.

Le commerce et les villes

En Europe occidentale, l'agriculture se transforme et les surplus agricoles s'accumulent à partir du XIe siècle. Une partie de la population quitte les campagnes pour aller vendre ses surplus en ville. L'économie, jusqu'alors basée sur la production agricole, va progressivement se transformer pour devenir une économie commerciale. Un vaste réseau d'échanges se développe alors entre le sud et le nord de l'Europe. Sur les grands axes de ce réseau commercial et aux carrefours où les marchands se rencontrent, des villes se forment et prospèrent. L'Europe s'urbanise. Un grand nombre des instruments de commerce qui paraissent essentiels de nos jours, tels que les banques, les chèques et les assurances, naissent à cette époque.

14 **DES MONNAIES DU GRAND COMMERCE**

15 **VENISE AU MOYEN ÂGE**

16 **UN MARCHAND DE VERRE**

La bourgeoisie

Le marchand, qui vit dans les bourgs et que l'on nomme « bourgeois », devient un personnage important. Il concurrence de plus en plus, en richesse et même en prestige, l'ancienne noblesse et le clergé. Son groupe social, la bourgeoisie, occupe une place de choix dans l'administration des bourgs et modifie peu à peu la hiérarchie sociale.

Bagdad, Constantinople et Tombouctou

Le développement du grand commerce n'est pas exclusif à l'Europe occidentale. À la même époque, de grandes villes comme Bagdad, au Moyen-Orient, Constantinople, située à la rencontre de l'Europe et de l'Asie, et Tombouctou, qui se trouve au cœur de l'Afrique, sont aussi de grandes cités commerçantes.

Chapitre **1**
La Renaissance et l'humanisme

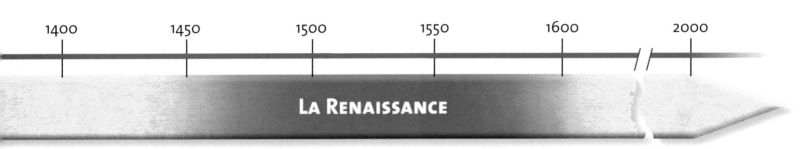

1400   1450   1500   1550   1600   2000

LA RENAISSANCE

Ce chapitre te fera explorer la période qu'on appelle la « Renaissance ». Tu assisteras à l'émergence d'un courant de pensée en Occident, l'humanisme. Tu découvriras, entre autres :

- une nouvelle façon de concevoir l'homme et sa place dans la société ;
- l'influence de cette nouvelle vision de l'homme sur les arts ;
- les critiques à l'endroit de l'Église ;
- la société et la culture du Japon des shoguns.

Tu auras également l'occasion de répondre à tes propres interrogations sur la Renaissance et l'humanisme.

HISTOIRE

Notre façon de concevoir l'être humain et un grand nombre des valeurs occidentales sont nées il y a plus de 500 ans, à la Renaissance. Cette période a vu apparaître un mouvement d'affirmation et de confiance en l'homme, l'humanisme.

Quelles sont les caractéristiques de la nouvelle vision de l'homme qui voit le jour à la Renaissance ?

SOMMAIRE

Séquences

CONCEPTS

VOICI LES CONCEPTS EXPLORÉS DANS CE CHAPITRE.

Concept central
• humanisme

Concepts particuliers
• art
• critique
• individu
• liberté
• philosophie
• Réforme
• Renaissance
• responsabilité
• science

Ces concepts te sont-ils familiers?
Tente dès maintenant de définir chacun de ces concepts à ta manière. Au cours de tes lectures, tu pourras préciser tes définitions.

CITOYENNETÉ

À notre époque, les avancées scientifiques permettent à l'être humain d'aller dans l'espace, de faire des chirurgies très poussées, de communiquer instantanément avec des gens de partout dans le monde, etc. Certaines valeurs humanistes sont à la base de ces progrès scientifiques.

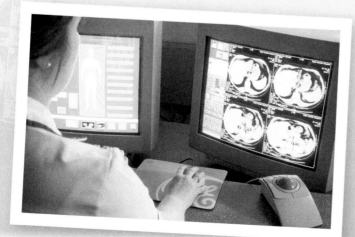

Parmi les valeurs de notre société, lesquelles trouvent leur origine dans les idées des humanistes de la Renaissance?

OPTION **PROJET**

L'humanisme à notre époque

MISSION

Monte un dossier sur les valeurs humanistes dans notre société.

• Relève les principales valeurs de notre société. Pense aux valeurs relatives à la religion, à l'environnement, à l'être humain, à l'éducation, à la science, à l'art ou à la politique.

• Choisis trois personnalités publiques qui travaillent dans l'un ou l'autre de ces domaines.

• Recueille des informations sur chacune de ces personnalités dans des articles de journaux, des sites Internet, etc.

• Dresse une liste des valeurs que ces personnalités défendent. Montre en quoi il s'agit de valeurs humanistes.

OÙ ET QUAND ?

- Dans quelle région l'humanisme apparaît-il ?

- À quelle époque ?

Une nouvelle période se dessine

Du XIᵉ au XIIIᵉ siècle, l'Occident connaît des conditions de développement avantageuses. Durant cette période, on assiste à une amélioration des rendements agricoles, à de longues périodes de paix, à l'essor du grand commerce et à l'urbanisation.

Cependant, au XIVᵉ siècle, la situation se dégrade. De nombreux conflits entre certains royaumes d'Europe laissent l'agriculture ravagée. Les produits alimentaires deviennent insuffisants et chers. Les paysans se révoltent contre les seigneurs et des épisodes de famine se succèdent. Avec les famines viennent les épidémies. Une épidémie de peste noire, probablement rapportée d'Orient par des commerçants, apparaît en 1347. De village en village et de ville en ville, elle se propage rapidement à la grandeur de l'Europe. Sur son chemin, les morts se comptent par millions. Les guerres, les famines et les épidémies entraînent une diminution considérable de la population européenne aux XIVᵉ et XVᵉ siècles.

épidémie
Propagation rapide d'une maladie à un grand nombre de personnes. Quand l'épidémie touche un ou plusieurs continents, on parle de pandémie.

peste noire
Maladie hautement contagieuse et souvent mortelle, transmise par les rats ou par un contact direct avec une personne atteinte.

1 LA POPULATION EUROPÉENNE EN 1340 ET EN 1450 (EN MILLIONS D'HABITANTS)

PAYS	1340	1450
ITALIE	10	7,5
ESPAGNE	9	7
FRANCE ET PAYS-BAS	19	12
ANGLETERRE	5	3
ALLEMAGNE ET SCANDINAVIE	11,5	7,5

Au total, de combien de millions d'habitants la population européenne diminue-t-elle entre 1340 et 1450 ?

LA RENAISSANCE

La diminution de la population devient un facteur de reprise économique important au cours du XVᵉ siècle. En fait, avec moins de bouches à nourrir, la production agricole est désormais suffisante, ce qui entraîne une baisse des prix. La stabilité économique est donc peu à peu rétablie. Dans les villes, la production artisanale et les activités commerciales, qui avaient diminué de façon considérable, reprennent vie, tout comme les foires et les marchés. Les villes italiennes telles que Florence et Venise sont les premières à profiter du retour à la prospérité, grâce au commerce avec l'Orient entre autres.

C'est dans ce contexte que la Renaissance se dessine en Europe. La Renaissance est la période de l'histoire occidentale qui suit le Moyen Âge. Elle débute vers 1450 et s'étend sur environ un siècle et demi. Elle se caractérise par une nouvelle façon de concevoir l'homme, l'humanisme, et par un renouveau dans le domaine des arts. De plus, c'est à cette époque que les Européens découvrent de nouveaux territoires (*voir le chapitre 2*).

homme
Mot qui désigne l'être humain, autant la femme que l'homme.

2 **L'Europe à la Renaissance (début du XVIᵉ siècle)**

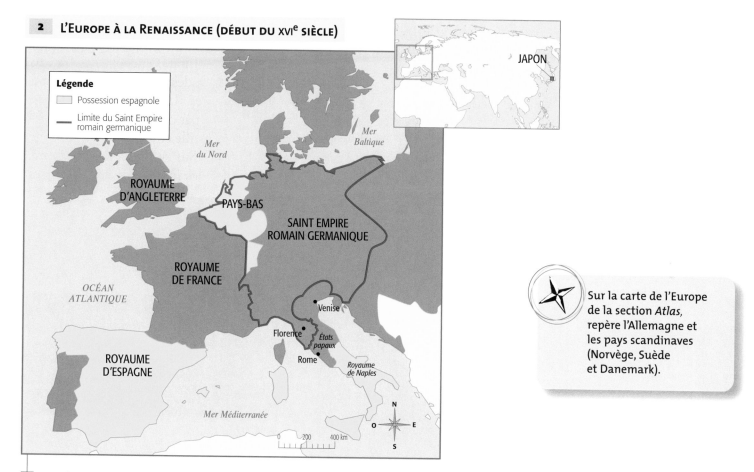

Quels sont les principaux royaumes européens à la Renaissance?

Sur la carte de l'Europe de la section *Atlas*, repère l'Allemagne et les pays scandinaves (Norvège, Suède et Danemark).

À LA MÊME ÉPOQUE...

Au moment où l'Occident entre dans une nouvelle période de son histoire, une autre grande civilisation voit le jour en Orient, plus précisément au Japon. Il s'agit d'une civilisation différente de celle de l'Europe, mais qui se caractérise elle aussi par un renouveau culturel.

EXPLORATION

L'humanisme

humanisme

philosophie
Courant de pensée, conception particulière du monde, de la société, de l'homme.

La Renaissance se distingue principalement par une philosophie nouvelle, l'humanisme, qui se répand partout en Europe aux XVᵉ et XVIᵉ siècles. L'humanisme a une influence sur les principaux aspects de la vie, dont les sciences et les arts. De plus, ce courant de pensée est à l'origine d'une remise en question du rôle et des structures de l'Église catholique.

LA DIFFUSION DE L'HUMANISME

L'humanisme et les savoirs de la Renaissance se répandent rapidement. En effet, grâce à l'invention de la presse à imprimer par Gutenberg, vers 1440, les textes ne sont plus copiés un par un à la main. Ils sont désormais imprimés en de multiples exemplaires.

Ainsi, entre 1440 et 1500, plus de 30 000 ouvrages sont imprimés et distribués, pour un total de 15 millions d'exemplaires. Au cours de cette période, toutes les grandes villes européennes se dotent d'ateliers d'impression. Au XVIᵉ siècle, environ 200 millions de livres sont imprimés.

3 **LA PRESSE À IMPRIMER**

Cette miniature du XVIᵉ siècle représente, à gauche, le maître imprimeur et son aide. À droite, trois hommes corrigent les copies.

GUTENBERG

Johannes Gensfleisch (vers 1397-1468), dit Gutenberg, est né en Allemagne. Il est l'inventeur de la presse à imprimer et d'une encre qui permet l'impression sur les deux faces du papier (recto verso).

Gutenberg établit son premier atelier dans la ville de Strasbourg, mais il éprouve des difficultés avec l'homme qui le finance et il doit fermer boutique. Il poursuit tout de même ses travaux et fonde une nouvelle imprimerie. Son travail est peu à peu reconnu par la société et, en 1465, il reçoit un titre de noblesse.

LE RETOUR À L'ANTIQUITÉ

Au cours de la Renaissance, on s'intéresse à tout ce qui touche l'Antiquité. Le nom *Renaissance* fait d'ailleurs référence à un retour aux savoirs des Anciens, Grecs et Romains.

La célèbre fresque de Raphaël, *L'École d'Athènes,* illustre bien cette admiration pour l'Antiquité. Elle représente les grands philosophes et savants de la Grèce antique, ainsi que des statues des dieux Apollon et Athéna. Au centre de l'image, on voit Platon et Aristote en grande discussion, entourés d'Archimède, Ptolémée, Euclide, Pythagore, Xénophon et plusieurs autres.

CONCEPT

Que veut-on dire par humanisme ?

L'humanisme est une philosophie qui voit le jour à la Renaissance et qui place l'homme, plutôt que Dieu, au centre de ses préoccupations. Ce courant de pensée s'intéresse au rôle de l'individu au sein de la société et il puise son inspiration dans la pensée des savants de l'Antiquité.

Dans cette séquence, tu auras l'occasion d'approfondir ta compréhension de l'humanisme et de ses diverses manifestations à la Renaissance.

4 *L'ÉCOLE D'ATHÈNES*

Dans son œuvre, qui date de 1510 environ, Raphaël s'est amusé à mélanger le passé avec le présent, en donnant aux philosophes de l'Antiquité l'apparence des savants de la Renaissance. Ainsi, Platon (le personnage central de gauche) a le visage de Léonard de Vinci et Héraclite, accoudé à un bloc de pierre à l'avant, porte les traits de Michel-Ange. L'image ne représente ici qu'une partie de l'immense fresque.

Quels indices te permettent de reconnaître Euclide et Ptolémée ? Pour t'aider, consulte un dictionnaire des noms propres.

critique
humaniste
individu
liberté
responsabilité
science

■ Qu'est-ce qui caractérise l'humanisme à la Renaissance ?

Les caractéristiques de l'humanisme

érudit
Personne instruite et très cultivée.

humaniste
À la Renaissance, personne qui a une grande connaissance de la littérature ou des sciences, et qui étudie les philosophes de l'Antiquité.

liberté
Pouvoir d'agir selon sa volonté, sans contrainte.

Au Moyen Âge, l'Église et la religion étaient très présentes dans la vie des Européens. Les intellectuels de l'époque s'intéressaient surtout à Dieu et à la foi chrétienne. À la Renaissance, la religion est encore très importante en Europe. Cependant, les savants et les érudits cherchent plutôt à approfondir leur connaissance de l'homme, ce qui donnera naissance à l'humanisme. Pour ce faire, ils puisent dans les textes des philosophes de l'Antiquité.

UNE NOUVELLE VISION DE L'HOMME

Les savants et les érudits du XVIe siècle, qu'on appelle les humanistes, placent l'homme au cœur de leurs réflexions. Ils le considèrent comme un individu à part entière, c'est-à-dire comme un être qui agit de façon consciente. La notion de responsablilité est donc fondamentale pour les partisans de l'humanisme. Selon les humanistes, Dieu n'est pas le seul à intervenir dans la destinée de l'homme. Au contraire, l'homme est responsable de ses actes et il peut agir sur son destin.

Les humanistes sont optimistes. Ils font confiance aux capacités de l'être humain et ils croient au progrès de l'humanité. Mais pour cela, l'homme doit pouvoir agir librement. La liberté peut contribuer à améliorer le sort de l'homme selon les humanistes. Déjà, à la fin du Moyen Âge, Nicolas de Cuse estimait que les hommes naissaient libres et égaux. Certains penseurs de la Renaissance reprennent cette idée. C'est le cas, par exemple, de l'humaniste anglais Thomas More, qui imagine une société parfaitement égalitaire.

Inf+ PLUS

Un précurseur de l'humanisme

Nicolas de Cuse, qui a vécu de 1401 à 1464, est un grand penseur et un précurseur de l'humanisme. Ses idées sont souvent en rupture avec la pensée dominante de son époque. Voici un résumé de ses idées.

- Comme la perfection de Dieu est dans l'esprit humain et dans ses créations, les étudier, c'est étudier Dieu.

- En offrant des représentations de la réalité, les mathématiques sont l'instrument par excellence de la connaissance, tant de Dieu que de la nature.

- Les diverses religions, malgré leurs différences, ont un fond de vérité qui les unit. Le reconnaître permettrait la paix religieuse.

- La Terre n'est pas immobile au centre de l'Univers, elle est en mouvement dans un espace dont les limites sont indéterminées.

- Les hommes naissent libres et égaux.

La société idéale

Dans *L'Utopie*, publiée en 1516, Thomas More expose sa vision de la société idéale. Dans l'extrait qui suit, il suggère un moyen d'y parvenir. L'ouvrage de More connaît un grand succès en Europe à son époque.

[Platon] avait aisément prévu que le seul moyen d'organiser le bonheur public, c'était l'application du principe de *l'égalité*. Or, l'égalité est, je crois, impossible, dans un État où la possession est solitaire et absolue; car chacun s'y autorise de divers titres et droits pour attirer à soi autant qu'il peut, et la richesse nationale, quelque grande qu'elle soit, finit par tomber en la possession d'un petit nombre d'individus qui ne laissent aux autres qu'indigence* et misère. [...] Voilà ce qui me persuade invinciblement que l'unique moyen de distribuer les biens avec égalité, avec justice, et de constituer le bonheur du genre humain, c'est l'abolition de la propriété. Tant que le droit de propriété sera le fondement de l'édifice social, la classe la plus nombreuse et la plus estimable n'aura en partage que disette, tourments et désespoir.

---

* Indigence : Grande pauvreté.

1 Pour quelles raisons, selon Thomas More, faut-il abolir la propriété?

2 Quelles valeurs l'auteur prône-t-il? Ces valeurs sont-elles encore importantes aujourd'hui?

L'homme est au centre de l'Univers

L'humaniste Jean Pic de la Mirandole est un érudit italien de la Renaissance. Dans le discours suivant, qui date de 1496, il célèbre la grandeur de l'homme.

Alors, le Créateur suprême décréta qu'à l'Homme appartiendrait en commun tout ce qu'il avait octroyé à d'autres créatures, car il ne pouvait lui donner rien de particulier, si bien qu'il prit l'Homme, le fit à son image, le plaça au centre du Monde et lui dit : « Nous ne t'avons pas donné, ô Adam, une demeure fixe ni une créature à ta ressemblance, ou un don particulier, si bien que tu peux prendre et posséder toute demeure, toute apparence ou don que tu veux choisir. [...] Je t'ai placé au centre du Monde pour te permettre de mieux voir ce qui s'y passe. Tu n'es ni divin, ni terrestre, mortel ou immortel, si bien que, comme ton propre créateur, tu peux te façonner comme tu le désires. »

5 **PIC DE LA MIRANDOLE CÉLÉBRANT PLATON**

Cette peinture de Mussini illustre une célébration en l'honneur de Platon. Pic de la Mirandole serait le personnage aux cheveux longs au centre de l'image.

Selon les humanistes, l'homme peut agir sur son destin. Quels passages de l'extrait appuient cette idée?

Une femme parmi les hommes

Les humanistes sont surtout des hommes qui appartiennent à la riche aristocratie ou à la bourgeoisie fortunée. Toutefois, quelques femmes s'illustrent au cours de la Renaissance. Par exemple, Isabelle d'Este est une femme d'une grande culture qui commande des œuvres à des artistes renommés de son époque. Cette princesse détient un pouvoir important dans la société. En effet, elle gère et défend le domaine familial en l'absence de son mari fait prisonnier.

critique
Se dit d'une personne qui tente de distinguer le vrai du faux en faisant l'examen d'un texte ou d'un fait précis.

LES CONNAISSANCES

Les humanistes de la Renaissance cherchent à mieux connaître l'homme et, par conséquent, le monde dans lequel il vit. Pour cela, les savants s'intéressent à tout. Certains d'entre eux souhaitent même posséder l'ensemble des savoirs : langues, art, littérature, sciences et techniques, religions, etc. Cependant, les humanistes sont critiques. En effet, ils vérifient les sources des documents qu'ils consultent et ils comparent les informations qu'ils recueillent avec d'autres données sur le même sujet. Ils s'assurent ainsi de la fiabilité de leurs informations. De plus, lorsqu'ils citent un document, ils prennent soin d'en indiquer la source et l'auteur.

L'éducation

L'éducation est très importante pour les humanistes. Elle doit permettre d'acquérir l'ensemble des connaissances disponibles, mais de façon méthodique et critique. L'éducation doit également viser le développement du corps et inculquer les bonnes manières. Érasme, qu'on qualifie parfois de « père de l'humanisme », a d'ailleurs adressé à son élève, l'empereur Charles Quint, un traité d'éducation intitulé *L'Institution du Prince chrétien*. Dans ce traité, Érasme aborde des notions théoriques, mais il traite aussi des devoirs du souverain et des comportements qu'il devrait adopter.

ÉRASME

Didier Érasme (vers 1469-1536) est un moine et un humaniste hollandais qui a beaucoup voyagé à travers l'Europe. Il est une grande figure intellectuelle de son temps. Sa vaste culture, la richesse de sa pensée et sa tolérance en font un conseiller très écouté, tant des princes que des autorités religieuses, qu'il ne se gêne pas de critiquer.

Soyons sceptiques et critiques !

Même le futur pape Pie II est imprégné de l'esprit humaniste, comme le montre l'extrait suivant.

Il ne faut pas croire à tout ce qui a été écrit. Ce n'est que dans les écritures canoniques que la vérité surpasse toute espèce de doute. Chez les autres, on doit rechercher qui était l'écrivain, quelle vie il a menée, à quelle secte il appartenait, quelle valeur personnelle on lui attribue, quels autres témoignages le sien corrobore*, desquels il s'écarte, si ce qu'il a dit est vraisemblable et s'accorde avec le temps et le lieu. On ne doit pas absolument et sans exception accorder sa foi à tout ce qui est écrit et dit.

Enea Silvio Piccolomini (Pie II), *Dialogues*, 1475.

* Corroborer : Confirmer, appuyer.

1 Que sont les « écritures canoniques » ? Consulte un dictionnaire, au besoin.

2 Pourquoi l'auteur juge-t-il qu'il n'est pas nécessaire de vérifier les sources des écritures canoniques ? Qu'est-ce que tu peux en conclure au sujet de la place de la religion à la Renaissance ?

Les institutions scolaires

Les universités fondées au cours du Moyen Âge sont encore fréquentées à la Renaissance. D'autres institutions scolaires sont mises sur pied, comme le Collège de France instauré en 1530, où l'on enseigne les langues (latin, grec, hébreu et arabe) ainsi que les sciences. Mais l'éducation est encore réservée à l'élite. Ce sont principalement les souverains, les nobles et les familles de riches marchands qui en profitent.

« Plutôt la tête bien faite que bien pleine »

Au Moyen Âge, l'enseignement était basé sur la répétition et la soumission à l'autorité. À la Renaissance, les humanistes optent plutôt pour un enseignement axé sur la compréhension et l'autonomie. Le philosophe français Michel Montaigne rappelle les principes de cette pédagogie dans l'extrait suivant.

Savoir par cœur n'est pas savoir : c'est tenir ce qu'on a donné en garde à sa mémoire. Ce qu'on sait [correctement], on en dispose, sans regarder au patron, sans tourner les yeux vers son livre.

[Que le maître] ne lui [l'élève] demande pas seulement compte des mots de sa leçon, mais du sens et de la substance. Et qu'il juge du profit qu'il aura fait, non par le témoignage de sa mémoire, mais de sa vie.

Qu'il ne lui apprenne pas tant les histoires, qu'à en juger.

Qu'on lui mette [dans l'esprit] une honnête curiosité de s'enquérir de toutes choses.

Les Essais, 1, XXV, 1580.

■ « Plutôt la tête bien faite que bien pleine », a écrit Montaigne. À l'aide de l'extrait, explique ce que cette citation signifie.

Et aujourd'hui...

L'éducation aux médias

De nos jours, les différents médias, notamment Internet, nous permettent d'avoir accès à une grande quantité d'informations à une vitesse accélérée. Devant cette masse de données, les usagers doivent faire preuve d'esprit critique pour distinguer le vrai du faux, pour repérer les informations essentielles et pour comprendre les messages qui leur sont adressés.

■ Pourquoi faut-il faire preuve d'esprit critique face aux informations que nous transmettent les médias ?

6 LE MONT DE LA CONNAISSANCE

Dans les collèges et les universités de la Renaissance, on enseigne d'abord la grammaire, puis l'arithmétique, la logique, la musique, l'astronomie, la géométrie et la rhétorique. On atteint le sommet du « mont de la connaissance » par l'étude de la théologie, c'est-à-dire les questions religieuses.

LES SCIENCES

Les savants du XVIe siècle, qui ont redécouvert les théories des Grecs et des Romains de l'Antiquité, désirent aller plus loin et en savoir davantage. Mais surtout, ils ne se limitent plus aux interprétations que l'Église fait de la science. Ils cherchent à comprendre les phénomènes de la nature autrement que par des explications religieuses. Ils mettent donc au point des méthodes de recherche qui s'appuient sur l'observation et l'expérimentation. L'imprimerie permet de diffuser les résultats de leurs expériences dans de nombreuses œuvres à caractère scientifique.

Ainsi, en anatomie et en médecine, des avancées importantes sont réalisées grâce à la pratique de la dissection. Elles permettent de mieux connaître le corps humain. En astronomie, le Polonais Nicolas Copernic formule une nouvelle théorie au cours du XVIe siècle. Contrairement à ce qu'affirmait le savant grec Ptolémée, Copernic soutient que la Terre est un astre comme les autres qui tourne autour du Soleil. Ce dernier exemple montre que les savants de la Renaissance s'appuient souvent sur les savoirs des Anciens pour élaborer de nouvelles théories.

Des savants polyvalents

Ce qui démarque surtout les humanistes de la Renaissance, c'est leur polyvalence. Léonard de Vinci en est le meilleur exemple. Il est à la fois ingénieur et artiste, et il utilise ses connaissances en sciences pour peindre. En plus de la peinture et de la sculpture, il s'intéresse aux mathématiques, à la biologie, à la géométrie, à l'architecture, etc. Il propose entre autres une méthode d'observation et d'analyse. De plus, il pratique de nombreuses dissections pour mieux comprendre le corps humain et pour mieux le dessiner.

science
Ensemble des connaissances générales qui se fondent sur l'observation et l'expérimentation.

observation
Action d'examiner attentivement un phénomène.

expérimentation
Action de faire des expériences dans le but d'expliquer un phénomène.

7 UNE ÉTUDE DU CERVEAU PAR VÉSALE

Le médecin flamand André Vésale est considéré comme le père de l'anatomie moderne. Les planches anatomiques qu'il a publiées au XVIe siècle, après des centaines de dissections, ont été d'un apport essentiel en médecine. Elles ont aussi servi aux artistes de la Renaissance dans leur recherche de la vérité du corps humain.

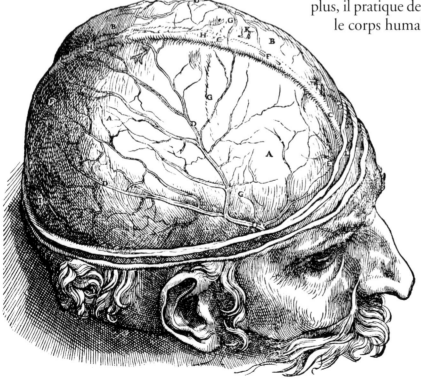

Indices

- Quelles sont les principales valeurs de notre société ?
- Ces valeurs s'inspirent-elles des idées des humanistes ?
- Comment ces valeurs influencent-elles les sciences ?

Inf✚ PLUS

De grands héritiers de l'humanisme

Blaise Pascal et René Descartes, deux érudits du XVIIe siècle, ont hérité des connaissances et des méthodes de recherche des humanistes de la Renaissance.

Pascal

Blaise Pascal (1623-1662) est à la fois mathématicien, géomètre et physicien. Dans tous ces domaines, il se livre à des expériences pratiques et à des expérimentations. Il est aussi écrivain, philosophe et théologien. C'est à titre de théologien, mais en s'appuyant sur le calcul mathématique des probabilités, qu'il énonce son pari : comme on ne peut prouver l'existence de Dieu, autant parier qu'il existe. Ainsi, explique-t-il dans ses *Pensées*, « si vous gagnez, vous gagnez tout ; si vous perdez, vous ne perdez rien » !

8 LA MACHINE À CALCULER DE PASCAL

Aussi nommée «Pascaline», la machine à calculer qu'a conçue et fabriquée Pascal peut exécuter mécaniquement les quatre opérations mathématiques. Elle connaît un grand succès au XVIIe siècle. Certains y voient l'ancêtre lointaine de l'ordinateur.

9 DESCARTES EN SUÈDE

À la Renaissance, les puissants invitent les humanistes, savants ou artistes, à séjourner dans leur entourage, ce qui contribue à la diffusion des idées et des savoirs. Cet usage se poursuit au cours des siècles suivants. Ici, Descartes traite de géographie à la cour de la reine Christine de Suède.

Descartes

René Descartes (1596-1650) est tout aussi polyvalent que Pascal. Il œuvre en mathématiques, en géométrie, en physique et en biologie. Il s'intéresse également au droit, à la géographie, à la philosophie, à l'éthique et à l'existence de Dieu. La raison est pour lui la valeur suprême : «Je pense, donc je suis.» Son *Discours de la méthode*, où il propose un modèle de raisonnement scientifique, reste très actuel : «Ce sont des règles certaines et faciles, par l'observation desquelles on sera sûr de ne jamais prendre l'erreur pour une vérité.» Les principales étapes de la méthode scientifique élaborée par Descartes sont encore utilisées, entre autres par les historiens.

10 LES ÉTAPES DE LA MÉTHODE SCIENTIFIQUE

Énoncé d'un problème → Mise en contexte du problème → Formulation d'une hypothèse → Collecte et analyse des données → Vérification de l'hypothèse → Conclusion

■ Quelle est l'influence de l'humanisme sur les arts à la Renaissance ?

art
langue vulgaire
profane

La Renaissance artistique

art
Ensemble des œuvres que l'être humain crée, et qui expriment un idéal de beauté et d'harmonie.

La Renaissance se distingue par une nouvelle vision de l'homme, mais elle se caractérise également par un renouveau dans le domaine des arts qui marquera l'histoire de la civilisation occidentale.

La « Renaissance artistique », comme on l'appelle, touche d'abord les villes du nord de l'Italie. Grâce à leur richesse et à leur dynamisme, les cités commerciales telles que Florence ou Venise contribuent fortement au développement des arts au XVIe siècle. Désormais, l'Église n'est plus la seule à commander des œuvres d'art. En effet, certaines familles, comme les Médicis de Florence, commandent des œuvres à des artistes tels Verrochio et Botticelli. L'art et l'architecture permettent à ces grandes familles d'afficher leur richesse.

L'artiste devient un personnage très estimé. Il est considéré comme un professionnel des arts et non plus comme un artisan. C'est la raison pour laquelle il signe son œuvre. Le peintre flamand Jan van Eyck, par exemple, a inscrit sur une de ses toiles « Jan van Eyck fut ici ».

L'art de la Renaissance est fortement influencé par l'humanisme. Plusieurs tableaux représentent le corps humain ou l'homme dans son environnement. Par ailleurs, de nombreuses œuvres illustrent des thèmes non religieux et s'inspirent de l'Antiquité.

11 *LES ÉPOUX ARNOLFINI*

L'homme de la Renaissance aime être représenté en peinture. Le riche marchand Arnolfini et son épouse ont fait peindre leur portrait lors de leur mariage par le peintre flamand Jan van Eyck. Sur la toile, on peut lire : « Jan van Eyck fut ici ».

Info PLUS

Le mécénat

À la Renaissance, de riches bourgeois, des princes et des papes s'arrachent les plus grands artistes et les traitent en véritables seigneurs. Ces personnes, qui consacrent une partie de leur richesse à aider les artistes, sont des **mécènes**. Ainsi, au début du XVIe siècle, le pape Jules II commande des œuvres au peintre Raphaël et à Michel-Ange, à qui il confie le décor de la chapelle Sixtine, à Saint-Pierre de Rome.

L'ARCHITECTURE

Au XVIe siècle, les architectes laissent de côté l'art gothique et les édifices en hauteur du Moyen Âge. Ils s'inspirent plutôt de l'architecture gréco-romaine. Ils empruntent aux monuments de l'Antiquité la colonne, le fronton grec, le dôme romain, et ils y ajoutent la loggia. Leurs constructions reflètent équilibre et harmonie. Par ailleurs, elles sont souvent conçues à partir de calculs mathématiques.

loggia
Vaste balcon couvert et fermé sur les côtés.

12 LA VILLA ROTONDA

La Villa Rotonda a été construite par l'architecte Andrea Palladio au XVIe siècle à Vicence, dans la région de Venise. Elle s'inspire de l'architecture gréco-romaine.

Quels éléments d'inspiration gréco-romaine observes-tu dans l'architecture de la villa ?

14 LE DÔME DE LA CATHÉDRALE DE FLORENCE

Ce dôme, que l'on doit à l'architecte Brunelleschi, est un exemple admirable des grandes œuvres architecturales de la Renaissance italienne.

13 L'ESCALIER FRANÇOIS Ier

L'élégance et les ouvertures (qui rappellent les loggias) de cet escalier monumental du château de Blois en font une des plus belles réussites de la Renaissance en France.

Inf+ PLUS

Les architectes

Au Moyen Âge, la conception des cathédrales et des châteaux était confiée aux maîtres maçons et aux charpentiers. À la Renaissance, on confie ce travail aux architectes, qui sont considérés comme des artistes.

LA PEINTURE

En peinture, la Renaissance voit naître un art classique fondé sur l'harmonie des couleurs et la symétrie. Les thèmes religieux sont encore une source d'inspiration pour les peintres du XVIᵉ siècle, mais les thèmes profanes les inspirent également. De nouvelles techniques permettent aux peintres de la Renaissance de se démarquer.

profane
Se dit de quelque chose qui n'est pas religieux.

15 *LA NAISSANCE DE VÉNUS*

Le peintre Botticelli exploite ici le thème de la naissance de Vénus, une déesse de l'Antiquité gréco-romaine.

La peinture à l'huile

La peinture à l'huile rend possible la transparence et la juxtaposition des couleurs. Elle remplace ainsi la peinture *a tempera,* c'est-à-dire à base d'eau, à laquelle on ajoutait du jaune d'œuf pour lier les pigments de couleur.

La peinture sur toile

La peinture sur toile est beaucoup plus maniable que la peinture sur panneau de bois ou que la fresque peinte sur un mur, qu'on trouvait au Moyen Âge.

Les règles de l'art

Les premiers livres d'histoire de l'art sont écrits à la Renaissance. Voici un extrait d'un de ces livres.

D'où est venu ce vrai bien qui rend le siècle moderne si glorieux et le fait surpasser le siècle antique?

En architecture la règle fut donc de mesurer les ruines antiques, et de suivre le plan des édifices antiques dans les œuvres modernes. […]

La mesure devenue universelle, tant en architecture qu'en sculpture, permit de faire les corps des figures droits et réguliers, avec les membres en concordance. Pareille chose arriva en peinture.

Giorgio Vasari, *Vies des plus illustres architectes, peintres et sculpteurs italiens,* vers 1555.

1 Selon l'auteur, qu'est-ce qui a permis à l'art de la Renaissance de dépasser celui de l'Antiquité?

2 Quels arts profitent de ce progrès?

16 LA MADONE SIXTINE

Cette peinture de Raphaël, qui date du début du XVIe siècle, est une œuvre inspirée par un thème religieux. On y voit la Madone (Marie) et l'Enfant (Jésus) avec le pape Sixte IV et sainte Barbe.

17 UNE PEINTURE DE BRUEGEL L'ANCIEN

Cette peinture à l'huile de Pieter Bruegel, intitulée *Jeux d'enfants,* est une œuvre inspirée par un thème profane. Bruegel est une figure marquante de la peinture flamande de la Renaissance.

La perspective

La perspective, découverte grâce à des observations mathématiques et géométriques, est une technique qui permet de représenter la profondeur et la distance sur la surface plate d'un tableau. Un bel effet de perspective peut être observé dans la fresque présentée à la page 7 (*L'École d'Athènes*). En effet, les lignes diagonales qu'on pourrait tracer de l'extérieur du tableau vers le point central à l'intérieur conduisent le regard vers les deux personnages principaux, Platon et Aristote.

Le sfumato et le clair-obscur

Le sfumato et le clair-obscur sont deux procédés dont l'artiste se sert pour jouer avec la couleur. Le sfumato donne un effet vaporeux au tableau, comme une légère brume, et le clair-obscur est un effet de contrastes d'ombre et de lumière.

LA SCULPTURE

En sculpture, autant qu'en peinture, les artistes de la Renaissance s'appliquent à représenter le corps humain de la façon la plus exacte possible, autant dans l'harmonie des proportions que dans la justesse des mouvements.

18 LA JOCONDE

La Joconde, réalisée par Léonard de Vinci vers 1503, est probablement l'œuvre la plus reproduite au monde. Le sourire énigmatique du personnage continue à fasciner.

19 DAVID

Cette sculpture en bronze de Verrocchio date du XVe siècle. Elle représente le personnage biblique de David après sa victoire sur Goliath. Cette œuvre de la Renaissance s'inspire des sculptures de l'Antiquité.

■ Qu'est-ce qui montre l'emploi du sfumato et du clair-obscur dans cette œuvre?

Le corps humain glorifié

Les deux extraits suivants traitent de la représentation du corps humain en art. Ils ont été rédigés par des spécialistes de l'art à la Renaissance.

Le corps humain, qui est une œuvre accomplie et pleine de beauté, fait par Dieu à la ressemblance de son image, a été appelé, à juste titre, un monde en petit. Il contient en effet, d'une façon parfaite, selon l'harmonie la plus sûre, tous les nombres, toutes les mesures, tous les poids, les mouvements et les éléments.

Giovanni Lomazzo, *Traité de l'art de la peinture*, 1584.

La Beauté ne provient pas d'autre chose que d'une proportion convenable que possède habituellement le corps de l'Homme, et particulièrement les membres entre eux – le contraire provient de la disproportion. [...]

Le peintre doit s'efforcer, non seulement d'imiter la Nature, mais aussi de faire mieux qu'elle… et, grâce à l'art, atteindre en un seul corps à cette perfection de beauté que la nature a dispersée en mille.

Lodovico Dolce, *Dialogue sur la peinture*, 1557.

1 Selon ces deux extraits, quels sont les principaux critères de beauté ?

2 En mettant des majuscules à certains mots, Dolce souligne des éléments que les humanistes valorisent. Quels sont-ils ?

20 **LE MOUVEMENT**

Cette esquisse du peintre et graveur Albrecht Dürer montre avec quelle précision les artistes de la Renaissance mesurent les proportions du corps et tentent de reproduire les mouvements avec justesse.

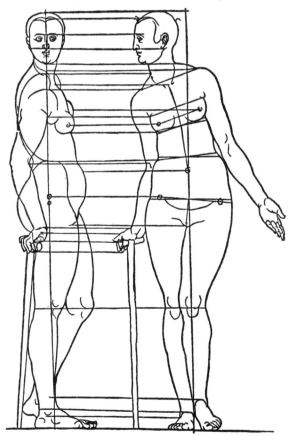

21 **LA *PIETÀ* DE MICHEL-ANGE**

Par son respect des proportions et sa représentation fidèle des corps, cette sculpture de Michel-Ange est un exemple parfait de l'art à la Renaissance.

langue vulgaire
Langue de tous les jours, parlée par tous les habitants d'un pays. À la Renaissance, les langues vulgaires remplacent peu à peu le latin, qui était employé dans les ouvrages littéraires et scientifiques.

dramaturge
Auteur de pièces de théâtre.

LA LITTÉRATURE

La mise au point des techniques d'imprimerie par Gutenberg au XVe siècle et l'usage plus répandu des langues vulgaires favorisent la diffusion des idées des humanistes. Ces idées sont souvent représentées dans la littérature de la Renaissance.

D'importants auteurs ont marqué la Renaissance. En voici quelques-uns.

- François Rabelais est un moine français qui possède des connaissances dans presque tous les domaines scientifiques. Sous le couvert de l'humour, comme dans *Pantagruel* et *Gargantua*, il traite des travers de son époque.

- Miguel de Cervantès est un militaire et un homme de la cour espagnole. Dans *Don Quichotte*, il fait une caricature de la société espagnole et se moque particulièrement des codes de la chevalerie du Moyen Âge.

- William Shakespeare est un acteur, un poète et un dramaturge anglais. Dans ses œuvres, il s'inspire à la fois de l'Antiquité, du Moyen Âge et de son époque. Il excelle autant dans le drame que dans la comédie.

Au temps de ma jeunesse folle!

François Villon est considéré comme le père de la poésie française. Il écrit en langue vulgaire. Voici un extrait d'un de ses poèmes.

Hé! Dieu, se j'eusse estudié

Ou temps de ma jeunesse folle

Et a bonnes meurs dédié,

J'eusse maison et couche molle.

Mais quoi? je fuyoie l'escolle,

Comme fait le mauvais enfant.

Le Testament, XXVI, 1461.

■ En une phrase et dans tes mots, résume la morale de ce poème.

22 DON QUICHOTTE CONDUIT PAR LA FOLIE

Don Quichotte, le héros de Cervantès, est un chevalier errant qui cherche à combattre le mal autour de lui. Il se crée un monde imaginaire où il combat des moulins à vent, qu'il prend pour des géants. Cette peinture de Charles-Antoine Coypel date du XVIIIe siècle. Elle représente bien les illusions de Don Quichotte.

MARGUERITE DE NAVARRE

Marguerite de Navarre (1492-1549) est une des rares femmes à s'être illustrées dans le domaine de la littérature à la Renaissance. Princesse française et reine de Navarre, elle est une des femmes les plus instruites de son époque. Elle est renommée pour son ouverture d'esprit et pour sa grande culture. Marguerite accueille à sa cour de nombreux écrivains et humanistes. Elle publie elle-même plusieurs œuvres, dont *L'Heptaméron* et un recueil de poèmes intitulé *Les Marguerites de la Marguerite des princesses*.

LA MUSIQUE

La musique de la Renaissance, comme les autres arts, puise son inspiration dans l'Antiquité, les thèmes profanes et la recherche de l'harmonie. C'est une musique principalement vocale. La polyphonie (chant à plusieurs voix) et l'accompagnement instrumental (par la viole, le luth, l'orgue, etc.) apparaissent à la Renaissance. Ils auront une influence sur la musique classique jusqu'à nos jours.

23 UN LUTH

Le luth est un instrument à cordes pincées très populaire à la Renaissance.

Inf+ PLUS

Orfeo de Monteverdi

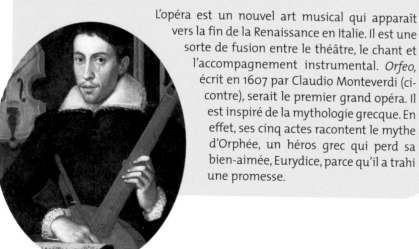

L'opéra est un nouvel art musical qui apparaît vers la fin de la Renaissance en Italie. Il est une sorte de fusion entre le théâtre, le chant et l'accompagnement instrumental. *Orfeo*, écrit en 1607 par Claudio Monteverdi (ci-contre), serait le premier grand opéra. Il est inspiré de la mythologie grecque. En effet, ses cinq actes racontent le mythe d'Orphée, un héros grec qui perd sa bien-aimée, Eurydice, parce qu'il a trahi une promesse.

Indice

• Comment les valeurs de notre société influencent-elles les arts ?

🔑
> indulgence
> schisme
> simonie

- Quelles sont les causes de la Réforme ?

- Quelles sont les conséquences de la Réforme ?

La Réforme et la réaction de l'Église catholique

Les humanistes se sentent autorisés à exercer leur esprit critique même à l'endroit de la religion. Plusieurs d'entre eux questionnent le rôle de l'Église catholique et de son clergé. Ils contribuent ainsi au mouvement de réforme qui apparaît en Europe au début du XVIe siècle. Ce mouvement entraîne la formation d'Églises protestantes. En réaction à ce schisme, l'Église catholique procède elle-même à une réforme. Toute cette agitation religieuse se déroule sur fond de conflits violents qui divisent l'Europe.

L'ÉGLISE SOUS EXAMEN

Aux XVe et XVIe siècles, l'Église catholique est fortement critiquée. Les attaques sont dirigées contre les membres du clergé et contre certaines pratiques religieuses.

D'abord, on reproche aux papes de se comporter en princes qui recherchent le pouvoir et la richesse plutôt qu'en guides religieux. À cette époque, les papes combattent les souverains ou conspirent contre eux pour accroître leurs territoires et leurs biens, et plusieurs d'entre eux entretiennent femmes et enfants. Les papes sont donc accusés de vivre dans le luxe et l'immoralité. Quant aux cardinaux et aux évêques, ils sont accusés de mener une vie semblable à celle des papes. On prétend qu'ils ne s'intéressent à leur fonction religieuse que pour recueillir les profits des domaines et des communautés qui sont sous leur autorité. Enfin, le clergé des paroisses, peu instruit et mal préparé spirituellement, est également pointé du doigt. Certains jugent qu'il ne répond pas aux inquiétudes de la population.

schisme
Séparation des croyants d'une même religion qui reconnaissent des autorités différentes. Le Grand Schisme d'Orient, en 1054, avait déjà amené l'Église grecque orthodoxe à se séparer de l'Église romaine catholique.

Inf➕ PLUS

Le Grand Schisme d'Occident

Entre 1378 et 1418, à la veille de la Renaissance, deux puis trois papes se disputent le siège pontifical. Ils se combattent et s'excluent mutuellement de l'Église catholique. Pour les chrétiens, c'est la confusion totale. Cet épisode est connu sous le nom de « Grand Schisme d'Occident ».

Mais ce qui dérange le plus ceux qui critiquent l'Église catholique, ce sont certaines pratiques en cours. Depuis des années, le clergé tente de monnayer auprès des fidèles les différents services offerts par l'Église, tels les sacrements. C'est ce qu'on appelle la simonie. De plus, les clercs de tous les ordres, jusqu'au pape, demandent aux fidèles de payer pour obtenir des indulgences. Ces deux pratiques scandaleuses sont les éléments déclencheurs de la réforme protestante, appelée la Réforme.

indulgence
Pardon des péchés accordé par l'Église à un fidèle.

Réforme
Mouvement de contestation à l'égard de l'Église catholique au XVIᵉ siècle, qui mène à la formation d'Églises protestantes.

Un moine scandalisé par l'Église

Savonarole est un moine dominicain de Florence. Il est scandalisé par le comportement du clergé et exprime son dégoût avec vigueur. Son attitude finira par irriter les puissants et le conduira au bûcher. Voici un extrait d'un sermon qu'il prononce en 1497.

Église infâme, écoute ce que te dit le Seigneur : je t'ai donné ces beaux vêtements et tu t'en es fait des idoles. Avec tes vases de prix tu as nourri ton orgueil. Tu as profané les sacrements par la simonie. Ta luxure a fait de toi une fille de joie défigurée. [...] Autrefois, du moins, tu rougissais de tes péchés : maintenant tu n'as même plus cette pudeur. Autrefois, si les prêtres avaient des fils, ils les appelaient leurs neveux ; maintenant, on n'a plus de neveux, on a des fils tout court. Tu as élevé une maison de débauche, tu t'es transformée du haut en bas en maison infâme. [...] quiconque a de l'argent entre et fait tout ce qui lui plaît. Mais qui veut le bien est jeté dehors.

■ Qu'est-ce que Savonarole reproche à l'Église ?

Érasme critique les papes

L'humaniste Érasme est très critique vis-à-vis de l'Église. L'extrait suivant en témoigne.

Si les Souverains Pontifes, qui sont à la place du Christ, s'efforçaient de l'imiter dans sa pauvreté, ses travaux, sa sagesse, sa croix [...] ne seraient-ils pas les plus malheureux des hommes ? Celui qui emploie toutes ses ressources à acheter cette dignité* ne doit-il pas la défendre ensuite par le fer, le poison et la violence ? Que d'avantages à perdre [...] Tant de richesses, d'honneurs, de trophées, d'offices, dispenses, impôts, indulgences, tant de chevaux, de mules, de gardes, et tant de plaisirs.

Éloge de la folie, 1511.

* Dignité : Fonction.

■ Pourquoi Érasme affirme-t-il que les papes cherchent à défendre leur dignité par le fer, le poison et la violence ?

LA RÉFORME

Ce sont les revendications d'un prêtre allemand, Martin Luther, qui sont à l'origine de la Réforme. Jean Calvin et le roi d'Angleterre Henri VIII se révolteront à leur tour contre les abus de l'Église catholique.

Les 95 thèses de Luther

En 1517, Martin Luther lance sa première attaque à l'endroit de l'Église catholique lorsqu'il publie ses 95 thèses contre les indulgences. Il soutient, entre autres, que Dieu seul peut pardonner les péchés. Le pape, qui n'est évidemment pas d'accord avec cette idée, demande à Luther de renoncer à ses revendications, mais ce dernier refuse. Il est alors excommunié, c'est-à-dire exclu de la communauté des chrétiens.

24 **LA BIBLE PÈSE PLUS QUE L'ÉGLISE**

Cette gravure du XVIᵉ siècle représente, à gauche, le pape et son clergé, et, à droite, des religieux issus de la Réforme. Sur le plateau droit de la balance se trouve la Bible.

Cette gravure évoque l'idée que les protestants se font de la religion. Quel message envoie-t-elle ?

Dans les années qui suivent, Luther élabore d'autres arguments, dont les suivants, qui sont à la base de l'Église luthérienne.

- La Bible doit être le seul lien entre le chrétien et Dieu. Le clergé, y compris le pape, est inutile. Chacun peut lire la Bible et y trouver ce qu'il cherche (d'où l'importance, cependant, d'avoir une Bible traduite en langue vulgaire plutôt qu'en latin).

- Seule la foi, qui est un don de Dieu, permet d'obtenir le salut, c'est-à-dire le paradis après la mort. Les bonnes œuvres, qui ne sont qu'une obligation de la vie en société, ne le permettent pas.

Ces principes distinguent l'Église luthérienne de l'Église catholique. En plus, l'Église luthérienne ne reconnaît pas le culte des saints et elle ne garde que deux sacrements de la religion catholique, soit le baptême et l'eucharistie (la communion).

La doctrine de Luther fait rapidement de nombreux adeptes en Allemagne, puis ailleurs en Europe.

> **doctrine**
> Ensemble des arguments, des principes ou des thèses qui sont à la base d'une religion.

Les paysans allemands appuient la Réforme

Les paysans allemands appuient les revendications de Luther, car elles justifient leurs propres revendications. En voici des exemples.

- Nous sommes prêts à payer la dîme sur les céréales [...] mais nous refusons de payer la dîme sur le bétail, car Dieu a créé celui-ci pour que les hommes l'utilisent librement [...]

- Nous [...] tenons pour certain que vous nous affranchirez du servage* comme de véritables chrétiens, à moins qu'il ne soit prouvé à partir des Évangiles que nous devons être serfs.

- Il nous apparaît indécent et contraire aux lois divines que les pauvres ne puissent chasser ou pêcher librement en vertu de la coutume.

Les douze articles des paysans, vers 1525.

---

* Servage : Condition d'une personne, le serf, qui n'a pas son entière liberté.

Selon Luther, la Bible doit être le seul lien entre le chrétien et Dieu. Quels passages de l'extrait font allusion à cette idée ?

25 LA BIBLE TRADUITE PAR LUTHER

Sur la couverture de cette Bible traduite en allemand, les écritures sont en lettres gothiques et les chiffres sont en romain.

juriste
Personne qui s'intéresse au domaine de la justice.

Jean Calvin

Jean Calvin est un juriste français. En 1534, il s'établit en Suisse, à Genève, où il diffuse les revendications de Luther. Aux principes de base de l'Église luthérienne, Calvin ajoute l'idée de prédestination. Selon cette idée, quoi que l'homme fasse durant sa vie terrestre, il ne sera sauvé que si Dieu en a décidé ainsi au départ. En attendant, les fidèles ont quand même intérêt à vivre vertueusement, c'est-à-dire de façon honnête et morale.

Dans la petite communauté de Genève, en Suisse, Calvin met ces principes en application. Ses règles religieuses s'appliquent à tous les aspects de la vie. Ce sont des règles très strictes, tant sur le plan moral que religieux. Le calvinisme (du nom de Calvin) trouve bientôt de nombreux adeptes, particulièrement en Hollande, en Angleterre et en France, où les calvinistes sont appelés huguenots.

Inf🜨 PLUS

Les règles de vie sous Jean Calvin

Voici quelques règles de vie qui s'appliquent à Genève lorsque Jean Calvin dirige l'Église réformée.

- Ceux qui blasphèment doivent, lors d'une première offense, embrasser le sol. Lors d'une deuxième offense, ils doivent payer une amende de 5 sous, et de 6 sous lors d'une troisième. Si plus de trois blasphèmes sont prononcés, les coupables sont attachés à un poteau et exposés au public pendant une heure.

- Ceux qui incitent un individu à consommer de l'alcool devront payer une amende de 3 sous. Pendant les sermons, les tavernes doivent fermer leurs portes : les propriétaires de tavernes qui n'obéissent pas, de même que leurs clients, sont passibles d'une amende de 3 sous. Ceux qui sont ivres doivent, lors d'une première offense, payer une amende de 3 sous. Pour une deuxième offense, ils doivent payer une amende de 6 sous et lors d'une troisième offense, ils sont emprisonnés en plus de devoir payer une amende de 10 sous.

- Ceux qui sont reconnus coupables de chanter des chansons immorales ou perverses, ou qui sont pris à danser, sont jetés en prison pour une durée de trois jours.

- Ceux qui sont pris à gager sont passibles d'une amende de 5 sous, et leurs gains sont saisis.

■ Les règles de vie imposées à Genève sont-elles toutes d'ordre religieux ? Explique ta réponse.

26 L'INTÉRIEUR D'UN TEMPLE CALVINISTE

Les calvinistes et les protestants en général rejettent et condamnent le luxe de l'Église catholique. La sobriété et la modestie de ce temple calviniste en témoignent.

■ Quels éléments du décor montrent la modestie du culte calviniste ?

Henri VIII et l'Église anglicane

En Angleterre, comme ailleurs en Europe, l'Église catholique est très critiquée au début du XVIe siècle. Mais c'est un événement lié à la vie personnelle du roi qui conduit à la réforme de l'Église dans ce pays. En fait, lorsque Henri VIII décide de se séparer de son épouse, le pape refuse d'annuler le mariage. Le roi conteste cette décision du pape et profite de la situation pour se faire nommer chef de l'Église d'Angleterre par le Parlement. Désormais séparé de l'Église catholique, le chef de l'Église dite « anglicane » prononce lui-même son divorce. Par la même occasion, il s'approprie les biens de l'Église catholique, ce qui augmente les revenus de l'État.

Deux autres souverains, Édouard VI puis Élisabeth Ire, établiront les structures de l'Église anglicane. Celle-ci s'inspire des idées de Calvin, sauf la prédestination, mais elle maintient des cérémonies catholiques et garde un clergé et une hiérarchie. Par ailleurs, les prêtres de l'Église anglicane peuvent se marier.

Le roi, chef de l'Église anglicane

Voici le premier article de l'*Acte de Suprématie* (1534), par lequel Henri VIII obtient la direction totale de l'Église d'Angleterre.

Le roi est le seul chef suprême sur terre de l'Église d'Angleterre […] En cette qualité, le roi a tout pouvoir d'examiner, réprimer, amender tels erreurs, hérésies, énormités, abus, offenses et irrégularités qui doivent ou peuvent être réformés légalement par autorité spirituelle.

■ Selon cet acte, le pape conserve-t-il son pouvoir sur le territoire de l'Angleterre ? Explique ta réponse.

Et aujourd'hui...

L'Église est-elle de son temps ?

Le pape envoie régulièrement des lettres à ses évêques pour leur rappeler la position de l'Église sur des enjeux moraux et sociaux d'actualité. On appelle ces lettres des « encycliques ». Les encycliques publiées au cours des dernières décennies condamnaient entre autres l'usage de contraceptifs, la pratique de l'avortement et le mariage des prêtres. Or, plusieurs croyants rejettent certaines des positions de l'Église et lui reprochent d'être en retard sur la réalité.

■ D'après toi, l'Église devrait-elle maintenir ses positions ou s'adapter à son époque ? Explique ta réponse.

27 ÉLISABETH Ire

Élisabeth Ire (1533-1603) est la fille d'Henri VIII. Elle règne sur l'Angleterre et sur l'Église anglicane pendant près de 50 ans.

concile
Assemblée réunissant les évêques et le pape dans le but d'étudier des questions de doctrine ou de discipline au sein de l'Église.

hérétique
Personne dont les idées sont jugées contraires à celles de l'Église.

évangélisation
Enseignement de la religion chrétienne, des Évangiles, aux non-chrétiens. Les jésuites ont été parmi les premiers missionnaires à venir en Nouvelle-France pour évangéliser les peuples autochtones.

LA RÉACTION DE L'ÉGLISE CATHOLIQUE

Devant une telle perte d'influence, l'Église catholique doit réagir. Elle tente d'abord de faire reculer les nouveaux courants religieux en les combattant par les armes et par l'Inquisition. C'est la contre-réforme. Puis, l'Église tente de se réformer en adoptant différentes mesures. Elle forme entre autres la Compagnie de Jésus, améliore la formation du clergé et redresse la morale dans la hiérarchie ecclésiastique. De plus, elle convoque un concile à Trente, en Italie, afin de se réorganiser. C'est ce qu'on appelle la « réforme catholique ».

L'Inquisition

Afin de réagir aux courants religieux qui prennent de plus en plus de place en Europe, et pour surveiller le comportement des chrétiens, l'Église catholique remet sur pied l'Inquisition. Il s'agit d'un tribunal religieux qui ordonne des arrestations et des procès. L'Inquisition a même parfois recours à la torture et à l'emprisonnement pour combattre les hérétiques. L'Église met aussi en place la congrégation de l'Index, chargée de repérer les livres contraires à ses idées et d'en interdire la lecture à ses fidèles.

La Compagnie de Jésus

Pour soutenir l'effort de l'Église, d'anciens ordres religieux sont réformés et de nouveaux sont créés, comme la Compagnie de Jésus. Fondé par l'Espagnol Ignace de Loyola, un ancien soldat, cet ordre religieux est organisé selon un modèle militaire. Ses membres, appelés les « jésuites », relèvent directement du pape, à qui ils doivent une obéissance absolue.

Le but principal de la Compagnie de Jésus est la propagation de la religion catholique et la défense de l'Église. Pour cela, elle fonde des collèges et même des universités. Elle est également très active dans l'évangélisation des non-chrétiens.

L'obéissance des jésuites

L'obéissance absolue est la règle la plus importante dans la Compagnie de Jésus, comme le montre cet extrait.

Ayons donc soin d'employer tout ce qu'il y a de nerf et de vigueur en nous à observer l'obéissance, d'abord à l'égard du Souverain Pontife, ensuite à l'égard des supérieurs de notre Société [...] Persuadons-nous que tout est juste quand le Supérieur l'ordonne ; par une sorte d'obéissance aveugle, rejetons toute idée, tout sentiment contraire à ses ordres [...] et que chacun se persuade que ceux qui vivent dans l'obéissance doivent se laisser mener et conduire à la volonté de la divine Providence par l'entremise de leurs Supérieurs, comme un cadavre qui se laisse tourner et manier en tout sens.

Ignace de Loyola, *Constitutions*, 1541.

1 À qui les jésuites doivent-ils d'abord obéir ?

2 La contestation de l'autorité paraît-elle possible pour les jésuites ? Explique ta réponse.

Indice

• Comment les valeurs de notre société influencent-elles la religion ?

Le concile de Trente

Le concile de Trente, du nom d'une petite ville située au nord de l'Italie, est l'instrument principal de la réforme catholique. Il se déroule de 1545 à 1563. Au cours de ce concile, l'Église décide de maintenir les éléments contestés par les protestants, dont les indulgences, les sept sacrements et les bonnes œuvres pour gagner le salut. Le concile adopte aussi de nouvelles règles pour le clergé : interdiction d'accumuler des richesses, résidence obligatoire dans le diocèse, célibat, emploi du latin dans les cérémonies religieuses et respect de l'autorité suprême du pape. Enfin, une version officielle de la Bible, en latin, sera publiée à la suite du concile de Trente.

L'EUROPE RELIGIEUSE DIVISÉE

Malgré ses efforts, l'Église catholique réagit trop tard et n'arrive pas à reprendre le terrain perdu. Les catholiques et les protestants s'opposent et les différents royaumes d'Europe s'affrontent. Pendant des décennies, les Pays-Bas, l'Allemagne, la France et l'Angleterre, entre autres, connaîtront de violentes guerres de religion. L'unité religieuse de l'Europe, relativement préservée depuis 500 ans, est définitivement rompue.

28 L'ÉGLISE DU GESÙ, À ROME

Bâtie aux portes du Vatican en 1568, l'église du Gesù entend manifester la majesté et la puissance de l'Église catholique.

Compare l'église du Gesù avec le temple calviniste présenté à la page 26. Quelles valeurs chaque édifice projette-t-il?

29 L'EUROPE RELIGIEUSE AU XVIᵉ SIÈCLE

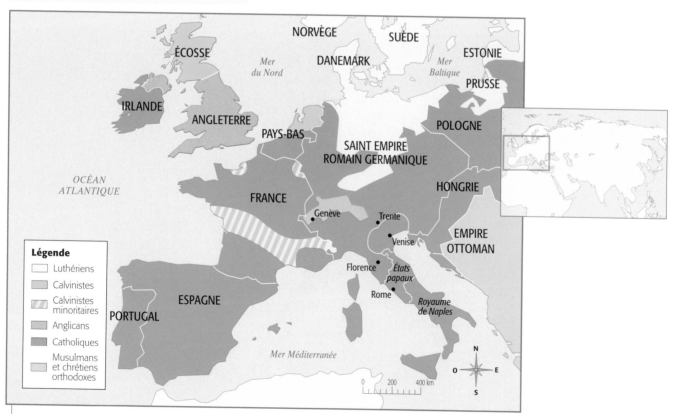

La réforme protestante a-t-elle eu plus de succès au nord ou au sud de l'Europe? Explique ta réponse.

AILLEURS

Le Japon des shoguns

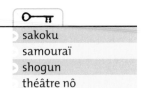

■ Le Japon connaît-il une période de renaissance ?

Le Japon est un long archipel composé de plus de 6000 îles, dont quatre îles principales. Dans ce pays aux montagnes recouvertes de forêts, seulement 20 % des terres sont cultivables et le riz est la principale culture. La pêche, heureusement, procure un supplément appréciable de ressources alimentaires.

Le caractère insulaire et montagneux du Japon l'isole du reste de l'Asie et isole ses populations les unes des autres, sans toutefois empêcher les contacts avec l'étranger. En fait, le Japon a souvent eu des rapports avec ses voisins, la Chine et la Corée, et il a hérité de plusieurs de leurs traits culturels en les adaptant. Par exemple, les Japonais ont emprunté

30 *LA VAGUE*

Le Japon est un pays de typhons. Au XIIIe siècle, un puissant typhon a dispersé une importante flotte mongole qui menaçait le pays. Les Japonais ont nommé ce typhon «kamikaze», qui signifie «vent des dieux». Cette estampe de l'artiste japonais Hokusai représente trois bateaux pris dans un typhon. Au loin, on aperçoit le mont Fuji.

leur écriture à la Chine et ont élaboré, à partir de celle-ci, un système graphique complexe. Ils ont aussi opté pour un système de gouvernement semblable à celui des Chinois. De plus, les Japonais ont adopté le bouddhisme, tout en conservant leur religion locale, le shintoïsme. Ils se sont également approprié divers principes de la philosophie de Confucius, dont l'attachement aux ancêtres.

Longtemps séparé du reste du monde, le Japon a une histoire bien particulière. Étrangement, au moment où l'Europe entre dans la période de la Renaissance, qui met fin au féodalisme du Moyen Âge, un régime de type féodal s'implante au Japon.

shintoïsme
Religion polythéiste et animiste, c'est-à-dire qui croit en plusieurs dieux et qui attribue une âme aux animaux et aux choses. C'est la religion officielle du Japon jusqu'en 1945.

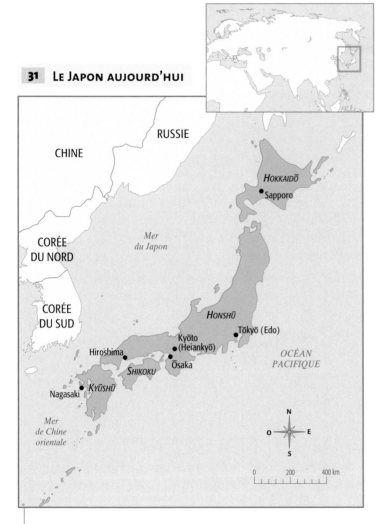

31 LE JAPON AUJOURD'HUI

1 Quelles sont les quatre îles principales du Japon ?

2 Situe Tōkyō, Kyōto et Nagasaki.

Inf **PLUS**

Le pays du Soleil Levant

En japonais, le mot *Japon* (*Nippon*) signifie «origine du Soleil». C'est le nom que les Chinois lui ont donné parce que d'où ils se situent, le Japon est du côté où le soleil se lève, c'est-à-dire à l'est. C'est aussi pour cela que nous, Occidentaux, l'appelons le pays du Soleil Levant. Le soleil a d'ailleurs une importance toute particulière au Japon. Ainsi, le shintoïsme voue un culte à la déesse du Soleil, Amaterasu, qui, selon la légende, serait à l'origine de la famille impériale japonaise.

Le Pays divin

S'inspirant de la légende entourant la déesse du Soleil, un historien japonais du XIVᵉ siècle affirme ce qui suit.

[Le Japon] est un pays divin. Notre pays est le seul à avoir été mis en place par l'Ancêtre divin. Il est le seul à avoir été transmis par la déesse Soleil à la succession de ses descendants. Il n'y a rien de semblable dans des pays étrangers. C'est pourquoi il est nommé le Pays divin.

Chikafusa Kitabatake, 1334.

■ Certaines personnes affirment que l'actuel empereur du Japon est le descendant direct de la déesse du Soleil. Quelle phrase de l'extrait est liée à cette affirmation ?

LA FORMATION D'UNE SOCIÉTÉ FÉODALE

Au début du IIe millénaire, la société japonaise est composée de grandes familles, ou de clans, qui vivent chacune sur un territoire où elles exercent leur autorité.

L'empereur japonais vit à Heiankyō (aujourd'hui Kyōto), entouré d'une cour luxueuse. En principe, il règne sur la totalité du Japon. En pratique, l'empereur n'a qu'un pouvoir symbolique de gardien des traditions et des rituels religieux. Le pouvoir réel est exercé par des régents, c'est-à-dire des nobles de la cour de Heian et des seigneurs de différentes régions qui se disputent le pouvoir.

Le Japon connaît donc son lot de guerres. Le pays est souvent aux prises avec des conflits entre les grands chefs de clans qui dirigent des troupes de soldats. Les chefs vainqueurs, les shoguns, imposent leur autorité et forment un régime de dépendance de type féodal, semblable au régime féodal de l'Occident du Moyen Âge. Ils mettent en place un gouvernement militaire, le shogounat.

La société féodale, qui s'élabore au Japon à partir du XIIe siècle, est composée selon la puissance de chaque groupe social. L'ordre féodal va subsister jusqu'à la fin du XIXe siècle.

La hiérarchie sociale

En plus des paysans, des artisans et des marchands, les groupes suivants font partie de la hiérarchie sociale du Japon des shoguns.

- Le shogun est un seigneur puissant (daïmio) qui a réussi à s'imposer aux autres. Il est en quelque sorte le général suprême. C'est lui qui assure le fonctionnement du gouvernement à la place de l'empereur. Le shogun est assisté du shogounat, constitué de chefs militaires.

- Les daïmios, mot qui signifie «grands noms» en japonais, sont les seigneurs les plus puissants des régions. Ils sont généralement de grands propriétaires terriens. Des seigneurs moins puissants se mettent à leur service, parfois en échange de portions de terre.

- Les samouraïs mettent leurs bras et leur sabre au service du shogun ou d'un daïmio à qui ils jurent fidélité. En échange, ils reçoivent une portion de terre qui assure leur subsistance.

- Les rônins sont des samouraïs sans seigneur. Comme les samouraïs ne peuvent s'employer à autre chose qu'au métier des armes, beaucoup de rônins vivent misérablement.

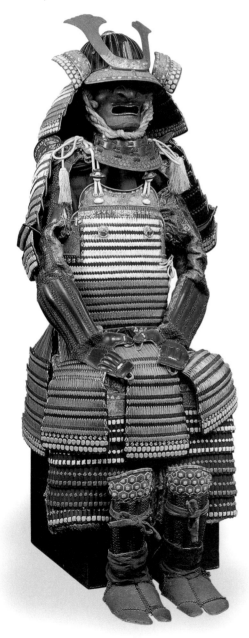

32 **L'ARMURE DU SAMOURAÏ**

Cette armure est faite de minces plaques de métal liées entre elles par des cordes de soie.

Les samouraïs

Le groupe social des guerriers, les samouraïs, est au cœur du régime féodal des shoguns. Le samouraï est un peu comme le chevalier du Moyen Âge européen. Il se définit par le métier des armes. Il est le seul à avoir le droit de porter le sabre. Sa conduite est guidée par un code strict, le *bushidô*, c'est-à-dire la «voie du guerrier». Le *bushidô* valorise le courage et la loyauté, l'honneur et la fidélité absolue au seigneur. On attend de celui qui trahit ce code qu'il se fasse hara-kiri, c'est-à-dire qu'il se suicide selon le rituel.

La voie du samouraï

Le *bushidô* est un code d'honneur très strict. En voici de courts extraits, rapportés par un samouraï du XVIIe siècle.

La Voie du Samouraï se trouve dans la mort. Quand le samouraï est présenté devant un choix, il n'a que celui, rapide, de la mort. Ce choix n'est pas particulièrement difficile. Soyez déterminé à l'avance. Prétendre que mourir sans avoir atteint son but est mourir comme un chien est une remarque frivole [...] continuer à vivre alors qu'on n'a pas atteint son but n'est que lâcheté. [...]

Un bon vassal* est sincère dans l'importance qu'il accorde à son maître. Cette qualité fait les meilleurs des vassaux. [...] C'est plus de chance si, en plus de cela, on a de la sagesse et du talent et la capacité de les utiliser. Mais même un bon à rien extrêmement maladroit sera un vassal en qui on peut avoir confiance s'il possède assez de détermination pour penser avec sincérité à son maître. Ne posséder que sagesse et talent est le plus bas niveau de l'inutilité.

Yamamoto, *Hagakure,* vers 1690.

* Vassal : Samouraï qui a juré fidélité à un seigneur.

1 Selon ces extraits, quelles sont les principales qualités d'un samouraï?

2 Parmi ces qualités, laquelle paraît la plus importante?

33 **LE SABRE SHINTO**

Le sabre est l'arme du samouraï. Quand les Européens introduisent les armes à feu au Japon, les samouraïs les considèrent comme déshonorantes, car elles ne permettent pas le combat corps à corps et les empêchent de prouver leur bravoure.

34 L'ARRIVÉE DES MARCHANDS PORTUGAIS

Les marchands portugais sont les premiers Européens à débarquer au Japon. On les voit ici accompagnés de missionnaires jésuites.

TOKUGAWA IEYASU

Trente ans à l'avance, Tokugawa Ieyasu (1542-1616) a préparé sa montée au pouvoir. Pour le récompenser de ses succès militaires, l'empereur l'autorise à prendre le nom de Tokugawa, qui signifie « rivière vertueuse ». Cela lui permet de s'inventer un lien avec la famille régnante des Minamoto, réputée d'origine impériale, et de légitimer son autorité.

L'ÈRE DES TOKUGAWA

Au milieu du XVIe siècle, des marchands portugais commencent à fréquenter les côtes du Japon et à y faire du commerce. Ils sont souvent accompagnés de missionnaires jésuites. Ils seront suivis par des marchands espagnols et hollandais.

Peu après l'arrivée des Européens au Japon, une nouvelle ère débute, l'ère d'Edo, ou encore l'ère des Tokugawa. Tokugawa Ieyasu en est à l'origine. C'est un puissant daïmio qui possède de vastes propriétés terriennes. Il obtient le titre de shogun en 1603 et sa famille le conservera pendant deux siècles et demi.

Tokugawa s'emploie à unifier et à pacifier le Japon, ainsi qu'à centraliser le gouvernement (la capitale passe de Kyōto à Edo, l'actuelle ville de Tōkyō). Il ordonne que soient abattus les seigneurs rebelles, confisque leurs terres et les redistribue à ses alliés. Il prend le contrôle des infrastructures (ports, routes, mines) et des grandes villes, et il monopolise le commerce.

Un ordre social très strict

Pour assurer la paix sociale, Tokugawa instaure un ordre social strict. Juste au-dessous de la classe dirigeante, formée par les daïmios et les samouraïs, il place les paysans, qui représentent 90 % de la société japonaise. Viennent ensuite les artisans, et enfin les marchands, tout en bas de l'échelle sociale. Le développement du commerce a enrichi les marchands bien plus que les samouraïs. C'est donc pour préserver la loyauté des samouraïs envers le régime shogounal que Tokugawa réserve à ces derniers une place en haut de la hiérarchie sociale. Les marchands, qui sont quant à eux relégués au bas de l'échelle, se trouvent ainsi affaiblis.

Pour maintenir l'ordre social, Tokugawa édicte des règles entourant les droits et les obligations des différents groupes sociaux. En voici quelques exemples.

o   Il est interdit aux nobles de la cour de porter des armes et il leur est fortement conseillé d'étudier les lettres.

Inf PLUS

Shogun, un roman historique

Certains romans redonnent parfois vie à l'histoire. C'est le cas du roman de James Clavell, *Shogun : le roman des samouraïs*, publié dans les années 1970. L'auteur y fait revivre le Japon des shoguns à l'arrivée des Européens. Le récit tourne autour d'un marin anglais qui, après s'être échoué sur les côtes du Japon, s'intègre à la société japonaise, devient samouraï et vit diverses aventures.

- Il est interdit aux daïmios de construire plus d'un château et ils ne peuvent renforcer le leur. Ils sont obligés de demeurer à Edo une année sur deux et d'y laisser leurs femmes et leurs enfants, qui constituent alors des otages.

- Les simples samouraïs doivent quitter les campagnes et habiter près du château de leur maître sans autre activité que de se tenir à sa disposition. (Avec les longues périodes de paix, beaucoup de samouraïs se trouvent sans emploi et sans suzerain. Ils deviennent alors des rônins ou bien ils renoncent au métier des armes pour se faire paysans.)

- Les paysans ne peuvent vendre ou abandonner leur terre.

L'isolement du Japon

Le Japon est ouvert au commerce européen depuis à peine un demi-siècle. Les Tokugawa en ordonnent néanmoins la fermeture, toujours dans le but de conserver la paix. Les marchands et les missionnaires chrétiens sont chassés du pays. Seuls deux navires hollandais sont autorisés à venir commercer dans le port de Nagasaki une fois par année. Les Japonais eux-mêmes ne peuvent plus aller à l'étranger, ni en revenir s'ils y sont établis. Entre les années 1630 et 1854, le Japon restera presque complètement fermé à l'Occident. C'est ce qu'on a appelé le sakoku.

35 LE PORT DE NAGASAKI

À l'époque de la fermeture du Japon aux étrangers, seuls deux bateaux hollandais sont autorisés à entrer au port de Nagasaki une fois par année. C'est alors l'unique contact du Japon avec le monde occidental.

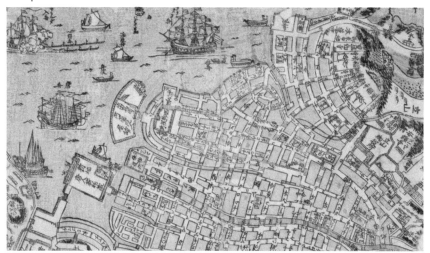

Des douaniers très sévères

Dans l'extrait suivant, un commerçant hollandais du XVIIIe siècle décrit les pratiques de la douane japonaise à l'époque de la fermeture du Japon aux étrangers.

Tout Européen est d'abord visité sur le vaisseau, et ensuite à terre ; on fouille dans ses poches, on tâte ses habits, on lui passe la main sur le corps, sur les cuisses même, jusque sur les parties de ceux d'un rang inférieur, et on cherche dans les cheveux des esclaves. […] Quant aux caisses que l'on embarque ou que l'on débarque, ils les font quelquefois ouvrir et vider devant eux, pièce par pièce, et sondent les planches qu'ils soupçonnent pouvoir être creuses. Ils enfoncent des broches de fer dans les baquets à beurre et dans les pots de confiture. On fait un trou carré dans les fromages, et on les sonde avec des aiguilles en différents endroits. Je leur ai vu pousser la méfiance jusqu'à casser des œufs que nous avions apportés de Batavia*, pour s'assurer si l'on n'y avait rien caché. […] Les friponneries des Européens, leurs ruses pour introduire des marchandises de contrebande, justifient à certains égards la méfiance et les précautions des Japonais.

_____

* Batavia : Actuelle ville de Jakarta (capitale de l'Indonésie).

Qu'est-ce qui, selon le commerçant, explique la vigilance des douaniers japonais ?

Le haïku classique

Voici trois haïkus classiques du XVIIe et du XVIIIe siècle. Malheureusement, la traduction française ne permet pas de conserver les 17 syllabes.

On rallonge
Une patte de l'aigrette
En y ajoutant celle du faisan.

Matsuo Bashō

Sur l'éventail
Je mets le vent venant du mont Fuji.
Voilà le souvenir d'Edo.

Matsuo Bashō

Un cerf-volant flotte
Au même endroit
Où il flottait hier.

Yosa Buson

■ À ton tour, essaie d'écrire un haïku.

UNE CIVILISATION ORIGINALE

La paix et l'unification du pays sous le gouvernement stable des Tokugawa favorisent la croissance de l'économie. Les villes grandissent et les marchés prospèrent. Les artisans et les marchands s'enrichissent et obtiennent une certaine influence, malgré les efforts du gouvernement shogounal pour les affaiblir. Par ailleurs, l'instruction se généralise. Tous ces facteurs permettent l'émergence d'une culture originale.

Pour tenter de mieux définir leur identité, les Japonais ont façonné leur culture en s'inspirant des formes d'art traditionnelles. Ainsi, la culture japonaise se distingue surtout dans la poésie, le théâtre et la peinture, qui atteignent des niveaux de raffinement inégalés. Au Japon, par ailleurs, des activités toutes simples prennent des formes artistiques très élaborées. Il en est ainsi de l'art de servir le thé (*cha-no-yu*), ou encore de préparer un arrangement floral (*ikebana*). Un simple jardin devient un discours concret sur la beauté de la nature.

La poésie

La poésie japonaise se distingue par l'art du haïku, qui apparaît dans la deuxième moitié du XVIIe siècle. Le haïku est un poème miniature de trois vers qui contient 17 syllabes (en japonais). Dans un style simple, le haïku évoque des sentiments profonds.

36 **UN JARDIN JAPONAIS**

Ce jardin de sable blanc incite à la méditation. Le sable est ratissé chaque jour pour donner l'illusion d'un océan tranquille. Les pierres de formes irrégulières et de tailles différentes y sont placées de façon bien précise.

Le théâtre

Le théâtre nô, dont les premières représentations sont données au XVe siècle, est un théâtre très sobre qui s'adresse aux nobles et à l'élite des samouraïs. Dans le théâtre nô, les acteurs portent des masques de porcelaine et interprètent, avec des gestes très lents, des thèmes bouddhistes ou des récits épiques. Les acteurs sont tous des hommes, ils doivent donc aussi jouer des rôles de femmes.

Les artisans et les marchands des villes préfèrent le kabuki, un théâtre plus léger, où des acteurs en costumes colorés et aux mouvements exagérés jouent des mélodrames et des comédies.

La peinture

Les artistes japonais excellent dans la peinture et l'impression de paysages sur soie ou sur papier. Durant la période des Tokugawa, un art important prend naissance dans les villes, celui de la gravure. Les gravures japonaises, aussi appelées «estampes», auront beaucoup de succès en Europe au XXe siècle. C'est entre autres par ces estampes que l'Occident apprendra à connaître le Japon.

38 UN MASQUE DU THÉÂTRE NÔ

Ce masque, qui représente un jeune moine, a été créé au XIVe siècle.

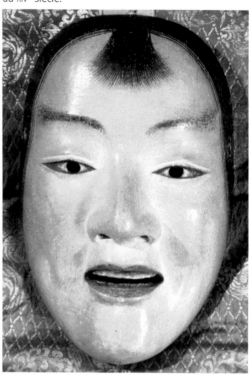

37 UNE ESTAMPE DE L'ARTISTE HOKUSAI

Le peintre japonais Hokusai (1760-1849) est renommé pour ses estampes. Celle-ci a été réalisée en 1800.

Nomme tous les éléments qui représentent le Japon sur cette estampe.

PENSER EN HISTOIRE

■ De quoi est faite l'éducation idéale selon les humanistes?

L'éducation de Pantagruel

Pantagruel est le titre du premier roman de François Rabelais, paru en 1532. Il raconte l'histoire du géant Pantagruel, qui fréquente différentes universités et qui observe le comportement des étudiants. Dans l'extrait ci-contre, le jeune Pantagruel reçoit des conseils de son père, Gargantua, pour ses études. Cette lettre reflète bien l'éducation que prônent les humanistes à la Renaissance.

— Analyse l'extrait de *Pantagruel* à l'aide des questions suivantes.

1 Quelles sont les matières que le jeune Pantagruel doit étudier? Dresses-en une liste.

2 Qu'est-ce que Pantagruel doit ignorer?

3 Quelle importance Gargantua accorde-t-il aux savoirs des Anciens?

4 En quoi le programme d'étude proposé à Pantagruel est-il représentatif des valeurs humanistes?

5 Est-ce qu'un tel programme pourrait être appliqué à notre époque? Explique ta réponse.

FRANÇOIS RABELAIS

François Rabelais (vers 1483-1553) est le meilleur représentant de la littérature humaniste de la Renaissance. Comme moine, il étudie la théologie, puis le droit et la médecine, les écrits des Anciens et les autres sciences de son époque. Écrivain, Rabelais crée des situations comiques avec un vocabulaire inventif. Son écriture, qui met en scène des « héros » du quotidien, reflète bien l'idéal humaniste.

Un programme d'étude

C'est pourquoi, mon fils, je t'exhorte à employer ta jeunesse à bien progresser dans tes études […] je veux que tu apprennes les langues à la perfection : premièrement le grec […] deuxièmement le latin ; et puis l'hébreu pour l'Écriture sainte, le chaldéen*, et l'arabe pareillement. Je souhaite que tu formes ton style en imitant Platon pour le grec et Cicéron pour le latin.

Qu'aucun fait de l'Antiquité ne soit absent de ta mémoire ! Sur ce point, tu seras aidé par le savoir des auteurs qui en ont écrit.

Des arts libéraux, géométrie, arithmétique et musique, je t'ai donné le goût quand tu étais petit, vers l'âge de cinq ou six ans. Persévère ! De l'astronomie, apprends toutes les règles, mais je t'en prie, fuis les prédictions astrologiques […] Du droit civil, je veux que tu saches par cœur les beaux textes, et que tu les rapproches avec sagesse.

Quant à la connaissance des faits naturels, je veux que tu t'y adonnes avec soin : qu'il n'y ait mer, rivière, ni source dont tu ne connaisses les poissons ; tous les oiseaux du ciel ; tous les arbres, les arbustes et les taillis des forêts, toutes les herbes de la terre, tous les métaux cachés au ventre des abîmes, les pierreries de l'Orient et du Midi, que tous te soient connus. Ensuite, feuillette soigneusement les livres des médecins grecs, arabes et latins, sans dédaigner les Talmudistes et les Cabalistes**, et par de fréquentes dissections, acquiers une connaissance parfaite de l'autre monde qu'est l'homme. Et chaque jour, commence à lire l'Écriture sainte : d'abord en grec le *Nouveau Testament* et les *Épîtres* des apôtres, puis en hébreu l'*Ancien Testament*.

En somme, que je voie en toi un abîme de science, car maintenant que tu deviens un homme et que tu te fais grand, il te faudra renoncer à la tranquillité et au repos de l'étude : tu vas devoir apprendre l'art de la chevalerie et les armes.

---

* Chaldéen : Langue ancienne qui était parlée en Mésopotamie. Elle est utile pour comprendre les textes sacrés.
** Talmudistes et Cabalistes : Personnes qui étudient les commentaires juifs de l'Ancien Testament.

Inf PLUS

La science sans conscience...

Gargantua demande également à Pantagruel de ne jamais perdre de vue que la « science sans conscience n'est que ruine de l'âme ». Il veut dire par là qu'acquérir des savoirs ne doit pas faire oublier la religion. Bien que les humanistes critiquent l'Église, l'époque reste très religieuse et Rabelais en est conscient.

- ✓ J'analyse un extrait de roman.
- ✓ Je relève les valeurs humanistes de la Renaissance.
- ✓ Je fais un lien entre le passé et le présent.

LE PATRIMOINE DE L'HUMANITÉ

■ Quel héritage l'humaniste Léonard de Vinci nous a-t-il laissé?

L'œuvre de Léonard de Vinci

On dit de Léonard de Vinci qu'il incarne à la perfection l'humanisme de la Renaissance. Parmi les œuvres du patrimoine de l'humanité, ses réalisations occupent une place considérable. Voici une sélection de ses œuvres et de ses écrits.

— Analyse ces documents puis réponds aux questions suivantes.

1 Montre en quoi le travail de Léonard de Vinci représente les valeurs humanistes.

2 À ton avis, l'œuvre de Léonard de Vinci est-elle essentiellement artistique? Explique ta réponse.

LÉONARD DE VINCI

Léonard (1452-1519) est né dans la petite ville italienne de Vinci (près de Florence), d'où son nom. Très tôt, il se distingue comme peintre. Mais il manifeste également ses talents en architecture, en sculpture, en sciences et en technologie. Les puissants de l'époque se l'arrachent. Il séjourne tour à tour à Milan, à Florence, à Rome, et il finit ses jours en France, où le roi François Ier l'a invité. Le portrait de Léonard de Vinci ci-contre a été réalisé par l'artiste lui-même.

La science et l'expérience

● Beaucoup se croiraient le droit de me critiquer sous prétexte que mes démonstrations contredisent l'autorité de certains auteurs, que leurs jugements inexperts tiennent en grand respect, sans voir que mes recherches dérivent de la pure et simple expérience, la vraie maîtresse […]

● Ceux qui s'adonnent à la pratique sans science sont comme le navigateur qui monte sur un navire sans gouvernail ni boussole. Toujours la pratique doit être édifiée sur la bonne théorie.

● Avant de faire d'un cas une règle générale, expérimente-le deux ou trois fois et regarde si les expériences produisent les mêmes effets.

● Aucune investigation humaine ne peut s'appeler vraie science si elle ne passe par des démonstrations mathématiques.

Un vêtement de survie

Comment se sauver pendant la tempête ou le naufrage en mer. Il faut un vêtement de cuir avec, sur la poitrine, un double ourlet, de la largeur du doigt, également double depuis la ceinture jusqu'au genou ; que le cuir dont il est fait soit complètement imperméable à l'air. Si tu es obligé de te jeter à la mer, gonfle les pans du vêtement par les ourlets de la poitrine et précipite-toi à l'eau.

40 UNE GRANDE ROUE ACTIONNÉE PAR L'ÉNERGIE HUMAINE

41 LES PROPORTIONS HUMAINES PARFAITES

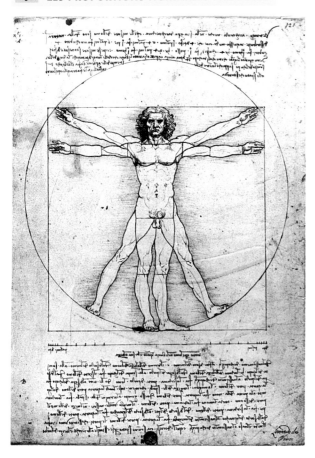

42 UN FŒTUS HUMAIN

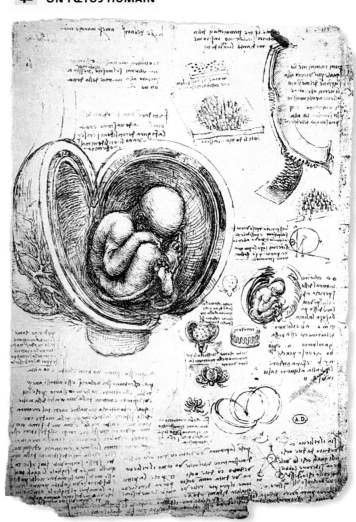

43 LE PLAN D'UNE ÉGLISE

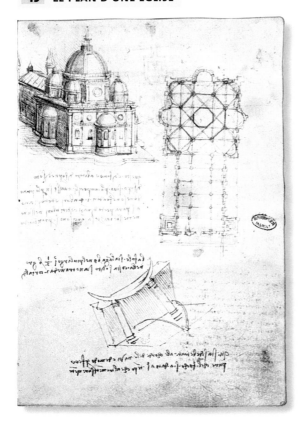

La perspective

Il est trois sortes de perspectives ; la première relative aux causes de la diminution, ou, comme on l'appelle, à la perspective diminutive des objets à mesure qu'ils s'éloignent de l'œil. La seconde est la manière dont les couleurs se modifient en s'éloignant de l'œil. La troisième et dernière consiste à définir comment les objets doivent être achevés avec d'autant moins de minutie qu'ils sont plus éloignés. Et leurs noms sont : perspective linéaire, perspective de la couleur, perspective de la diminution.

La peinture

Le peintre ne produira qu'une peinture de peu de mérite s'il prend modèle celle d'autrui, mais, s'il apprend de la nature, il donnera de bons fruits. [...] le peintre qui dessine de pratique et au jugé de l'œil, sans critique rationnelle, est pareil au miroir qui reproduit tout ce qu'on met en face de lui sans savoir ce que c'est.

L'ombre et la lumière

En peinture, le principal est que celle-ci soit composée d'ombres et de lumières, c'est-à-dire de clair et d'obscur. La lumière et l'ombre ont également un moyen terme, qui participe dans les deux et, selon le cas, se rapproche plus de l'un ou de l'autre.

FAIRE LE POINT

A

✓→ **Je m'intéresse à des acteurs qui ont pris part à l'essor de l'humanisme.**

Comment chacun des personnages suivants a-t-il contribué au développement de l'humanisme?

- Léonard de Vinci
- Didier Érasme
- François Rabelais

B

✓→ **Je détermine les causes et les conséquences de la Réforme.**

Dans un schéma semblable à celui-ci, inscris les causes et les conséquences de la réforme protestante.

Causes	Réforme	Conséquences

C

✓→ **Je précise un concept.**

Parmi les concepts particuliers du chapitre, choisis-en trois qui, selon toi, caractérisent le mieux le concept central d'humanisme. Justifie brièvement chacun de tes choix.

D

✓→ **Je compare l'Europe de la Renaissance avec le Japon de la même époque.**

En quelques lignes, compare la culture de la société européenne de la Renaissance avec celle du Japon de la même époque.

✓→ **Je reconnais des éléments qui caractérisent l'époque de la Renaissance.**

Observe cette peinture de Hans Holbein, intitulée *Les Ambassadeurs* (1533). Quels éléments évoquent la Renaissance ?

✓→ **Je détermine les caractéristiques de l'humanisme.**

Dans un court texte, présente les principales caractéristiques de l'humanisme.

CONSTRUIRE SA CONSCIENCE CITOYENNE

A

Individu ou collectivité ?

Les humanistes de la Renaissance mettent l'individu au centre de leurs préoccupations. Encore aujourd'hui, notre société accorde une place très importante à l'individu et aux libertés individuelles.

Selon toi, est-ce que les libertés individuelles nuisent à la collectivité ? Explique ton point de vue.

B

Les sciences et l'humanisme

De nos jours, les sciences permettent à l'homme de conquérir l'espace, de faire des interventions chirurgicales très poussées, de développer les télécommunications, etc.

1. Nomme quelques-unes des valeurs humanistes dans notre société. Lesquelles sont à la base des avancées scientifiques ? Donne des exemples.

2. Est-ce que toutes les avancées scientifiques vont dans le sens des valeurs humanistes ? Explique ta réponse.

C

L'art autour de toi

L'art occupe une très grande place dans notre société (danse, musique, cinéma, théâtre, peinture, etc.).

1. Quelles formes d'art t'intéressent le plus ? Pourquoi ?

2. Quelles valeurs ces formes d'art véhiculent-elles ? Est-ce que ce sont des valeurs humanistes ? Donne des exemples.

D

L'humanisme à l'école

1. Quelles sont les valeurs véhiculées par l'école?

2. S'agit-il de valeurs humanistes? Pourquoi?

3. À ton avis, quelle valeur est la plus importante à l'école? Explique ta réponse.

✓ Je relève des valeurs à la base de notre société.

✓ Je fais un lien entre le passé et le présent.

✓ Je découvre des façons de faire progresser les valeurs humanistes.

OPTION **PROJET**

L'humanisme à notre époque… une question de valeurs

MISSION

Tu as monté un dossier sur les valeurs humanistes dans notre société.

1. Présentation du projet

a) Quelle forme vas-tu donner à la présentation de ton dossier?

b) As-tu dressé la liste des principales valeurs de notre société?

c) Quelles informations as-tu recueillies sur les trois personnalités que tu as choisies? Dans quels domaines œuvrent-elles?

d) As-tu identifié les principales valeurs que ces personnalités défendent? Assure-toi de donner quelques exemples qui illustrent leurs idées et leur action.

e) En quoi les valeurs défendues par ces personnalités sont-elles des valeurs humanistes?

2. Conclusion

a) Selon toi, peut-on dire que les valeurs de notre société trouvent leur origine dans les idées des humanistes de la Renaissance? Pourquoi?

b) Qu'en pensent tes camarades? Arrivent-ils à la même conclusion?

CONSTRUIRE SA CONSCIENCE CITOYENNE　　**47**

Chapitre **2**

L'expansion européenne dans le monde

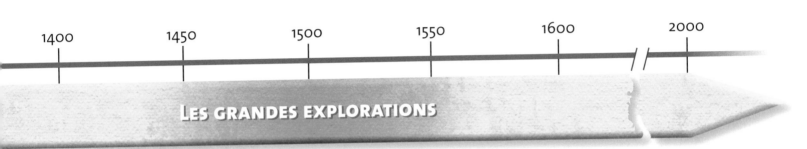

1400   1450   1500   1550   1600   2000

LES GRANDES EXPLORATIONS

Ce chapitre te fera remonter à la Renaissance, période au cours de laquelle a lieu l'expansion de l'Europe. C'est durant cette époque que des pays d'Europe vont fonder des colonies et mettre sur pied des comptoirs pour le commerce un peu partout dans le monde. Tu découvriras, entre autres :

- les motifs et les conditions qui favorisent ces découvertes ;
- les expéditions elles-mêmes ainsi que leurs enjeux ;
- le développement et l'organisation du colonialisme commercial ;
- l'effet des expéditions sur les populations locales et les territoires colonisés.

Tu auras également l'occasion de répondre à tes propres interrogations sur les conséquences de l'expansion européenne dans le monde.

HISTOIRE

De nos jours, pratiquement tous les territoires de la Terre sont connus et même exploités. Vers 1450, il en est tout autrement : les Européens ne connaissent pas encore l'Amérique et ils n'ont qu'une très vague connaissance de l'Asie et de l'Afrique. Deux siècles plus tard, des marins européens, parfois accompagnés de soldats et de missionnaires, auront débarqué sur les autres continents et établi des comptoirs commerciaux ou des colonies.

Quelles sont les conséquences de l'expansion européenne dans le monde ?

SOMMAIRE

CONCEPTS

VOICI LES CONCEPTS EXPLORÉS DANS CE CHAPITRE.

CONCEPT CENTRAL
- économie-monde

CONCEPTS PARTICULIERS
- colonisation
- commerce
- culture
- empire
- enjeu
- esclavage
- grandes découvertes
- technologie
- territoire

CES CONCEPTS TE SONT-ILS FAMILIERS?
Tente dès maintenant de définir chacun de ces concepts à ta manière. Au cours de tes lectures, tu pourras préciser tes définitions.

CITOYENNETÉ

Depuis des siècles, les pays occidentaux exploitent les ressources des pays pauvres. Ils vont chercher les produits dont ils ont besoin et ils installent leurs usines là où les salaires sont très bas.

Comment qualifierais-tu les rapports économiques et culturels entre les pays?

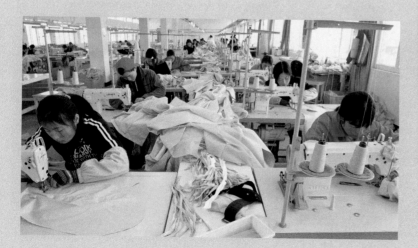

OPTION **PROJET**

L'équité économique

MISSION

Enquête sur les rapports économiques entre les pays développés et les pays en voie de développement.

- Choisis un pays développé et un pays en voie de développement.
- Informe-toi sur les relations économiques et les échanges commerciaux entre ces deux pays.
- Demande-toi si les rapports économiques influencent des aspects culturels (langue, art, mode, etc.) du pays que tu as choisi.
- Suggère des mesures qui permettraient des rapports plus justes entre ces deux pays.

OÙ ET QUAND?

- Quelles régions du monde sont explorées par les Européens?

- À quelle époque?

L'époque des grandes explorations

Au début du XVe siècle, les Européens connaissent très peu les autres continents et encore moins les peuples qui vivent dans ces contrées éloignées. Ils ne soupçonnent même pas l'existence de l'Amérique et de l'Australie, par exemple. Les Européens ont des liens avec le nord de l'Afrique, mais le reste du continent demeure mystérieux à leurs yeux. L'Asie leur est aussi peu connue.

À cette époque, le commerce maritime avec l'Orient est aux mains des Arabes. Ceux-ci contrôlent les routes maritimes et terrestres vers l'Asie. De plus, ce sont les Italiens de Venise et de Gênes qui sont les intermédiaires privilégiés des Arabes. Cela ne plaît d'ailleurs pas aux autres commerçants européens.

Toutefois, la situation change de façon radicale en 1453: les Turcs, qui contrôlent le pourtour de la mer Méditerranée, s'emparent de Constantinople. Ils rendent ainsi l'accès à l'Asie plus difficile. Les grands royaumes européens devront donc trouver d'autres passages pour accéder à cette partie du monde.

1   **UNE CARTE DU MONDE AU XVe SIÈCLE**

Cette carte est attribuée au mathématicien et géographe florentin Paolo Toscanelli. Elle date de la fin du XVe siècle. Elle s'inspirerait d'une carte de Ptolémée, géographe grec du IIe siècle.

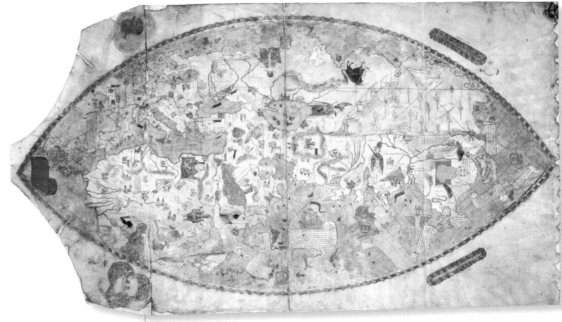

Quelles parties du monde peux-tu situer sur cette carte?

2   LE MONDE CONNU DES EUROPÉENS AU XVᵉ SIÈCLE

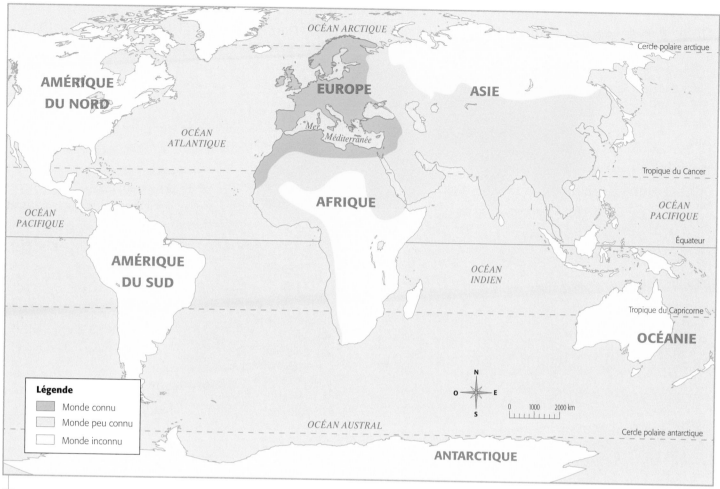

OCÉAN ARCTIQUE

Cercle polaire arctique

AMÉRIQUE DU NORD

EUROPE

ASIE

OCÉAN ATLANTIQUE

Mer Méditerranée

Tropique du Cancer

AFRIQUE

OCÉAN PACIFIQUE

OCÉAN PACIFIQUE

Équateur

AMÉRIQUE DU SUD

OCÉAN INDIEN

Tropique du Capricorne

OCÉANIE

Légende
- ▨ Monde connu
- ▨ Monde peu connu
- ☐ Monde inconnu

OCÉAN AUSTRAL

Cercle polaire antarctique

ANTARCTIQUE

N
O   E
S

0   1000   2000 km

1 Quels sont les territoires inconnus des Européens au XVᵉ siècle ?

2 Où sont-ils situés par rapport à l'Europe ?

3   LES DANGERS DE L'INCONNU

Les Européens s'imaginent que le monde inconnu est peuplé de monstres marins et de dangers. C'est ce qu'illustre cette carte gravée sur bois de Sebastian Münster, célèbre cartographe du XVIᵉ siècle.

DES DÉCOUVERTES ET DES EXPLORATEURS

Les explorateurs européens vont tenter de se rendre en Asie en passant par l'océan Atlantique. C'est ainsi qu'ils découvriront d'autres territoires, l'Amérique par exemple. Au cours de leurs périples, ils rencontreront des peuples inconnus d'eux, dont les Amérindiens qui vivent en Amérique. On parlera de cette époque comme de celle des « grandes découvertes ».

En général, les historiens situent cette période entre le milieu du XVe siècle et le milieu du XVIe siècle, soit au cours de la Renaissance.

4 ■ LES ITINÉRAIRES DES GRANDS EXPLORATEURS

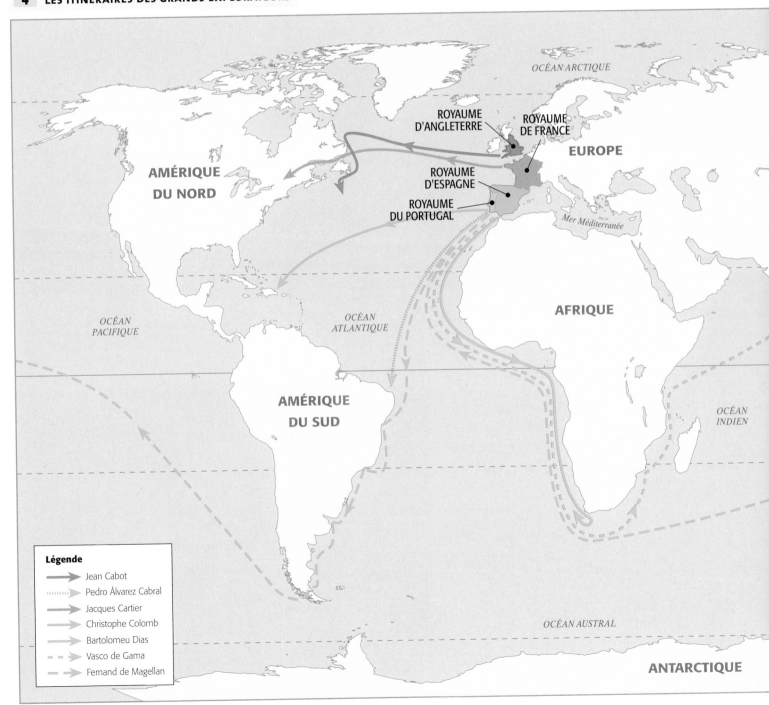

JEAN CABOT
Il atteint Terre-Neuve et les côtes
de l'Amérique du Nord en 1497.

PEDRO ÁLVAREZ CABRAL
Il découvre le Brésil en 1500.

JACQUES CARTIER
Il explore le golfe et la vallée
du Saint-Laurent de 1534 à 1541.

CHRISTOPHE COLOMB
Il découvre l'Amérique en 1492.

BARTOLOMEU DIAS
Il contourne l'Afrique et atteint
le cap de Bonne-Espérance en 1488.

VASCO DE GAMA
Il contourne l'Afrique en 1497,
puis atteint l'Inde en 1498.

FERNAND DE MAGELLAN
Son équipage effectue le premier
tour du monde de 1519 à 1522.

Inf⊕ PLUS

Découvertes ou expéditions?

Dans plusieurs cas, il s'agit de découvertes pour les Européens uniquement. Ainsi l'Amérique avait été peuplée bien avant par des populations venues d'Asie. C'est pourquoi certains historiens préfèrent parler de «grandes expéditions» plutôt que de «grandes découvertes».

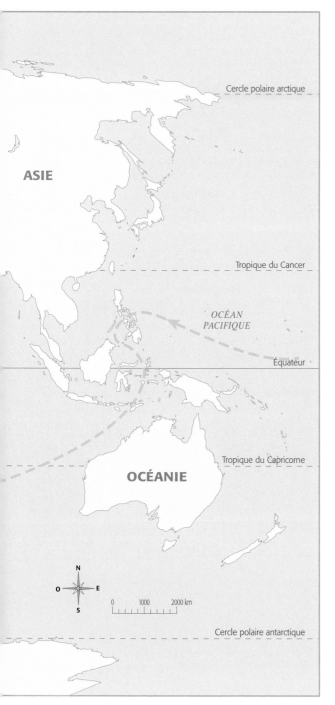

EXPLORATION
Vers un nouveau monde

À partir de la seconde moitié du XVe siècle, les guerres qui sévissaient en Europe sont en voie de se terminer et les conditions sont favorables au développement économique.

Le grand commerce est de plus en plus présent. Fascinés par l'Orient et ses richesses, les nobles et les riches marchands rêvent d'épices, d'or et d'autres produits de luxe. L'attrait pour ces produits est d'ailleurs attisé par de nombreux récits de voyage, comme celui de Marco Polo.

Quelques merveilles, selon Marco Polo

À peine écrite, l'œuvre de Marco Polo est traduite en une dizaine de langues. La découverte de l'imprimerie accroît encore sa diffusion et son succès. Il faut dire que le récit, dont voici quatre extraits, a tout pour exciter l'imagination.

Le palais du Grand Khan

Les murs du palais et des chambres sont tout couverts d'or et d'argent, et peints de dragons, bêtes, cavaliers et images de plusieurs autres espèces de choses. Et la couverture n'est faite que d'or, d'argent et de peinture. La salle est si grande et si large que bien y mangeraient six mille personnes. Il y a tant de chambres que c'est merveille à voir. Il est si grand, si beau et si riche qu'il n'y a homme au monde qui le pût mieux ordonner.

La ville de Quinsay (Hang-tcheou)

La dite cité de Quinsay est si grande qu'elle a bien cent milles de tour. Elle a douze mille ponts de pierre si hauts que par-dessous passerait bien un grand navire. [...] Il y avait tant de marchands et si riches, et qui faisaient un si grand commerce, qu'il n'est homme qui en sût dire la vérité.

La cité de Caiton

En cette cité est le port de Caiton, où viennent toutes les nefs* de l'Inde qui apportent les épices et autres marchandises précieuses [...] Y arrive-t-il une si grande quantité de marchandises, de pierres précieuses et de perles, que c'en est une chose merveilleuse [...] Et je vous dis que pour une nef de poivre qui arrive à Alexandrie ou autre part pour être portée en terre de Chrétiens, il en vient cent et plus à ce port de Caiton.

Cinpingu

Cinpingu** : [...] est une île très grandissime. Les habitants [...] ont tant d'or que c'est sans fin, car ils le trouvent dans leurs îles. [...] Sachez qu'il y a un grand palais qui est tout couvert d'or fin, comme nos églises sont couvertes de plomb, ce qui vaut tant qu'à peine le pourrait-on compter. Et encore, tous les pavements du palais et des chambres sont tout d'or, en dalles épaisses de bien deux doigts ; et les fenêtres sont aussi d'or fin ; de sorte que ce palais est de si démesurée richesse que nul ne le pourrait croire. On y trouve aussi beaucoup de pierres précieuses.

Marco Polo, *Le livre des Merveilles du monde*, 1298.

* Nef : Navire à voile.
** Cinpingu : Japon.

Quels éléments du récit sont susceptibles de soulever l'enthousiasme des Européens ?

LES RÉCITS DE MARCO POLO

Vers la fin du XIIIᵉ siècle, Marco Polo, âgé de 17 ans, part avec son oncle et son père commercer en Chine, alors connue sous le nom de Cathay. Ce commerçant de Venise restera en Orient près de 20 ans.

À son retour en Europe, Marco Polo fait le récit de son voyage dans le *Livre des Merveilles*. L'ouvrage connaît un succès sans précédent. Les Européens, éblouis par tant de richesses, veulent plus que jamais se rendre dans ces contrées.

Toutefois, après la prise de Constantinople, les Européens devront trouver de nouvelles voies pour se rendre en Orient. C'est ce qui poussera les grands royaumes, en particulier celui du Portugal et d'Espagne, à se lancer dans des expéditions.

CONCEPT

Que veut-on dire par économie-monde **?**

Le concept d'économie-monde a été élaboré par des historiens dans la seconde moitié du XXᵉ siècle. Il permet de décrire le réseau économique qui se constitue dans le monde à la suite des explorations, puis de la mise sur pied de colonies par les Européens aux XVIᵉ et XVIIᵉ siècles.

Dans cette séquence, tu auras l'occasion d'approfondir ta compréhension de l'économie-monde, de ses caractéristiques et de ses enjeux. Tu verras aussi en quoi le monde et ses populations s'en trouvent transformés de façon radicale.

6 **LA RÉCOLTE DU POIVRE**

Cette miniature est tirée du *Livre des Merveilles du monde* de Marco Polo.

- Quelles motivations poussent les Européens à se lancer dans des expéditions?

- Quelles conditions favorisent ces expéditions?

géocentrisme
héliocentrisme
latitude
longitude
portulan

Des motivations et des conditions favorables

Dans la seconde moitié du XVe siècle, des motivations politiques, économiques et religieuses poussent les princes et les marchands à se lancer dans de grandes expéditions.

DES MOTIVATIONS

Les princes et les marchands européens veulent accroître leur richesse et consolider leur puissance. C'est ce qui les pousse à s'intéresser de plus en plus à l'Orient.

De plus, les conditions de vie de la population en Europe s'améliorent et la population augmente. Cela entraîne une hausse de la demande de biens. Les pays européens doivent donc trouver de nouvelles sources d'approvisionnement, en Orient notamment.

Des épices et de la soie

Les Européens de l'époque sont particulièrement avides de soieries et d'épices. La soie, bien sûr, leur permet de confectionner des vêtements luxueux. Quant aux épices, elles sont utilisées pour rehausser le goût des aliments et pour conserver la viande. On s'en sert également pour fabriquer des médicaments. Toutefois, leur prix très élevé incite les Européens à se les procurer directement en Orient, sans passer par des intermédiaires italiens et arabes.

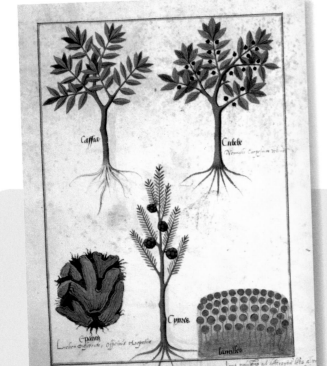

Inf PLUS

Des épices

Le poivre, la cannelle, le clou de girofle, le gingembre et la muscade sont les principales épices recherchées. Le poivre en particulier est très couru, sa valeur pouvant atteindre celle de l'or. Utilisé parfois comme monnaie d'échange, le poivre se vend 50 fois plus cher rendu en Europe.

Des métaux précieux

Le grand commerce, de plus en plus important depuis le Moyen Âge, pousse les Européens à rechercher de l'or et de l'argent qu'ils utilisent comme monnaies d'échange. Leur principale source d'approvisionnement en or se trouve cependant en Afrique, qui est sous le contrôle des musulmans. Pour accéder directement aux métaux précieux, les Européens doivent donc trouver de nouveaux trajets sans passer par la mer Méditerranée.

Le désir d'évangélisation

Les Européens demeurent préoccupés par l'évangélisation des non-chrétiens. En fait, ils rêvent de diffuser le christianisme partout sur le globe. Ils veulent aussi freiner l'expansion de l'islam, particulièrement en Afrique et en Asie.

DES CONDITIONS FAVORABLES

Certaines découvertes et inventions viennent faciliter la navigation, ce qui favorise les grandes expéditions.

D'abord, on connaît mieux la Terre. Les Grecs de l'Antiquité, dont le géographe Ptolémée, avaient évoqué le fait que la Terre est ronde. Au XIVᵉ siècle, les Européens redécouvrent la théorie de Ptolémée. Toutefois, le savant grec avait évalué la circonférence de la Terre aux deux tiers de ce qu'elle est en réalité. Les explorateurs européens partiront donc vers l'Orient en sous-évaluant la distance à parcourir.

De plus, des savants vont affirmer que c'est la Terre qui tourne autour du Soleil et non l'inverse. C'est ce qu'avance l'astronome polonais Nicolas Copernic au début du XVIᵉ siècle en s'appuyant sur une meilleure connaissance du mouvement des planètes. Ses théories s'avèrent d'un grand intérêt pour les navigateurs, qui peuvent mieux s'orienter à la surface du globe. Elles permettent aussi de perfectionner les instruments de navigation. Les théories de Copernic vont toutefois à l'encontre de la position de l'Église, qui persiste à dire que la Terre est au centre de l'Univers.

La diffusion des idées

À peine inventée, l'imprimerie devient un élément essentiel dans la propagation des connaissances. Elle sert également à diffuser les récits de voyage qui, comme le *Livre des Merveilles du monde* de Marco Polo, soulèvent l'intérêt des Européens.

7 UNE PIÈCE D'OR À L'EFFIGIE DU PAPE CLÉMENT VII

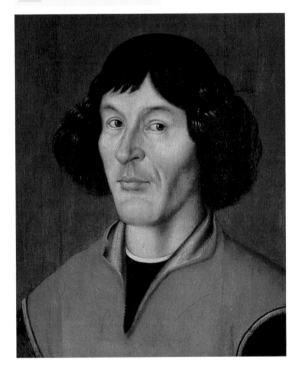

8 NICOLAS COPERNIC

Indices

• Quels sont les produits les plus recherchés de nos jours ?
• Dans quels pays les trouve-t-on ?

Le système solaire, selon Copernic

Au XVe siècle, l'Église catholique maintient que la Terre est au centre de l'Univers et que le Soleil tourne autour d'elle. C'est la théorie du géocentrisme. À la suite de nombreuses observations, un moine et astronome polonais, Nicolas Copernic, propose plutôt l'héliocentrisme, théorie selon laquelle la Terre tourne sur elle-même et autour du Soleil. Par crainte d'être puni par l'Église, Copernic attend à la toute veille de sa mort, soit en 1543, pour publier sa théorie. C'est d'ailleurs probablement pour cette même raison qu'il dédie au pape Paul III son *Traité de la révolution des astres,* le livre qui expose sa théorie. L'Église condamnera néanmoins la théorie héliocentrique en 1616.

Après de longues recherches je me suis enfin convaincu :

Que le soleil est une étoile fixe, entourée de planètes qui tournent autour d'elle et dont elle est le centre et le flambeau.

Qu'outre les planètes principales il en est encore du deuxième ordre qui circulent d'abord comme satellites autour de leurs planètes principales et avec celles-ci autour du soleil.

Que la terre est une planète principale, assujettie à un triple mouvement.

héliocentrisme
Mot qui vient du grec *hélios*, qui signifie « Soleil ».

Cette gravure illustre le système de Copernic.

1 Pourquoi Copernic craint-il d'être puni par l'Église ?

2 Regarde attentivement cette illustration. Qu'est-ce que l'artiste a voulu représenter ?

Des opinions savantes

La plupart des savants de l'époque affirment que la Terre est ronde. Selon eux, on pourrait se rendre en Orient en naviguant vers l'ouest sur l'océan Atlantique. Le cardinal Pierre d'Ailly, dans son ouvrage *Imago Mundi,* et le géographe Paolo Toscanelli, dans une lettre à son ami le confesseur du roi du Portugal, en témoignent. L'un et l'autre, d'ailleurs, ont estimé la distance à parcourir pour atteindre cette partie de la Terre. Christophe Colomb aurait consulté les deux écrits. Dans son exemplaire de l'*Imago Mundi*, Colomb note : «entre l'extrémité de l'Espagne et le commencement de l'Inde se trouve une petite mer, et susceptible d'être traversée en peu de jours». Et il recopie en entier la lettre de Toscanelli.

Bien que la Terre soit couverte de montagnes et de vallées, causes de son imparfaite rotondité*, on peut néanmoins la considérer comme ronde. […] On a trouvé la mesure de la Terre, car l'abaissement d'un pôle ou celui d'une étoile se calcule facilement par le moyen de l'astrolabe.

Pierre d'Ailly, Imago Mundi, 1410.

Je t'ai parlé une fois d'une route par mer au pays des aromates** […] J'envoie donc à Son Altesse une carte faite de mes propres mains, où sont marquées les côtes et les îles d'où vous pouvez faire voile, en vous dirigeant constamment vers l'Ouest, ainsi que les lieux auxquels vous devez arriver ; elle indique aussi les distances dont vous aurez à vous écarter, soit du pôle soit de la ligne équatoriale et au bout de combien d'espace ou de milles vous parviendrez à ces contrées si fertiles en toutes sortes d'épices et en pierres précieuses.

Paolo Toscanelli, Lettre à Ferdinand Martinez,
confesseur d'Alphone V du Portugal, 1474.

---

* Rotondité : Caractère de ce qui est rond.
** Aromate : Parfum, épice, condiment.

Comment appelle-t-on les cartes qui donnent le détail des côtes et des îles dont parle Toscanelli ?

Inf⊕ PLUS

Kepler, Galilée, Newton

La théorie de Copernic sur le mouvement des planètes ouvre la voie à des avancées scientifiques qui seront élaborées au siècle suivant, soit au XVIIᵉ siècle, par les savants Kepler, Galilée et Newton.

- L'astronome allemand Johannes Kepler démontre que le mouvement des planètes autour du Soleil n'est pas circulaire mais plutôt elliptique, c'est-à-dire ovale.

- L'Italien Galileo Galilei, dit Galilée, ajoute à la connaissance du système solaire en fabriquant une puissante lunette astronomique. Lorsqu'il tente de défendre la théorie de Copernic, il s'attire les foudres de l'Église. Forcé de comparaître devant le tribunal de l'Inquisition, il doit renier la théorie. On raconte toutefois qu'il se serait ensuite écrié : «Et pourtant, elle tourne !»

- L'Anglais Isaac Newton définit la loi de la gravitation universelle. Cette loi permet de comprendre pourquoi la Terre se maintient en orbite autour du Soleil. La plupart des théories de Newton sont encore valables de nos jours.

Johannes Kepler

Galilée

Isaac Newton

LA CARTOGRAPHIE SE PRÉCISE

Pour se diriger, les voyageurs et les marins disposent de cartes de plus en plus précises. En effet, les navigateurs, qui craignent de s'éloigner des côtes, font des relevés très détaillés de celles-ci. Ces relevés sont ensuite transposés sur des cartes des rivages que l'on appelle portulans. Des géographes en rassemblent les données et produisent des cartes beaucoup plus complexes auxquelles ils intègrent d'autres connaissances, telles les latitudes.

DES PROGRÈS TECHNIQUES

Au cours des XVe et XVIe siècles, les navigateurs peuvent compter sur des instruments de navigation de plus en plus perfectionnés. Certains de ces instruments étaient déjà connus des Arabes, qui eux-mêmes les connaissaient des Chinois. Ils sont dorénavant utilisés par les navigateurs européens.

9 **UN PORTULAN**

Voici une partie d'un portulan du XVe siècle. On y remarque les nombreux détails notés par les navigateurs sur les côtes qu'ils fréquentent alors.

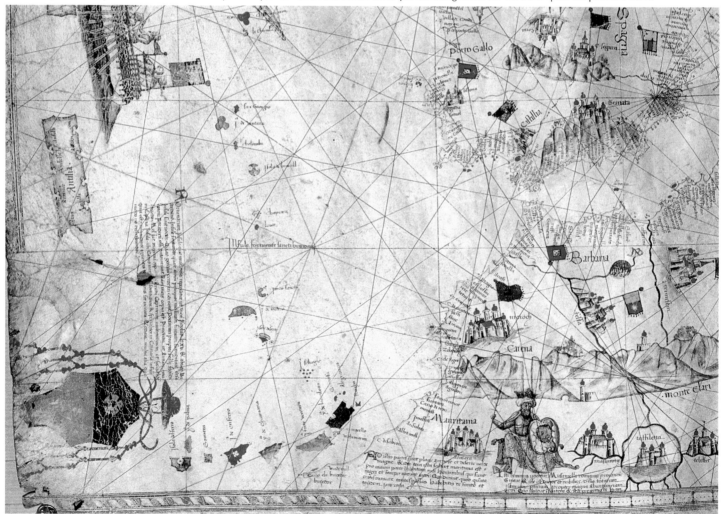

Observe le portulan. Quelles informations sont représentées, selon toi ?

Voici ces instruments.

- La boussole : elle permet d'estimer la position d'un navire par rapport au nord magnétique.

- L'astrolabe : il complète la boussole. En observant la position du navire par rapport aux étoiles, on peut calculer la latitude et estimer la longitude.

- Le loch : il s'agit d'une corde graduée que l'on laisse traîner dans l'eau afin d'évaluer la distance parcourue en un temps donné.

Grâce à ces instruments de navigation, les marins des XVᵉ et XVIᵉ siècles se repèrent plus facilement en mer. Leurs mesures demeurent néanmoins imprécises. Ainsi, quand on lit le *Journal de bord* de Christophe Colomb, on remarque que l'homme ne connaît pratiquement jamais sa position exacte : il existe parfois des écarts de près de 4000 kilomètres entre son estimation et sa position réelle !

Les premiers explorateurs disposent aussi d'un navire mieux adapté aux expéditions : la caravelle. Il s'agit d'un petit navire, rapide, léger et peu coûteux. D'ailleurs, lors de son premier voyage, Christophe Colomb partira avec trois caravelles.

11 UNE BOUSSOLE DATANT DU XVᵉ SIÈCLE

10 UN ASTROLABE

Cet astrolabe est probablement utilisé à l'Université de Cracovie, en Pologne, au moment où Copernic y est étudiant, soit vers 1500.

Indice

- Dans quels pays trouve-t-on les technologies les plus avancées ?

Et aujourd'hui...

Le GPS

Aujourd'hui, avec le système de repérage par satellite nommé « GPS » (pour *Global Positioning System*), les navigateurs peuvent connaître leur position à quelques mètres près. Inventé par l'armée américaine en 1990, ce système fournit aux utilisateurs des renseignements très précis sur leur localisation, et cela, grâce à un réseau de satellites en orbite autour de la Terre.

- colonie
- colonisation
- comptoir commercial

- Quels royaumes européens se lancent dans de grandes expéditions ?

- Que découvrent les navigateurs ?

Des expéditions aux occupations

colonie
Territoire placé sous la domination d'un pays étranger qui l'exploite.

colonisation
Processus par lequel un pays s'établit sur un territoire étranger qu'il place sous sa domination et qu'il exploite.

comptoir commercial
Installation pour le commerce mise sur pied par un pays dans un territoire étranger.

En deux siècles à peine, les Européens découvrent de nouveaux territoires. Ils y établissent des colonies ou des comptoirs commerciaux.

LES EXPÉDITIONS PORTUGAISES

Le royaume du Portugal est le premier à financer et à organiser de grandes expéditions maritimes. Comme le pays est situé sur la côte ouest de la péninsule ibérique, il n'a pas un accès direct à la mer Méditerranée. Une série d'expéditions maritimes auront donc lieu à partir de l'océan Atlantique dans le but de trouver des nouvelles sources de richesses et de nouveaux liens commerciaux. Les souverains portugais comprennent rapidement l'intérêt de mener de telles expéditions. C'est d'ailleurs dans la ville de Sagres, au Portugal, que le prince Henri le Navigateur fonde une école navale, en 1415. Il y invite les meilleurs marins, géographes et savants de son époque.

12 **LE PORT DE LISBONNE**

L'œuvre, qui date du XVIe siècle, illustre le départ de Portugais pour des explorations maritimes.

Quel est le nom du type de navire au centre de la gravure ?

Vers l'Orient

En 1487, Bartolomeu Dias longe toute la côte de l'Afrique, contourne le cap de Bonne-Espérance, puis atteint l'océan Indien.

En 1498, Vasco de Gama emprunte le même itinéraire que Dias. Il poursuit toutefois sa route plus loin dans l'océan Indien. Il atteint Calicut (aujourd'hui Kozhikode) en Inde.

Vers l'Amérique

En 1500, lors d'une expédition commerciale vers l'Inde, de forts vents emportent l'explorateur portugais Pedro Álvarez Cabral vers l'ouest. Il découvre alors la côte est du Brésil. Il s'empresse de prendre possession du territoire au nom du roi du Portugal. C'est cette découverte qui assurera aux Portugais une position stratégique sur le continent américain.

LA COLONISATION PORTUGAISE EN AMÉRIQUE

Les immenses terres découvertes en Amérique sont propices à l'agriculture. Les Portugais vont donc s'y installer et en coloniser le territoire. Cette colonisation est au départ essentiellement agricole. Les Portugais y font principalement la récolte du sucre et du café.

Les grandes plantations exigent toutefois une main-d'œuvre abondante. C'est ce qui va pousser les Portugais à déporter des milliers d'Africains pour en faire des esclaves qui travailleront aux récoltes.

Plus tard, les Portugais découvriront de l'or et des pierres précieuses sur ce territoire.

Consulte la carte des itinéraires des grands explorateurs, aux pages 52 et 53.

Vasco de Gama à Calicut

Voici les buts déclarés de Vasco de Gama.

Le capitaine-major* envoya à Calicut l'un des déportés. Ceux qui l'accompagnaient le conduisirent à un endroit où étaient deux Maures** de Tunis qui savaient parler le castillan et le génois. […]

Et ils lui demandèrent ce que nous venions chercher si loin. Il répondit :

– Nous venons chercher des chrétiens et des épices. […]

Le roi […] avait à sa gauche une très grande coupe d'or, haute […] et large […] À sa droite était un bassin d'or si grand qu'il faudrait les deux bras pour le saisir […] Ajoutez beaucoup d'aiguières*** d'argent.

Le capitaine [expliqua] qu'il était l'ambassadeur d'un roi du Portugal, […] et que depuis soixante ans les rois ses prédécesseurs envoyaient chaque année des navires à la découverte vers ces régions, car ils savaient qu'il y avait là des rois qui étaient chrétiens comme eux. C'est pour cette raison qu'ils faisaient découvrir ce pays, et non parce qu'ils avaient besoin d'or et d'argent.

La relation du premier voyage aux Indes (1497-1499).

---

*   Capitaine-major : Vasco de Gama.
**   Maure : Habitant du nord de l'Afrique.
*** Aiguière : Vase à eau muni d'un bec et d'une anse.

1 Comment se fait-il que les Maures parlent castillan (espagnol) et génois (italien) ?

2 Vasco de Gama est-il sincère lorsqu'il décrit les buts de sa mission ? Explique ta réponse.

Inf🪨 PLUS

Amerigo Vespucci

Amerigo Vespucci explore le continent américain au sud de l'équateur. Chargé de poursuivre les explorations entreprises au Brésil par Cabral, il se rend compte que les nouveaux territoires forment en fait un continent. Ce nouveau continent portera plus tard son prénom *Amerigo*, aujourd'hui Amérique.

Convertir, découvrir, s'enrichir

Christophe Colomb expose les motifs officiels de son premier voyage dans l'introduction de son *Journal de bord*.

Vos Altesses, comme catholiques chrétiens, Princes fidèles et propagateurs de la Sainte Foi Chrétienne, ennemis de la secte de Mahomet et de toutes les idolâtries et hérésies, pensèrent m'envoyer, moi, Cristobal Colon, auxdites contrées de l'Inde pour y voir lesdits princes, et les peuples, et les terres, et leur situation, et toute chose ainsi que la manière dont on pourrait user pour convertir ces peuples à notre Sainte Foi.

Elles m'ordonnèrent de ne pas aller par voie de terre à l'Orient – par où l'on a coutume de le faire – mais par le chemin d'Occident, par lequel nous ne savons pas, de foi certaine, que jusqu'à ce jour personne soit passé.

Ainsi, après avoir chassé tous les juifs hors vos royaumes et seigneuries, Vos Altesses en ce même mois de janvier m'ordonnèrent de partir avec une suffisante armada* auxdites contrées de l'Inde. Et, pour cela, Elles me comblèrent de grâces, m'anoblirent, décidèrent que dorénavant je m'appellerais Don et je serais grand amiral de la mer Océane et vice-roi et gouverneur perpétuel de toutes les îles et de la terre ferme que je découvrirais et gagnerais, et qu'à ma suite on découvrirait et gagnerait dans la mer Océane, et que mon fils aîné me succéderait en ces titres et ainsi de génération en génération, pour toujours et à jamais.

La découverte de l'Amérique,
Journal de bord et autres récits (1492-1493).

* Armada : Ensemble de navires.

1 Quel motif religieux Colomb invoque-t-il pour justifier son expédition ?

2 Quelles récompenses Colomb s'attend-il à recevoir en échange de ses découvertes ?

LES EXPÉDITIONS ESPAGNOLES

Le royaume d'Espagne rêve aussi d'acquérir les nombreuses richesses de l'Orient et d'y développer des marchés commerciaux. Il se lance à son tour dans des expéditions. L'un des premiers explorateurs à partir est Christophe Colomb, un navigateur d'origine italienne. Il convainc les souverains d'Espagne, Ferdinand et Isabelle, ainsi que de riches marchands de financer une expédition vers l'Orient qui serait l'océan Atlantique vers l'ouest. Christophe Colomb part donc avec trois caravelles, en 1492. Après 61 jours de navigation, il touche terre. Il est loin de soupçonner qu'il a découvert le continent américain : il croit avoir atteint l'Orient. Christophe Colomb fera trois autres voyages en Amérique. Il mourra convaincu d'avoir atteint son but.

13 **COLOMB, DEVANT LE ROI ET LA REINE D'ESPAGNE, DE RETOUR DE SON PREMIER VOYAGE EN AMÉRIQUE**

Info PLUS

Le découvreur de l'Amérique ?

Pour les Européens, Christophe Colomb est le découvreur de l'Amérique. Pourtant, environ cinq siècles avant lui, des Scandinaves (les Vikings) se sont établis à Terre-Neuve. Des pêcheurs européens vont aussi régulièrement jeter leurs filets dans les eaux poissonneuses du littoral américain (certains jusque dans le golfe du Saint-Laurent) bien avant que Christophe Colomb ne découvre les côtes américaines. Toutefois, ces expéditions ne sont ni financées ni commandées par un État ou un royaume. Elles ne mènent pas non plus à la création de colonies. Elles n'ont donc pas le caractère officiel du périple de Colomb.

Le tour du monde de Magellan

Une des expéditions les plus spectaculaires de l'époque est sans doute celle du Portugais Fernand de Magellan. Le 20 septembre 1519, il quitte l'Espagne en compagnie de 250 hommes répartis sur cinq navires. Il traverse l'océan Atlantique, franchit un détroit – qui aujourd'hui porte son nom – à l'extrémité sud de l'Amérique et poursuit sa route sur l'océan Pacifique. Arrivés aux Philippines, Magellan et plusieurs de ses marins meurent dans un affrontement avec des autochtones. Un des membres de l'équipage est élu chef de l'expédition en remplacement de Magellan. En 1522, soit trois ans plus tard, un seul navire et 18 hommes reviennent en Espagne. L'équipage de Magellan a accompli le premier tour du monde et le navire est chargé d'épices.

14 LE NAVIRE *VICTORIA*

Ce navire fait partie de la flotte de Magellan.

Consulte la carte des itinéraires des grands explorateurs, aux pages 52 et 53.

L'expédition de Magellan et la vie à bord

En pénétrant dans l'océan Pacifique, l'expédition de Magellan trouve un océan très calme, sans vent… pacifique. La traversée s'étire et les conditions de vie à bord deviennent de plus en plus difficiles. Antonio Pigafetta, un des membres de l'équipage, en fait le récit suivant.

Mercredi vingt-huitième novembre mil cinq cent vingt, nous saillîmes hors du dit détroit et nous entrâmes en la mer Pacifique où nous demeurâmes trois mois et vingt jours sans prendre vivres ni autres rafraîchissements et nous ne mangions que du vieux biscuit tourné en poudre, tout plein de vers et puant de l'ordure d'urine que les rats avaient fait dessus après avoir mangé le bon. Et nous buvions une eau jaune infecte. Nous mangions aussi les peaux de bœufs dont était garnie la grande vergue* afin que celle-ci ne coupe pas les cordages. Elles étaient durcies par le soleil, la pluie et le vent. Et nous les laissions macérer dans la mer quatre ou cinq jours, puis nous les mettions un peu sur les braises. Et nous les mangions ainsi. Et aussi beaucoup de sciure de bois et des rats qui coûtaient un demi-écu l'un, encore ne s'en pouvait-il trouver assez.

Relation du premier voyage autour du monde de Magellan (1519-1522).

---

* Vergue : Pièce de bois utilisée comme mât à laquelle la voile est fixée.

---

1 Quelles difficultés vivent les marins de Magellan ?

2 Au moment où les faits sont rapportés, depuis combien de temps l'expédition a-t-elle quitté l'Espagne ?

FERNAND CORTEZ

En 1519, Cortez (1485-1547) accoste au Mexique avec 11 navires et 500 hommes. Il se rend vite compte que les autochtones sont divisés en plusieurs clans ennemis. Il utilise les conflits internes pour créer des alliances et ainsi affaiblir les différents peuples. En 1521, l'Empire aztèque s'effondre. Pour remercier Cortez, Charles Quint, le roi d'Espagne, le nomme capitaine général de la Nouvelle-Espagne.

LA COLONISATION ESPAGNOLE EN AMÉRIQUE

Quand les Espagnols entreprennent de coloniser l'Amérique, c'est avec leurs soldats qu'ils le font. Les Amérindiens sont démunis devant les armures, les mousquets et les canons des conquistadors. Ils ont en outre peur des chevaux, car ces animaux n'existent pas sur leur continent. Les capitaines espagnols, Fernand Cortez, chez les Aztèques du Mexique, et Francisco Pizarro, chez les Incas du Pérou, ne reculent devant aucune violence. Massacre après massacre, ils soumettent les Amérindiens, occupent le territoire et s'emparent de leurs richesses.

conquistador
Nom d'origine espagnole donné aux explorateurs et aventuriers espagnols qui ont conquis l'Amérique au XVIe siècle. Au pluriel, s'écrit « conquistadors » ou « conquistadores ».

15 CORTEZ ET SA TROUPE

Fernand Cortez et sa troupe se rendent à Tenochtitlán. On le voit accompagné d'une femme aztèque qui lui sert d'interprète.

Compare les Espagnols et les Aztèques sur l'image. Que remarques-tu ?

Le conquistador Fernand Cortez aurait dessiné ce plan de la grande capitale aztèque.

Tenochtitlán
Aujourd'hui
la ville de Mexico.

Indice

• Utilise-t-on encore la force pour contrôler ou exploiter les richesses d'un autre pays ?

1 Qu'est-ce qui entoure la ville ?

2 Comment est-elle organisée ?

Tenochtitlán vue par un conquistador

Un compagnon de Cortez décrit Tenochtitlán.

De là, nous vîmes les trois chaussées qui conduisent à Mexico [...] Les trois chaussées nous montraient les ponts établis de distance en distance, sous lesquels l'eau de la lagune entrait et sortait de toutes parts. Sur le lac, on voyait circuler une multitude de canots apportant les uns des provisions de bouche, les autres des marchandises. Nous remarquions que le service des maisons situées dans l'eau et la circulation de l'une à l'autre ne se pouvaient faire qu'au moyen de canots et de ponts-levis en bois. Toutes ces villes étaient remarquables par leur grand nombre d'oratoires et de temples, simulant des tours et des forteresses et reflétant leur admirable blancheur. Toutes les maisons étaient bâties en terrasses et les chaussées elles-mêmes offraient à la vue des tours et des oratoires qui paraissaient construits pour la défense.

Bernal Diaz del Castillo, *Histoire véridique de la conquête de la Nouvelle-Espagne*, 1552.

Inf + PLUS

Avide et déloyal

Francisco Pizarro entre à Cuzco, au Pérou, en 1533. Quand le chef inca Atahualpa est fait prisonnier, Pizarro lui promet la liberté, moyennant une rançon de plusieurs tonnes d'or. Aussitôt la rançon reçue, il le fait exécuter. La mort d'Atahualpa entraîne la chute de l'Empire inca.

1 Qu'est-ce qui nous permet de dire que l'auteur du texte est un militaire ?

2 D'après toi, la ville est-elle facile à prendre ? Explique ta réponse.

LES EXPÉDITIONS ANGLAISES

Désireux lui aussi d'établir des relations commerciales directes avec l'Inde, le royaume d'Angleterre envoie des explorateurs rechercher un passage vers l'Asie, cette fois en contournant l'Amérique par le nord-ouest.

En 1497, Jean Cabot, un marin italien au service de la couronne britannique, s'embarque donc à bord du *Matthew* en compagnie de son fils et d'un équipage d'une vingtaine d'hommes. Il veut aller repérer les ressources à exploiter en Asie en passant par le nord de l'Amérique, ce que les Espagnols et les Portugais n'ont jamais fait. Il débarque sur les côtes de Terre-Neuve et longe les côtes nord-américaines, mais sans pénétrer dans le continent. On attribue généralement à Jean Cabot le mérite d'avoir découvert l'Amérique du Nord, 500 ans après les Vikings.

D'autres explorateurs anglais suivront les indications de Cabot et prendront peu à peu possession des terres de la côte est des États-Unis actuels. À partir du XVIIᵉ siècle, de nombreux Anglais, de même que des Hollandais, coloniseront cette région.

17 JEAN CABOT

Jean Cabot devant le roi Henri VII d'Angleterre.

De quels instruments de navigation Jean Cabot se sert-il pour expliquer son voyage au roi ?

LES EXPÉDITIONS FRANÇAISES

Le royaume de France se lance à son tour à la recherche d'un passage vers l'Asie. Jacques Cartier, navigateur et cartographe, se rend explorer les côtes de l'Amérique du Nord. En 1534, lors de son premier voyage, il découvre le golfe du Saint-Laurent et participe ainsi à la découverte du Canada. Il s'arrête à Gaspé, où il prend possession du territoire au nom du roi de France. Cartier effectue deux autres voyages. En 1535, il explore d'abord le golfe puis la vallée du Saint-Laurent, croyant avoir trouvé le passage vers l'Asie par le nord-ouest. En 1541, sa mission consiste à fonder une colonie et à évaluer la possibilité d'exploiter les ressources du nouveau territoire.

Jacques Cartier espère trouver de l'or et une route menant à l'Asie. Ses espoirs, qu'il partage avec le roi de France, ne se réalisent malheureusement pas. Sur le territoire qu'on appellera le Canada, l'économie se développe lentement sur la base de la traite des fourrures. Une population française s'y établira beaucoup plus tard, au XVIIe siècle.

Les instructions du roi à Jacques Cartier

Voici les vues du roi de France, François Ier, concernant le premier (1534), puis le troisième voyage (1541) de Cartier.

Par la conduite de Jacques Cartier, faire le voyage de ce royaume des Terres Neuves pour découvrir certaines îles et pays où l'on dit qu'il se doit trouver grande quantité d'or et autres riches choses […]

[Sa Majesté] ne craint point d'entrer en nouvelles dépenses pour établir la religion chrétienne dans un pays de sauvages éloigné de la France […] où il savait bien qu'il n'y avait point de mines d'or et d'argent, ni autre gain à espérer que la conquête d'infinies âmes pour Dieu.

1 Quels motifs le roi de France invoque-t-il pour organiser les expéditions?

2 Est-ce le même motif pour les deux voyages?

---

18 QUE LE VRAI JACQUES CARTIER RÉVÈLE SON IDENTITÉ!

On ne connaît aucun portrait authentique de Christophe Colomb, ni d'ailleurs de plusieurs autres explorateurs. On n'en connaît pas non plus de Jacques Cartier. Cela n'a pas empêché les peintres de faire des dizaines de représentations de l'homme.

Portrait de Jacques Cartier, XIXe siècle.

Tableau de A. Lemoine, 1895.

Gravure sur cuivre de Pierre Gandon, 1934.

Amérindien
Nom donné aux autochtones d'Amérique. Quand Christophe Colomb arrive en Amérique, il se croit en Inde. Il appelle donc les autochtones des « Indiens ». Plus tard, on les appellera « Amérindiens » pour les distinguer des Indiens qui vivent en Inde.

L'AMÉRIQUE À L'ARRIVÉE DES EUROPÉENS

Les Européens constatent rapidement que les territoires découverts ne sont pas situés en Asie. Ils réalisent cependant que certaines terres regorgent de ressources à exploiter. Les Espagnols et les Portugais surtout trouvent de grandes quantités d'or et d'argent ainsi que d'immenses terres propices à l'agriculture. Les Européens vont donc se partager le territoire et le coloniser.

Les habitants de l'Amérique

Au début du XVIe siècle, l'Amérique est peuplée de quelques millions d'Amérindiens installés là depuis des milliers d'années. Ils sont regroupés en plusieurs nations et leurs modes de vie sont très différents de ce que les Européens connaissent.

Au nord, une grande partie du territoire est occupée entre autres par les Iroquoiens et les Algonquiens.

Au sud, il y a les Aztèques et les Incas. Les Aztèques occupent principalement le territoire du Mexique actuel. Quant au territoire des Incas, il s'étend sur près de 4000 kilomètres le long de la côte ouest de l'Amérique du Sud, soit sur le territoire actuel du Pérou jusqu'au nord du Chili. La population de ces deux empires est importante. On y trouve de grandes villes, comme Tenochtitlán au Mexique, qui devait compter environ 200 000 habitants à l'arrivée des Espagnols.

La rencontre inégale

Les Amérindiens sont rapidement envahis par les Européens, mieux armés qu'eux. De plus, la population est décimée par des maladies apportées par les Européens, maladies contre lesquelles les Amérindiens n'ont aucune protection. En quelques années, leur nombre chute de façon dramatique.

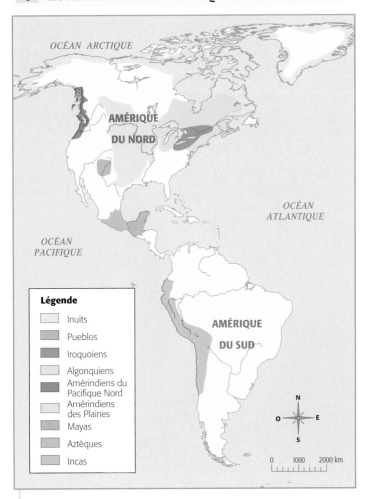

19 LES AUTOCHTONES EN AMÉRIQUE VERS LE XVIe SIÈCLE

OCÉAN ARCTIQUE

AMÉRIQUE DU NORD

OCÉAN ATLANTIQUE

OCÉAN PACIFIQUE

Légende
- Inuits
- Pueblos
- Iroquoiens
- Algonquiens
- Amérindiens du Pacifique Nord
- Amérindiens des Plaines
- Mayas
- Aztèques
- Incas

AMÉRIQUE DU SUD

N O E S

0   1000   2000 km

■ Quelles communautés amérindiennes occupent le territoire du Québec actuel?

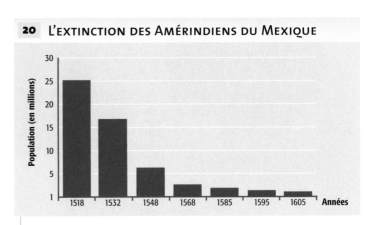

20 L'EXTINCTION DES AMÉRINDIENS DU MEXIQUE

Population (en millions)

30
25
20
15
10
5
1

1518   1532   1548   1568   1585   1595   1605   **Années**

1 De combien la population a-t-elle diminué entre 1518 et 1605?

2 Qu'est-ce qui explique une telle diminution?

Le massacre des Amérindiens, selon Las Casas

Un des premiers à dénoncer le sort fait aux Amérindiens est le moine Bartolomé de Las Casas. Il le fait dans un long texte destiné au roi d'Espagne. En voici un extrait.

C'est parmi ces douces brebis [...] que s'installèrent les Espagnols. Dès qu'ils les connurent, ceux-ci se comportèrent comme des loups, et des tigres et des lions, qu'on aurait dit affamés depuis des jours. Et ils n'ont rien fait depuis quarante ans et plus qu'ils sont là, sinon les tuer, les faire souffrir, les affliger, les tourmenter par des méthodes cruelles extraordinaires, nouvelles et variées, qu'on n'avait jamais vues ni entendu parler. Si bien que de 300 000 qu'ils étaient à Española*, les naturels ne sont plus aujourd'hui que 200 ! [...] Quant à la grande Terre Ferme, nous sommes certains que nos Espagnols, à cause de leur cruauté et de leurs œuvres criminelles, l'ont aussi dépeuplée et désolée, alors qu'on y trouvait quantité de monde dans dix royaumes plus grands que l'Espagne. Nous tiendrons pour vrai et assuré, qu'en quarante ans, dans lesdites terres, sont morts à cause de cette tyrannie plus de 12 millions d'êtres vivants, hommes, femmes, enfants…

Très brève relation sur la destruction des Indes, 1542.

* Española : Probablement Haïti.

Selon Las Casas, combien d'Amérindiens seraient morts à Española ? Combien seraient morts sur le continent ?

21 UNE VILLE AMÉRINDIENNE

Cette gravure en couleur, réalisée vers 1572, représente Cuzco, la capitale de l'Empire inca.

Que peux-tu dire de l'organisation de la ville ?

Le missionnaire fait mourir

Les Européens amènent des maladies inconnues des Amérindiens, maladies contre lesquelles ils n'ont pas de défense naturelle. Les Amérindiens qui ont le plus de contacts avec les Européens sont nombreux à succomber à ces maladies. Ils ont de la difficulté à comprendre ce qui se passe. Voici le témoignage d'une Amérindienne.

Ce sont les Robes noires* qui nous font mourir par leurs sorts : Écoutez-moi, je le prouve par les raisons que vous allez connaître véritables. Ils se sont logés dans un tel village où tout le monde se portait bien ; sitôt qu'ils s'y sont établis, tout y est mort à la réserve de trois ou quatre personnes. Ils ont changé de lieu, et il en est arrivé de même. Ils sont allés visiter les cabanes des autres bourgs, et il n'y a que celles où ils n'ont point entré qui aient été exemptes de la mortalité et de la maladie.

Marie de l'Incarnation, 1640.

* Robe noire : Missionnaire.

Comment l'Amérindienne explique-t-elle le fait qu'il y ait tant de morts dans la population ?

■ Quelles sont les conséquences économiques des grandes découvertes ?

■ Quels sont les effets de ces découvertes sur les sociétés d'Amérique ?

commerce triangulaire
mercantilisme

Une économie-monde

L'Europe et le monde sortent profondément transformés, sur les plans politique, économique et culturel, de ces deux siècles de découvertes et d'explorations. Partout où les Européens trouvent des produits qui les intéressent, ils établissent des comptoirs de commerce ou des colonies permanentes. Le réseau d'échanges commerciaux s'étend bientôt à la grandeur du globe. On parle alors d'économie-monde. On pourrait aussi, dans le vocabulaire de notre époque, parler de mondialisation.

22 LES EMPIRES COLONIAUX VERS 1700

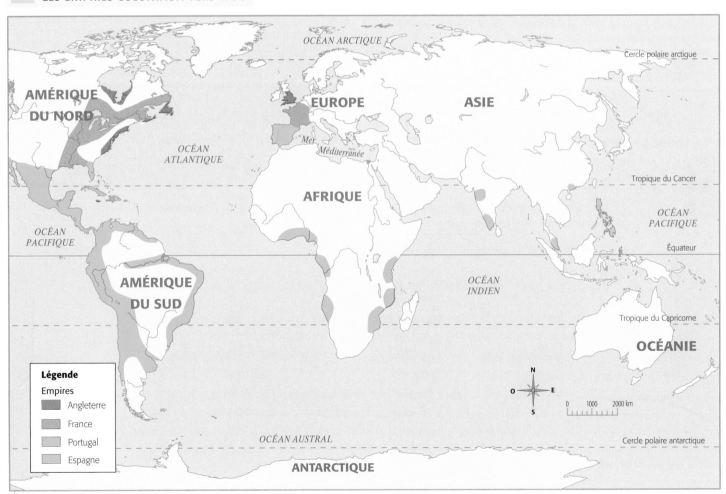

Quel empire colonial est le plus vaste, vers 1700 ?

L'Europe des empires coloniaux

Les pays européens explorateurs deviennent rapidement des pays colonisateurs. Ils détiennent soit de vastes territoires colonisés, comme en Amérique, soit un réseau de comptoirs commerciaux, comme en Asie et en Afrique.

Les empires coloniaux espagnol, portugais, britannique et français sont très puissants et ils sont jaloux les uns des autres. La puissance de ces empires est liée au nombre de colonies qu'ils possèdent et à la richesse de celles-ci. Cette situation fait l'objet de constantes tensions, sinon de guerres, entre les différents empires. La carte du monde évolue donc au fil des événements.

Autre conséquence majeure de ces découvertes : le cœur de l'Europe, qui était jusque-là situé autour de la Méditerranée, se déplace vers les pays atlantiques. L'Italie est la grande perdante de ce déplacement. En effet, la richesse et l'influence des principautés italiennes tenaient à leur rôle d'intermédiaire dans le commerce avec l'Asie et aux relations privilégiées qu'elles entretenaient avec les Arabes. Le commerce se fait désormais par d'autres voies, et l'Italie n'a pas conquis de nouveaux territoires ou de postes coloniaux pour compenser ses pertes !

Nicolas Machiavel

Inf+ PLUS

Machiavel, *Le Prince* et l'Italie

À la Renaissance, l'Italie reste divisée en de nombreux petits États. Certains sont aux mains de princes (du pape dans le cas d'un d'eux), d'autres sont dirigés par de grandes familles bourgeoises. Le pouvoir est souvent fragile dans ces États. Leurs dirigeants sont donc prêts à accepter les conseils qui leur permettraient d'améliorer leur situation. Le Florentin Nicolas Machiavel (1469-1527) devient ainsi l'un des conseillers les plus célèbres.

Machiavel est souvent vu comme le père de la science politique. Dans son ouvrage intitulé *Le Prince*, il explique aux dirigeants comment gouverner à leur avantage, c'est-à-dire en renforçant leur pouvoir personnel. Pour cela, dit-il, il s'agit de cultiver un mélange de ruse et de force, de donner de soi une bonne image et de gagner le respect de la population.

Notre époque a conservé de Machiavel l'idée que « la fin justifie les moyens », d'où l'adjectif *machiavélique*, qui signifie « rusé et perfide ».

Mais ni Machiavel ni les princes italiens qu'il conseille n'auront vu venir l'ère des colonisations hors de l'Europe. L'Italie se trouvera donc déclassée par les États situés le long de l'océan Atlantique.

DES INSTRUMENTS ÉCONOMIQUES

L'économie-monde a un centre : les grandes puissances d'Europe occidentale. Elle a aussi des périphéries : les territoires nouvellement découverts, qui sont occupés et exploités pour leurs ressources. Les grandes puissances se dotent peu à peu d'instruments économiques pour soutenir cette économie, ainsi que des principes pour la guider. En voici quelques-uns.

Les compagnies

Dans les États colonisateurs, de grandes compagnies de commerce sont formées. Les Hollandais, par exemple, instaurent la puissante Compagnie hollandaise des Indes occidentales. Les Français, quant à eux, créent la Compagnie des Cent-Associés, à qui est confiée en exclusivité l'exploitation des ressources de la Nouvelle-France. Il s'agit, dans la majorité des cas, de compagnies privées, mises sur pied par des marchands. Elles ont comme objectif de partager les risques des expéditions, qui sont de plus en plus coûteuses.

Les banques

Comme les expéditions et les opérations de colonisation coûtent très cher, il faut énormément d'argent pour les lancer. Les bénéfices liés aux expéditions peuvent aussi être considérables, il faut donc les faire fructifier. On crée alors de grandes banques européennes. Elles sont habituellement la propriété de particuliers ou de familles qui deviennent aussi puissantes que les souverains ou les États qui les hébergent.

23 UN CHANGEUR À LA RENAISSANCE

La riche banque d'Amsterdam

Dans la deuxième moitié du XVIIᵉ siècle, un visiteur anglais exprime son admiration devant la banque d'Amsterdam.

Dans cette ville d'Amsterdam se trouve la banque renommée qui est connue dans le monde entier comme le plus grand trésor réel ou imaginaire. […] Il est certain que quiconque vient pour voir la banque ne manquera jamais d'y trouver l'apparence d'un très grand trésor réel : lingots d'or et d'argent, vaisselle et une infinie quantité de sacs de métal qui sont supposés tous d'or et d'argent […] C'est pourquoi la sécurité de la banque ne se trouve pas seulement dans les fonds qu'elle détient, mais dans le crédit de la ville et de l'État d'Amsterdam, dont le stock et le revenu égalent celui de quelques royaumes.

1 Comment l'auteur décrit-il l'importance de la banque d'Amsterdam ?

2 Qu'est-ce qui garantit la sécurité des fonds déposés à la banque d'Amsterdam ?

Le mercantilisme

Pour soutenir la puissance des États colonisateurs, une nouvelle doctrine économique nommée mercantilisme voit le jour. Selon cette théorie, la richesse d'un État est proportionnelle à la quantité d'or et d'argent qu'il possède. L'État doit donc viser à acquérir la plus grande quantité possible de ces métaux précieux. Comment? En dépensant peu à l'étranger et en vendant aux colonies le plus de marchandises possible produites au pays même.

24 JEAN-BAPTISTE COLBERT

Une politique mercantiliste

Le diplomate italien Marc-Antoine Giustiniani décrit la politique économique instituée par le ministre Colbert en France.

Son but est de rendre le pays entier supérieur à tout autre en opulence, abondant en marchandises, riche en arts et fécond en biens de toute sorte, n'ayant besoin de rien et dispensateur de toutes choses aux autres États. En conséquence, il ne néglige rien pour acclimater en France les meilleures industries de chaque pays, et il empêche par diverses mesures les autres États d'introduire leurs produits dans ceux du Roi. [...]

Ce qu'il y a de mieux dans toutes les parties du monde se fabrique à présent en France; et telle est la vogue de ces produits, que de toutes parts affluent les commandes pour s'en fournir. [...] au dommage évident des autres places et à l'entière satisfaction des désirs de Colbert, qui ne cherche qu'à en dépouiller les autres États pour en enrichir la France.

Autant il est charmé de voir passer l'or des autres dans le royaume, autant il est jaloux et soigneux de l'empêcher d'en sortir.

Quelle est la conséquence du mercantilisme sur la production de biens dans un État colonisateur?

25 LES ARRIVÉES D'OR EN ESPAGNE DE 1503 À 1660

Tonnes

Années	Tonnes
1503-1520	~13
1521-1540	~19
1541-1560	~67
1561-1580	~21
1581-1600	~31
1601-1620	~20
1621-1640	~5
1641-1660	~2

Indice

- Où sont situés les grands centres économiques et commerciaux?

À combien de tonnes peut-on estimer la quantité totale d'or rapportée par l'Espagne?

26 LE TRANSPORT DES ESCLAVES

Des esclaves africains à bord d'un négrier, un bateau qui servait au transport des Noirs.

Dans quelles conditions les Africains sont-ils transportés?

D'Affonso du Congo à Jean du Portugal

Le roi du Portugal établit un poste de commerce au Congo. Il tisse des liens avec le roi Affonso, qui lui écrit ceci en 1526.

Sire, votre Majesté doit savoir combien notre royaume se perd de diverses façons. Cela tient à la liberté excessive que vos officiers laissent aux hommes et marchands autorisés à venir dans ce royaume pour tenir des boutiques offrant des marchandises et diverses choses que nous interdisions. Plusieurs de nos vassaux qui nous doivent soumission n'obéissent plus, car ils ont ces biens en plus grande quantité que nous, alors qu'auparavant c'est nous qui leur offrions [...] Et nous ne pouvons estimer le dommage causé par ces marchands qui chaque jour prennent de nos indigènes [...] Ils les capturent et les amènent pour être vendus. Cette corruption et cette licence sont si grandes, Sire, que notre pays est complètement dépeuplé [...]

C'est pourquoi nous prions Votre Majesté de nous aider en ordonnant de ne plus envoyer ici de marchands ou de marchandises, parce que nous voulons que dans notre royaume il n'y ait ni commerce d'esclaves ni comptoirs pour cela.

LE COMMERCE DES ESCLAVES

À la suite des conquêtes européennes, les Amérindiens sont condamnés au travail forcé dans les mines d'or et d'argent ou encore dans les nombreuses plantations (canne à sucre, coton, café, tabac, etc.). Les dures conditions de travail et les maladies que les Européens ont apportées déciment la population locale. Pour la remplacer commence un vaste trafic d'esclaves noirs capturés en Afrique. Les pays colonisateurs déplaceront ainsi des millions d'hommes, de femmes et d'enfants d'Afrique vers les colonies d'Amérique.

27 LE TRAFIC D'ESCLAVES DE 1440 À 1870

PAYS	NOMBRE D'ESCLAVES
PORTUGAL	4 650 000
ESPAGNE	1 600 000
FRANCE	1 250 000
ANGLETERRE	300 000

Quel pays déporte le plus d'esclaves? Pourquoi?

1 De quoi le roi du Congo se plaint-il?

2 Qu'est ce que le roi du Congo demande au roi du Portugal?

LE COMMERCE TRIANGULAIRE

Le mercantilisme établit des règles en faveur des pays colonisateurs. En Amérique, le pays colonisateur se réserve l'exclusivité des matières premières de la colonie : or, sucre, etc. Il est aussi le seul à fournir la colonie en produits manufacturés et en esclaves, dans certains cas. Habituellement, le transport des marchandises ne peut se faire que sur les navires du pays colonisateur. C'est ce qu'on appelle le commerce triangulaire.

28 LE COMMERCE TRIANGULAIRE

Europe

Produits manufacturés

Or, sucre, fourrure, etc.

Tissu, verroterie, eau-de-vie, etc.

Amérique

Esclaves

Afrique

Comment expliquer qu'il n'y ait pas de flèche de l'Amérique vers l'Afrique ?

Et aujourd'hui...

Multinationales et mondialisation

De nos jours, les grandes entreprises des pays développés transfèrent de plus en plus leur production vers les pays en développement. Cela permet aux entreprises d'accroître leurs profits puisque les salaires payés aux travailleurs des pays en voie de développement sont très bas. C'est ce qui explique que les produits que nous consommons viennent de plus en plus des pays pauvres.

Qui bénéficie davantage de la mondialisation : les pays développés ou les pays en voie de développement ? Explique ta réponse.

La fortune d'Anvers

Au XVIe siècle, grâce au commerce colonial, ce sont les grands ports ouverts sur l'océan Atlantique qui prospèrent et suscitent l'admiration. Ainsi en est-il du port d'Anvers que décrit un visiteur espagnol.

On pourrait à juste titre nommer l'opulente et populeuse cité d'Anvers la métropole de l'univers, car on y voit réunies et affluer en abondance toutes les choses que Dieu a créées et dont viennent s'approvisionner chez elle toutes les villes et peuples de la chrétienté et même hors de la chrétienté…

Partout le regard est absorbé et réjoui par la vue d'une abondance si grande et variée de richesses, de marchandises de tout genre dont s'emplissent une foule de vaisseaux prêts à s'élancer vers tous les points du monde.

.Juan Christoval Calvete de Estrella, 1555.

Indices

- Les pays entretiennent-ils des rapports économiques égalitaires ?
- Est-ce que le commerce triangulaire existe encore de nos jours ?

Qu'est-ce qui explique la prospérité d'Anvers ?

DES TRANSFERTS CULTURELS

Au cours de ces deux siècles d'exploration, les humains ont acquis énormément de connaissances sur la navigation, la géographie, les différents peuples, etc.

En s'installant dans les colonies, les Européens ont amené leurs langues et leurs cultures ainsi que leurs religions et ont imposé aux populations locales leurs institutions et leur technologie. C'est ainsi qu'au nord du continent américain on parle principalement français et anglais, alors qu'au sud l'espagnol et le portugais dominent.

Les Européens ont laissé des traces de leur passage dans l'architecture, comme en témoignent ces trois photos.

29 L'ARCHITECTURE, TÉMOIN DU PASSAGE DES EUROPÉENS

La présence des Hollandais transparaît dans ces édifices de Paramaribo, au Surinam, une ancienne colonie hollandaise d'Amérique du Sud.

L'architecture de la cathédrale de Cuzco reflète l'influence des Espagnols.

Cette construction du Vieux-Québec rappelle que les Français ont colonisé le territoire.

L'alimentation constitue un autre exemple de transfert culturel. Ainsi, la pomme de terre et la tomate, originaires de l'Amérique, font maintenant partie intégrante de l'alimentation européenne. De la même origine, le manioc est un aliment de base en Afrique et la patate douce se retrouve en Chine. À l'inverse, des aliments comme la pomme et les épinards ainsi que des espèces animales comme le poulet et la vache ont été importés en Amérique par les Européens.

Indice

- Existe-t-il des transferts culturels entre les pays ? Si oui, lesquels ?

Et aujourd'hui...

Un héritage colonial

Pablo Neruda est un poète chilien du XXe siècle. Dans un de ses recueils, il écrit :

« Je parle une langue merveilleuse, [l'espagnol est] une langue raffinée que nous avons héritée des féroces conquistadores... Ils ont tout emporté et nous ont tout laissé... Ils nous ont laissé les mots. »

J'avoue que j'ai vécu, 1974.

Pourquoi l'auteur dit-il que les conquistadors ont tout emporté ?

Inf PLUS

Café, thé et chocolat

Le café vient de l'Afrique, le thé de l'Inde et de la Chine et le chocolat de l'Amérique... Ces trois boissons présentes partout en Occident constituent un exemple parfait d'économie-monde.

La cérémonie du thé, en Chine.

Sur cette illustration du XVIe siècle, des Européens s'apprêtent à déguster du thé et du café.

Un Amérindien prépare du chocolat (XVIe siècle).

■ Quels sont les différents points de vue des auteurs sur les Amérindiens ?

Une question de points de vue

En histoire, comme dans la vie, ce sont des humains qui interprètent les faits, les événements, les réalités sociales. Des personnes peuvent observer les mêmes faits, mais les interpréter différemment. Elles le font en fonction de ce qu'elles sont, de leurs valeurs, de leurs croyances et de leurs intérêts. Voici des points de vue différents sur les Amérindiens.

Les Amérindiens sont naturellement bons…

Bartolomé de Las Casas est un Espagnol qui, après avoir lui-même exploité les Amérindiens, s'est fait moine et est devenu leur défenseur le plus connu. L'extrait suivant est tiré d'un mémoire à la défense des Amérindiens présenté au roi d'Espagne Charles Quint. Lorsque ce mémoire a été publié quelques années plus tard, sous le titre de *Très brève relation sur la destruction des Indes*, il a bouleversé les Européens.

Tous ces peuples, innombrables, universels, divers, Dieu les a créés simples, sans malveillance ni duplicité*, très fidèles envers leurs seigneurs naturels et envers les chrétiens qu'ils servent : plus humbles, plus patients, plus pacifiques et plus tranquilles que quiconque au monde, ils sont ennemis des rixes** et du tapage, des querelles et des batailles. Ils n'ont ni rancœur, ni haine, et ne cherchent pas à se venger. Ce sont également des gens d'un tempérament particulièrement délicat, faible, mou : ils supportent difficilement les travaux et meurent très facilement de n'importe quelle maladie. Chez eux, même ceux qui sont de souche paysanne sont d'une santé plus délicate que chez nous, les fils de princes et de seigneurs, élevés dans l'aisance et la vie facile. Ce sont aussi des gens très pauvres, qui possèdent peu et ne veulent pas posséder de biens temporels : c'est pourquoi ils ne sont ni orgueilleux, ni ambitieux, ni cupides. […] Ils ont l'entendement clair, libre et vivant ; ils peuvent recevoir docilement tout bon enseignement. Ils sont très aptes à recevoir notre sainte foi catholique et à adopter des mœurs vertueuses.

Bartolomé de Las Casas, 1542.

* Duplicité : Hypocrisie.
** Rixe : Querelle, bataille.

Les questions suivantes peuvent t'aider à analyser, puis à interpréter des documents.

1 Quelles observations sont semblables dans les différents documents ?

2 Quelle est l'opinion de Las Casas sur les Amérindiens ? Quelle est l'opinion des trois autres auteurs ?

3 Selon toi, qu'est-ce qui influence le point de vue de chacun ?

4 On dit qu'une opinion est objective lorsqu'elle rend compte de la réalité de façon juste. Peut-on dire que les opinions émises ici sont objectives ? Explique ta réponse.

Les Amérindiens sont bons à être exploités...

Voici trois textes d'auteurs qui partagent un point de vue opposé à celui de Las Casas. Le premier texte est tiré du *Journal de bord* de Christophe Colomb. Le deuxième a été écrit par Gonzalo Fernandez de Oviedo, un historien espagnol qui a publié, à partir de 1535, une histoire des Indes occidentales. Quant au troisième, il est de Jean Ginés de Sepúlveda, un théologien espagnol qui a affronté Las Casas lors d'un débat en 1550.

Ils n'ont pas d'armes, sont tous nus, n'ont pas le moindre génie pour le combat et sont si peureux qu'à mille ils n'atteindraient pas trois des nôtres. Ils sont donc propres à être commandés et à ce qu'on les fasse travailler, semer et mener tous autres travaux qui seraient nécessaires, à ce qu'on leur fasse bâtir des villes, à ce qu'on leur enseigne à aller vêtus et à prendre nos coutumes.

Christophe Colomb, 1492-1493.

[Les Indiens sont] naturellement paresseux et vicieux, lâches et, en général, menteurs et légers. [...] Ils sont idolâtres. Leur idéal est de manger, de boire, d'adorer les idoles païennes et de se livrer à des orgies bestiales. Que peut-on attendre de gens dont le crâne est si dur que les Espagnols doivent, en les combattant, veiller à ne point frapper sur leurs têtes, de peur d'émousser* les épées ?

Gonzalo Fernandez de Oviedo, 1535.

Les Indiens étant par leur nature, esclaves, barbares, incultes et inhumains, s'ils refusent d'obéir à d'autres hommes plus parfaits, il est juste de les soumettre par la force et par la guerre.

Jean Ginés de Sepúlveda, 1550.

* Émousser : Rendre moins coupant.

✓ Je compare des opinions opposées.

✓ Je m'interroge sur le cadre de référence des auteurs de ces documents.

✓ Je cherche à définir ce qu'est une démarche objective.

LE PATRIMOINE DE L'HUMANITÉ

■ Qu'est-ce que les échanges entre l'Europe et l'Amérique ont apporté
à notre alimentation ?

Une alimentation mondiale

Le patrimoine de l'humanité ne se limite pas aux œuvres d'art, aux découvertes scientifiques et aux monuments célèbres. Il englobe aussi des éléments de la vie quotidienne comme l'alimentation.

De nombreux mets consommés en Europe, entre autres, viennent de l'Amérique. À l'inverse, plusieurs produits alimentaires consommés en Amérique viennent de l'Europe (ces derniers venant eux-mêmes, à l'origine, d'ailleurs dans le monde). Cet échange est le résultat de la rencontre entre les deux continents, rencontre qui a débuté avec le premier voyage de Christophe Colomb en Amérique, en 1492.

Regarde les deux listes ci-contre et imagine comment serait notre alimentation sans tous ces produits.

1 Qu'est-ce qui disparaîtrait de notre alimentation si nous ne disposions pas des produits apportés par les Européens ?

2 De quoi les Européens devraient-ils se priver s'ils n'avaient pas importé d'aliments venant d'ailleurs dans le monde ?

3 Nomme des mets qui n'existeraient pas si nous ne pouvions pas combiner des produits d'Europe et d'Amérique. Par exemple, est-ce qu'on pourrait manger de la pizza ?

4 Choisis quelques-uns de tes mets préférés. D'où proviennent les ingrédients qui les composent ?

30 UN REPAS AMÉRINDIEN

Cette gravure illustre un couple d'Amérindiens s'apprêtant à manger.

■ Quels aliments reconnaîs-tu ?

Produits originaires d'Amérique	Produits apportés par les Européens

Produits originaires d'Amérique

Ananas

Arachide

Avocat

Cacao

Canneberge

Citrouille, courge

Dinde

Fève, haricot

Maïs

Papaye

Patate

Piment et poivron

Pomme de terre

Tomate

Vanille

31 L'ANANAS

Aquarelle du XVII⁰ siècle.

32 LA PATATE

Aquarelle du XVII⁰ siècle.

Produits apportés par les Européens

Banane

Blé

Bœuf

Chou

Fromage

Mouton

Olive

Orange

Poire

Pomme

Porc

Poulet

Raisin

Riz

Sucre

Vache

Et aujourd'hui...

L'agriculture mondiale produit d'importants surplus grâce aux techniques agricoles de plus en plus perfectionnées et aux découvertes scientifiques. Ainsi, désormais, la génétique permet de produire des plantes plus résistantes aux herbicides, au froid et à certains insectes. Il s'agit d'organismes génétiquement modifiés, ces fameux OGM dont on parle tant. Ces avancées font que les récoltes sont beaucoup plus abondantes et les pertes, moins grandes.

1 Quel est ton point de vue sur les OGM ?

2 Pourquoi, selon toi, certaines personnes contestent-elles les OGM ?

FAIRE LE POINT

A

✓→ **Je me réfère à des repères temporels en lien avec les grandes découvertes.**

1. Dans quel ordre chronologique les pays suivants se sont-ils engagés dans les grandes explorations?

| Angleterre | Espagne | France | Portugal |

2. Sur une ligne du temps, situe les principales découvertes en Amérique.

B

✓→ **Je m'intéresse aux conséquences de l'expansion européenne dans le monde.**

Plusieurs éléments ont conduit aux grandes découvertes.
Trouve la conséquence de chaque élément du tableau suivant.

ÉLÉMENT	CONSÉQUENCE
Le contrôle des routes de l'Orient par les Arabes	
Les idées de la Renaissance	
Le désir de diffuser le christianisme	
Les progrès techniques	
La recherche de puissance	

C

✓→ **Je prends en considération la complexité de l'expansion européenne dans le monde.**

1. Quel est le type de colonie développé par les Portugais?

2. Quel est le type de colonie développé par les Espagnols?

3. Quel est l'impact de la colonisation de l'Amérique sur les populations locales?

✓→ Je recherche des liens entre les différents aspects d'une réalité sociale.

Trouve trois conséquences positives et trois conséquences négatives liées aux grandes découvertes. Justifie tes réponses.

E

✓→ Je tiens compte des faits.

Ce poème à la gloire de l'Espagne a été écrit à la fin du XVIe siècle. À quels faits historiques l'auteur fait-il référence?

Son pouvoir s'est étendu,

Sur un grand nombre de provinces

de l'Empire Mexicain.

Le lieu le plus oublié

Lui promet de riches veines d'or,

De grandes îles, de riches ports,

Que les Espagnols ont peuplés,

Et passant l'Équinoxial*

Ils sont allés jusqu'au Pérou.

Ils ont soumis à leur gouvernement

Le grand empire des Incas.

De là-bas partent de grandes flottes

Pour l'Espagne chaque année.

* Équinoxial : Équateur.

F

✓→ Je mets en relation les concepts du chapitre.

1. Quelles sont les principales caractéristiques de l'économie-monde au XVIIe siècle ?

2. Écris un court texte pour expliquer les conséquences de l'expansion européenne en Amérique.

CONSTRUIRE SA CONSCIENCE CITOYENNE

A

L'expansion culturelle

Lorsque les Européens ont colonisé l'Amérique, ils ont développé leur économie et apporté avec eux leur culture.

1. Quelles sont les principales langues parlées en Amérique qui sont aussi utilisées dans des pays d'Europe? Explique ta réponse.

2. Le chinois est la langue maternelle d'environ 900 millions de personnes. Pourtant, l'anglais est la langue la plus couramment employée dans le monde pour communiquer.
   Pourquoi, selon toi?

3. La culture occidentale exerce une très grande influence dans tous les pays du monde. Chaque pays a néanmoins une culture qui lui est propre. Comment peux-tu expliquer cette réalité?

B

Les conséquences de la mondialisation

La mondialisation de l'économie a des conséquences sur les pays en voie de développement, mais aussi sur les pays développés. Lis le papyrus puis réponds aux questions suivantes.

Les bottes Kamik seront chinoises : 180 emplois perdus à Contrecœur

La Chine continue de faire des victimes… La dernière en date est l'usine du fabricant de bottes et de pantoufles Genfoot, de Contrecœur, qui fermera ses portes le 27 février. La fermeture entraînera le licenciement de ses 180 salariés, en majorité des femmes. «La mondialisation nous fait mal», explique dans une entrevue la directrice de l'usine […] À partir du printemps, les 600 000 paires de bottes d'hiver qu'on y fabriquait, et commercialisait sous la marque Kamik, le seront en Chine.

Jacques Benoît, *La Presse,* 24 janvier 2004.

1. Quelles sont les conséquences de la mondialisation :
   a) pour les pays en voie de développement?
   b) pour notre pays?

2. Que penses-tu de la mondialisation de l'économie?

3. Que peuvent faire les citoyens face à la mondialisation?

C

Une question d'équité

Examine les différences entre ton école, d'autres écoles du Québec et d'ailleurs dans le monde.

1. Les besoins des jeunes de ton école sont-ils différents :
   a) de ceux des autres écoles de ton quartier ?
   b) de ceux des autres écoles de ta ville ?
   c) de ceux des autres écoles ailleurs dans le monde ?

2. À ton école, tu as accès à des livres, à des ordinateurs, à de l'aide aux devoirs, à des activités sportives et parascolaires, etc.

Est-ce que les élèves des pays pauvres ont les mêmes avantages et les mêmes services ? Explique ta réponse.

✓ Je constate la diversité des identités sociales.

✓ J'établis un rapport entre le passé et le présent.

✓ J'établis un rapport entre les structures économiques et culturelles des sociétés.

OPTION **PROJET**

L'équité économique, vraiment ?

Tu as préparé une enquête sur les rapports économiques entre deux pays.

1. Présentation du projet
   a) Quelle forme vas-tu donner à la présentation de ton enquête ?
   b) Assure-toi de nommer les principales caractéristiques des pays que tu as choisis.
   c) As-tu identifié les ressources et les principaux produits de chaque pays choisi ?
   d) Quelles informations as-tu recueillies sur les échanges commerciaux entre les deux pays ?
   e) As-tu identifié des traits culturels communs aux deux pays ?

2. Conclusion
   a) Comment qualifierais-tu les rapports économiques et culturels entre les deux pays que tu as choisis ? Sont-ils justes et équitables ?
   b) Que suggères-tu pour que ces rapports soient plus justes ?

Chapitre 3
Les droits fondamentaux et les révolutions

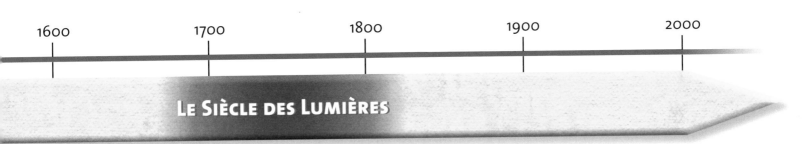

1600	1700	1800	1900	2000

LE SIÈCLE DES LUMIÈRES

Ce chapitre te fera explorer le XVIIIe siècle, qu'on appelle le « Siècle des Lumières ». Tu découvriras des philosophes qui défendent des valeurs de liberté et de justice. Tu verras comment leurs idées ont mené à une remise en question du pouvoir dans le monde occidental. Tu découvriras, entre autres :

- les idées des philosophes des Lumières ;
- les révolutions américaine et française ;
- la Russie tsariste.

Tu auras également l'occasion de répondre à tes propres interrogations sur l'affirmation des droits fondamentaux au temps des révolutions.

HISTOIRE

Les régimes démocratiques actuels reposent sur la liberté et l'égalité des individus. Ces principes ont été élaborés par des penseurs du XVIIIe siècle. Ils ont été reconnus et appliqués grâce, entre autres, à deux grandes révolutions en Europe et en Amérique. Aujourd'hui, la liberté et l'égalité sont des droits fondamentaux garantis et protégés par des lois, des chartes et des institutions démocratiques.

Comment les révolutions ont-elles contribué à l'affirmation des droits fondamentaux ?

SOMMAIRE

CONCEPTS

Voici les concepts explorés dans ce chapitre.

Concept central
• droits

Concepts particuliers
• citoyen
• démocratie
• hiérarchie sociale
• justice
• philosophie
• régime politique
• révolution
• séparation des pouvoirs
• Siècle des Lumières

Ces concepts te sont-ils familiers?
Tente dès maintenant de définir chacun de ces concepts à ta manière. Au cours de tes lectures, tu pourras préciser tes définitions.

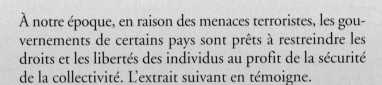

CITOYENNETÉ

À notre époque, en raison des menaces terroristes, les gouvernements de certains pays sont prêts à restreindre les droits et les libertés des individus au profit de la sécurité de la collectivité. L'extrait suivant en témoigne.

Écoutes illégales aux États-Unis

Après les attentats du 11 septembre 2001, le président George W. Bush a autorisé la NSA [Agence nationale de sécurité américaine] à intercepter les conversations téléphoniques et courriels de personnes résidant sur le territoire américain sans l'autorisation de la justice, contrairement à ce que prévoit la législation.

Le Devoir, 17 décembre 2005.

Selon toi, les droits et les libertés sont-ils toujours respectés dans la société?

OPTION **PROJET**

La liberté et la sécurité

MISSION

Présente un cas où la sécurité de la collectivité semble plus importante que le respect des droits et des libertés des individus.

• Choisis un cas où, pour garantir la sécurité de la collectivité, certains droits et libertés ne sont pas respectés. Pour t'aider à choisir, consulte les journaux, les bulletins d'informations ou Internet.

• Définis le problème qui menace la sécurité de la collectivité. Montre en quoi il la menace.

• Indique quels sont les droits ou les libertés qui ne sont pas respectés. Précise en quoi ils ne sont pas respectés.

• Explique pourquoi la sécurité collective semble plus importante dans ce cas précis.

OÙ ET QUAND ?

- Où les révolutions ont-elles lieu ?

- À quelle époque ?

révolution

Le temps des révolutions

Au cours des XVIIe et XVIIIe siècles, les grandes puissances d'Europe s'enrichissent grâce aux nouveaux territoires qu'elles ont découverts et colonisés. La France et la Grande-Bretagne sont alors des royaumes dominants. Mais pendant que ces deux puissances rivalisent dans le but de dominer le continent européen, leurs populations commencent à contester le pouvoir des dirigeants et à réclamer plus d'égalité et de liberté. En Amérique du Nord et en France, ce mouvement de contestation se transformera en révolution.

révolution
Changement rapide et parfois violent de l'ordre social et politique.

DES DEUX CÔTÉS DE L'ATLANTIQUE

Au milieu du XVIIIe siècle, la Grande-Bretagne possède plusieurs colonies en Amérique du Nord, sur les côtes de l'océan Atlantique. On appelle les plus anciennes les « Treize colonies britanniques ». En 1763, la Grande-Bretagne prend également possession de la Nouvelle-France, à la suite de la guerre de Sept Ans.

L'Empire britannique exerce une domination politique, économique et militaire sur ses colonies. Cependant, cette domination est contestée par les Treize colonies. Peu à peu, celles-ci se révoltent contre les mesures imposées par la Grande-Bretagne et revendiquent leur autonomie. C'est dans ce contexte que survient la révolution américaine en 1776.

Inf+ PLUS

La guerre de Sept Ans

De 1756 à 1763, la France et la Grande-Bretagne s'opposent dans le but de dominer le continent européen. Les colonies britanniques et françaises d'Amérique du Nord sont entraînées dans cette guerre appelée la « guerre de Sept Ans ». Au cours de ce conflit, l'armée britannique prend possession de plusieurs forts français en Nouvelle-France et, en 1760, la ville de Montréal se rend. Le traité de Paris, signé en 1763, met fin à la guerre. La Nouvelle-France se retrouve désormais sous la domination de la Grande-Bretagne.

Au même moment, un mouvement de contestation souffle sur la France. Depuis longtemps, le pays est dirigé par des rois qui détiennent tous les pouvoirs et qui repoussent toute opposition. Un grand nombre de Français critiquent de plus en plus l'autorité des souverains ainsi que les privilèges accordés à certaines classes de la société. Ils s'organisent donc pour faire valoir leurs revendications et ils conduisent le royaume vers la révolution de 1789.

1 L'AMÉRIQUE DU NORD ET L'EUROPE EN 1750

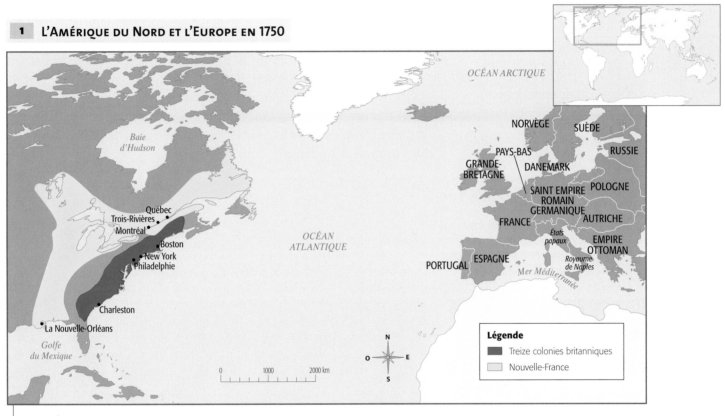

Compare le territoire des Treize colonies britanniques avec celui de la Grande-Bretagne. Que constates-tu?

À LA MÊME ÉPOQUE...

La Russie est une autre puissance européenne qui prend de l'expansion au cours des XVIIe et XVIIIe siècles. Durant cette période, sa population augmente considérablement. Son territoire s'étend de l'est de l'Europe jusqu'à l'océan Pacifique. Cependant, la Russie n'est pas entraînée dans la vague révolutionnaire du XVIIIe siècle. Certains souverains russes s'inspirent de l'Europe occidentale pour moderniser l'État, mais ils continuent à exercer un contrôle total sur leur peuple et sur leur vaste territoire.

EXPLORATION
La conquête des droits

Au début du XVIIIᵉ siècle, des rois qui détiennent d'énormes pouvoirs dirigent les grandes puissances d'Europe. On dit que ces rois ont un « pouvoir absolu ». Leur autorité est souvent héréditaire et ils estiment qu'elle leur vient de Dieu.

En France, le roi Louis XIV est le meilleur représentant de la monarchie absolue. En effet, il détient un pouvoir total qu'il prétend être de droit divin. À partir de 1661, Louis XIV gouverne seul le royaume de France. Au cours de son règne, il aurait dit : « L'État, c'est moi. » Cette phrase montre à quel point le pouvoir du souverain est grand. Le roi peut lever des taxes, faire des lois, rendre la justice, nommer ou renvoyer des ministres, déclarer la guerre, signer des traités de paix et dépenser autant qu'il le souhaite.

monarchie absolue
Régime politique dans lequel tous les pouvoirs sont entre les mains d'une seule personne, le roi (ou monarque).

régime politique
Ensemble des institutions et des pratiques qui caractérisent l'organisation politique et sociale d'un État.

2 LOUIS XIV, LE ROI-SOLEIL

Louis XIV devient roi à l'âge de cinq ans, mais il commence à gouverner seul à l'âge de 23 ans. Son règne (1661-1715) est le plus long de l'histoire de France. Ce souverain est surnommé le « Roi-Soleil ».

3 L'ASSERMENTATION DE GEORGE WASHINGTON

Le 30 avril 1789, George Washington devient le président de la première démocratie moderne, les États-Unis d'Amérique. On le voit ici prêtant serment sur la Bible.

▪ Compare cette illustration avec celle du roi Louis XIV. Que constates-tu ?

De nombreux penseurs du XVIIIe siècle contestent le pouvoir absolu des souverains en Europe. Des écrivains et philosophes dénoncent les abus de la monarchie. Ils proposent un nouveau régime politique, c'est-à-dire une nouvelle façon de gouverner, où les peuples seraient mieux représentés.

À la même époque, dans les Treize colonies britanniques d'Amérique du Nord, les colons réclament le droit de participer aux prises de décisions qui les concernent. Ils ne veulent plus dépendre uniquement de l'autorité de la Grande-Bretagne.

CONCEPT

Que veut-on dire par droits?

Le concept de droits renvoie à tout ce qui est permis. Le droit est aussi l'ensemble des règles dans une société. Ce chapitre traite principalement des droits de la personne, ou droits de l'homme. Ces droits définissent ce que les citoyens sont libres de faire dans une société. On les nomme aussi «droits fondamentaux».

Dans cette séquence, tu auras l'occasion d'approfondir ta compréhension du concept de droits. Tu verras aussi comment ce concept apparaît sur la scène sociale et politique au XVIIIe siècle, et comment il s'affirme à travers deux révolutions.

4   LE CHÂTEAU DE VERSAILLES

Cet immense château situé près de Paris date du XVIIe siècle. Les plus grands artistes et architectes ont travaillé à sa construction. Il témoigne des idées de grandeur des souverains de l'époque.

- Qu'est-ce que le Siècle des Lumières ?

- Quels principes les philosophes des Lumières défendent-ils ?

Siècle des Lumières
Nom donné au XVIIIe siècle, en raison des connaissances nouvelles et des progrès scientifiques importants faits au cours de cette période. Le mot *Lumières* désigne alors les connaissances, l'intelligence.

Parlement
Assemblée qui représente l'ensemble de la population et qui est chargée d'adopter des lois. Au XVIIIe siècle, le Parlement britannique regroupe surtout des représentants de l'aristocratie et des grands propriétaires terriens.

○ Les philosophes des Lumières

Les humanistes de la Renaissance ont été les premiers à valoriser le rôle de l'individu dans la société. Les philosophes du XVIIIe siècle, le Siècle des Lumières, poussent plus loin cette idée et cherchent à faire respecter les droits des peuples. Ils sont très critiques à l'égard du pouvoir en place et ils considèrent que tous les individus devraient être libres et égaux.

La philosophie des Lumières, c'est-à-dire le courant de pensée dominant, est influencée par les progrès scientifiques du XVIIe siècle, alors qu'Isaac Newton découvre les « lois naturelles » de l'Univers, telles que le principe de gravitation universelle. Les philosophes s'inspirent de ces lois naturelles et élaborent des principes de « droits naturels », ou droits fondamentaux. Ces principes seront à l'origine d'importants changements dans le monde social et politique de l'époque.

5 UN DÎNER DE PHILOSOPHES

Les philosophes du Siècle des Lumières correspondent, se rencontrent et discutent. Ici, un dîner réunit plusieurs d'entre eux, dont Voltaire, qui a la main levée.

LE MODÈLE BRITANNIQUE

Au moment où la monarchie absolue est à son sommet en France sous Louis XIV, la Grande-Bretagne connaît déjà une forme de monarchie parlementaire, où le roi partage son pouvoir avec le Parlement. Ce nouveau régime politique a été mis en place à la suite de revendications et de troubles qui ont eu lieu au cours du XVIIe siècle. Les nobles et les bourgeois réclamaient alors plus de pouvoir. Les troubles ont pris fin en 1689, lorsque les membres du Parlement britannique ont fait signer au roi Guillaume d'Orange la Déclaration des droits (*Bill of Rights*), qui limite les pouvoirs du souverain et qui fait du Parlement le centre des décisions politiques.

La Grande-Bretagne, qui est le premier pays à adopter un régime politique plus ouvert aux droits individuels, sera citée en exemple par les philosophes des Lumières.

Le Bill of Rights

Voici quelques-uns des 13 articles de la Déclaration des droits adoptée par le Parlement britannique en 1689.

1. Que le prétendu pouvoir de l'autorité royale de suspendre les lois ou l'exécution des lois sans le consentement du Parlement est illégal.

4. Qu'une levée d'argent pour la Couronne ou à son usage, sous prétexte de prérogative, sans le consentement du Parlement, pour un temps plus long et d'une manière autre qu'elle n'est ou ne sera consentie par le Parlement, est illégale.

6. Que la levée et l'entretien d'une armée dans le royaume, en temps de paix, sans le consentement du Parlement, est contraire à la loi.

8. Que les élections des membres du Parlement doivent être libres.

9. Que la liberté de la parole, ni celle des débats ou procédures dans le sein du Parlement, ne peut être entravée ou mise en discussion en aucune cour ou lieu quelconque autre que le Parlement lui-même.

■ Selon ces articles, en quoi le Parlement devient-il le centre des décisions politiques?

6 Le Parlement britannique en 1710

Inf🌐 PLUS

L'*Habeas Corpus*

À partir du XVIIe siècle, la loi *Habeas Corpus* («Sois maître de ton corps» en latin) garantit la liberté individuelle aux citoyens britanniques. Selon cette loi, toute arrestation sans motif et tout emprisonnement sans jugement sont interdits.

Le pays le plus libre au monde!

La monarchie parlementaire britannique séduit et inspire certains écrivains et philosophes des Lumières. Voici ce que Montesquieu observe au sujet de ce régime politique en 1729.

L'Angleterre est à présent le plus libre pays qui soit au monde, je n'en excepte aucune république: j'appelle libre, parce que le prince n'a le pouvoir de faire aucun tort imaginable à qui que ce soit, par la raison que son pouvoir est contrôlé et borné par un acte [...] le pouvoir illimité est dans le Parlement et le Roi, et la puissance exécutive* dans le Roi, dont le pouvoir est borné.

* Puissance exécutive: Pouvoir de faire exécuter les lois.

■ Montesquieu mentionne que le pouvoir du prince (le roi) est «contrôlé et borné par un acte». De quel *acte* peut-il s'agir?

Indice

- Quel document protège les droits des individus au Québec?

La liberté naturelle de l'homme

John Locke publie plusieurs ouvrages de philosophie où il aborde les concepts de liberté et de droits naturels.

La liberté naturelle de l'homme, c'est de ne reconnaître sur terre aucun pouvoir qui lui soit supérieur, de n'être assujetti à la volonté […] de personne, et de n'avoir pour règle que la seule loi naturelle. La liberté de l'homme en société, c'est de n'être soumis qu'au seul pouvoir législatif*, établi d'un commun accord dans l'État, et de ne reconnaître aucune autorité ni aucune loi en dehors de celles que crée ce pouvoir, conformément à la mission qui lui est confiée. […] Il est clair, dès lors, que la monarchie absolue, considérée par certains comme le seul gouvernement au monde, est en fait incompatible avec la société civile**.

Essai sur le pouvoir civil, 1690.

---

* Pouvoir législatif : Pouvoir de faire des lois.
** Société civile : Ensemble des structures familiales, sociales, culturelles, etc., qui existent en dehors du cadre de l'État.

■ Pourquoi Locke considère-t-il que la monarchie absolue est incompatible avec la société civile ?

LES IDÉES DES PHILOSOPHES DES LUMIÈRES

Les penseurs du XVIIIe siècle rédigent plusieurs ouvrages qui traitent, entre autres, de la séparation des pouvoirs, de la souveraineté des peuples et de la liberté de croyance. Les penseurs s'appuient également sur les écrits d'un précurseur du Siècle des Lumières, John Locke, qui élabore le principe de droits fondamentaux.

Locke et les droits fondamentaux

John Locke (1632-1704) est un philosophe anglais du XVIIe siècle. Il considère que les hommes naissent libres et égaux, c'est pourquoi il s'oppose à la monarchie absolue. Selon Locke, l'État doit respecter les droits fondamentaux de l'individu, c'est-à-dire le droit à la vie, le droit à la liberté et le droit à la propriété. Il qualifie ces droits de droits naturels. Il propose donc une nouvelle conception de la politique fondée sur la liberté des individus, le libéralisme. Locke croit que le pouvoir appartient au peuple, mais que celui-ci doit accepter d'en abandonner une partie aux mains d'institutions politiques comme le Parlement. En échange, l'État doit respecter les droits fondamentaux.

Montesquieu et la séparation des pouvoirs

Le baron de Montesquieu (1689-1755), juriste et philosophe français, propose quant à lui des idées nouvelles pour une meilleure organisation politique. Ses réflexions portent surtout sur la séparation des pouvoirs. Ainsi, selon Montesquieu, le roi ne devrait détenir qu'un pouvoir exécutif, c'est-à-dire le pouvoir d'appliquer les lois. Le pouvoir législatif, soit le pouvoir de faire les lois, et le pouvoir judiciaire, celui de rendre la justice, devraient être exercés par des institutions politiques qui ne relèvent pas du roi.

Trois sortes de pouvoirs

Montesquieu s'oppose à la monarchie absolue et propose une séparation des pouvoirs au sein de l'État.

Il y a dans chaque État trois sortes de pouvoirs […] Lorsque dans la même personne ou dans le même corps de magistrature la puissance législative est réunie à la puissance exécutrice, il n'y a point de liberté […] Il n'y a point encore de liberté si la puissance de juger n'est pas séparée de la puissance législative et de l'exécutrice.

De l'Esprit des Lois, 1748.

1 Quelles sont les trois sortes de pouvoirs dont parle Montesquieu ?

2 Selon toi, qu'est-ce que la séparation des pouvoirs permet d'éviter au sein d'un État ?

Rousseau et la souveraineté des peuples

Inspiré par les théories de Locke sur les droits naturels, le philosophe genevois Jean-Jacques Rousseau (1712-1778) est convaincu que les hommes, de par leur nature, sont tous égaux. Selon lui, c'est le peuple et non le roi qui détient la souveraineté, c'est-à-dire le pouvoir. Pour Rousseau, l'État existe parce que le peuple accepte de partager le pouvoir avec des institutions politiques. C'est ce que Rousseau appelle le contrat social. Si le contrat n'est pas respecté, le peuple a le droit de se révolter.

Voltaire et la liberté de croyance

Pour plusieurs philosophes, l'État ne peut imposer une religion ni interdire les autres cultes. En fait, l'État ne doit pas contrôler la liberté de pensée des individus, il doit plutôt la respecter. Voltaire (1694-1778), philosophe et homme de lettres français, publie de nombreux écrits en faveur de la tolérance religieuse. Il croit qu'aucune Église, protestante ou catholique, ne peut imposer sa foi. L'individu doit pouvoir choisir, selon sa raison, la religion qui lui paraît la plus appropriée. Voltaire se porte donc à la défense de la liberté de croyance. Il prend d'ailleurs part à toutes les luttes pour la liberté et le progrès en général.

L'homme est maître de lui-même

Jean-Jacques Rousseau expose ici sa théorie du contrat social.

Il n'y a qu'une seule loi qui, par sa nature, exige un consentement unanime ; c'est le pacte social : car l'association civile est l'acte du monde le plus volontaire ; tout homme étant né libre et maître de lui-même, nul ne peut, sous quelque prétexte que ce puisse être, l'assujettir sans son aveu. [...] Hors ce contrat primitif, la voix du plus grand nombre oblige toujours tous les autres ; c'est une suite du contrat même.

Du Contrat social, 1762.

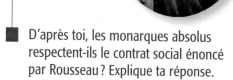
D'après toi, les monarques absolus respectent-ils le contrat social énoncé par Rousseau ? Explique ta réponse.

La tolérance religieuse

Voltaire est un fervent défenseur de la liberté religieuse. Dans l'extrait qui suit, il explique ses raisons.

Le grand principe, le principe universel [...] est, dans toute la terre : « Ne fais pas ce que tu ne voudrais pas qu'on te fît. » Or on ne voit pas comment, suivant ce principe, un homme pourrait dire à un autre : « Crois ce que je crois, et ce que tu ne peux croire, ou tu périras. » C'est ce qu'on dit au Portugal, en Espagne [...] On se contente à présent, dans quelques autres pays, de dire : « Crois, ou je t'abhorre* ; crois, ou je te ferai tout le mal que je pourrai ; monstre, tu n'as pas ma religion, tu n'as donc point de religion : il faut que tu sois en horreur à tes voisins, à ta ville, à ta province. » [...] Le droit de l'intolérance est donc absurde et barbare : c'est le droit des tigres, et il est bien horrible, car les tigres ne déchirent que pour manger, et nous nous sommes exterminés pour des paragraphes. »

Traité sur la tolérance, 1763.

* Abhorrer : Détester, haïr.

1 Quel principe justifie la tolérance religieuse, selon Voltaire ?

2 Selon toi, de quels « paragraphes » Voltaire parle-t-il ?

---

7 DIDEROT

Denis Diderot (1713-1784) est un grand érudit du Siècle des Lumières. Il est surtout reconnu pour le travail qu'il a fait dans la publication de l'*Encyclopédie*.

L'*ENCYCLOPÉDIE* ET LA DIFFUSION DES IDÉES

Au nom de la raison et de la liberté, les savants du Siècle des Lumières veulent diffuser leurs idées pour faire reculer l'ignorance. Selon eux, le progrès ne peut se faire sans la synthèse des connaissances. Ils rassemblent donc leurs savoirs dans l'*Encyclopédie*, aussi appelée *Dictionnaire raisonné des sciences, des arts et des métiers*. L'écrivain et philosophe français Denis Diderot et le mathématicien Jean d'Alembert en sont les principaux rédacteurs. L'*Encyclopédie*, publiée entre 1751 et 1772, est composée de plusieurs milliers d'articles regroupés en 28 volumes. De nombreux philosophes de l'époque y contribuent, dont Rousseau, Montesquieu et Voltaire.

L'objectif de l'Encyclopédie

Dans la préface du premier volume, publié en 1751, Diderot présente l'objectif de l'*Encyclopédie*. En voici un extrait.

[Le mot *encyclopédie*] signifie *enchaînement de connaissances* [...] En effet, le but d'une encyclopédie est de rassembler les connaissances éparses sur la surface de la terre, d'en exposer le système général aux hommes avec qui nous vivons, et de les transmettre aux hommes qui viendront après nous, afin que les travaux des siècles passés ne soient pas des travaux inutiles pour les siècles qui succéderont [et afin] que nos neveux, devenant plus instruits, deviennent en même temps plus vertueux et plus heureux, et que nous ne mourrions pas sans avoir bien mérité du genre humain.

8 D'ALEMBERT

Jean Le Rond d'Alembert (1717-1783) est un mathématicien et un philosophe français. Il a dirigé la publication de l'*Encyclopédie* avec Denis Diderot.

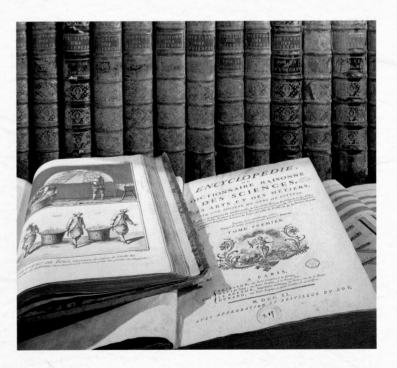

Les autres publications

En plus de l'*Encyclopédie,* des publications de toutes sortes permettent aux philosophes de faire connaître leurs idées. En effet, les journaux, les brochures et les affiches sont de plus en plus nombreux et rendent l'information accessible à un très grand nombre de personnes. Cependant, en France, les autorités civiles et religieuses s'opposent à cette large diffusion des idées. Plusieurs livres et brochures sont donc publiés secrètement ou imprimés à l'étranger. Des écrivains célèbres comme Voltaire, Diderot et Rousseau sont même arrêtés et emprisonnés à cause des propos qu'ils tiennent contre l'État et l'Église.

L'influence des idées

Les philosophes du XVIIIe siècle voyagent partout en Europe et ils sont parfois invités chez des souverains qui s'inspirent de leurs idées. Même si la majorité des dirigeants souhaitent maintenir un pouvoir absolu, certains d'entre eux tentent d'appliquer quelques réformes en s'appuyant sur les idées des philosophes. Par exemple, ils adoptent des politiques de tolérance religieuse, rendent l'éducation plus accessible, modernisent l'administration et la justice. C'est le cas, entre autres, de Joseph II d'Autriche et de Catherine II de Russie. Toutefois, malgré ces réformes, les souverains cherchent plutôt à affirmer leur pouvoir personnel qu'à veiller au bonheur du peuple.

C'est justement parmi le peuple que les idées politiques et sociales des philosophes trouveront leurs plus grands appuis. Elles auront des échos jusqu'en Amérique, où les colonies commencent à contester l'autorité de la Grande-Bretagne. Bientôt, ces revendications se transformeront en un mouvement populaire de contestation à l'endroit du pouvoir en place.

9 UN EXTRAIT D'UN JOURNAL FRANÇAIS

Voici un exemple de journal publié au lendemain de la Révolution française.

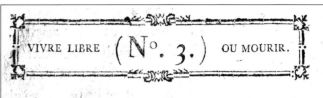

Et aujourd'hui...

Les encyclopédies électroniques

L'*Encyclopédie* publiée par Diderot et d'Alembert avait pour but de consigner, en un seul ouvrage, tous les savoirs disponibles à l'époque. Aujourd'hui, il existe de nombreux ouvrages de référence, dont les encyclopédies électroniques. Celles-ci ont pratiquement remplacé les encyclopédies papier, et la quantité d'informations qu'elles contiennent est phénoménale.

1 Quels sont les avantages et les inconvénients des encyclopédies électroniques?

2 As-tu souvent l'occasion de consulter des encyclopédies? Dans quels contextes?

■ Quelles sont les causes de la révolution américaine ?

■ Quels sont les droits fondamentaux acquis lors de la révolution américaine ?

constitution
justice
métropole

◦ La révolution américaine

métropole
État qui possède des colonies ou des territoires extérieurs.

La guerre de Sept Ans, qui oppose entre autres les Français et les Britanniques, se termine en 1763 avec le traité de Paris. Par ce traité, la France perd officiellement le territoire de la Nouvelle-France. Désormais, la Grande-Bretagne domine une grande partie du continent nord-américain. Toutefois, cette domination est rapidement contestée par les Treize colonies britanniques, qui réclament plus d'autonomie. Le mouvement de contestation de ces colonies mènera à la révolution américaine.

L'ORGANISATION DES TREIZE COLONIES

Les Treize colonies ont une certaine autonomie politique vis-à-vis de leur métropole. En effet, chacune des colonies possède une assemblée de membres élus. Cependant, cette assemblée populaire ne s'occupe que des affaires locales. Les principales décisions politiques sont prises au Parlement britannique. Or, les colons ne sont pas représentés au Parlement.

Par ailleurs, la Grande-Bretagne exerce un pouvoir économique sur ses colonies. En effet, celles-ci sont obligées de commercer avec la métropole et d'acheter ses produits.

10 **LES TREIZE COLONIES BRITANNIQUES EN 1763**

Aujourd'hui, quel nom donne-t-on aux territoires de ces anciennes colonies ?

DES MESURES CONTESTÉES

La guerre de Sept Ans a engendré d'importantes dépenses militaires pour la Grande-Bretagne. À la fin du conflit, la métropole éprouve des difficultés financières. Elle décide alors de faire payer aux Treize colonies une série de taxes pour rembourser une partie de ses dettes. Les colons n'approuvent pas cette mesure. Ils ne sont pas d'accord avec le fait de payer des taxes à la Grande-Bretagne sans être représentés au Parlement britannique. Ils déclarent donc ces taxes illégales en énonçant le principe suivant : « Pas de taxation sans représentation » (*No taxation without representation*).

D'autres mesures imposées par la métropole sont également contestées au sein des colonies. Par exemple, la Grande-Bretagne interdit aux colons de migrer à l'ouest des Appalaches parce qu'elle réserve ce territoire aux Amérindiens. De plus, elle intensifie la présence de l'armée britannique sur le territoire américain pour faire respecter ses décisions. Devant cette situation, les colons estiment que leurs droits fondamentaux sont bafoués et un mouvement de résistance s'organise rapidement au sein des assemblées populaires. Bientôt, des conflits armés éclatent entre la Grande-Bretagne et les Treize colonies.

Thomas Paine et *Le Sens commun*

Thomas Paine est un adversaire de la monarchie et un grand défenseur de la démocratie. En 1776, Paine publie un essai intitulé *Le Sens commun*, qui prône l'indépendance des Treize colonies. Ce petit livre jouera un rôle important dans le déclenchement de la révolution américaine.

Tout ce qui est juste ou naturel plaide en faveur de la séparation. Le sang des morts, la voix éplorée de la nature crient qu'« il est le temps de se quitter ». Même la distance que le Tout-Puissant a interposée entre l'Angleterre et l'Amérique est une preuve solide et naturelle que l'autorité exercée par la première sur la seconde n'a jamais fait partie des desseins du Ciel. [...] il y a quelque chose de proprement absurde à supposer qu'un continent doive être éternellement gouverné par une île.

■ Selon Paine, qu'est-ce qui prouve que l'Angleterre ne doit pas avoir autorité sur l'Amérique ?

11 CHRONOLOGIE DE LA RÉVOLUTION AMÉRICAINE

1764-1767	Le Parlement britannique impose de nouvelles taxes aux colons.
1770	Premiers épisodes de révolte des colons contre les troupes britanniques.
1773	Des colons de Boston protestent contre les taxes imposées sur le thé qui vient de la Grande-Bretagne. Ils jettent à la mer une cargaison de thé anglais : c'est le *Boston Tea Party*. La Grande-Bretagne déclare l'état d'urgence.
1774	Réunion du premier congrès américain à Philadelphie, au cours duquel les représentants des colonies décident de cesser de commercer avec la Grande-Bretagne.
1775	Premiers combats entre les troupes britanniques et les troupes américaines.
1776	Déclaration d'Indépendance (4 juillet) et début de la guerre d'Indépendance. Première déclaration des droits de l'homme et du droit de résistance.
1781	Capitulation des Britanniques devant les troupes américaines sous le commandement de George Washington.
1783	Signature du traité de Versailles. La Grande-Bretagne reconnaît l'indépendance des Américains.
1787	Constitution des États-Unis d'Amérique. Les colonies deviennent des États qui relèvent d'un gouvernement dirigé par un président. C'est la première démocratie moderne.

LA GUERRE D'INDÉPENDANCE ET LA RÉVOLUTION

La mouvement de contestation des colons américains face à la Grande-Bretagne conduit à de nombreux affrontements entre les soldats britanniques et les troupes armées mises sur pied dans les colonies. Ainsi, à la suite du *Boston Tea Party*, la Grande-Bretagne envoie plusieurs troupes de soldats dans les colonies. Il n'en faut pas plus aux colons pour se révolter. La révolte se transforme rapidement en guerre d'Indépendance et en révolution.

La déclaration d'Indépendance

Le 4 juillet 1776, les représentants de chacune des colonies américaines se rassemblent dans la ville de Philadelphie et votent la déclaration d'Indépendance. Par cette déclaration, les Américains cessent d'être des colons en révolte contre une autorité coloniale. Ils deviennent des citoyens d'un État libre et ils s'opposent à toute autorité étrangère. La Grande-Bretagne rejette catégoriquement ce document, ce qui déclenche la guerre entre les deux parties, mais les Britanniques capitulent en 1781. En 1783, le traité de Versailles reconnaît l'indépendance américaine. Les États-Unis deviennent le premier pays à s'affranchir d'une autorité coloniale grâce à une révolution.

12 LE *BOSTON TEA PARTY*

Pour exprimer leur mécontentement face aux taxes imposées par la Grande-Bretagne sur le thé anglais, des citoyens de Boston (déguisés en Amérindiens) s'emparent d'un bateau britannique et jettent à la mer sa cargaison de thé. C'est le *Boston Tea Party*.

La déclaration d'Indépendance

Voici un extrait du préambule de la déclaration d'Indépendance. Son principal auteur est Thomas Jefferson, écrivain et homme politique qui deviendra le troisième président des États-Unis.

Lorsqu'au cours des événements humains, un peuple se voit dans la nécessité de rompre les liens politiques qui l'unissent à un autre, et de prendre parmi les puissances de la terre le rang d'indépendance et d'égalité auquel les Lois de la Nature et du Dieu de la Nature lui donnent droit, un juste respect de l'opinion des hommes exige qu'il déclare les causes qui l'ont porté à cette séparation.

Nous tenons ces vérités pour évidentes par elles-mêmes : que tous les hommes naissent égaux ; que leur Créateur les a dotés de certains Droits inaliénables*, parmi lesquels la Vie, la Liberté et la recherche du Bonheur ; que pour garantir ces droits, les hommes instituent parmi eux des Gouvernements dont le juste pouvoir émane du consentement des gouvernés ; que si un gouvernement, quelle qu'en soit la forme, vient à méconnaître ces fins, le peuple a le droit de le modifier ou de l'abolir et d'instituer un nouveau gouvernement qu'il fondera sur tels principes, et dont il organisera les pouvoirs selon telles formes, qui lui paraîtront les plus propres à assurer sa Sécurité et son Bonheur.

---

* Inaliénable : Qui ne peut être enlevé.

1 Quels sont les droits inaliénables selon les auteurs de la déclaration ?

2 Qui donne le pouvoir au gouvernement ?

démocratie
Système politique où le peuple participe aux décisions politiques en élisant des représentants au gouvernement.

citoyen
Habitant d'un pays qui détient des droits politiques.

---

13 LA SIGNATURE DE LA DÉCLARATION D'INDÉPENDANCE

La déclaration d'Indépendance est adoptée le 4 juillet 1776. Le 4 juillet est d'ailleurs devenu le jour de la fête nationale des Américains.

Inf PLUS

Les exclus de la déclaration d'Indépendance

La révolution américaine a permis de mettre en application plusieurs droits fondamentaux. Toutefois, bien que la déclaration d'Indépendance proclame la liberté et l'égalité des individus, dans les faits, une grande partie de la population est privée de droits. Ainsi, l'esclavage ne sera aboli qu'en 1865 aux États-Unis et les femmes n'obtiendront le droit de vote qu'en 1920. Quant aux Amérindiens, ils seront les derniers à obtenir la citoyenneté américaine et le droit de vote en 1924.

Les membres de cette assemblée sont des révolutionnaires. Est-ce ainsi que tu imagines des révolutionnaires ? Pourquoi ?

Constitution
Ensemble des textes qui sont à la base de l'organisation politique d'un pays et qui définissent la forme du gouvernement.

justice
Reconnaissance et respect des droits des individus. La justice désigne également le pouvoir de faire régner le droit ainsi que l'ensemble des autorités chargées de le faire respecter.

LA CONSTITUTION AMÉRICAINE

Dans les années qui suivent l'indépendance des États-Unis, les dirigeants du nouveau pays s'emploient à lui donner des règles de fonctionnement. En 1787, ils signent la Constitution américaine. Les États-Unis sont le premier pays à disposer d'une Constitution écrite. Celle-ci met de l'avant des principes de droit qui n'ont jamais été mis en application ailleurs dans le monde, tels que les principes de liberté et de justice.

De plus, la Constitution crée des institutions politiques qui n'ont encore jamais existé et qui assurent la séparation des pouvoirs. Ainsi, le président partage son pouvoir avec le Congrès, qui représente le peuple et chacun des États américains. Le Congrès vote les lois et le président s'assure de les faire exécuter. La Cour suprême, quant à elle, veille au respect et à l'application des lois.

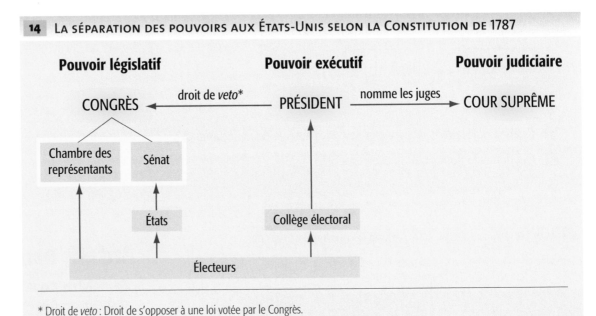

14 **LA SÉPARATION DES POUVOIRS AUX ÉTATS-UNIS SELON LA CONSTITUTION DE 1787**

Pouvoir législatif — **Pouvoir exécutif** — **Pouvoir judiciaire**

CONGRÈS ←— droit de *veto**— PRÉSIDENT —nomme les juges→ COUR SUPRÊME

Chambre des représentants — Sénat

États — Collège électoral

Électeurs

* Droit de *veto* : Droit de s'opposer à une loi votée par le Congrès.

GEORGE WASHINGTON

Au cours de la guerre d'Indépendance, George Washington (1732-1799) est nommé général en chef des troupes américaines. Il devient, en 1789, le premier président des États-Unis. Aujourd'hui, la capitale des États-Unis et un État américain portent son nom.

Et aujourd'hui...

Le droit de s'armer

Le deuxième amendement à la Constitution américaine garantit aux citoyens des États-Unis le droit de porter des armes. Cet article est encore en vigueur aujourd'hui. Depuis des décennies, il est contesté dans la plupart des pays occidentaux, même aux États-Unis.

■ Selon toi, le droit des citoyens de porter une arme a-t-il encore sa place dans la société? Pourquoi?

Les 10 premiers amendements à la Constitution

Quatre ans après la signature de la Constitution américaine, on y ajoute 10 amendements*. Ceux-ci protègent autant les droits individuels que les droits des États vis-à-vis du pouvoir central.

1. Le Congrès ne fera aucune loi qui touche l'établissement ou interdise le libre exercice d'une religion, ni qui restreigne la liberté de la parole ou de la presse, ou le droit qu'a le peuple de s'assembler paisiblement [...]

2. Une milice bien ordonnée étant nécessaire à la sécurité d'un État libre, le droit qu'a le peuple de détenir et de porter des armes ne sera pas enfreint.

3. Aucun soldat ne sera, en temps de paix, logé dans une maison sans le consentement du propriétaire, ni en temps de guerre, si ce n'est de la manière prescrite par la loi.

4. Le droit des citoyens d'être garantis dans leurs personnes, domicile, papiers et effets, contre les perquisitions et saisies déraisonnables ne sera pas violé [...]

5. Nul ne sera mis en jugement pour un crime capital ou autrement infâmant si ce n'est sur déclaration de mise en accusation ou acte d'accusation présentés par un grand jury [...] Nul ne pourra pour le même délit être deux fois menacé dans sa vie ou dans son corps. Nul ne sera tenu de témoigner contre lui-même dans une affaire criminelle. Nul ne sera privé de vie, de liberté ou de propriété sans procédure légale régulière. [...]

6. Dans toutes les poursuites criminelles, l'accusé aura le droit d'être jugé promptement et publiquement par un jury impartial de l'État et du district où le crime aura été commis [...] d'être instruit de la nature et de la cause de l'accusation, d'être confronté avec les témoins à charge, d'exiger par des moyens légaux la comparution de témoins à décharge, et d'être assisté d'un conseil pour sa défense.

7. Dans les procès de droit commun où la valeur en litige excédera vingt dollars, le droit au jugement par jury sera observé [...]

8. Des cautions excessives ne seront pas exigées, ni des amendes excessives imposées, ni des châtiments cruels et inusités infligés.

9. L'énumération dans la Constitution de certains droits ne sera pas interprétée comme déniant ou dépréciant les autres droits que le peuple aurait retenus.

10. Les pouvoirs qui ne sont pas délégués aux États-Unis par la Constitution, ni refusés par elle aux États, sont réservés aux États respectivement, ou au peuple.

---

* Amendement : Modification ou ajout apporté à une loi ou à un règlement.

1 Quels sont les droits protégés par les 10 amendements ?

2 Ces droits ont-ils encore de l'importance de nos jours ? Explique ta réponse.

Indice

- Dans quelles situations les droits et les libertés pourraient-ils être limités ?

15 LA STATUE DE LA LIBERTÉ

Lors de la guerre d'Indépendance, la France a appuyé les Treize colonies dans leur lutte contre la Grande-Bretagne. La statue de la Liberté, érigée dans le port de New York, est un cadeau que la France a fait aux États-Unis en 1886 pour commémorer cette alliance.

Ancien Régime
hiérarchie sociale
société d'ordres
tiers état

- Quelles sont les causes de la Révolution française?

- Quels sont les droits fondamentaux acquis lors de la Révolution française?

La Révolution française

Au XVIIe siècle, la France est une grande puissance dirigée par des rois, comme Louis XIV, qui détiennent tous les pouvoirs. Cependant, au cours du XVIIIe siècle, le pouvoir de la monarchie française s'affaiblit. De plus, les dettes de l'État s'accroissent à la suite de la guerre de Sept Ans et de la participation de la France à la guerre d'Indépendance américaine. Le pays connaît alors une grave crise économique qui provoque des troubles et de l'agitation au sein de la population.

Dans ce contexte, les Français critiquent de plus en plus le pouvoir en place. Ils sont inspirés par les idées des philosophes des Lumières et influencés par la révolution qui vient d'avoir lieu en Amérique. Bientôt, un mouvement de contestation prend forme et mène à la révolution de 1789. Cette révolution transformera profondément la hiérarchie sociale et les structures politiques de la France.

UNE SOCIÉTÉ HIÉRARCHISÉE

Avant la révolution, la France vit sous l'Ancien Régime. La société française est alors une société d'ordres, c'est-à-dire une société où les groupes sociaux n'ont pas les mêmes droits. Les trois ordres de la société sont la noblesse, le clergé et le tiers état.

hiérarchie sociale
Classement des membres d'une société selon leur degré de pouvoir, de richesse ou d'influence.

Ancien Régime
Organisation politique de la France avant la révolution de 1789. L'Ancien Régime est caractérisé par un régime monarchique et par une société d'ordres.

Les ordres ont leur raison d'être!

Dans la France de l'Ancien Régime, plusieurs personnes défendent le principe de la société d'ordres. Voici comment un avocat français du XVIIe siècle justifie la présence des ordres.

Nous ne pourrions pas vivre en égalité de condition, ainsi il faut par nécessité que les uns commandent, et les autres obéissent. [...] quant à ceux qui commandent, et quant au peuple qui obéit, pour que c'est un corps à plusieurs têtes, on le divise par Ordres, états ou vocations particulières. Les uns sont dédiés particulièrement au service de Dieu; les autres à conserver l'État par les armes; les autres à le nourrir et maintenir par les exercices de la paix. Ce sont nos trois Ordres [...] de France, le clergé, la noblesse et le tiers état.

Charles Loyseau, *Traité des ordres et simples dignités*, 1610.

1 Quel est le principal argument qui justifie la présence des trois ordres?

2 À quoi est dédié chacun des trois ordres, selon l'auteur?

La noblesse et le clergé sont deux ordres privilégiés. Leurs membres occupent presque toutes les positions avantageuses dans la société. Les nobles vivent de pensions, de rentes et des loyers tirés de leurs terres. Ils occupent des emplois dans l'administration royale, la justice et l'armée. Les membres du clergé, quant à eux, bénéficient également des revenus de leurs terres et ils ont une grande influence dans la société. Ces deux ordres ne représentent que 2 % de la population, mais ils possèdent près du tiers des terres et paient rarement des impôts.

Le tiers état compte pour 98 % de la population. Il est composé des bourgeois, des artisans, des paysans et des ouvriers. Ce sont eux qui doivent payer les multiples taxes et impôts. C'est aussi sur eux que repose la quasi-totalité de l'activité économique du pays. Cependant, les membres du tiers état ne disposent d'aucun pouvoir politique, celui-ci étant réservé à la noblesse et au clergé. Les bourgeois n'acceptent pas de voir les ordres privilégiés monopoliser ainsi le pouvoir. Ce sera une des principales raisons de leur révolte et une des causes majeures de la Révolution française.

Inf✚ PLUS

L'inégalité à l'intérieur des ordres

À l'intérieur de chacun des trois ordres de la société, tous ne sont pas égaux. Chez les nobles, il existe de grandes différences entre ceux qui ont de riches propriétés terriennes et les petits nobles de province qui sont moins fortunés. Au sein du clergé, il existe une grande différence entre le haut clergé des évêques, des abbés et autres dignitaires, et le bas clergé des paroisses de campagne, dont les revenus sont à peine suffisants pour survivre.

Dans les rangs du tiers état, les paysans sont les plus démunis. Beaucoup vivent dans la misère, sans possibilité d'améliorer leur sort. Les petits artisans, ouvriers et domestiques des villes ne connaissent pas un meilleur sort et se retrouvent souvent sans emploi. Les bourgeois, quant à eux, détiennent une puissance économique dans la société. Ce sont des commerçants, des banquiers, des magistrats ou des intellectuels qui contrôlent une bonne partie des richesses du royaume.

16 **UNE CARICATURE DES TROIS ORDRES DATANT DE 1789**

Quel message cette image envoie-t-elle?

17 **LA SOCIÉTÉ FRANÇAISE DE L'ANCIEN RÉGIME**

ROI

Noblesse
(1,5 % de la population)

Clergé
(0,5 % de la population)

Tiers état
Bourgeois, artisans, paysans et ouvriers
(98 % de la population)

18 CHRONOLOGIE DE LA RÉVOLUTION FRANÇAISE

Mai 1789	Convocation des États généraux. Des représentants des trois ordres (noblesse, clergé et tiers état) se réunissent à Versailles pour tenter de régler la crise économique qui sévit en France.
14 juillet 1789	Prise de la Bastille. Les citoyens de Paris en colère se dirigent vers la prison de la Bastille pour trouver des armes et faire face aux troupes royales.
4 août 1789	Abolition des privilèges de la noblesse et du clergé, et abolition du régime féodal. C'est la fin de l'Ancien Régime.
26 août 1789	Déclaration des droits de l'homme et du citoyen. Mise en place des grands principes de liberté et d'égalité.
1791-1792	Le roi Louis XVI règne conjointement avec les représentants élus par la population. C'est la monarchie constitutionnelle.
1791	Adoption d'une Constitution qui prévoit le partage du pouvoir entre le roi et une assemblée élue par la population.
21 juin 1791	Le roi tente de fuir en Allemagne avec sa famille afin de revenir en France avec des armées étrangères et de rétablir son pouvoir absolu. Il est arrêté et ramené à Paris.
1792	Proclamation de la République. Désormais, le pouvoir est exercé par des représentants de la population.
1793	Le roi est condamné à mort et passe à la guillotine.

LA RÉVOLUTION

La crise économique qui frappe la France vers la fin du XVIIIe siècle oblige le roi à convoquer les États généraux en 1789. Les États généraux sont une assemblée de représentants des trois ordres qui est censée conseiller le roi. En fait, le roi espère alors obtenir une contribution financière de la part des nobles et du clergé afin de payer les dettes de l'État. Les taxes et les impôts prélevés auprès des membres du tiers état ne suffisent plus.

Les délégués du tiers état profitent de ces États généraux pour faire entendre leurs revendications politiques. Mais ils constatent bien vite que, même s'ils représentent 98 % de la population, leur position ne compte que pour un tiers des voix. Ils estiment que leur droit à la représentation politique n'est pas respecté et décident de se réunir à part. Ils forment une Assemblée nationale et promettent de ne pas la dissoudre avant d'avoir donné une Constitution à la France. Plusieurs membres des ordres privilégiés qui souhaitent également des réformes, les progressistes, se joignent aux délégués du tiers état à l'Assemblée nationale. Au cours de l'été 1789, la révolution éclate et la France de l'Ancien Régime s'effondre.

Inf PLUS

La prise de la Bastille

Au début du mois de juillet 1789, la rumeur court que des troupes royales s'apprêtent à marcher sur l'Assemblée nationale et sur Paris. Pour se défendre, le peuple envahit la prison de la Bastille, où il pense trouver des armes.

La prise de la Bastille, survenue le 14 juillet 1789, est un symbole très important de la Révolution française. Elle représente l'affirmation du peuple contre le régime en place. Le 14 juillet est d'ailleurs devenu le jour de la fête nationale des Français.

L'AFFIRMATION DES DROITS DE L'HOMME

Les délégués de l'Assemblée nationale revendiquent une société plus juste et équitable. En 1789, au lendemain de la prise de la Bastille, ils adoptent la Déclaration des droits de l'homme et du citoyen. Ce document, qui prône les grands principes de liberté et d'égalité, servira de base à la Constitution française.

La Déclaration des droits de l'homme et du citoyen

Le document est composé d'un préambule et de 17 articles, dont voici des extraits.

Les représentants du peuple français, constitués en Assemblée nationale [...] ont résolu d'exposer, dans une déclaration solennelle, les droits naturels, inaliénables et sacrés de l'homme [...]

1. Les hommes naissent et demeurent libres et égaux en droits. [...]

2. Le but de toute association politique est la conservation des droits naturels et imprescriptibles de l'homme. Ces droits sont la liberté, la propriété, la sûreté et la résistance à l'oppression.

4. La liberté consiste à pouvoir faire tout ce qui ne nuit pas à autrui [...]

5. La loi n'a le droit de défendre que les actions nuisibles à la société. [...]

6. La loi est l'expression de la volonté générale. [...] Elle doit être la même pour tous [...]

7. Nul homme ne peut être accusé, arrêté, ni détenu que dans les cas déterminés par la loi, et selon les formes qu'elle a prescrites. [...]

9. Tout homme [est] présumé innocent jusqu'à ce qu'il ait été déclaré coupable [...]

10. Nul ne doit être inquiété pour ses opinions, même religieuses, pourvu que leur manifestation ne trouble pas l'ordre public établi par la loi.

11. La libre communication des pensées et des opinions est un des droits les plus précieux de l'homme, tout citoyen peut donc parler, écrire, imprimer librement [...]

17. La propriété [est] un droit inviolable et sacré [...]

1 Qu'est-ce qui, dans la Déclaration, rappelle l'influence des philosophes des Lumières ? Cite un ou deux passages.

2 À notre époque, faudrait-il ajouter d'autres droits ? Si oui, lesquels ?

19 L'ASSEMBLÉE NATIONALE EN 1789

Inf+ PLUS

Les exclus de la Déclaration des droits de l'homme et du citoyen

Bien que la Déclaration des droits de l'homme et du citoyen assure à tous les citoyens la liberté et l'égalité, une grande partie de la population française ne peut en profiter. En effet, pour disposer du droit de vote, il faut être un homme âgé d'au moins 25 ans, inscrit à la garde nationale (armée), et avoir payé une contribution équivalente à trois jours de travail. Les droits politiques ne sont donc pas l'affaire des femmes ni des gens qui ont peu d'argent.

DE LA MONARCHIE CONSTITUTIONNELLE À LA RÉPUBLIQUE

république
Régime politique où le pouvoir est détenu par plusieurs personnes, contrairement au régime monarchique, et où la fonction de chef de l'État (président de la République) n'est pas héréditaire. C'est le régime politique de la France encore aujourd'hui.

En 1791, la France adopte sa première Constitution. Elle instaure ainsi la monarchie constitutionnelle. Pour rédiger la Constitution, l'Assemblée nationale s'appuie sur le principe de la souveraineté du peuple. Selon ce principe, c'est le peuple qui dispose du pouvoir et ce sont ses représentants qui participent à la direction de l'État. La Constitution place donc la nation au-dessus du roi, dont les pouvoirs sont limités par la loi. Mais la monarchie constitutionnelle dure peu de temps en France. En 1792, convaincu que le roi et les nobles ne veulent pas respecter la Constitution, le peuple se révolte de nouveau et une nouvelle assemblée proclame la République. Le roi Louis XVI est déchu et, après un procès rapide, les révolutionnaires le condamnent à la guillotine.

20 L'EXÉCUTION DE LOUIS XVI

En 1793, à la suite de plusieurs mésententes avec l'Assemblée nationale et après avoir tenté de fuir le pays, Louis XVI est exécuté. Sur cette gravure du XVIIIᵉ siècle, on voit un homme qui brandit la tête du roi devant la garde nationale.

Selon toi, qu'est-ce que l'exécution de Louis XVI symbolise ?

Une révolution universelle

Avec l'abolition des privilèges accordés à la noblesse et au clergé, la proclamation de la Déclaration des droits de l'homme et du citoyen et l'avènement de la monarchie constitutionnelle, la révolution de 1789 a profondément changé la société française. Les principes de droits, de justice et de démocratie ont eu un écho partout dans les autres États occidentaux puis ailleurs dans le monde. Les droits et libertés acquis lors de la Révolution française sont encore invoqués de nos jours dès que des droits fondamentaux sont menacés ou ne sont pas respectés. En ce sens, on peut voir la Révolution française comme une révolution universelle.

Et les droits de la femme?

La Déclaration des droits de l'homme et du citoyen n'a pas donné aux femmes la totalité des droits reconnus à l'homme. Par exemple, les femmes n'ont pas le droit de voter ni d'être élues. En 1792, Olympe de Gouges présente à l'Assemblée nationale une Déclaration des droits de la femme et de la citoyenne, mais le document est complètement ignoré. En 1793, cette femme, dont les écrits sont favorables au roi Louis XVI, est guillotinée.

Indice

- Quels droits et libertés sont les plus importants à tes yeux et ne devraient jamais être menacés?

21 *LA LIBERTÉ GUIDANT LE PEUPLE*

La Révolution française est la première d'une série de révolutions qui éclateront en Europe. La France connaîtra deux autres révolutions importantes, en 1830 et en 1848. C'est en l'honneur des révolutionnaires de 1830 que le peintre Eugène Delacroix a réalisé cette œuvre.

AILLEURS
La Russie tsariste

> boyard
> serf
> tsar

- Quel est le régime politique de la Russie tsariste?

- Quelle est l'influence de l'Europe occidentale sur les tsars?

La fédération de Russie est aujourd'hui le plus grand pays du monde et s'étend sur deux continents: l'Europe et l'Asie. Elle compte plus de 128 nationalités réparties dans une vingtaine de républiques. Tout au long de son histoire, la Russie a cherché à élargir ses frontières et à contrôler une population dispersée sur un immense territoire. C'est ce que les tsars de Russie se sont employés à faire, en maintenant un régime politique rigide et centralisé.

LES TSARS DE RUSSIE

Ivan IV, dit «le Terrible», est le premier tsar de Russie. Il se déclare tsar en 1547 et il se croit investi d'une mission divine. Son règne est marqué par d'importantes crises sociales et politiques, alors qu'il s'en prend au pouvoir des grands nobles, les boyards, en établissant un régime de terreur.

22 IVAN LE TERRIBLE

Ivan le Terrible règne sur la Russie de 1547 à 1584.

À la suite du règne d'Ivan le Terrible, la Russie sombre dans une période de désordre politique que les historiens nomment le «Temps des troubles». Les tsars qui se succèdent alors ont peu d'autorité et leur pouvoir est contesté par les boyards. Toutefois, malgré les crises internes, l'expansion territoriale de la Russie se poursuit et le pays s'agrandit considérablement.

Inf+ PLUS

La Vie pour le tsar

Au XIXᵉ siècle, sous le règne des Romanov, le célèbre compositeur russe Mikhaïl Glinka crée un opéra intitulé *La Vie pour le tsar* (1836). Inspiré par ses voyages en Europe occidentale, Glinka veut doter son pays d'un opéra national. L'opéra relate l'avènement du premier tsar de la dynastie des Romanov, Michel Romanov, au moment où les Polonais menacent de s'emparer du trône de Russie.

La dynastie des Romanov

À partir de 1613, la famille Romanov prend le pouvoir. Elle règne jusqu'en 1917. Sous les Romanov, les tsars détiennent de plus en plus de pouvoir aux dépens des boyards. Ils cherchent toujours à étendre le territoire de la Russie, tout en s'assurant que l'administration de ce vaste pays est très organisée et que les populations respectent leur autorité. Mais bien qu'ils règnent en autocrates, certains tsars de la dynastie des Romanov adoptent des mesures pour moderniser la société. Ils seront même parfois influencés par les idées des philosophes des Lumières. C'est le cas de Pierre le Grand et de Catherine II.

LA HIÉRARCHIE SOCIALE SOUS LES TSARS

La Russie tsariste est très hiérarchisée. Au sommet de la pyramide sociale se trouvent le tsar et sa famille, puis viennent les nobles, dont le pouvoir est souvent lié à la possession de terres. Les nobles doivent servir le tsar, soit en devenant fonctionnaires, soit en servant dans l'armée. Les grands nobles ont beaucoup de pouvoir sur les serfs, c'est-à-dire les paysans qui sont attachés à leurs terres et qui leur doivent des corvées. Ces corvées sont telles que la situation des serfs s'apparente à celle des esclaves. Leurs droits civils sont pratiquement inexistants et ils vivent dans une très grande pauvreté.

tsar
Titre porté par les empereurs de Russie. Le mot *tsar* est dérivé du mot *césar*, qui désignait les empereurs romains.

autocrate
Souverain qui gouverne seul et qui détient un pouvoir absolu. Les mots *despote*, *tyran* et *dictateur* sont des synonymes d'*autocrate*.

23 LA RUSSIE À LA FIN DU XVIIIᵉ SIÈCLE

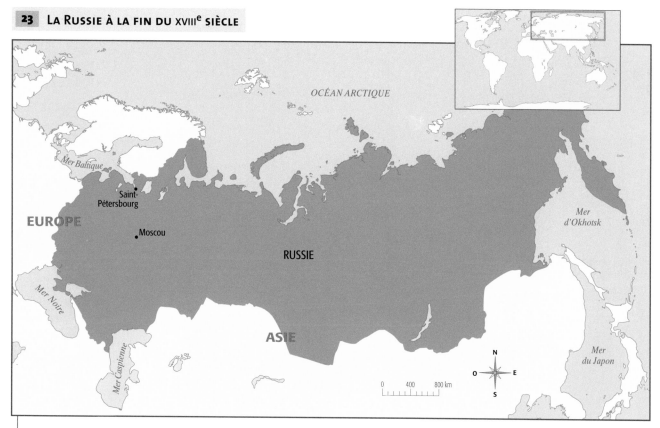

1 À l'aide de l'échelle, mesure l'étendue du territoire de la Russie.

2 À l'aide de la rose des vents, situe les villes de Moscou et de Saint-Pétersbourg. Que constates-tu ?

24 **PIERRE LE GRAND**

Pierre le Grand règne sur la Russie de 1682 à 1725.

PIERRE LE GRAND

Au début du règne de Pierre le Grand, vers la fin du XVIIe siècle, la Russie ne fait pas partie des grands États européens. Elle n'a pas d'armée moderne ni de marine et elle ne possède que très peu d'ateliers de fabrication. À cette époque, le pays est refermé sur lui-même et le gouvernement a du mal à contrôler les provinces.

La modernisation de la Russie

Pierre le Grand s'emploie donc à moderniser le pays. Il prend pour modèle l'Europe occidentale. Déjà, il en connaît quelques aspects, car il a fréquenté les marchands européens en séjour à Moscou. Pour en apprendre davantage, il entreprend un long voyage d'étude en Hollande, en Angleterre, en Allemagne et en Italie. Il voyage pendant deux ans et s'informe de tout. Il se déguise même parfois en homme du peuple pour questionner les gens plus librement.

À son retour d'Europe, Pierre le Grand entreprend une série de réformes. Plusieurs centaines de scientifiques, de techniciens et d'ingénieurs occidentaux l'aident à agrandir l'armée et à mettre une marine sur pied. De plus, près de 200 ateliers de fabrication sont créés, et le commerce intérieur et extérieur de la Russie prend de l'expansion.

Pierre le Grand décide également d'encourager l'instruction publique en Russie. Il envoie les meilleurs élèves compléter leurs études à l'étranger et il facilite la création de journaux. Surtout, il s'emploie à faire construire une nouvelle capitale, Saint-Pétersbourg, ainsi que le palais de Petrodvorets, tous deux destinés à montrer au monde la modernité de la Russie.

25 **SAINT-PÉTERSBOURG**

Située dans une zone marécageuse, la ville de Saint-Pétersbourg est sillonnée de canaux. Des milliers de paysans participent à sa construction, mais un grand nombre d'entre eux y laissent leur vie.

Un régime politique très autoritaire

Si Pierre le Grand modernise la Russie sur le plan militaire et économique, entre autres, il n'en fait pas autant sur le plan social et politique. Au contraire, ce tsar règne en souverain autoritaire et s'approprie tous les pouvoirs. Il fait exécuter sans pitié les militaires soupçonnés de l'avoir contesté. Il réduit l'influence des boyards en remplaçant leur conseil par un sénat qui lui est tout dévoué. De plus, il oblige les nobles à servir l'État, soit dans l'armée, soit dans l'administration. Enfin, il installe des gouvernements locaux sur le territoire russe, et il s'assure de former une administration qui ne répond qu'à lui.

La mise au pas de l'Église russe

Pierre le Grand impose son pouvoir absolu à toute la société russe. Il s'en prend même à l'Église. Voltaire raconte ici comment le tsar a pris le contrôle de l'Église russe.

La réforme dans l'Église, qu'on croit partout difficile et dangereuse, ne le fut point pour lui [Pierre le Grand]. [...] Le patriarche* Adrien étant mort à la fin du siècle, Pierre déclara qu'il n'y en aurait plus. Cette dignité fut entièrement abolie ; les grands biens affectés au patriarcat furent réunis aux finances publiques qui en avaient besoin. Si le [tsar] ne se fit pas le chef de l'Église russe, comme les rois de la Grande-Bretagne le sont de l'Église anglicane, il en fut en effet le maître absolu.

Histoire de l'empire de Russie sous Pierre le Grand, 1759.

* Patriarche : Chef de l'Église russe.

■ Selon Voltaire, qu'est-ce que Pierre le Grand a fait avec les biens de l'Église ? Que penses-tu de l'attitude du tsar ?

Inf + PLUS

La guerre aux barbes

Pierre le Grand impose de nouvelles mœurs en Russie. Ainsi, il demande aux Russes de porter les mêmes habits que les Européens et il interdit aux nobles de porter la barbe, qui est rétrograde à ses yeux. Les nobles qui ne couperont pas leur barbe seront condamnés à une amende. Mais beaucoup résistent, car ils estiment que la barbe est un don de Dieu et que la couper constitue une offense au Seigneur ! Cette caricature, qui date de 1700, montre Pierre le Grand en train de couper la barbe d'un noble.

26 LE PALAIS DE PETRODVORETS

Ce palais, construit sous Pierre le Grand, se trouve à quelques kilomètres de Saint-Pétersbourg.

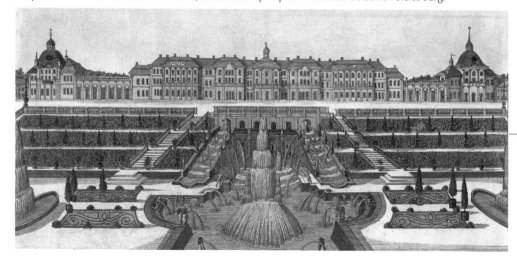

■ À quel château d'Europe occidentale le palais de Petrodvorets te fait-il penser ?

27 CATHERINE II LA GRANDE

Catherine II est au pouvoir de 1762 à 1796. Son règne, qui a marqué l'histoire de la Russie, lui a valu le surnom de Catherine la Grande.

CATHERINE II

À la mort de Pierre le Grand, des souverains sans envergure se succèdent à la tête de la Russie, jusqu'à ce que Catherine II prenne le pouvoir. Cette impératrice venue d'Allemagne est influencée par les idées des philosophes des Lumières, mais elle s'assure de maintenir un État autoritaire. C'est pourquoi on l'appelle « despote éclairée ».

L'influence des Lumières

Catherine II est séduite par l'Europe occidentale. Elle fréquente d'ailleurs les philosophes, correspond avec Voltaire et invite Diderot à sa cour. Elle prétend vouloir régner selon leurs recommandations. En réalité, elle retient seulement les idées qui ne menacent pas son pouvoir.

C'est sur le plan juridique que les réformes de Catherine II sont les plus proches des idées des Lumières. Elle cherche entre autres à éviter les injustices dans l'application des lois. Ainsi, elle élimine presque entièrement l'usage de la torture et de la peine de mort. Par ailleurs, Catherine II soutient l'éducation, fait preuve de tolérance religieuse et appuie le développement des arts et des sciences.

28 L'ERMITAGE

Catherine II conserve Saint-Pétersbourg comme capitale de la Russie et elle poursuit le développement de cette ville. Elle y fait construire de nouveaux palais, dont l'Ermitage, qui est aujourd'hui un des plus riches musées au monde.

Le maintien d'un régime autoritaire

Malgré les réformes, le règne de Catherine II est marqué par l'aggravation des conditions de vie des paysans et des ouvriers. En effet, elle leur retire le droit de se plaindre de leur maître. De plus, elle accorde aux nobles le droit d'exiger des corvées sans limites de la part des paysans qui sont attachés à leurs terres. Certains serfs cherchent d'ailleurs à se révolter, comme lors de la révolte de Pougatchev, mais sans grand succès.

Inf+ PLUS

La révolte de Pougatchev

Pougatchev est un cavalier de l'armée russe qui tente de s'emparer du pouvoir au cours du règne de Catherine II. En 1773, il se proclame tsar et prend le nom de Pierre III. Il promet aux paysans l'abolition du servage et des abus qu'ils subissent, mais les autorités ne le prennent pas au sérieux. Pougatchev, appuyé par des paysans, des ouvriers et certains cavaliers de l'armée, réussit à assiéger quelques villes. Son plan est de prendre la capitale, Saint-Pétersbourg. Catherine II met alors une armée aux trousses de Pougatchev et celui-ci est capturé. En 1775, il est transporté à Moscou dans une cage de fer puis exécuté. L'illustration ci-contre représente la cour de Pougatchev.

Une monarchie absolue… et éclairée?

En 1767, Catherine II forme une commission chargée de rédiger un code de lois moderne pour la Russie. Voici quelques-unes des instructions de la tsarine à la commission.

- La Russie est une puissance européenne.

- Les possessions de l'Empire de Russie occupent sur le globe une étendue de 32 degrés de latitude et de 165 en longitude.

- Le souverain de cet Empire jouit d'une autorité illimitée ; il est Autocrate. […]

- Un Empire étendu suppose naturellement un pouvoir illimité dans la personne qui le gouverne. La promptitude dans la décision des affaires qui surviennent dans des endroits éloignés doit compenser leur lenteur à parvenir, suite nécessaire de cet éloignement.

- Une autre raison, c'est qu'il est plus avantageux d'obéir aux lois sous un seul maître que d'avoir à se soumettre à la volonté de plusieurs.

- Or quel est l'objet d'un gouvernement absolu? Ce n'est certainement point de priver les hommes de leur liberté naturelle, mais de diriger toutes leurs démarches vers le plus haut degré de bonheur.

1 Quels arguments justifient le pouvoir absolu de l'empereur, selon Catherine II?

2 Quels passages montrent que Catherine II est une despote éclairée?

PENSER EN HISTOIRE

■ Quelles sont les ressemblances et les différences entre la Déclaration des droits de l'homme de 1789 et celle de 1948?

Les déclarations des droits de l'homme

La Déclaration des droits de l'homme et du citoyen de 1789 a été rédigée en pleine Révolution française. Elle met de l'avant les principes de liberté et d'égalité que le peuple réclamait alors.

Au lendemain de la Seconde Guerre mondiale (1939-1945), pour préserver la paix entre les nations et pour éviter qu'un conflit menace de nouveau les droits des peuples, l'Organisation des Nations Unies (ONU) publie la Déclaration universelle des droits de l'homme. Cette Déclaration affirme elle aussi la liberté et l'égalité de tous les individus, et elle vise à ce que cet idéal soit atteint par tous les peuples.

La Déclaration de 1789

1. Les hommes naissent et demeurent libres et égaux en droits. Les distinctions sociales ne peuvent être fondées que sur l'utilité commune.

2. Le but de toute association politique est la conservation des droits naturels et imprescriptibles de l'homme. Ces droits sont la liberté, la propriété, la sûreté et la résistance à l'oppression.

3. Le principe de toute souveraineté réside essentiellement dans la Nation. Nul corps, nul individu ne peut exercer d'autorité qui n'en émane expressément.

4. La liberté consiste à pouvoir faire tout ce qui ne nuit pas à autrui : ainsi, l'exercice des droits naturels de chaque homme n'a de bornes que celles qui assurent aux autres membres de la société la jouissance de ces mêmes droits. Ces bornes ne peuvent être déterminées que par la loi.

10. Nul ne doit être inquiété pour ses opinions, même religieuses, pourvu que leur manifestation ne trouble pas l'ordre public établi par la loi.

11. La libre communication des pensées et des opinions est un des droits les plus précieux de l'homme, tout citoyen peut donc parler, écrire, imprimer librement, sauf à répondre de l'abus de cette liberté, dans les cas déterminés par la loi.

12. La garantie des Droits de l'Homme et du Citoyen nécessite une force publique ; cette force est donc instituée pour l'avantage de tous, et non pour l'utilité particulière de ceux auxquels elle est confiée.

Voici des extraits de chacune de ces déclarations. Analyse et compare les deux documents. Les questions suivantes peuvent te guider dans ton interprétation.

1 Combien de temps sépare la rédaction des deux déclarations ?

2 Quels articles sont les mêmes dans les deux déclarations ? Pourquoi, selon toi ?

3 Quels articles sont différents dans les deux déclarations ? Pourquoi, selon toi ?

4 Ces déclarations ont-elles une dimension universelle ? Pourquoi ?

5 Aujourd'hui, si tu avais à ajouter un article à ces déclarations, quel droit ou liberté évoquerait-il ?

- ✓ Je me réfère à des concepts en lien avec les droits fondamentaux.
- ✓ Je relève les ressemblances et les différences entre deux documents.
- ✓ J'analyse les documents dans leur contexte.
- ✓ Je fais un lien entre le passé et le présent.

Eleanor Roosevelt, qu'on voit ici, a été l'épouse et la conseillère du président des États-Unis Franklin D. Roosevelt. Elle a joué un rôle déterminant dans l'adoption de la Déclaration de l'ONU.

La Déclaration de 1948

1. Tous les êtres humains naissent libres et égaux en dignité et en droits. Ils sont doués de raison et de conscience et doivent agir les uns envers les autres dans un esprit de fraternité.

2. Chacun peut se prévaloir de tous les droits et de toutes les libertés proclamés dans la présente Déclaration, sans distinction aucune, notamment de race, de couleur, de sexe, de langue, de religion, d'opinion politique ou de toute autre opinion, d'origine nationale ou sociale, de fortune, de naissance ou de toute autre situation.

4. Nul ne sera tenu en esclavage ni en servitude : l'esclavage et la traite des esclaves sont interdits sous toutes leurs formes.

12. Nul ne sera l'objet d'immixtions arbitraires* dans sa vie privée, sa famille, son domicile ou sa correspondance, ni d'atteintes à son honneur et à sa réputation. Toute personne a droit à la protection de la loi contre de telles immixtions ou de telles atteintes.

18. Toute personne a droit à sa liberté de pensée, de conscience et de religion ; ce droit implique la liberté de changer de religion ou de conviction ainsi que la liberté de manifester sa religion ou sa conviction seule ou en commun, tant en public qu'en privé, par l'enseignement, les pratiques, le culte et l'accomplissement de rites.

19. Tout individu a droit à la liberté d'opinion et d'expression, ce qui implique le droit de ne pas être inquiété pour ses opinions et celui de chercher, de recevoir et de répandre, sans considérations de frontières, les informations et les idées par quelque moyen d'expression que ce soit.

26. (1) Toute personne a droit à l'éducation. L'éducation doit être gratuite, au moins en ce qui concerne l'enseignement élémentaire et fondamental. L'enseignement élémentaire est obligatoire. L'enseignement technique et professionnel doit être généralisé ; l'accès aux études supérieures doit être ouvert en pleine égalité à tous en fonction de leur mérite. [...]

29. (1) L'individu a des devoirs envers la communauté dans laquelle seul le libre et plein développement de sa personnalité est possible. (2) Dans l'exercice de ses droits et dans la jouissance de ses libertés, chacun n'est soumis qu'aux limitations établies par la loi exclusivement en vue d'assurer la reconnaissance et le respect des droits et libertés d'autrui et afin de satisfaire aux justes exigences de la morale, de l'ordre public et du bien-être général dans une société démocratique. [...]

---

* Immixtion arbitraire : Action de s'immiscer de façon injuste dans la vie privée d'une personne.

LE PATRIMOINE DE L'HUMANITÉ

- Par quels moyens certaines idées du Siècle des Lumières nous sont-elles parvenues?

Un héritage du Siècle des Lumières

Le XVIIIe siècle a eu une grande influence sur le plan politique, mais également sur les arts et la culture en général. Certaines œuvres musicales et littéraires du patrimoine de l'humanité datent de cette époque. En voici deux exemples.

Analyse ces œuvres puis réponds aux questions suivantes.

1 Que sais-tu déjà au sujet de ces œuvres ou des personnages qui les ont créées?

2 En quoi ces œuvres sont-elles représentatives du Siècle des Lumières?

3 Quelle est l'influence de ces œuvres sur l'époque actuelle?

BEAUMARCHAIS

Pierre Augustin Caron de Beaumarchais (1732-1799) est un écrivain français surtout connu pour ses pièces de théâtre. En 1790, il se rallie à la cause de la Révolution française. Il écrit des comédies mettant en scène les nombreuses revendications du tiers état et des opprimés, comme *Le Mariage de Figaro* (1784).

Le Mariage de Figaro

Parce que vous êtes un grand seigneur, vous vous croyez un grand génie! […] Noblesse, fortune, un rang, des places : tout cela rend si fier! Qu'avez-vous fait pour tant de biens? Vous vous êtes donné la peine de naître, et rien de plus. Du reste, homme assez ordinaire ; tandis que moi, morbleu! perdu dans la foule obscure, il m'a fallu déployer plus de science et de calculs pour subsister seulement, qu'on n'en a mis depuis cent ans à gouverner toutes les Espagnes.

MOZART

Wolfgang Amadeus Mozart (1756-1791) est un compositeur autrichien doué. Tout jeune, il joue du clavier et du violon et, dès l'âge de six ans, il donne des concerts. Parmi ses nombreuses compositions, il crée l'opéra *Les Noces de Figaro* (1786), qui met en musique la pièce de Beaumarchais. En reprenant l'œuvre de l'écrivain, Mozart contribue à diffuser ses idées.

L'Encyclopédie

L'*Encyclopédie*, rédigée entre 1751 et 1772, rassemble plusieurs milliers de définitions ainsi que des planches de dessins sur divers sujets : sciences, arts, architecture, philosophie, etc. En voici des exemples.

AUTORITÉ POLITIQUE Aucun homme n'a reçu de la nature le droit de commander aux autres. La liberté est un présent du ciel, et chaque individu de la même espèce a le droit d'en jouir aussitôt qu'il jouit de la raison. Si la nature a établi quelque *autorité*, c'est la puissance paternelle : mais la puissance paternelle a ses bornes ; et dans l'état de nature elle finirait aussitôt que les enfants seraient en état de se conduire. […]

BEURRE Substance grasse, onctueuse, préparée ou séparée du lait, en le battant. Le *beurre* se fait en Barbarie, en mettant le lait ou la crème dans une peau de bouc, suspendue d'un côté à l'autre de la tente, et en le battant des deux côtés uniformément. Ce mouvement occasionne une prompte séparation des parties onctueuses d'avec les parties séreuses. […] Ce n'a été que tard que les Grecs ont eu connaissance du beurre […]

MITAINE Espèce de gants à l'usage des femmes, qui n'a qu'un pouce et point de doigts, mais seulement une patte terminée en pointe et volante, qui couvre le haut des doigts au-dessus de la main. *Mitaine* se dit aussi de certains gros gants de cuir fourrés, qui ont un pouce, et une espèce de sac fermé, qui enveloppe les doigts sans être séparés. […]

PAIX C'est la tranquillité dont une société politique jouit […] La guerre est un fruit de la dépravation des hommes ; c'est une maladie convulsive et violente du corps politique, il n'est en santé, c'est-à-dire dans son état naturel, que lorsqu'il jouit de la *paix* ; c'est elle qui donne de la vigueur aux empires ; elle maintient l'ordre parmi les citoyens ; elle laisse aux lois la force qui leur est nécessaire ; elle favorise la population, l'agriculture et le commerce ; en un mot, elle procure aux peuples le bonheur qui est le but de toute société. […]

Agriculture, Labourage.

Art d'Écrire.

FAIRE LE POINT

A

⊘→ **Je situe dans le temps les événements liés aux révolutions.**

Sur une ligne du temps, situe les événements qui se rapportent à la révolution américaine ou à la Révolution française.

La révolution américaine

o La guerre d'Indépendance
o Le *Boston Tea Party*
o Le traité de Versailles
o La déclaration d'Indépendance
o Les 10 premiers amendements à la Constitution des États-Unis
o La capitulation des Britanniques
o Le début des combats entre les troupes américaines et les soldats britanniques

La Révolution française

o La prise de la Bastille
o L'exécution du roi Louis XVI
o La convocation des États généraux
o La fin de l'Ancien Régime
o L'adoption de la Déclaration des droits de l'homme et du citoyen
o La proclamation de la République
o L'instauration de la monarchie constitutionnelle
o L'adoption de la première Constitution

B

⊘→ **Je m'intéresse aux idées des philosophes du Siècle des Lumières.**

1. Quels philosophes des Lumières ont énoncé les principes fondamentaux suivants?

2. Que penses-tu de chacun de ces énoncés?

Les êtres humains naissent libres et égaux.

Le roi ou l'État ne devrait détenir qu'un pouvoir exécutif, tandis que le pouvoir législatif et le pouvoir judiciaire devraient être détenus par des institutions politiques qui représentent la population.

Ce sont les citoyens qui détiennent le pouvoir, la souveraineté, et ils acceptent de le partager avec les institutions politiques. C'est le contrat social.

L'État ne peut interdire une religion ni en imposer une.

C

 Je distingue les causes et les conséquences des révolutions.

Les deux listes suivantes présentent, pêle-mêle, les causes et les conséquences des révolutions.

La révolution américaine

- La dépendance économique vis-à-vis de la métropole
- Le manque de représentation politique des colons
- La déclaration d'Indépendance
- Le *Boston Tea Party*
- Les taxes imposées aux colonies
- L'adoption de la Constitution

La Révolution française

- L'instauration de la monarchie constitutionnelle
- L'adoption de la première Constitution
- Les idées des philosophes des Lumières
- Les inégalités sociales
- L'adoption de la Déclaration des droits de l'homme et du citoyen
- La proclamation de la République
- Le manque de représentation politique du tiers état

1. Choisis une des deux révolutions (ou les deux) et classe ses causes et ses conséquences dans un tableau semblable à celui-ci.

| Causes | Révolution : _____ | Conséquences |

2. Quelles sont les causes et les conséquences communes aux deux révolutions?

D

 J'explique l'influence des révolutions.

Explique l'influence de la révolution américaine ou de la Révolution française sur chacun des aspects suivants.

- Le régime politique
- La hiérarchie sociale
- Les droits fondamentaux

CONSTRUIRE SA CONSCIENCE CITOYENNE

A

Les droits en pratique

Voici plusieurs situations qui mettent en jeu des droits fondamentaux.

a) Dans le but de combattre la délinquance juvénile, une municipalité décrète un couvre-feu pour les moins de 14 ans.

d) Une entreprise embauche des femmes plutôt que des hommes pour faire le travail, car elle les paie moins cher.

b) La police arrête un militant pacifiste parce qu'elle craint qu'il fasse du trouble lors de la manifestation prévue la semaine suivante.

e) Un patron congédie une employée qui a proposé à ses collègues de former un syndicat dans l'entreprise.

c) Une directrice d'école refuse que le journal des élèves critique le règlement vestimentaire de l'école.

f) Une propriétaire ne loue pas son appartement à un couple avec trois enfants, car cela pourrait déplaire aux autres locataires de l'immeuble.

1. Pour chacune des situations, nomme le ou les droits qui sont en jeu.

2. Quelle est ton opinion sur chacune de ces situations? Si tu crois qu'il serait préférable d'agir autrement, quelle solution proposerais-tu?

B

La liberté des uns et les droits des autres

Voici deux situations particulières où la liberté et les droits des personnes sont en cause.

a) Une animatrice de radio insulte un politicien parce qu'elle n'est pas d'accord avec la décision qu'il vient de prendre.

b) Un automobiliste conduit fréquemment en état d'ébriété.

1. Pour chacune des situations, nomme les libertés et les droits qui sont en jeu.

2. «La liberté des uns s'arrête là où commence celle des autres.» Montre comment chaque situation reflète cette maxime.

C

Les droits à l'école

Les droits des élèves et des enseignants sont-ils des droits fondamentaux?

1. Quels sont les droits des élèves?

2. Quels sont les droits des enseignants?

3. Ces droits sont-ils respectés?

4. Considères-tu ces droits comme des droits fondamentaux?

✓ Je relève les principaux droits à la base des sociétés démocratiques.

✓ Je pose un regard critique sur la situation des droits dans la société d'aujourd'hui.

✓ Je réfléchis aux façons de respecter les droits et les libertés des individus.

OPTION **PROJET**

La liberté et la sécurité… une question de droits

MISSION

Tu as présenté un cas où la sécurité collective semble plus importante que le respect des droits et des libertés des individus.

1. Présentation du projet

   a) Quelle forme vas-tu donner à la présentation de ton projet?

   b) Assure-toi que le cas que tu as choisi concerne la sécurité collective et que le problème est bien défini.

   c) As-tu précisé quels sont les domaines touchés par cette situation? Par exemple, l'éducation, la santé, les loisirs, etc.

   d) Tu as indiqué quels sont les droits et les libertés qui ne sont pas respectés. As-tu montré clairement en quoi ils ne sont pas respectés?

   e) Compare le cas que tu as choisi avec celui de tes camarades.

2. Conclusion

   a) Selon toi, les droits et les libertés des individus doivent-ils toujours être respectés, peu importe les circonstances? Pourquoi?

   b) Qu'en pensent tes camarades?

Chapitre **4**
L'industrialisation : une révolution économique et sociale

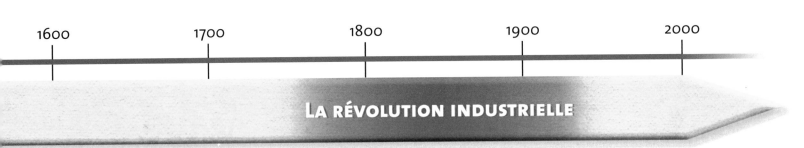

1600   1700   1800   1900   2000

LA RÉVOLUTION INDUSTRIELLE

Ce chapitre te permettra d'explorer une période de l'histoire où la base de l'économie des pays occidentaux passe peu à peu de l'agriculture à l'industrie. Tu assisteras au développement de nouveaux modes de production qui transformeront profondément l'économie et la société.

Tu découvriras, entre autres :

- les causes de l'industrialisation de la Grande-Bretagne ;
- les principaux bouleversements économiques et sociaux provoqués par ce phénomène d'industrialisation ;
- la façon dont l'industrialisation se traduit ailleurs, soit en France, en Allemagne et aux États-Unis.

Tu auras également l'occasion de répondre à tes propres interrogations sur les changements que l'industrialisation apporte à une société.

HISTOIRE

Pendant des millénaires, l'agriculture a été à la base de la vie économique des sociétés. Pourtant, aujourd'hui, le monde occidental en entier est industrialisé, c'est-à-dire que son économie repose largement sur la production de biens en industrie. Ailleurs dans le monde, l'industrialisation gagne aussi du terrain. Ce phénomène a bouleversé le mode de vie de nombreuses populations.

Quelles sont les conséquences de l'industrialisation sur la société ?

SOMMAIRE

VOICI LES CONCEPTS EXPLORÉS DANS CE CHAPITRE.

Concept central
- classes sociales

Concepts particuliers
- capitalisme
- législation
- libéralisme
- mode de production
- révolution
- socialisme
- syndicalisme
- urbanisation

Ces concepts te sont-ils familiers ?
Tente dès maintenant de définir chacun de ces concepts à ta manière. Au cours de tes lectures, tu pourras préciser tes définitions.

CITOYENNETÉ

Aujourd'hui, les conditions de travail et de vie restent à améliorer. Cependant, les citoyens ont désormais des droits. Des lois protègent leurs acquis et des syndicats défendent leurs intérêts. S'unir et faire la grève constituent des droits garantis par la loi. Cela n'a toutefois pas toujours été le cas.

Comment les individus et les institutions ont-ils contribué à l'amélioration des conditions de vie dans notre société ?

OPTION **PROJET**

Des patrons, des travailleurs

MISSION

Fais une recherche sur une ou des actions qui ont permis d'améliorer les conditions de travail au Québec.

- Choisis un secteur d'activité (industrie, santé, mine, éducation, etc.).

- Trouve des actions ou des événements (grève, manifestation, accident) qui ont eu un impact sur les conditions de travail.

- Explique la position des patrons et celle des travailleurs.

- Précise le rôle du gouvernement en lien avec les actions ou les événements choisis.

OÙ ET QUAND?

- À quelle époque l'industrialisation se produit-elle?

- Dans quels pays?

La révolution industrielle

Jusqu'au XVIIIe siècle, la base de l'économie en Occident reste essentiellement agricole et la grande majorité de la population vit dans les campagnes. Toutefois, une série d'innovations scientifiques, techniques et agricoles vont amener des changements majeurs qui marqueront le début d'une ère industrielle. Ce phénomène qualifié de révolution industrielle se poursuivra jusqu'au début du XXe siècle.

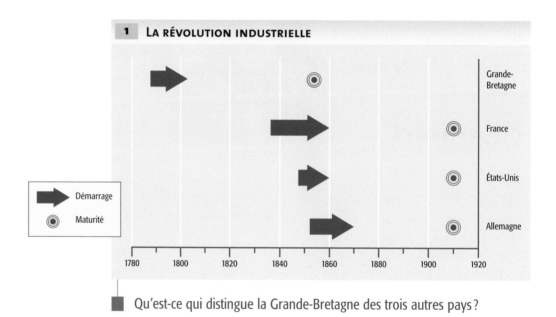

1 **LA RÉVOLUTION INDUSTRIELLE**

➡ Démarrage

◉ Maturité

1780 1800 1820 1840 1860 1880 1900 1920

Grande-Bretagne
France
États-Unis
Allemagne

■ Qu'est-ce qui distingue la Grande-Bretagne des trois autres pays?

UNE RÉVOLUTION EN DEUX TEMPS

Le processus d'industrialisation se déroule en deux phases. Une première phase coïncide avec la découverte de la machine à vapeur, vers 1769, soit dans la seconde moitié du XVIIIe siècle. C'est ce qui permet la mécanisation de la production.

La deuxième phase a lieu environ un siècle plus tard, soit au milieu du XIXe siècle. Elle correspond entre autres à la découverte de l'électricité et du pétrole. Ces nouvelles sources d'énergie vont améliorer la production et mener à de nouvelles inventions.

mécanisation
Utilisation de machines pour produire des biens.

EN GRANDE-BRETAGNE

La Grande-Bretagne est le premier pays à entrer dans la révolution industrielle au cours du XVIIIᵉ siècle. Elle jouit d'une économie forte. Elle dispose aussi d'un vaste empire colonial dont elle tire d'importantes richesses. Cette situation avantageuse l'amène à tirer profit d'inventions récentes et à moderniser peu à peu sa façon de produire des biens à l'aide de nouvelles machines.

AILLEURS

Il faudra toutefois attendre le XIXᵉ siècle pour que la France, l'Allemagne et les États-Unis modernisent à leur tour leur production et deviennent des puissances industrielles.

Dans tous les cas, ce phénomène va bouleverser en profondeur la vie économique et sociale de ces pays.

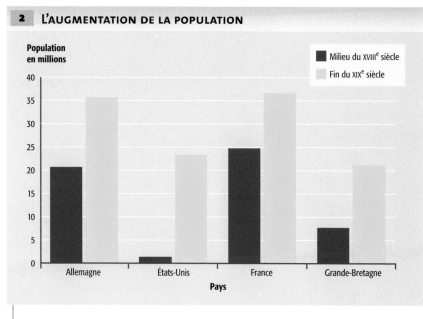

2 L'AUGMENTATION DE LA POPULATION

Dans quel pays la croissance de la population est-elle la plus importante?

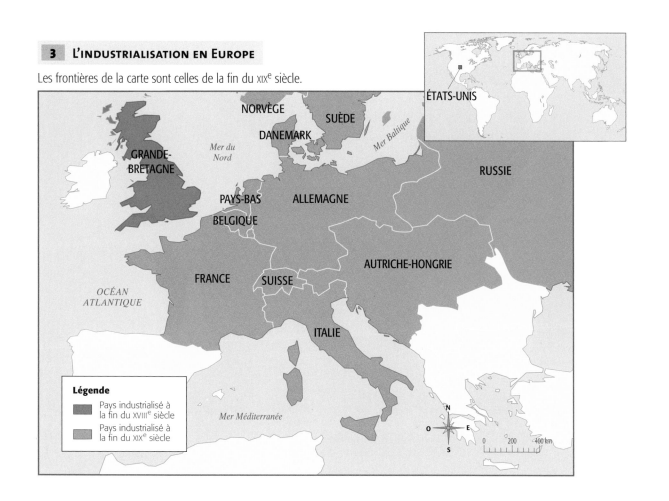

3 L'INDUSTRIALISATION EN EUROPE

Les frontières de la carte sont celles de la fin du XIXᵉ siècle.

EXPLORATION

L'industrialisation en Grande-Bretagne

classes sociales

La Grande-Bretagne est le premier pays à connaître l'industrialisation dès le XVIIIe siècle. Les innovations agricoles et techniques, la disponibilité de capitaux, les importantes ressources en charbon et en fer ainsi qu'une main-d'œuvre abondante permettent en effet à la Grande-Bretagne d'amorcer sa révolution industrielle. De nombreuses mines sont exploitées et des industries voient le jour au pays. Les campagnes perdent leur population au profit des villes. Tout cela va transformer en profondeur la société et l'économie du pays.

4 LA VILLE DE COALBROOKDALE, EN ANGLETERRE, EN 1801

L'importante production de fer permet d'alimenter les multiples usines de la région.

Quels éléments montrent que la ville est industrialisée?

La révolution industrielle provoquera un grand changement dans l'économie mais aussi dans la hiérarchie sociale. Beaucoup de travailleurs connaîtront la misère. Les conditions de vie et de travail misérables ainsi que la naissance de nouvelles philosophies sociales amèneront la classe ouvrière à s'unir pour revendiquer des améliorations.

5 **La Grande-Bretagne industrielle au cours du XIXᵉ siècle**

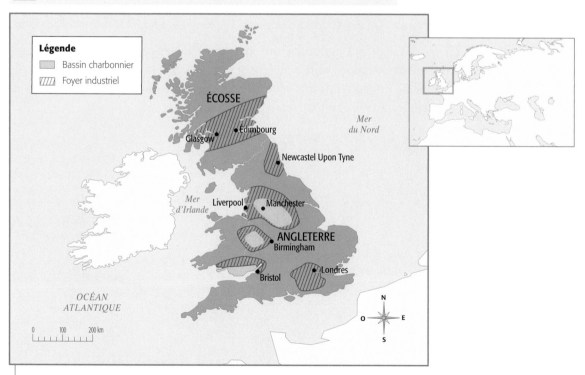

Légende
- Bassin charbonnier
- Foyer industriel

ÉCOSSE
Glasgow • Édimbourg
Mer du Nord
Newcastel Upon Tyne
Mer d'Irlande
Liverpool • Manchester
ANGLETERRE
Birmingham
Bristol • Londres
OCÉAN ATLANTIQUE
0   100   200 km

Où sont situées les principales villes ? Pourquoi, selon toi ?

enclosure

■ Quelles causes ont mené à l'industrialisation en Grande-Bretagne?

◦ Les causes de l'industrialisation

Au cours du XVIIIe siècle, la Grande-Bretagne va passer d'une économie centrée sur la production agricole à une économie fondée sur la production en usine. Il s'agit là d'un changement majeur. Plusieurs facteurs expliquent une telle transformation.

DES INNOVATIONS EN AGRICULTURE

Les agriculteurs abandonnent la culture en jachère, qui consiste à laisser les sols usés au repos. On pratique désormais la rotation des cultures où on cultive des plantes comme le trèfle et le navet pour régénérer les sols usés. Cette nouvelle façon de faire va entraîner une augmentation de la production agricole.

La production s'accroît encore lorsque des espèces végétales importées d'Amérique, comme la pomme de terre et le maïs, s'acclimatent au pays. Plusieurs de ces nouvelles cultures servent à nourrir les humains mais également les animaux. L'élevage en profite donc, avec pour résultat que la quantité de ressources alimentaires s'accroît toujours plus.

Les machines agricoles sont aussi de plus en plus performantes. Certaines machines sont d'ailleurs si efficaces que la main-d'œuvre agricole est de moins en moins utile. Plusieurs paysans s'installent donc dans les villes dans l'espoir de trouver du travail.

6 UNE SEMEUSE MÉCANIQUE

Inventée au début du XVIIIe siècle, la semeuse mécanique permet d'enfouir les graines dans des sillons bien droits plutôt que de les disperser à la surface du champ.

Les *enclosures* et la propriété privée

Au cours du XVIIIe siècle, de riches propriétaires terriens entreprennent de racheter, puis de regrouper plusieurs terres. Ils les clôturent afin de protéger leurs récoltes et d'empêcher que le bétail aille paître dans leurs champs. C'est ce que l'on appelle l'*enclosure*, mot qui signifie « le fait de clôturer ». Certains agriculteurs deviennent ainsi propriétaires de vastes terres. Ils modernisent et mécanisent la production agricole, qui s'accroît.

Malheureusement, les petits fermiers sont souvent trop pauvres pour clôturer leurs terres et acheter celles de leurs voisins. Ils doivent alors vendre et offrir leurs services comme ouvriers agricoles. Ils seront aussi nombreux à migrer vers les villes dans l'espoir de trouver un emploi.

Les enclosures

En 1767, un parlementaire anglais fait enquête sur les *enclosures*. Voici un extrait de ses conclusions.

Il n'est pas rare de voir quatre ou cinq riches éleveurs s'emparer de toute une paroisse, naguère divisée entre trente ou quarante fermiers, et autant de petits tenanciers ou petits propriétaires : tous ceux-ci se trouvent, du coup, jetés hors de chez eux, et, en même temps, nombre d'autres familles qui dépendaient presque uniquement d'eux pour leur travail et leur subsistance : celles des forgerons, charpentiers et autres artisans et gens de métiers, sans compter les journaliers et les valets de ferme.

Addington, 1767.

1 Pourquoi les fermiers sont-ils jetés hors de chez eux ?

2 Quelles sont les conséquences des *enclosures* sur la population des campagnes ?

LA CROISSANCE DÉMOGRAPHIQUE

De façon générale, tout au long du XVIIIe siècle, la population de la Grande-Bretagne augmente. En effet, les progrès en agriculture permettent de mieux nourrir la population, qui vit plus longtemps.

L'accroissement de la population se traduit par une plus forte demande en produits manufacturés, notamment en vêtements. Cela entraîne aussi une hausse importante de la main-d'œuvre. L'industrie naissante dispose alors d'un grand nombre d'ouvriers pour faire fonctionner les machines.

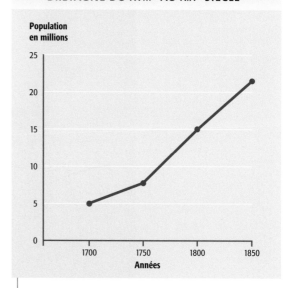

7 LA POPULATION DE LA GRANDE-BRETAGNE DU XVIIIe AU XIXe SIÈCLE

De combien la population augmente-t-elle entre 1700 et 1800 ?

8 LA PRODUCTION DE CHARBON DE 1800 À 1900

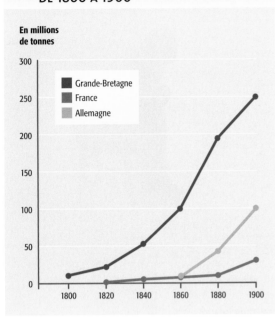

En millions de tonnes

- Grande-Bretagne
- France
- Allemagne

DES PROGRÈS TECHNIQUES MAJEURS

La Grande-Bretagne connaît aussi des progrès techniques de taille. Ces avancées permettent la mécanisation du travail et le développement des industries. L'industrialisation repose aussi sur l'utilisation de nouvelles sources d'énergie qui améliorent le fonctionnement des machines. Les industries vont ainsi pouvoir produire davantage de biens et plus rapidement.

En 1784, l'ingénieur James Watt perfectionne la première machine à vapeur. Cette source d'énergie, beaucoup plus fiable que l'énergie humaine ou animale, peut fournir une force considérable. Les inventeurs vont tenter de tirer parti de cette invention dans plusieurs domaines : dans le transport, avec le bateau à vapeur et la locomotive, et dans l'industrie, pour faire fonctionner des machines, tels les métiers à filer et à tisser.

Pour produire de la vapeur, il faut un combustible, et, heureusement, la Grande-Bretagne dispose d'abondantes ressources de charbon. Le pays se couvrira donc d'un important réseau de mines de charbon. Les activités industrielles se concentreront d'ailleurs dans les régions minières.

Le secteur de la métallurgie prend aussi de l'expansion. En Grande-Bretagne, on produit d'énormes quantités de fer, de fonte et, plus tard, d'acier. Ces métaux sont essentiels à la fabrication des machines et des voies ferrées.

9 LE MARTEAU-PILON DE JAMES NASMYTH

James Nasmyth met au point, en 1842, un outil qui permet de forger d'énormes pièces de métal.

Selon toi, quelle source d'énergie fait fonctionner le marteau-pilon ?

L'industrie textile

Le secteur du textile est le premier à profiter de la mécanisation. La forte demande en produits de coton ainsi que la disponibilité des fibres qui proviennent des colonies britanniques assurent une grande production.

Le textile devient rapidement la principale production industrielle de la Grande-Bretagne. On assiste donc à une cascade d'inventions qui visent à améliorer cette production. Par exemple :

- la navette volante, inventée en 1733, permet d'augmenter la vitesse des machines à tisser ;
- le métier à filer mécanique, inventé en 1779, accélère la production de fil pour la fabrication de tissu.

Indices

- Quels sont aujourd'hui les progrès techniques importants ?
- Quelle influence ces progrès peuvent-ils avoir sur l'emploi ?

Inf+ PLUS

D'autres inventions

Au XIXe siècle, d'autres inventions vont contribuer à la révolution industrielle. En voici quelques-unes.

- 1807 : Bateau à vapeur (Robert Fulton).
- 1831 : Dynamo pour produire l'électricité (Michael Faraday).
- 1837 : Télégraphe (Samuel Morse).
- 1856 : Procédé de fabrication de l'acier (Henry Bessemer).
- 1857 : Technique de forage de puits de pétrole (James Williams).
- 1876 : Téléphone (Alexander Graham Bell).
- 1877 : Moteur à combustion interne (Nikolaus Otto).
- 1879 : Ampoule électrique (Thomas Edison).
- 1887 : Automobile (Gottlieb Daimler et Carl Benz).

10 LA MULE-JENNY

Avec ce type de métier à filer mécanique, on produit 45 kilogrammes de fil de coton en 2000 heures. À la main, il aurait fallu 50 000 heures !

■ Quels facteurs économiques contribuent à l'industrialisation ?

■ Quelles sont les conséquences de l'industrialisation sur l'économie ?

Une révolution économique

capital
Ensemble des biens ou des avoirs en argent d'une personne ou d'une entreprise. Par extension, le capital représente aussi ceux qui possèdent les richesses.

capitalisme
Régime économique dans lequel un groupe social détient les capitaux et les moyens de production.

libéralisme économique
Théorie qui prône la liberté des entreprises.

Ce n'est pas un hasard si la révolution industrielle a d'abord lieu en Grande-Bretagne. C'est plutôt le résultat de deux facteurs principaux : d'importants capitaux à faire fructifier et de nouvelles façons de faire fonctionner l'économie.

DES ENTREPRENEURS ET DES CAPITAUX

Au début du XVIIIᵉ siècle, la Grande-Bretagne est prospère. Son industrie textile domine le marché européen. Sa flotte marchande sillonne les mers du globe. Ses colonies, établies sur trois continents, constituent un réservoir pratiquement inépuisable de ressources et de profits. Elles fournissent à la fois des matières premières de valeur, comme le coton de l'Inde, et un vaste marché où écouler les produits manufacturés.

Les profits tirés de ces activités économiques s'accumulent en Grande-Bretagne. À cela s'ajoute l'argent des grands propriétaires terriens qui, grâce aux *enclosures* et aux innovations agricoles, se sont considérablement enrichis.

D'importants capitaux sont donc disponibles. Des entrepreneurs et quelques grands propriétaires terriens profitent de cette situation pour les faire fructifier.

11 **LA BOURSE DE LONDRES AU XIXᵉ SIÈCLE**

Le Royal Stock Exchange, la Bourse de Londres, joue un rôle clé pour rassembler les capitaux qui seront investis dans l'industrie.

LE LIBÉRALISME ÉCONOMIQUE

Adam Smith est un philosophe écossais. Il est l'auteur d'une nouvelle doctrine : le libéralisme économique. En 1776, il présente sa pensée dans un traité d'économie moderne.

Son ouvrage connaît un grand succès. Selon la théorie mercantiliste, qui dominait depuis plus d'un siècle, la richesse d'une nation repose sur l'accumulation de réserves d'or et d'argent. D'après le libéralisme économique, la richesse est plutôt liée à la production de biens dans une société et à sa capacité de produire. Adam Smith soutient que, pour favoriser cette production, il faut laisser toute la liberté possible à l'entrepreneur et au marché. Selon cette doctrine, l'État intervient peu, sauf dans des domaines comme le transport (construction de routes, de ponts, etc.) et par la législation, c'est-à-dire un ensemble de lois, qui, de façon générale, va faciliter la vie des entrepreneurs.

Smith et le libéralisme économique

Adam Smith est un intellectuel. Il élabore sa doctrine à partir d'études, d'observations et de réflexions. Voici un extrait de son célèbre ouvrage.

En représentant la richesse des nations comme ne consistant pas dans ces richesses non consommables d'or et d'argent, mais dans les biens consommables reproduits annuellement par le travail de la société, et en montrant la plus parfaite liberté comme l'unique moyen de rendre cette reproduction annuelle le plus grand possible, sa doctrine paraît être, à tous égards, aussi juste qu'elle est grande et généreuse. [...]

Chaque individu met sans cesse tous ses efforts à chercher, pour tout le capital dont il peut disposer, l'emploi le plus avantageux : il est bien vrai que c'est son propre bénéfice qu'il a en vue, et non celui de la société ; mais les soins qu'il se donne pour trouver son avantage personnel le conduisent naturellement, ou plutôt nécessairement, à préférer précisément ce genre d'emploi même qui se trouve être le plus avantageux à la société [...]

Tout homme, tant qu'il n'enfreint pas les lois de la justice, demeure en pleine liberté de suivre la route que lui montre son intérêt, et de porter où il lui plaît son industrie* et son capital.

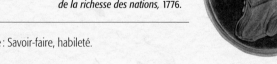

Recherche sur la nature et les causes de la richesse des nations, 1776.

* Industrie : Savoir-faire, habileté.

1 Qu'est-ce qui fait la richesse d'un pays, selon le libéralisme économique ?

2 Comment, selon Smith, la liberté de l'entrepreneur avantage-t-elle la société ?

3 Le libéralisme économique est aussi nommé « théorie du laisser-faire ». Qu'est-ce qui, dans l'extrait, justifie cette appellation ?

LA GRANDE-BRETAGNE S'URBANISE

La révolution industrielle transforme le paysage de la Grande-Bretagne. Comme les machines coûtent très cher, les entrepreneurs les regroupent en un même endroit : c'est la naissance de l'usine. L'usine grandira sans cesse, rassemblant des centaines d'ouvriers. Beaucoup d'entre eux, qui viennent des campagnes, vont s'installer à proximité de leur lieu de travail.

Avec de telles concentrations d'ouvriers, des villes entières vont se développer autour des usines. La population de la ville de Birmingham, par exemple, va passer de 70 000 à 230 000 habitants entre 1800 et 1850 ; celle de Liverpool de 80 000 à près de 400 000 pendant la même période. L'Angleterre devient même le premier pays où la population des villes dépasse celle des campagnes. C'est ce que l'on appelle l'urbanisation.

urbanisation
Concentration de la population dans les centres urbains (les villes).

Des villes minières

L'avènement de la vapeur, produite par la combustion du charbon, et de l'industrie du fer entraîne un autre phénomène. En effet, comme il est peu rentable d'apporter le charbon et le minerai de fer en ville pour le transformer, c'est autour des mines que les villes vont s'installer.

12 LA VILLE DE SHEFFIELD EN 1855

La ville de Sheffield passe d'environ 39 000 habitants en 1801 à près de 100 000 en 1851.

■ Qu'est-ce qui caractérise l'organisation de la ville ?

LES MOYENS DE TRANSPORT

Entre les villes et les campagnes ainsi qu'entre les villes elles-mêmes se tisse un important réseau de routes, de canaux et surtout de chemins de fer pour assurer le transport des personnes et des marchandises. Bientôt, le territoire entier se couvre de voies ferrées. Les transports y gagnent en commodité et, surtout, en rapidité. L'accès aux matières premières ainsi que la distribution des produits manufacturés s'en trouvent grandement facilités.

14 **LA DURÉE DU TRAJET ENTRE QUELQUES VILLES BRITANNIQUES**

	1750	1830	1855
Londres-Birmingham	48 heures	12 heures	3,2 heures
Londres-Édimbourg	240 heures	45 heures	13 heures
Londres-Manchester	84 heures	20 heures	5,4 heures

Qu'est-ce qui explique la différence de durée d'un trajet entre 1750 et 1830 ? entre 1830 et 1855 ?

13 **LES VOIES FERRÉES EN GRANDE-BRETAGNE**

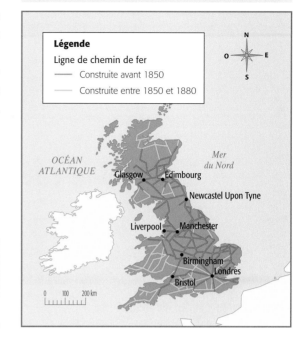

Légende

Ligne de chemin de fer

—— Construite avant 1850

—— Construite entre 1850 et 1880

Et aujourd'hui...

Il y a vitesse et vitesse !

La distance à parcourir entre Londres et Manchester est d'environ 200 km. Combien de temps fallait-il pour parcourir cette distance en 1750 ? en 1855 ? De nos jours, le train à grand vitesse (TGV) atteint une vitesse de 300 km/h. Combien de temps faudrait-il pour franchir la même distance en TGV ?

15 **LE TRAIN LIVERPOOL-MANCHESTER EN 1834**

Il s'agit d'une des premières lignes de chemin de fer en Grande-Bretagne.

- Quel est l'impact de l'industrialisation sur les conditions de vie des ouvriers ?

- Comment les ouvriers tentent-ils d'améliorer leurs conditions de vie et de travail ?

> communisme
> grève
> mode de production
> socialisme
> syndicalisme

Une révolution sociale

Sus aux machines !

Un témoin rapporte la destruction de machines par des chômeurs.

Nous rencontrâmes, sur la route, une troupe de plusieurs centaines d'hommes. Je crois qu'ils étaient bien cinq cents ; et comme nous demandions à l'un d'entre eux à quelle occasion ils se trouvaient rassemblés en si grand nombre, ils me dirent qu'ils venaient de détruire quelques machines, et qu'ils entendaient en faire autant dans tout le pays.

Josiah Wedgwood, 1779.

■ Pourquoi les travailleurs détruisent-ils les machines ?

Grâce à l'industrialisation, les riches propriétaires et entrepreneurs accumulent énormément de profits et leurs conditions de vie s'améliorent. Ce n'est malheureusement pas le cas pour les travailleurs. En effet, nombre d'entre eux perdent leur emploi parce qu'ils sont remplacés par des machines. Dans l'industrie textile, par exemple, on compte environ 240 000 tisserands en 1820. Ils ne sont plus que 123 000 en 1840, et 23 000 en 1856. Désespérés, plusieurs s'en prennent aux machines et les détruisent.

De façon générale, les conditions de vie et de travail des ouvriers sont très difficiles. C'est d'ailleurs ce qui va pousser ces derniers à s'unir pour exiger une meilleure protection sociale.

LES CONDITIONS DE TRAVAIL

Dans les mines et les usines, les conditions de travail sont épouvantables et les salaires, minables. Pour survivre, tous les membres d'une famille doivent travailler : mari, femme et enfants, ces derniers parfois dès l'âge de cinq ou six ans. Dans certaines industries, comme le textile, les enfants forment même la majorité de la main-d'œuvre.

La résistance de l'ouvrier est durement mise à l'épreuve. Les journées de travail durent 13 ou 14 heures, et même 15 ou 16 heures en été, 6 jours sur 7, 12 mois par année. On travaille dans le froid en hiver et dans la chaleur étouffante en été, dans la fumée, l'insalubrité, le fracas des machines, le mauvais éclairage… Les blessures sont fréquentes, et les ouvriers ne disposent d'aucune protection sociale. Un employé blessé ou malade est tout simplement congédié.

16 **LES BRISEURS DE MACHINES**

Cette gravure illustre des travailleurs qui prennent d'assaut ce qu'ils considèrent comme leurs ennemis, les machines.

Dans une mine, trois enfants d'environ huit ans tirent et poussent un wagonnet de charbon.

Un enfant de sept ans au travail

De nombreux enfants, des orphelins souvent, travaillent dans l'industrie textile où ils sont embauchés comme main-d'œuvre à bon marché. Voici le témoignage d'un ouvrier en 1832.

J'avais sept ans quand je commençai à travailler à la manufacture […] le travail était la filature de la laine ; les heures de travail étaient de 5 heures du matin à 8 heures du soir, avec un intervalle de trente minutes à midi pour se reposer et manger ; il n'y avait pas de temps pour se reposer et manger dans l'après-midi ; nous devions prendre nos repas comme nous pouvions, debout ou autrement. […] Dans cette manufacture, il y avait environ cinquante enfants à peu près de mon âge ; ces enfants étaient souvent indisposés* et en pauvre santé. […] C'est à coups de lanières de cuir que les enfants étaient tenus au travail.

* Indisposé : Malade, souffrant.

1 Combien d'heures par jour l'enfant travaille-t-il ?

2 Combien cela fait-il d'heures par semaine si l'on tient compte que l'enfant travaille six jours ?

Et aujourd'hui...

Quand progrès égale chômage

Aujourd'hui, la production en usine est de plus en plus automatisée et le secteur de la finance, informatisé. En utilisant ces technologies, les employeurs augmentent la rentabilité de leur entreprise : le travail se fait rapidement et nécessite moins de travailleurs.

Quels exemples peux-tu donner de situations semblables autour de toi ?

Indices

• Est-ce qu'il arrive que des progrès techniques entraînent des pertes d'emplois de nos jours ?

• Existe-t-il des lois au Québec qui portent sur le travail des enfants ?

Inf🜨 PLUS

La dictature de l'horloge

«Quelle heure est-il?» nous demandons-nous plusieurs fois par jour. On se posait peu cette question avant l'industrialisation. Dans la société rurale, la journée était rythmée par les saisons, par le lever et le coucher du soleil, par le besoin de manger ou par la fatigue… Avec la révolution industrielle, c'est la cloche, le sifflet ou la sirène de l'usine qui rythment la journée. En cas de retard, le travailleur paie un amende ou même perd sa journée de salaire.

L'horloge existait déjà mais, avec l'industrialisation, elle devient l'instrument qui rythme la vie des gens.

LES CONDITIONS DE VIE

Les villes croissent à un rythme très rapide. Ainsi, la ville industrielle de Leeds passera d'environ 30 000 habitants en 1801 à 100 000 en 1851. La population aura donc plus que triplé en 50 ans! Les villes ne sont pas aménagées pour accueillir autant de gens. C'est pourquoi les conditions de vie des ouvriers et de leurs familles sont si horribles.

Les gens s'entassent dans des logements insalubres, sans eau courante, sans égouts. Il n'y a pas de ramassage des déchets et encore moins de service de police et de pompiers, d'écoles et d'hôpitaux. Dans ce pays pluvieux et souvent froid, le chauffage est assuré par un poêle qui enfume l'unique pièce où la famille vit. Cela, bien sûr, quand on peut se payer du combustible. En effet, les chemins de fer et les usines monopolisent le charbon et font monter les prix pour les particuliers. Dans de telles conditions, les maladies contagieuses se propagent rapidement : la tuberculose et le choléra sévissent. L'espérance de vie est faible et le taux de mortalité est élevé. À cette époque, un enfant sur quatre n'atteint pas l'âge de cinq ans.

18 **DES LOGEMENTS À LONDRES VERS 1860**

Dans les années 1860, Gustave Doré illustre cet alignement de pauvres demeures à Londres.

Comment décrirais-tu ce quartier ouvrier?

À l'ombre de l'industrie, le logement ouvrier

L'homme politique et philosophe français Alexis de Tocqueville décrit la ville de Manchester.

Trente ou quarante manufactures s'élèvent au sommet des collines que je viens de décrire. Leurs six étages montent dans les airs, leur immense enceinte annonce au loin la centralisation de l'industrie. Autour d'elles ont été semées comme au gré des volontés les chétives demeures du pauvre. […] Des tas d'ordures, des débris d'édifices, des flaques d'eau dormante et croupie se montrent çà et là le long de la demeure des habitants ou sur la surface bosselée et trouée des places publiques. […]

Sur un terrain plus bas que le niveau du fleuve et dominé de toutes parts par d'immenses ateliers s'étend un terrain marécageux, que des fossés fangeux* tracés de loin en loin ne sauraient dessécher ni assainir. Là aboutissent de petites rues tortueuses et étroites, que bordent des maisons d'un seul étage, dont les ais** mal joints et les carreaux brisés annoncent de loin comme le dernier asile que puisse occuper l'homme entre la misère et la mort. […] Au-dessous de leurs misérables demeures se trouve une rangée de caves à laquelle conduit un corridor demi-souterrain. Dans chacun de ces lieux humides et repoussants sont entassées pêle-mêle douze ou quinze créatures humaines.

Voyages en Angleterre, Irlande, Suisse et Algérie, 1835.

---

* Fangeux : Boueux.
** Ais : Planches de bois.

■ Selon toi, qu'est-ce que les ouvriers auraient pu faire pour améliorer leur sort ?

Le travail des femmes

Le travail des femmes n'est pas nouveau au moment de la révolution industrielle. Toutefois, les inégalités dans la division du travail entre les hommes et les femmes se confirment. Ainsi, les jeunes femmes, très présentes dans l'industrie textile, effectuent des tâches répétitives pour des salaires inférieurs à ceux des hommes. Ces derniers perçoivent donc les femmes comme une menace. Quand viendra le temps de s'organiser en syndicats, les femmes seront exclues ou encore isolées dans des sections féminines.

19 UNE USINE TEXTILE EN 1840

De telles usines peuvent rassembler plusieurs centaines d'ouvriers et d'ouvrières.

socialisme
Doctrine prônant l'égalité et le bien commun plutôt que les intérêts des particuliers.

LES MOUVEMENTS SOCIAUX

À l'époque de la révolution industrielle, la structure sociale change rapidement en Grande-Bretagne. Les entrepreneurs bourgeois, les investisseurs et les industriels possèdent la majorité des capitaux et contrôlent la plupart des usines, des mines et des chemins de fer. Ces entrepreneurs font des profits grâce à une armée de travailleurs sous-payés et condamnés à une vie misérable.

Le socialisme

En réaction à la richesse des bourgeois et aux conditions misérables des travailleurs, un courant de pensée qui prône l'égalité et la solidarité voit le jour : c'est le socialisme. Selon la pensée socialiste, deux classes sociales s'opposent : il y a, d'une part, la classe dominante, composée des riches bourgeois et, d'autre part, la classe dominée, composée des travailleurs.

Karl Marx est un des principaux penseurs du socialisme. Il exerce une grande influence sur les travailleurs et, de façon générale, sur les personnes qui se préoccupent des inégalités sociales. Marx s'identifie à une tendance socialiste particulière, le communisme. Il prône une société sans classes. Il considère que la classe ouvrière doit s'emparer du pouvoir par la révolution. Il présente sa théorie dans de nombreux ouvrages, dont le *Manifeste du parti communiste*.

Marx explique aussi comment fonctionne le système économique de son époque. Pour Marx, le mode de production capitaliste est la combinaison de deux facteurs : les forces productives d'un côté et les rapports de production de l'autre.

- Les forces productives, c'est-à-dire ce qui est nécessaire pour produire des biens et des services, sont constituées de deux éléments : les travailleurs et les moyens de production (machines, usines, etc.).

- Il faut aussi une certaine organisation pour régler les rapports de production entre ceux qui possèdent ces machines (capitalistes, bourgeois) et ceux qui offrent leur force de travail (les travailleurs). Les rapports de production se font de la façon suivante : en échange de leur travail, les travailleurs reçoivent un salaire et les capitalistes récoltent des profits.

20 **L'OUVRIER PORTE LA BOURGEOISIE**

Cette gravure date de la fin du XIXᵉ siècle.

Compare la gravure avec la caricature des trois ordres à la page 107. Qu'est-ce qui a changé ?

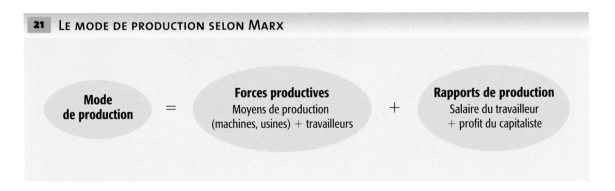

21 **LE MODE DE PRODUCTION SELON MARX**

Mode de production	=	**Forces productives** Moyens de production (machines, usines) + travailleurs	+	**Rapports de production** Salaire du travailleur + profit du capitaliste

Le Manifeste du parti communiste

Rédigé avec la collaboration de Friedrich Engels, le *Manifeste du parti communiste* est publié en 1848. Depuis, il a été imprimé à plusieurs centaines de millions d'exemplaires, dans pratiquement toutes les langues. En voici quelques extraits.

L'histoire de toute société jusqu'à nos jours n'a été que l'histoire des luttes de classes. Hommes libres et esclaves, patriciens et plébéiens, barons et serfs, maîtres de jurande* et compagnons, en un mot, oppresseurs et opprimés […]

Notre époque – l'époque de la bourgeoisie – se distingue cependant par la simplification des antagonismes** de classes. La société se divise de plus en plus en deux vastes camps opposés, en deux classes ennemies : la bourgeoisie et le prolétariat […]

Depuis des dizaines d'années, l'histoire de l'industrie et du commerce n'est autre que l'histoire de la révolte des forces productives modernes contre des rapports modernes de production, contre le régime de propriété qui conditionnent l'existence de la bourgeoisie et sa domination […]

La première étape dans la révolution ouvrière est la constitution du prolétariat en classe régnante, la conquête du pouvoir public par la démocratie. […] À la place de l'ancienne société bourgeoise, avec ses classes et ses antagonismes de classes, surgit une association où le libre développement de chacun est la condition du libre développement pour tous.

Prolétaires de tous les pays, unissez-vous !

---

* Jurande : Corporation de métiers.
** Antagonisme : Opposition, rivalité.

1 Selon Marx, qu'est-ce-qui caractérise l'histoire de toute société ?

2 Quelles sont les deux classes qui s'opposent de nos jours ?

3 Quel serait le but de la révolution ouvrière ?

4 Que veut-on dire par « prolétariat » ? par « prolétaires » ?

KARL MARX

Karl Marx (1818-1883) naît en Allemagne dans une riche famille bourgeoise. Il étudie la philosophie et se passionne pour l'économie politique. Très sensible au sort des travailleurs, il adopte leur cause et se fait révolutionnaire. Menacé par les autorités allemandes, il se réfugie à Paris en 1842. Il y rencontre le socialiste français Pierre Joseph Proudhon, qui défend l'idée que « la propriété, c'est le vol », et l'Allemand Friedrich Engels, qui deviendra son collaborateur principal. À nouveau menacé, par les autorités françaises cette fois, il se réfugie à Bruxelles puis à Londres, où il finira sa vie. C'est là qu'il publie l'essentiel de son œuvre.

Indice

- Dans le Québec d'aujourd'hui, que peuvent faire les travailleurs pour défendre leurs conditions de travail et de vie ?

syndicalisme
Mouvement qui vise à réunir des travailleurs en associations pour qu'ils puissent défendre leurs intérêts.

Le syndicalisme

Les ouvriers comprennent vite que pour améliorer leur sort, ils doivent se regrouper, c'est-à-dire former des syndicats. C'est le début du syndicalisme. Les ouvriers se rendent ausi compte que leur principal moyen d'action est la grève, c'est-à-dire l'arrêt de travail. Dans les premières décennies de la révolution industrielle, les entrepreneurs tentent d'écraser les mouvements de grève en faisant voter des lois qui les interdisent. Les grèves seront sévèrement réprimées à maintes reprises.

1 Comment le juge nomme-t-il la grève?

2 Quelles intentions attribue-t-il aux grévistes?

3 Selon le juge, quel comportement les grévistes devraient-ils avoir?

Un jugement antigrève

En 1810, un juge s'adresse comme suit à des grévistes faits prisonniers par l'armée.

Prisonniers! Nous vous avons trouvé coupables d'un complot particulièrement odieux, dirigé contre l'intérêt le plus vital de ces mêmes employeurs qui vous donnent du pain; et, pour autant qu'il dépendait de vous de causer leur ruine. La fréquence de tels crimes parmi des hommes de votre classe, et leur tendance mauvaise et dangereuse à ruiner la fortune de ceux qui vous emploient alors qu'un sentiment de gratitude et votre intérêt bien compris devraient vous pousser à les soutenir, exige qu'au nom de la loi nous infligions un châtiment exemplaire aux personnes qui ont été reconnues coupables de machinations aussi abominables.

22 **LE MASSACRE DE PETERLOO**

En 1819, les soldats chargent une réunion pacifique d'ouvriers du textile à Manchester. Résultat: 11 morts, 400 blessés, dont un quart de femmes. C'est ce que l'on appellera le «massacre de Peterloo».

La social-démocratie

Les syndicats sont proches des socialistes, dont ils partagent les principales idées. Souvent, leurs actions se conjuguent. Toutefois, les conditions de travail des ouvriers ainsi que l'urgence de les améliorer poussent certains d'entre eux à rechercher des solutions plus concrètes et moins radicales que celles proposées par Marx. Le plus souvent, les ouvriers forment des partis politiques dits «sociaux-démocrates».

Les sociaux-démocrates estiment qu'on peut améliorer le sort des travailleurs et rendre la société plus démocratique en négociant avec les patrons et avec les dirigeants politiques. Effectivement, au fil des ans, non sans grèves et manifestations cependant, les partis sociaux-démocrates et les syndicats obtiennent des gains pour les travailleurs et un plus grand respect de leurs droits.

Voici quelques-unes des nombreuses lois qui seront votées au cours du XIXᵉ siècle.

- 1824: Droit de former des syndicats.
- 1833: Première loi d'assistance sociale.
- 1833: Interdiction du travail des enfants de moins de neuf ans dans les filatures.
- 1842: Limitation du temps de travail des femmes et des enfants de moins de 10 ans dans les mines.
- 1847: Limitation de la journée de travail à 10 heures pour les femmes et les enfants.
- 1870: Régime d'instruction publique soutenu par l'État.
- 1871: Droit de grève.
- 1872: Élection des députés par vote secret.
- 1874: Semaine de travail de 56 heures.

Un programme social-démocrate

Voici quelques articles du programme de la Fédération sociale-démocrate, en 1887. La Fédération sera à l'origine du Parti travailliste, fondé en 1900. Il s'agit d'un des principaux partis politiques de Grande-Bretagne.

2. Législation par le peuple, de telle sorte qu'aucun projet de loi ne devienne légalement astreignant* avant d'avoir été approuvé par la majorité du peuple.

3. Éducation élémentaire et supérieure libre et gratuite pour tous.

5. Justice libre et gratuite pour tous.

6. Nationalisation** et propriété commune de la terre et des mines, des chemins de fer et des autres moyens de transport.

8. Règlement de la production des richesses par la société dans le commun intérêt de ses membres.

9. Nationalisation et propriété collective des moyens de production, de distribution et d'échanges.

* Astreignant : Obligatoire.
** Nationalisation : Transfert à l'État d'une entreprise privée.

Indices

- De nos jours, existe-t-il des conditions de travail ou de vie difficiles au Québec ?
- Existe-t-il des lois ou des règlements pour corriger les abus ou les prévenir ?
- Qu'en est-il ailleurs dans le monde ?

1 Quelles sont les revendications des sociaux-démocrates ?

2 Ces revendications s'inspirent-elles du socialisme et de la démocratie ? Explique comment.

3 À ta connaissance, existe-t-il des partis sociaux-démocrates au Québec et au Canada ?

AILLEURS

L'industrialisation en France

- Quels facteurs contribuent à l'industrialisation de la France?

- Quelles sont les conséquences de l'industrialisation de la France?

À la suite de la révolution de 1789, la France est dirigée par Napoléon Ier, qui se fait couronner empereur en 1804. Jusqu'en 1815, l'Empire français mène plusieurs guerres contre les grandes puissances d'Europe, dont la Grande-Bretagne. Il s'agit d'une période peu favorable au développement économique.

L'ESSOR INDUSTRIEL DE LA FRANCE

L'industrialisation de la France commence plus tard qu'en Grande-Bretagne, mais le processus est le même: regroupement des terres et mécanisation agricole, exploitation du charbon et du minerai de fer, construction de grandes usines, développement d'un vaste réseau de chemins de fer. Le pays est en forte croissance à partir de 1830.

23 LA FRANCE INDUSTRIELLE VERS **1880**

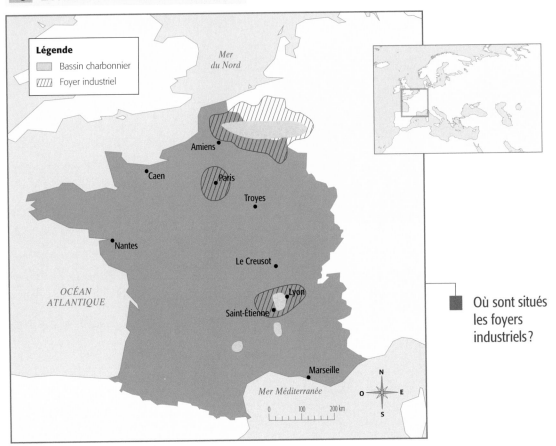

Légende
- Bassin charbonnier
- Foyer industriel

Mer du Nord

Amiens
Caen
Paris
Troyes
Nantes
Le Creusot
Lyon
Saint-Étienne
OCÉAN ATLANTIQUE
Marseille
Mer Méditerranée

0   100   200 km

■ Où sont situés les foyers industriels?

À cette époque, la production industrielle de la France se diversifie. Le pays compte plusieurs régions minières, et l'industrie textile prend de l'ampleur. De plus, le pays se spécialise dans la vente de produits manufacturés, ce qui amènera l'ouverture de nombreux magasins dans les grandes villes comme Paris. La France se lance également dans la fabrication de produits de luxe (soieries, dentelles, etc.). Malgré tout, le pays reste majoritairement rural.

24 **LA PRODUCTION DE FER ET D'ACIER DE 1830 À 1913 (EN MILLIERS DE TONNES)**

	GRANDE-BRETAGNE	FRANCE	ALLEMAGNE	ÉTATS-UNIS
1830	677	222	118	185
1870	5965	1178	1240	1865
1913	7790	6970	12 240	32 860

Quel pays produit le plus de fer et d'acier en 1830 ? en 1913 ?

Inf⊕ PLUS

Le bois au service de la locomotive

Au XVIIIe siècle, la France est encore couverte de forêts. Mais, à la fin du XIXe siècle, elle sera complètement nue. En fait, dans les premières décennies du XIXe siècle, on coupe aveuglément les arbres pour alimenter les locomotives en charbon de bois et pour construire les voies ferrées. Les vastes forêts qui se trouvent en France aujourd'hui ont été replantées.

LA CROISSANCE DE LA POPULATION

La France connaît également une importante croissance de sa population entre le XVIIIe et le XIXe siècle, principalement dans les villes. En effet, la mécanisation de la production agricole remplace le travail des paysans dans les campagnes. Cela oblige ces derniers à se chercher un gagne-pain dans les nouvelles villes industrielles, comme celle du Creusot.

25 **UNE PUBLICITÉ DE MACHINE AGRICOLE**

En France, l'agriculture se mécanise peu à peu.

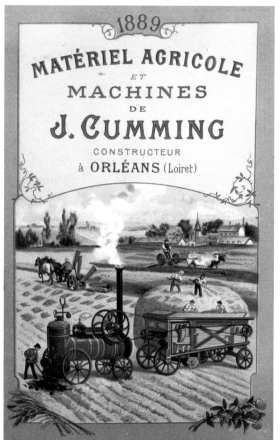

26 **LA POPULATION URBAINE EN FRANCE**

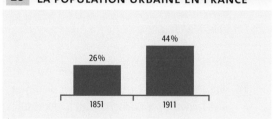

Pourquoi la population des villes augmente-t-elle au début du XXe siècle ?

LES CONDITIONS DE TRAVAIL

Les conditions de travail des ouvriers français ressemblent à celles des ouvriers britanniques. Ceux qui sont embauchés dans les grandes usines exécutent des tâches répétitives qui ne nécessitent pas de formation particulière. Leurs salaires sont très bas et ils travaillent souvent pendant de longues heures. Les familles doivent faire travailler leurs enfants pour arriver à joindre les deux bouts. Ceux-ci sont souvent exploités et assignés à des tâches dangereuses. Par ailleurs, les travailleurs n'ont aucune protection en cas d'accident ou de maladie. Les entrepreneurs préfèrent congédier ceux qui sont blessés ou malades. Ces derniers viennent grossir les rangs des chômeurs.

Germinal et le travail dans la mine

Au XIXᵉ siècle, l'écrivain Émile Zola décrit les dures conditions des mineurs dans plusieurs de ses romans. Voici un extrait de *Germinal*.

À mesure qu'on avançait, la galerie devenait plus étroite, plus basse, inégale de toit, forçant les échines à se plier sans cesse. […]

Les quatre haveurs* venaient de s'allonger les uns au-dessus des autres, sur toute la montée du front de taille. Séparés par les planches à crochets qui retenaient le charbon abattu, ils occupaient chacun 4 mètres environ de la veine** ; et cette veine était si mince, épaisse à peine en cet endroit de cinquante centimètres, qu'ils se trouvaient là comme aplatis entre le toit et le mur, se traînant des genoux et des coudes, ne pouvant se retourner sans se meurtrir les épaules. Ils devaient, pour attaquer la houille, rester couchés sur le flanc, le cou tordu, les bras levés et brandissant de biais la rivelaine, le pic à manche court.

Émile Zola, 1885.

---

* Haveur : Mineur.
** Veine : Filon de minerai.

■ Encore aujourd'hui, les conditions de travail des mineurs sont dangereuses. D'après toi, qu'est-ce qui fait la différence entre les mineurs dont parle Zola et ceux qui travaillent dans les mines aujourd'hui ?

27 ### LES USINES SCHNEIDER

Les frères Adolphe et Eugène Schneider deviennent propriétaires des usines du Creusot en 1836. Ils se spécialisent dans la production de locomotives et de rails ainsi que dans l'armement (blindés et camions). Les usines emploient au moins un travailleur par famille. Pendant près de 125 ans, les Schneider domineront la ville.

■ Pourquoi les réseaux de chemins de fer se développent-ils près des usines ?

Les bas salaires, c'est payant!

En 1876, les patrons de la ville de Lyon présentent un exposé sur les conditions de travail dans leurs fabriques. En voici un extrait.

Pour assurer et maintenir la prospérité de nos manufactures, il est nécessaire que l'ouvrier ne s'enrichisse jamais, qu'il n'ait précisément que ce qu'il lui faut pour se bien nourrir et se vêtir. [...] Personne n'ignore que c'est principalement au bas prix de la main-d'œuvre que les fabriques de Lyon doivent leur étonnante prospérité. [...] Il est donc très important aux fabricants de Lyon de retenir l'ouvrier dans un besoin continuel de travail, de ne jamais oublier que le bas prix de la main-d'œuvre leur est non seulement avantageux par lui-même, mais qu'il le devient encore en rendant l'ouvrier plus laborieux, plus réglé dans ses mœurs, plus soumis à leurs volontés.

◼ Selon les patrons, à quoi est due l'«étonnante prospérité» de leurs fabriques?

DES CONDITIONS DE VIE MISÉRABLES

Quant aux conditions de vie des travailleurs, elles ne sont pas meilleures que leurs conditions de travail. Dans les grandes villes, les quartiers ouvriers sont situés près des usines et constituent des lieux de misère profonde. Les bas salaires et l'augmentation de la population obligent les travailleurs à vivre dans des logements très petits et dans des conditions d'hygiène lamentables. Pendant que les patrons exploitent les ouvriers, certains intellectuels de l'époque dénoncent les terribles conditions de travail et de vie imposées à la classe ouvrière.

28 LA MISÈRE DES TRAVAILLEURS

Les familles ouvrières vivent dans des taudis, comme en témoigne cette gravure sur bois qui a servi à illustrer le roman *Germinal* en 1886.

La misère urbaine

Lors d'une commission d'enquête sur les conditions de vie des ouvriers en France, l'économiste Jérôme Adolphe Blanqui présente le témoignage suivant.

On n'entre dans ces maisons que par des allées basses, étroites et obscures où un homme ne peut se tenir debout. Les allées servent de lit à un ruisseau fétide chargé des eaux grasses et des immondices de toute espèce qui pleuvent de tous les étages et qui séjournent dans de petites cours mal pavées, en flaques pestilentielles. On y monte par des escaliers en spirale, sans garde-fous, sans lumière, hérissés d'aspérités produites par les ordures pétrifiées; et on aborde ainsi de sinistres réduits bas, mal fermés, mal ouverts, et presque toujours dépourvus de meubles et d'ustensiles de ménage.

Des classes ouvrières en France pendant l'année 1848, 1849.

◼ Pour avoir une meilleure idée des conditions d'hygiène dans les quartiers ouvriers au XIXᵉ siècle, trouve la définition des mots «fétide», «immondices» et «pestilentielles».

Inf PLUS

La révolution de 1848

Le gouvernement met sur pied des ateliers pour donner du travail aux milliers de personnes sans emploi. Mais les bourgeois et les riches entrepreneurs trouvent que ces ateliers leur coûtent cher. À la suite de pressions, en 1848, ils en obtiennent la fermeture. Plus de 113 000 travailleurs se retrouvent donc au chômage. C'est dans ce contexte que la révolution éclate. En quatre jours, 800 soldats et 3000 manifestants sont tués, et plus de 15 000 personnes sont arrêtées.

LES CONTESTATIONS DES OUVRIERS

La révolution de 1789 semble avoir donné davantage de droits et de libertés au peuple. Pourtant, aucune loi ne protège les travailleurs. En 1791, l'Assemblée nationale adopte la loi Le Chapelier, qui retire aux travailleurs le droit de former des associations. En 1803, sous l'autorité de Napoléon Bonaparte, une nouvelle loi interdit toute grève.

Ces lois autoritaires entraînent un mouvement de contestation chez les ouvriers. L'idéologie socialiste fait de nombreux adeptes et certains groupes de travailleurs s'en servent pour dénoncer les inégalités. Des grèves, souvent dures et longues, éclatent fréquemment. Des révoltes se changent parfois en affrontements violents, comme lors des révolutions de 1848 et de 1871. Une des principales revendications des ouvriers est la diminution des heures de travail.

En 1871, c'est dans le contexte d'une guerre contre l'Allemagne que la révolution éclate. Les Parisiens ont combattu la présence des troupes allemandes dans leur ville au cours de l'année précédente et, lorsque le conflit cesse, ils ont le sentiment que leur effort n'est pas reconnu. Ils se révoltent contre le gouvernement en exigeant l'amélioration de leurs conditions de vie et de travail. En mars 1871, ils déclarent Paris « commune indépendante » et ils forment leur propre gouvernement. Mais le gouvernement officiel envoie ses troupes et la répression est féroce. Les combats font une vingtaine de milliers de morts et les exécutions qui s'ensuivent en font probablement autant.

Le 1er mai des patrons

En 1891, les ouvriers français préparent une manifestation pour commémorer la mort de cinq travailleurs de Chicago, à la suite des manifestations pour la journée de huit heures. Mais les industriels publient un manifeste le 29 avril pour s'opposer à la manifestation prévue pour le 1er mai.

Considérant qu'un certain nombre d'ouvriers de la Région, égarés par quelques meneurs étrangers, poursuivent la réalisation d'un Programme qui amènerait à courte échéance la ruine de l'Industrie du pays (celle des patrons et aussi sûrement celle des travailleurs),

Considérant que, dans les Réunions publiques, les excitations et les menaces criminelles des agitateurs ont atteint une limite qui force les chefs d'établissement à prendre des mesures défensives, [...] les Industriels soussignés, abandonnant pour cette grave circonstance toutes les questions politiques et autres qui peuvent les diviser, prennent l'engagement d'honneur de se défendre collectivement, solidairement et pécuniairement* dans la guerre injustifiable et imméritée qu'on veut leur déclarer ;

Et, au nom de l'intérêt de tous, ils font un appel sincère à la probité** et au bon sens des ouvriers honnêtes qui sont encore en grande majorité dans la région, pour les mettre en garde contre les théories révolutionnaires de quelques meneurs à qui seuls peuvent profiter le trouble et le désordre.

Adresse des patrons

* Pécuniairement : Financièrement.
** Probité : Honnêteté, fidélité.

1 Qu'est-ce que les revendications des ouvriers font craindre aux patrons ?

2 Selon les patrons, les ouvriers sont-ils responsables de leurs actes ? Cite le passage du texte qui justifie ta réponse.

La loi de 1841

Voici deux articles de la loi portant sur le travail des enfants à l'époque.

2. Les enfants devront, pour être admis, avoir au moins huit ans.

De huit à douze ans, ils ne pourront être employés au travail effectif plus de huit heures sur vingt-quatre, divisées par un repos.

De douze à seize ans, ils ne pourront être employés au travail effectif plus de douze heures sur vingt-quatre, divisées par des repos.

Ce travail ne pourra avoir lieu que de cinq heures du matin à neuf heures du soir.

5. Tout enfant admis devra, jusqu'à l'âge de douze ans, suivre une école.

1 Est-ce que cette loi te semble juste?

2 Serait-elle acceptée de nos jours?

DES MESURES SOCIALES

Les manifestations des ouvriers français, les idées socialistes et les révolutions mènent à l'adoption de quelques mesures sociales qui améliorent les conditions de travail et de vie de la population.

Voici des exemples de mesures sociales adoptées dans la deuxième moitié du XIXe siècle.

- 1841 : Loi interdisant le travail des enfants de moins de huit ans.
- 1864 : Droit de grève.
- 1874 : Loi interdisant le travail des enfants de moins de 12 ans et interdisant le travail le dimanche et la nuit pour les enfants de moins de 16 ans.
- 1881 : Éducation primaire publique, gratuite et obligatoire.
- 1881 : Liberté de la presse.
- 1884 : Reconnaissance des syndicats.
- 1896 : Limitation de la journée de travail à 12 heures (implantée en 1919).

Au cours de l'année 1870, les ouvriers occupent l'usine pour réclamer de meilleurs salaires.

L'Internationale

Composée en 1871, en pleine révolution à Paris, *L'Internationale* se veut le chant de ralliement des ouvriers du monde. En voici un extrait.

C'est la lutte finale,
Groupons-nous et demain
L'Internationale
Sera le genre humain.

Debout, les damnés de la terre!
Debout, les forçats de la faim!
La raison tonne en son cratère,
C'est l'éruption de la fin.
Du passé faisons table rase,
Foule esclave, debout, debout!
Le monde va changer de base :
Nous ne sommes rien, soyons tout!
[…]
Hideux dans leur apothéose,
Les rois de la mine et du rail
Ont-ils jamais fait autre chose
Que dévaliser le travail?
Dans les coffres-forts de la banque
Ce qu'il a créé s'est fondu.
En décrétant qu'on le lui rende,
Le peuple ne veut que son dû.

Poème d'Eugène Pottier

Les vers de *L'Internationale* reflètent plusieurs des thèmes du socialisme. Quels sont ces thèmes?

SÉQUENCE 3

AILLEURS

L'industrialisation en Allemagne

🔑 ▸ chancelier

■ Quels facteurs contribuent à l'industrialisation de l'Allemagne?

■ Quelles sont les conséquences de l'industrialisation en Allemagne?

chancelier
Titre du premier ministre en Allemagne.

En 1815, le territoire de l'Allemagne est réuni en une confédération de 39 États dont l'Autriche assume la présidence. L'Autriche doit cependant tenir compte de la Prusse, qui est très puissante. C'est en effet l'État le plus moderne sur le plan politique et social, et le plus avancé sur le plan économique. La Prusse dispose aussi d'une armée nombreuse, bien équipée et bien entraînée.

Finalement, en 1871, après 10 ans de guerres contre le Danemark, l'Autriche et la France, c'est la Prusse, sous la direction de Guillaume Ier et du chancelier Bismarck, qui réussit à unifier l'Allemagne.

OTTO VON BISMARCK

Bismarck (1815-1898) est un homme politique allemand. Il devient premier ministre de la Prusse en 1862 sous le règne de l'empereur Guillaume Ier. Il veut unir les États qui forment la Confédération germanique. Pour y arriver, il se dote d'une solide armée avec laquelle il cherche à exclure l'Autriche et à éloigner les autres puissances européennes. Après des années de guerre, il réussit l'unification en 1871. Un an plus tard, il devient chancelier de l'empire allemand. Il quitte le pouvoir en 1890.

30 **L'ALLEMAGNE INDUSTRIELLE À LA FIN DU XIXe SIÈCLE**

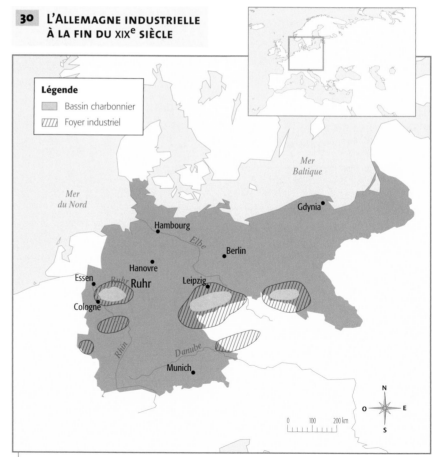

Légende
▨ Bassin charbonnier
▧ Foyer industriel

Où sont situés les principaux foyers industriels?

L'ESSOR INDUSTRIEL DE L'ALLEMAGNE

La division du territoire allemand en plusieurs petits États et les nombreuses guerres retardent le processus d'industrialisation en Allemagne par rapport à celui de la Grande-Bretagne. Au début du XIXᵉ siècle, l'Allemagne est encore principalement agricole. Ce n'est que dans les années 1850 qu'elle amorce véritablement son industrialisation. Elle deviendra une des grandes puissances industrielles du monde au début du XXᵉ siècle.

L'Allemagne unifiée dispose de capitaux importants qui proviennent surtout de la richesse des anciennes villes marchandes comme Lübeck et Hambourg. Elle possède d'abondantes ressources en charbon et en fer, dans la vallée de la Ruhr notamment. Rapidement, de puissantes industries s'implantent dans cette région et prospèrent. Après l'industrie du fer et de l'acier apparaît l'industrie chimique, puis une industrie de l'armement qui deviendra la première au monde. Les Krupp, une famille d'industriels allemands, seront des pionniers dans ce domaine. Les manufactures textiles ainsi que d'autres industries du fer et de l'acier s'implantent aussi au nord de Berlin. Le pays se couvre bientôt de chemins de fer et se dote d'une importante flotte maritime.

31 **LA PRODUCTION DE FER ET D'ACIER EN 1870 ET EN 1913**

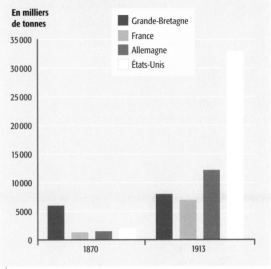

En milliers de tonnes

- Grande-Bretagne
- France
- Allemagne
- États-Unis

En comparant les deux dates, comment qualifierais-tu la production de l'Allemagne?

32 **LES USINES KRUPP À ESSEN**

Fondées au cours de la première moitié du XIXᵉ siècle à Essen, dans la région de la Ruhr, les entreprises Krupp se spécialisent entre autres dans l'armement. Elles deviendront un gigantesque empire industriel au début du XXᵉ siècle.

33 LA POPULATION URBAINE EN ALLEMAGNE

60%

25%

1851   1911

Pourquoi la population des villes augmente-t-elle au début du XXᵉ siècle?

Situe la vallée de la Ruhr sur la carte de la page 154.

LA CROISSANCE DE LA POPULATION

L'Allemagne connaît également une croissance de sa population au cours du XIXᵉ siècle. Celle-ci passe de 41 millions d'habitants à 65 millions entre 1871 et 1914. Dans les villes, on assiste à une véritable explosion démographique. Par exemple, la ville d'Essen voit sa population se multiplier par 75 et la ville de Berlin passe de 826 000 habitants en 1870 à environ 2 millions en 1900. Cette augmentation garantit aux industries allemandes un important bassin de main-d'œuvre, ce qui contribue à l'essor industriel du pays.

LES CONDITIONS DE TRAVAIL ET DE VIE

Les conditions de travail des ouvriers allemands ressemblent à celles observées en Grande-Bretagne. Les hommes, les femmes et les enfants travaillent souvent de longues heures et leurs salaires sont très bas.

Leurs conditions de vie sont aussi déplorables que leurs conditions de travail. Face à l'augmentation de la population des villes, les équipements et les services urbains (eau courante, égouts, enlèvement des ordures, etc.) ne sont pas adéquats. Ainsi, un grand nombre de familles ouvrières allemandes habitent dans de véritables taudis.

34 LA VALLÉE DE LA RUHR EN 1866

Au milieu du XIXᵉ siècle, la révolution industrielle est bien amorcée en Allemagne. Les usines se multiplient dans la vallée de la Ruhr. Riche en charbon et en fer, cette région a tout pour attirer les industriels. Elle se développera tout au long du XIXᵉ siècle pour devenir une des régions industrielles les plus importantes du monde.

La journée de travail d'un enfant

Dans les années 1850, un observateur allemand rapporte ce qui suit.

En été vers 5 ou 6 heures, en hiver vers 6 ou 7 heures ou dès que le jour est levé, la cloche appelle l'enfant à la fabrique. Dans la plupart de celles-ci, il peut être employé dès sa huitième ou neuvième année. À peine arrivé à la fabrique, le jeune travailleur se dirige vers la machine et prend son poste. Le plus souvent son ouvrage est simple et facile, toujours pareil du matin au soir. Même si la moindre modification est faite, l'enfant n'en devient pas moins très vite une machine bien réglée. La cloche de midi accorde une heure aux travailleurs. L'enfant se hâte alors vers son foyer, dévore son maigre croûton de pain et retourne rapidement à la fabrique pour reprendre son travail là où, une heure auparavant, il l'avait interrompu, et poursuit son ouvrage de minute en minute, d'heure en heure jusqu'à 7 ou 8 heures du soir.

36 UN LOGEMENT OUVRIER EN 1878

Cette gravure sur bois illustre les conditions de misère des familles allemandes vers la fin du XIXe siècle.

■ Compare les conditions de travail des enfants en Allemagne avec celles des enfants en Grande-Bretagne.

LES CONTESTATIONS DES OUVRIERS

Les dures conditions de vie et de travail des ouvriers en poussent plusieurs à contester l'ordre social. C'est d'ailleurs en Allemagne que les idées socialistes sont les plus répandues et que les syndicats sont les plus nombreux. En 1875, une fusion entre les marxistes et les syndicats de tendance socialiste amène la création du premier parti social-démocrate de l'histoire. En 1913, à la veille de la Première Guerre mondiale, ce parti compte quatre millions de membres. Près de la moitié des huit millions de travailleurs masculins sont syndiqués, et la majorité des syndicats sont socialistes. Aux yeux des autres Européens, l'Allemagne est alors considérée comme le royaume du socialisme et du syndicalisme.

Le chancelier Bismarck tente de mettre un frein à la popularité du Parti social-démocrate. Selon lui, les socialistes sont des révolutionnaires qui menacent la prospérité allemande, le gouvernement et l'Empire. Bismark constate toutefois assez rapidement qu'il affronte des organisations très puissantes. Il n'aura pas d'autre choix que de satisfaire certaines de leurs revendications. Vers la fin du XIXe siècle, l'Allemagne sera donc plus avancée sur le plan social que tout autre pays industrialisé.

37 **UNE GRÈVE À BERLIN EN 1886**

1 D'où viennent les ouvriers?

2 Vers qui se dirigent-ils?

L'éducation pour tous

Dans les années 1830, un ministre français de l'Éducation décrit la situation du milieu scolaire en Prusse.

C'est la loi la plus étendue et la plus complète que je connaisse sur l'instruction primaire. […] Les quatre points suivants seraient réalisés et garantis :

1. La population tout entière, filles et garçons, dans les villes et les campagnes, allant aux écoles primaires élémentaires ;

2. Toute la classe moyenne dans les villes, allant aux écoles primaires supérieures ;

3. Un nombre suffisant de jeunes gens de la classe moyenne et des hautes classes, allant ensemble aux collèges, dans la division inférieure ;

4. Sur ce nombre, après une épreuve convenable, une élite appelée, non par le seul droit de la naissance et de la fortune, mais par le droit aussi du travail et du talent, à passer dans la première division du collège, de là à l'université, et de là encore dans les rangs supérieurs de la société.

1 Qui peut fréquenter le collège et l'université, et selon quels critères ?

2 Selon toi, en quoi l'éducation permet-elle d'améliorer la qualité de vie des ouvriers ?

ROSA LUXEMBURG

Rosa Luxemburg (1870-1919) est une militante communiste et une révolutionnaire. D'origine polonaise, elle doit quitter très jeune son pays à cause de ses activités au sein d'un parti révolutionnaire. Elle se réfugie alors en Suisse, où elle fonde un parti social-démocrate. En 1898, elle acquiert la nationalité allemande et elle milite au sein du Parti social-démocrate. S'inspirant des théories de Karl Marx, elle participe à la première révolution russe en 1905, où elle est arrêtée et menacée d'exécution. De retour en Allemagne, elle passe plusieurs années en prison puis contribue à la formation du Parti communiste allemand. Elle est arrêtée et assassinée par les autorités allemandes en 1919.

DES MESURES SOCIALES

Les idées socialistes et les revendications syndicales mènent à l'adoption de mesures sociales qui améliorent les conditions de vie des travailleurs.

Voici des exemples de mesures sociales adoptées en Allemagne au XIXe siècle.

- 1816 : Premières lois sur l'instruction publique.
- 1884 : Assurance en cas d'accident de travail.
- 1885 : Assurance maladie.
- 1889 : Assurance en cas d'invalidité.
- 1890-1894 : Retrait des lois antisocialistes.
- 1890 : Tribunal pour le règlement des conflits de travail.
- 1891 : Interdiction du travail des enfants de moins de 13 ans.

AILLEURS

L'industrialisation aux États-Unis

- Quels facteurs contribuent à l'industrialisation des États-Unis ?
- Quelles sont les conséquences de l'industrialisation aux États-Unis ?

Lorsque les États-Unis obtiennent leur indépendance, en 1783, le territoire est enserré entre le fleuve Mississippi à l'ouest et l'océan Atlantique à l'est. Leur priorité est donc d'étendre ce territoire vers l'ouest. Cela se fera soit par la colonisation et l'occupation de nouvelles terres, soit par l'achat de territoires à d'autres puissances. Le pays utilisera aussi la force, en prenant le sud-ouest des États-Unis actuels au Mexique, par exemple. Au milieu du XIXᵉ siècle, le territoire des États-Unis s'étend de l'océan Atlantique à l'océan Pacifique.

L'ESSOR INDUSTRIEL DES ÉTATS-UNIS

À la fin du XVIIIᵉ siècle, l'économie des États-Unis est principalement basée sur la production agricole. Au sud, on cultive surtout le coton, le tabac, le riz et la canne à sucre. Ailleurs, l'agriculture ainsi que l'élevage constituent les principaux moteurs de l'économie.

Toutefois, à partir de 1850, l'industrialisation est enclenchée. Elle ne cessera de s'accélérer, portée par l'expansion du territoire et la forte immigration. En effet, l'immense territoire offre un marché colossal qui se développe grâce à un vaste réseau ferroviaire comptant déjà 4000 kilomètres de voies ferrées. Quant à l'immigration, elle fournit un important bassin de main-d'œuvre. De plus, les ressources naturelles abondent sur le territoire. L'industrie du textile peut compter sur l'importante culture du coton. Puis, à partir de 1870, un nouveau type d'industrie croît au nord-est du pays, c'est l'industrie de l'acier. À la fin du XIXᵉ siècle, les États-Unis deviennent la première puissance industrielle du monde.

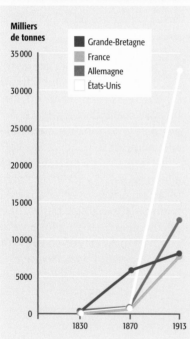

38 LA PRODUCTION DE FER ET D'ACIER DE 1830 À 1913

Milliers de tonnes

- Grande-Bretagne
- France
- Allemagne
- États-Unis

Inf+ PLUS

Vers une première puissance mondiale

À partir de 1860, les États-Unis peuvent combler l'essentiel de leurs besoins en produits manufacturés. De plus, le pays peut compter sur des entrepreneurs aux grandes ambitions. Ainsi en est-il d'Andrew Carnegie et de Pierpont Morgan dans le secteur de l'acier, de Cornelius Vanderbilt dans celui du rail et, bien sûr, de John D. Rockefeller dans le domaine du pétrole.

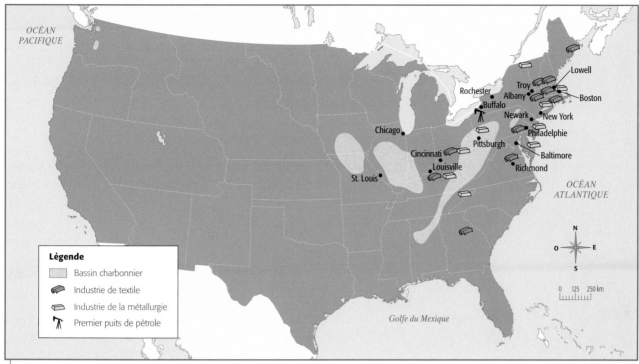

Légende
- Bassin charbonnier
- Industrie de textile
- Industrie de la métallurgie
- Premier puits de pétrole

Où sont situées les principales villes ? Pourquoi, selon toi ?

40 UN VIADUC FERROVIAIRE

L'important réseau ferroviaire contribue au développement industriel du pays. Ce viaduc date de la fin des années 1870.

JOHN D. ROCKEFELLER

En 1870, alors que peu de gens soupçonnent l'importance du pétrole comme source d'énergie, John D. Rockefeller (1839-1937) fonde la Standard Oil Company. Il achète ou fonde des raffineries, construit des chemins de fer pour acheminer le pétrole et finit par disposer d'un quasi-monopole sur le marché pétrolier aux États-Unis. En 1911, le Congrès l'oblige à scinder ses entreprises afin de préserver la concurrence. Son immense fortune fait de John D. Rockefeller le symbole de la réussite capitaliste.

41 DES BATEAUX À AUBES SUR LE MISSISSIPPI

Le transport des gens et des marchandises se fait aussi par bateau.

Comment ces bateaux sont-ils propulsés ?

UNE POPULATION CROISSANTE

Le pays connaît également une importante croissance de sa population entre la fin du XVIIIe siècle et la fin du XIXe siècle. La population du pays, qui n'était que de quatre millions d'habitants en 1789, en compte plus de 23 millions en 1850 et près de 70 millions à la fin du XIXe siècle. L'immigration est un des principaux facteurs de cette croissance démographique. De 1820 à 1850, environ 200 000 émigrants arrivent chaque année. Entre 1830 et 1860, ce sont 4,6 millions d'Européens qui viennent s'établir en Amérique.

L'industrialisation pousse une bonne part de cette population à s'installer dans les villes. Le taux d'urbanisation, alors, s'accroît rapidement.

42 LA POPULATION URBAINE AUX ÉTATS-UNIS

46%

15%

1851 1911

Pourquoi la population des villes augmente-t-elle au début du XXe siècle?

43 LES ÉMIGRANTS

Le tableau montre des émigrants européens admis aux États-Unis en 1884. Dans les dernières décennies du XIXe siècle, ils sont entre 800 000 et un million par année à fuir la misère de leur pays.

1 D'où viennent la majorité des émigrants qui arrivent aux États-Unis?

2 Selon toi, pourquoi un si grand nombre de personnes viennent-elles s'installer en Amérique?

LES CONDITIONS DE TRAVAIL ET DE VIE

L'industrialisation des États-Unis repose en grande partie sur le travail des enfants. Au début du XIXᵉ siècle, les jeunes de 7 à 12 ans fournissent le tiers de la main-d'œuvre. À la fin du siècle, un enfant sur cinq âgé de 10 à 16 ans est employé en usine. Pour les enfants comme pour les adultes, les conditions de travail sont lamentables. Elles ressemblent en tous points à celles qui ont été observées en Grande-Bretagne et dans les autres pays en voie d'industrialisation. Les conditions de vie des travailleurs sont misérables. Les gens vivent dans des villes construites beaucoup trop vite pour pouvoir absorber la hausse de population. C'est donc dans des taudis insalubres que les nombreux travailleurs américains vivent pendant l'industrialisation.

44 UN LOGEMENT OUVRIER

Une famille de 9 personnes vit dans ce deux-pièces du quartier de Manhattan, à New York en 1910.

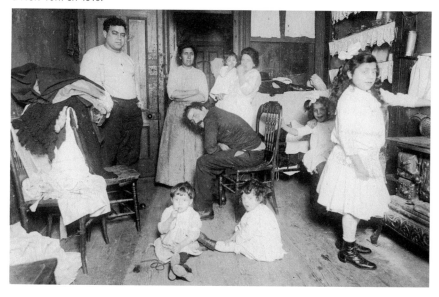

L'insalubrité au travail

Vers 1850, voici ce qu'un témoin rapporte des conditions de travail dans une filature de la Pennsylvanie.

Nos employeurs nous contraignent, en cette saison à travailler de 5 heures du matin au coucher du soleil ce qui fait 14 heures avec une interruption d'une demi-heure pour le petit déjeuner et une heure pour le déjeuner ; il nous reste 13 heures de dur travail, d'un service malsain où pas un brin d'air ne vient nous rafraîchir quand nous étouffons et suffoquons, pendant lequel jamais nous n'apercevons le soleil par une fenêtre, dans une atmosphère épaissie de poussière et de bourre de coton que nous respirons constamment, qui détruisent notre santé, notre appétit et notre résistance physique... Le court repos que nous prenons la nuit n'étant pas suffisant pour restaurer nos énergies épuisées, nous retournons au travail, le matin, aussi fatigués que quand nous l'avons quitté.

45 LA FILATURE DE COTON À PAWTUCKET, DANS LE RHODE ISLAND

La première filature mécanisée aurait été construite en 1828.

Quelle est la source d'énergie utilisée ?

Le 1er mai : fête des Travailleurs

Le 1er mai 1886, les syndiqués d'une usine de machinerie agricole de Chicago manifestent pour obtenir la journée de huit heures. Il y a affrontement avec la police, ce qui entraînera la mort de plusieurs personnes de part et d'autre. Trois manifestants sont alors condamnés à la prison à vie et cinq sont condamnés à la pendaison. C'est pour commémorer cet événement que le 1er mai est devenu la fête des Travailleurs dans de nombreux pays. En Amérique toutefois, on souligne davantage la fête du Travail le premier lundi de septembre.

LES CONTESTATIONS OUVRIÈRES

Pour améliorer leurs conditions de travail et de vie, les travailleurs américains se regroupent en syndicats. Les organisations américaines sont particulièrement actives et les grèves, fréquentes. Ainsi, en une seule année, soit entre 1886 et 1887, environ 3000 grèves éclatent. Elles sont souvent violentes, et même sanglantes à l'occasion, car les patrons et les pouvoirs publics s'y opposent. Par exemple, de 1902 à 1904, on compte 198 morts et 2000 blessés dans des conflits de travail.

Les droits des ouvriers

En 1894, une grande grève paralyse la moitié des États-Unis. Les autorités répliquent par l'envoi de soldats et par une injonction interdisant la grève. C'est dans ce contexte que le syndicaliste Samuel Gompers écrit au juge Grosscup, qui a émis l'injonction.

Que devraient faire les ouvriers ? Se taire alors que les vastes ressources naturelles et humaines sont utilisées et monopolisées au profit d'une infime minorité ? Non. Les travailleurs doivent vite apprendre à penser et à agir. C'est alors qu'ils constateront que c'est uniquement en s'organisant et en se concertant qu'ils seront considérés comme des humains à part entière et que leur droit à la vie (soutenu par le travail) ainsi que leurs droits et libertés seront reconnus.

46 ■ **DES OUVRIERS DE LAWRENCE ET DE LOWELL EN GRÈVE EN 1912**

Lawrence et Lowell sont deux villes du Massachusetts spécialisées dans l'industrie textile où nombre de Québécois à la recherche d'un emploi émigrent vers la fin du XIXe siècle. Ici des grévistes sont encerclés par l'armée.

Les Chevaliers du travail

Aux États-Unis, les ouvriers s'organisent tôt en associations dans le but de défendre leurs droits. Les Chevaliers du travail, fondés en 1869, constituent la première organisation ouvrière nationale. L'organisation vise à protéger les ouvriers contre les abus des employeurs. Dès 1886, l'année de la grève pour la journée de huit heures, l'organisation compte 700 000 membres.

47 UN CONGRÈS DES CHEVALIERS DU TRAVAIL

DES MESURES SOCIALES

À la suite de nombreuses grèves, manifestations et décisions des tribunaux, les ouvriers obtiennent des améliorations de leurs conditions de travail et de vie.

Voici des exemples de mesures sociales adoptées aux États-Unis au XIXe siècle.

- 1842 : La Cour suprême de l'État du Massachusetts reconnaît que les syndicats ne sont pas des associations illégales.

- 1842 : Les États du Connecticut et du Massachusetts adoptent une loi interdisant le travail des enfants pendant plus de 10 heures par jour.

- 1847 : L'État du New Hampshire interdit le travail des enfants pendant plus de 10 heures par jour sans le consentement des parents.

- 1848 : L'État de la Pennsylvanie interdit le travail des enfants de moins de 12 ans dans les filatures.

- 1850 : L'instruction publique est généralisée.

48 DES ENFANTS DANS UNE USINE TEXTILE

Les enfants travaillent debout durant de longues heures dans la poussière de coton et le bruit.

Quel âge peuvent avoir les jeunes travailleurs ?

PENSER EN HISTOIRE

■ Quelles sont les différents points de vue sur le travail des enfants
au XIXe siècle ?

Les conditions de travail des enfants

Au cours de la révolution industrielle, le travail des enfants a fait
l'objet de nombreux débats. Voici quelques témoignages d'époque
qui traitent de ce sujet.

Dégage les différents points de vue sur le travail des enfants.
Rédige ensuite un court texte dans lequel tu donneras ton opinion
sur le sujet.

49 VICTOR HUGO

Victor Hugo est un des plus grands écrivains français
du XIXe siècle. Dans son œuvre, il témoigne d'une affection
particulière pour les travailleurs.

Où vont tous ces enfants dont pas un seul ne rit ?
Ces doux êtres pensifs que la fièvre maigrit ?
Ces filles de huit ans qu'on voit cheminer seules ?
Ils s'en vont travailler quinze heures sous des meules ;
Ils vont, de l'aube au soir, faire éternellement
Dans la même prison le même mouvement.
Accroupis sous les dents d'une machine sombre,
Monstre hideux qui mâche on ne sait quoi dans l'ombre,
Innocents dans un bagne, anges dans un enfer,
Ils travaillent. Tout est d'airain, tout est de fer.
Jamais on ne s'arrête et jamais on ne joue. […]
Travail mauvais qui prend l'âge tendre en sa serre
Qui produit la richesse en créant la misère,
Qui se sert d'un enfant ainsi que d'un outil !
Progrès dont on demande : « Où va-t-il ? que veut-il ? »
Qui brise la jeunesse en fleur ! qui donne, en somme,
Une âme à la machine et la retire à l'homme !
Que ce travail, haï des mères, soit maudit !

Les Contemplations, 1856.

✓ J'analyse des documents
historiques.

✓ Je tiens compte
des contradictions
dans les documents.

C'est un fort dur travail ; ne sais pas combien de fois je fais le trajet du fond du puits au mur, aller et retour. Je porte environ 64 kg de charbon sur mon dos ; je dois tant me courber et me glisser à travers l'eau qui me monte jusqu'aux chevilles. Je n'aime pas ce travail ; les autres filles non plus ; mais il faut bien s'y faire.

Isabelle, 12 ans, porteuse de charbon, en Angleterre, 1842.

La florissante industrie textile anglaise sera ruinée, sa supériorité sur les marques mondiales anéantie, si le travail en usines des enfants de dix ans et les services de nuit étaient abolis. Le travail ne fait pas tort aux enfants mais au contraire les protège de l'abandon et les accoutume à l'application. La limitation de l'emploi des enfants limite la liberté ainsi que le bien-être national.

Des industriels britanniques, 1816.

L'admission des enfants dans les fabriques dès l'âge de huit ans est pour les parents un moyen de surveillance, pour les enfants un commencement d'apprentissage, pour la famille une ressource. L'habitude de l'ordre, de la discipline et du travail doit s'acquérir de bonne heure.

Un ministre français, 1841.

Pour évident que puisse paraître, à première vue, l'argument qu'il faut donner une éducation aux pauvres qui travaillent, celle-ci se révélerait, dans ses effets, nuisible à leur moral et à leur bonheur. En effet, l'éducation apprendrait aux pauvres à haïr leur situation au lieu d'en faire de bons domestiques dans l'agriculture ou d'autres métiers, ce à quoi leur place dans la société les a destinés. Au lieu de leur apprendre la soumission, l'éducation les rendrait découragés et récalcitrants, comme cela se voit dans les villes d'usines. […] Elle les rendrait impertinents envers leurs supérieurs.

Un parlementaire britannique, vers 1830.

De l'organisation rapide de l'instruction primaire dépend notre prospérité industrielle. Il ne sert à rien d'essayer de donner une formation technique à nos ouvriers sans instruction primaire ; des travailleurs non instruits – et beaucoup de nos travailleurs le sont entièrement – sont, pour la plupart, des travailleurs non qualifiés, et si nous laissons plus longtemps notre main-d'œuvre sans qualification, elle sera surclassée, malgré ses muscles vigoureux et son énergie décidée, dans la compétition mondiale. De cette organisation rapide dépend aussi, je le crois pleinement, le bon et sûr fonctionnement de notre système constitutionnel. Il est à l'honneur du Parlement d'avoir récemment décidé que l'Angleterre serait désormais gouvernée de façon démocratique… Des questions demandent réponse, des problèmes une solution, que des électeurs ignorants sont peu aptes à fournir.

Un parlementaire britannique, 1870.

50 **DE JEUNES MINEURS AUX ÉTATS-UNIS EN 1911**

LE PATRIMOINE DE L'HUMANITÉ

■ Quelles sont les traces de l'industrialisation dans ces constructions?

L'architecture industrielle

Le fer, la fonte, l'acier et le verre ont permis la construction de grandes œuvres architecturales qui sont encore aujourd'hui utilisées et admirées. Ces constructions constituent un héritage de la révolution industrielle.

Examine ces documents et explique en quoi ces constructions sont représentatives de la révolution industrielle.

51 LA GARE DE PADDINGTON À LONDRES, CONSTRUITE EN 1854

53 LE FLATIRON BUILDING À NEW YORK, CONSTRUIT EN 1903

52 LA TOUR EIFFEL À PARIS, CONSTRUITE DE 1887 À 1889

54 LE PONT VICTORIA À MONTRÉAL, CONSTRUIT DE 1854 À 1859

55 LA GALERIE UMBERTO Ier À NAPLES, CONSTRUITE ENTRE 1880 ET 1899

56 L'INTÉRIEUR DES GALERIES LAFAYETTE, UN GRAND MAGASIN DE PARIS CONSTRUIT EN 1912

FAIRE LE POINT

A

✓→ Je situe dans le temps les étapes de l'industrialisation.

Sur une ligne du temps, place ce qui, selon toi, constitue les principales innovations ou inventions qui ont contribué à l'industrialisation.

B

✓→ Je représente un rapport cause-conséquence.

1. Nomme trois causes qui, selon toi, ont mené à l'industrialisation.

2. Explique en quoi ces causes ont contribué à l'industrialisation.

C

✓→ Je compare deux situations historiques.

Dans un tableau semblable au suivant, compare le processus d'industrialisation en Grande-Bretagne avec celui d'un autre pays industriel en tenant compte des aspects économique et social.

ASPECT	GRANDE-BRETAGNE	PAYS CHOISI
Économique		
Social		

Quelles sont les différences entre les deux pays?

D

Je mets les concepts et les faits en relation.

À quelle classe sociale associes-tu chacune des doctrines suivantes ? Explique ta réponse.

- Le libéralisme économique
- Le socialisme

E

Je fais des liens entre les concepts.

Pourquoi le phénomène d'urbanisation se répand-il dans les pays qui s'industrialisent ? Donne au moins deux raisons.

F

Je m'interroge sur les changements liés à l'industrialisation.

Compare les deux images. Laquelle témoigne de la révolution industrielle ? Explique ta réponse.

G

Je m'intéresse aux conséquences de l'industrialisation.

Rédige un court texte pour expliquer les effets de l'industrialisation sur les pays que tu as étudiés.

CONSTRUIRE SA CONSCIENCE CITOYENNE

A

Le travail des enfants aujourd'hui

La Loi sur les normes du travail du Québec interdit aux employeurs :

- de faire effectuer par un enfant un travail disproportionné par rapport à ses capacités ou susceptible de porter atteinte à son éducation, à sa santé ou à son développement ;

- de faire travailler un enfant de moins de 14 ans sans le consentement écrit d'un parent ;

- de faire travailler, durant les heures de classe, un enfant tenu de fréquenter l'école ;

- de faire travailler, entre 23 heures et 6 heures, un enfant tenu de fréquenter l'école, sauf si l'enfant livre des journaux ou s'il effectue un travail à titre de créateur ou d'interprète dans certains domaines de production artistique.

1. Parmi ces interdictions, lesquelles ne s'appliquaient pas au moment de la révolution industrielle ?

2. Es-tu d'accord avec ces interdictions ? Lesquelles changerais-tu ? Pourquoi ?

B

Des droits égaux

Selon toi, vivons-nous dans une société où les différentes classes sociales jouissent des mêmes droits ? Explique ta réponse.

Pour t'aider à répondre, pose-toi les questions suivantes :

1. Quelles sont les classes sociales dans notre société ?

2. Est-ce qu'il existe des intérêts communs entre les différentes classes ? des intérêts opposés ?

3. Comment les droits des différentes classes sont-ils protégés ?

C

Mes responsabilités citoyennes

Des enfants ailleurs dans le monde connaissent des conditions de vie et de travail semblables à celles qui existaient au moment de l'industrialisation.

Comme citoyens du monde, avons-nous des responsabilités à leur égard ? Comment pouvons-nous les aider ?

D

L'école et les associations

1. Quel est le rôle des associations étudiantes?

2. Quels avantages ces associations procurent-elles à leurs membres?

✓ J'établis un rapport entre le passé et le présent.

✓ Je relève l'importance de certaines institutions publiques.

✓ J'examine des formes de participation sociale.

OPTION **PROJET**

Des patrons, des travailleurs… des conditions qui évoluent

Tu as fait une recherche sur des actions qui ont contribué à améliorer les conditions de travail au Québec.

1. Présentation du projet

a) Quelle forme as-tu choisie pour présenter ta recherche?
   (Présentation électronique, débat, documentaire, etc.)

b) Quel secteur d'activité as-tu choisi?

c) As-tu dressé une liste des actions et des événements importants, et expliqué leur impact sur les conditions de travail?

d) As-tu identifié la position des patrons et celle des travailleurs? Les deux groupes sont-ils représentés par des organismes ou par des institutions?

e) As-tu relevé des actions menées par le gouvernement?

2. Conclusion

a) Comment les individus et les institutions ont-ils contribué à l'amélioration des conditions sociales?

b) Les conditions actuelles sont-elles très différentes de ce que les travailleurs vivaient au moment de la révolution industrielle?

Chapitre 5
L'expansion du monde industriel

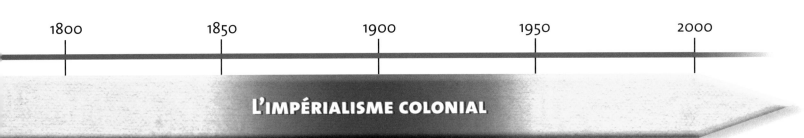

1800	1850	1900	1950	2000

L'IMPÉRIALISME COLONIAL

Ce chapitre te permettra de voir comment, de la fin du XIXe siècle jusqu'au milieu du XXe siècle, les pays industrialisés d'Occident étendent leur puissance. Durant cette période, ils occupent d'immenses territoires et dominent les peuples qui les habitent. Tu découvriras, entre autres :

- les raisons qui amènent les pays industrialisés d'Occident à coloniser de vastes territoires ;
- la façon dont ces pays se partagent l'Afrique ;
- les effets de l'impérialisme colonial sur les populations d'Afrique ;
- une autre puissance impérialiste, le Japon.

Tu auras également l'occasion de répondre à tes propres interrogations sur les causes et les conséquences de l'impérialisme et de la colonisation.

HISTOIRE

À l'heure actuelle, près de 190 pays sont membres de l'Organisation des Nations Unies. Ce sont tous des pays indépendants. Mais il y a un siècle à peine, plus de la moitié d'entre eux étaient dominés par les puissances européennes les plus industrialisées.

Comment les pays industrialisés exercent-ils leur domination sur le monde à l'époque et quel est l'impact de cette domination sur les populations ?

SOMMAIRE

Séquences

CONCEPTS

VOICI LES CONCEPTS EXPLORÉS DANS CE CHAPITRE.

CONCEPT CENTRAL

• impérialisme

CONCEPTS PARTICULIERS

• acculturation
• colonisation
• discrimination
• métropole
• nationalisme

CES CONCEPTS TE SONT-ILS FAMILIERS ?

Tente dès maintenant de définir chacun de ces concepts à ta manière. Au cours de tes lectures, tu pourras préciser tes définitions.

CITOYENNETÉ

La Déclaration du Caire a été rédigée en mars 2000 lors d'un sommet euro-africain tenu en Égypte. Cette déclaration a pour but d'établir des rapports politiques, économiques et culturels plus égalitaires entre les nations d'Afrique et d'Europe. En voici un extrait.

> Il est grand temps pour l'Europe de présenter des excuses publiques aux peuples africains pour les injustices et les souffrances dont ont été victimes les peuples d'Afrique et qui continuent à freiner le développement humain du continent.

Aujourd'hui, quels sont les rapports politiques, économiques et culturels entre les pays européens et les pays africains ?

OPTION **PROJET**

Un rapport de forces

MISSION

Prépare un article sur la situation politique, économique et culturelle d'un pays africain et sur ses relations avec les anciennes puissances coloniales.

• Choisis un pays qui a déjà été colonisé par une puissance européenne.

• Dans un atlas, recueille des informations sur les frontières de ce pays, sa population, la ou les langues parlées, etc.

• Trouve également des renseignements sur ses principales ressources, son économie, son type de gouvernement, le niveau de scolarisation de ses habitants, l'espérance de vie, etc.

• Informe-toi sur les rapports que ce pays entretient avec les anciennes puissances coloniales.

OÙ ET QUAND ?

- Quelles régions les pays les plus industrialisés d'Europe colonisent-ils ?

- À quelle époque ?

La domination du monde

Au cours du XIXe siècle, les pays européens les plus industrialisés, comme la Grande-Bretagne, la France et l'Allemagne, se lancent à la conquête de nouveaux territoires. Cette entreprise coloniale, qui durera jusqu'au milieu du XXe siècle, les amènera à former de grands empires. Les puissances coloniales domineront politiquement et militairement les populations de plusieurs pays d'Asie et surtout d'Afrique.

1 LES PRINCIPAUX EMPIRES COLONIAUX VERS 1914

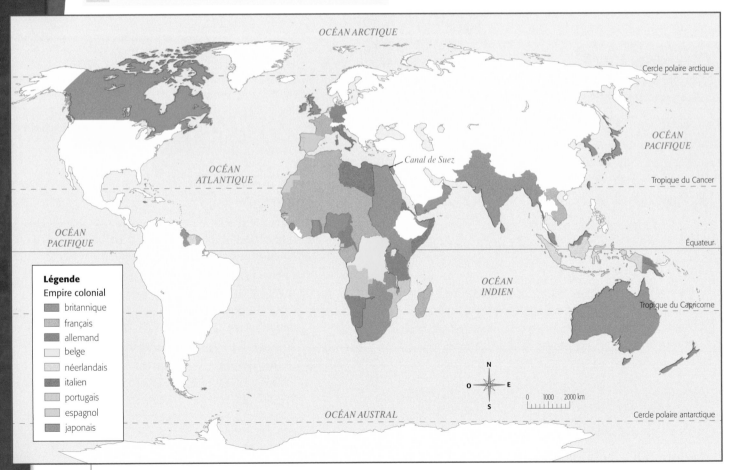

Légende

Empire colonial

- britannique
- français
- allemand
- belge
- néerlandais
- italien
- portugais
- espagnol
- japonais

1 Quelle puissance coloniale occupe le plus de territoires vers 1914 ?

2 Quels sont les continents les plus touchés par la colonisation ?

L'Asie et l'Afrique

L'Asie est une des cibles principales des pays industrialisés d'Europe. Les Occidentaux y sont installés depuis l'époque des « grandes découvertes » au XVIe siècle. Mais à partir de la fin du XIXe siècle, ils cherchent à étendre leur influence et à accroître leur emprise sur cette région.

L'Afrique est une autre cible importante des puissances européennes. Depuis les « grandes découvertes », les Européens sont présents sur le continent africain et ils exploitent le marché des esclaves. Cependant, ils n'occupent que le pourtour de l'Afrique avec leurs postes de commerce et ils connaissent peu de choses de l'intérieur du continent. À partir de 1850, les Européens organisent donc plusieurs expéditions pour explorer l'Afrique. Peu à peu, ils colonisent presque tout le territoire. Au début du XXe siècle, l'Éthiopie et le Liberia sont les seuls pays à ne pas être dominés par les puissances coloniales.

Consulte les cartes de la section *Atlas* pour situer les pays qui figurent dans le tableau.

2 LES TERRITOIRES COLONISÉS AU DÉBUT DU XXe SIÈCLE

EMPIRE COLONIAL	COLONIES EN ASIE, EN AMÉRIQUE ET EN OCÉANIE	COLONIES EN AFRIQUE
Grande-Bretagne	Australie, Bahamas, Barbade, Birmanie (Myanmar), Canada, Guyane britannique (Guyana), Inde, Jamaïque, Malaisie, Nouvelle-Zélande, Trinité-et-Tobago	Afrique orientale anglaise (Kenya), Basutoland (Lesotho), Bechuanaland (Botswana), Côte-de-l'Or (Ghana), Égypte, Gambie, îles de Zanzibar, îles Maurice, Nigeria, Ouganda, Rhodésie du Nord (Zambie) et Rhodésie du Sud (Zimbabwe), Seychelles, Sierra Leone, Somalie britannique (Somalie), Soudan anglo-égyptien (Soudan), Swaziland, Union sud-africaine (Afrique du Sud)
France	Guadeloupe, Guyane française (Guyane), Indochine française (Cambodge, Laos, Viêtnam), Martinique, Nouvelle-Calédonie, Saint-Pierre-et-Miquelon	Afrique équatoriale française (Congo, Gabon, République centrafricaine, Tchad), Afrique occidentale française (Bénin, Burkina Faso, Côte-d'Ivoire, Guinée, Mali, Mauritanie, Niger, Sénégal), Algérie, Comores, Madagascar, Maroc, Somalie française (Somalie), Tunisie
Allemagne	Nouvelle-Guinée	Afrique orientale allemande (Tanzanie), Cameroun, Sud-Ouest africain allemand (Namibie), Togo
Italie		Érythrée, Libye, Somalie italienne (Somalie)
Espagne		Guinée espagnole (Guinée équatoriale), Maroc espagnol, Rio de Oro (Sahara occidental)
Pays-Bas	Bornéo hollandais (Kalimantan), Guyane hollandaise (Surinam), Nouvelle-Guinée, Sumatra (Indonésie)	
Belgique		Congo (République démocratique du Congo)
Portugal	Inde portugaise (Daman et Diu, Goa), Macao, Timor oriental	Angola, Cap-Vert, Guinée portugaise (Guinée-Bissau), Mozambique, Sao Tomé-et-Principe

À LA MÊME ÉPOQUE...

Au moment où les Européens commencent à dominer les régions d'Asie et d'Afrique, le Japon entre dans une période de modernisation et d'expansion. Bientôt, il cherchera à dominer les territoires qui l'entourent, particulièrement la Chine et la Corée.

EXPLORATION
L'expansion de l'Europe

Au cours des XVe et XVIe siècles, des États européens se sont emparés de vastes territoires qu'ils venaient de découvrir, principalement en Amérique. Ils y ont fondé des colonies, et ils ont établi des rapports de dépendance commerciale et économique avec les colons. Cependant, des transformations sociales et politiques comme l'affirmation des droits des peuples, l'indépendance des Treize colonies britanniques et la Révolution française ont forcé les puissances européennes à ralentir leur expansion et leur conquête du monde. La colonisation de nouveaux territoires reprendra au XIXe siècle.

3 **UNE AFFICHE COLONIALISTE**

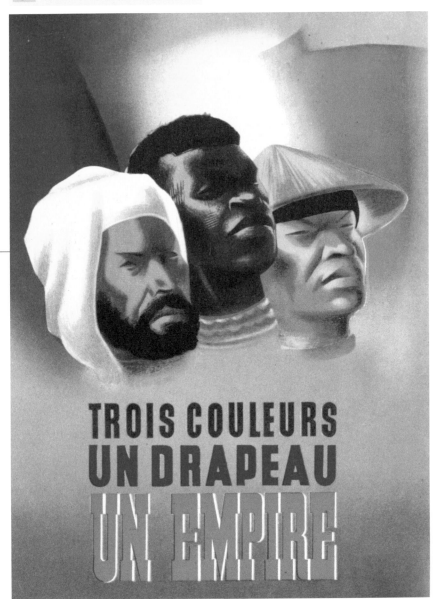

TROIS COULEURS
UN DRAPEAU
UN EMPIRE

1 De quel empire colonial cette affiche fait-elle la promotion?

2 Quelles sont les régions représentées par les personnages?

3 Quel message cette affiche envoie-t-elle?

LA CONQUÊTE DE NOUVEAUX TERRITOIRES

Au XVIIIe siècle, des avancées techniques et la découverte de nouvelles sources d'énergie entraînent l'industrialisation de la Grande-Bretagne. Bientôt, la révolution industrielle touchera la plupart des pays occidentaux. L'économie, qui était jusque-là axée sur l'agriculture et le commerce, devient peu à peu une économie axée sur l'industrie.

C'est dans ce contexte que les pays industrialisés d'Europe amorcent leur expansion au XIXe siècle. Afin d'accroître leur puissance, ils colonisent des régions entières et dominent les populations qui les habitent. Cette stratégie de domination est appelée «impérialisme colonial». Ainsi, par la force de leur économie, de leurs moyens techniques et de leurs armes si nécessaire, les pays impérialistes se dotent de vastes empires coloniaux. Ces empires se maintiendront jusqu'au milieu du XXe siècle, et les populations des régions colonisées en resteront profondément marquées.

4   LE PARTAGE DE LA CHINE

À la fin du XIXe siècle, plusieurs pays occidentaux, ainsi que le Japon, veulent se partager la Chine.

CONCEPT

Que veut-on dire par impérialisme ?

L'impérialisme est une politique qui vise l'expansion d'un État par la domination d'un ou de plusieurs États ou régions. La domination peut être politique, militaire, économique ou culturelle.

Dans ce chapitre, il sera particulièrement question de l'impérialisme colonial, c'est-à-dire de la colonisation de certains territoires par les pays industrialisés.

Dans cette séquence, tu auras l'occasion d'approfondir ta compréhension du concept d'impérialisme. Tu verras en quoi il consiste et de quelle façon il se manifeste de la fin du XIXe siècle jusqu'au milieu du XXe siècle. Tu verras également les effets de l'impérialisme colonial sur les sociétés qui l'ont subi.

1 Quel pays est représenté par le personnage qui lève les bras ?

2 Tente de déterminer quels sont les pays représentés par les autres personnages.

■ Quels facteurs favorisent la colonisation de nouveaux territoires au XIXᵉ siècle?

■ Quelles sont les principales formes d'impérialisme colonial?

- colonisation
- métropole
- nationalisme
- protectorat
- sphère d'influence

L'impérialisme colonial

Au XIXᵉ siècle, la volonté d'expansion et de domination de l'Occident paraît sans bornes. La colonisation de nouveaux territoires permettra aux pays industrialisés d'étendre leur puissance.

LES FACTEURS DE COLONISATION

Les raisons qui poussent les pays industrialisés à coloniser l'Asie et l'Afrique sont économiques, mais également démographiques, politiques et culturelles.

Sur le plan économique

L'industrialisation a créé de nouveaux besoins en matières premières. Les pays industrialisés ont besoin de coton, de caoutchouc, de bois, etc., mais ces ressources ne sont pas toujours disponibles en quantité suffisante sur leur territoire. Ils cherchent donc à se les procurer à l'extérieur. De plus, les pays industrialisés cherchent à écouler leurs surplus de production à l'extérieur de leurs frontières.

Les nations qui se lancent dans la colonisation disposent de capitaux abondants et de technologies avancées. Elles construisent des chemins de fer et de solides navires de commerce et de guerre. Elles creusent aussi des cours d'eau artificiels pour naviguer d'un continent à l'autre. C'est le cas du canal de Suez, ouvert en 1869, qui relie l'Europe et l'Asie.

Info PLUS

Tintin et *Le Lotus bleu*

La bande dessinée *Le Lotus bleu*, de la série des aventures de Tintin, raconte l'histoire d'une rencontre entre un Européen (Tintin) et un Chinois (Tchang). Leur amitié se développe dans le contexte de l'invasion d'une grande partie de la Chine par des troupes japonaises en 1931. Au-delà de l'histoire d'amitié entre Tintin et Tchang, un des principaux thèmes de ce récit est la présence des puissances étrangères sur le territoire chinois, puissances qui se distinguent principalement par leur racisme. Par de nombreux exemples de propos racistes et colonialistes lancés par des personnages déplaisants, Hergé dénonce l'attitude des Occidentaux en Asie.

5 L'OUVERTURE DU CANAL DE SUEZ

Ce canal de 160 kilomètres de longueur permet aux navires européens de se rendre en Asie sans devoir contourner l'Afrique.

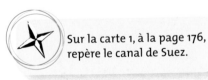

Sur la carte 1, à la page 176, repère le canal de Suez.

Sur le plan démographique

La population d'Europe fait plus que doubler au cours du XIXe siècle. Elle passe de 180 millions à 400 millions d'habitants. Cette augmentation de la population conduit les pays occidentaux à vouloir étendre leurs empires coloniaux. De nombreux Européens migrent alors vers les nouveaux territoires. Au XIXe siècle, ils sont environ 40 millions à s'établir dans les colonies.

Sur le plan politique

Les pays industrialisés sont en concurrence les uns avec les autres au XIXe siècle. Chacun cherche à accroître son influence dans le monde et à affirmer son nationalisme. Par exemple, la Grande-Bretagne, la France et la Belgique rivalisent pour s'approprier le plus de territoires en Afrique. Par ailleurs, des pays européens comme l'Allemagne et l'Italie complètent leur unification. Pour accroître leur puissance, ces nouveaux États se lancent eux aussi dans l'aventure coloniale.

Par ailleurs, les pays industrialisés cherchent également à établir des postes stratégiques dans certaines régions pour ravitailler en charbon et en vivres leurs navires à vapeur et leurs équipages. Ces postes servent aussi, en cas de besoin, à protéger militairement les pays où ils se trouvent.

Sur le plan culturel

Les Européens sont fiers de leur culture. Ils sont convaincus que la civilisation occidentale est supérieure à toutes les autres. En conséquence, ils se croient chargés d'une « mission civilisatrice ». Selon eux, la culture occidentale doit être répandue et même imposée partout dans le monde. C'est le mandat que se donnent des centaines de missionnaires, d'enseignants, de médecins et de fonctionnaires qui vont s'établir dans les colonies.

> **nationalisme**
> Sentiment de fierté et d'appartenance à une nation. Au XIXe siècle, le nationalisme mène à un sentiment de supériorité qui se manifeste par la volonté de puissance des États.

Et aujourd'hui...

Le concept de race

Au XIXe siècle, le concept de « race supérieure » est souvent utilisé pour justifier la colonisation de races dites « inférieures ». Les habitudes culturelles de certains peuples ou encore des traits biologiques comme la taille du cerveau sont évoqués pour montrer la supériorité ou l'infériorité de certains groupes d'individus.

Mais aujourd'hui, des études scientifiques sur des populations de différentes origines ont clairement démontré que tous les êtres humains partagent les mêmes caractères fondamentaux. Le concept de race est donc une notion qui se rapporte à un contexte historique et qu'on rejette de nos jours.

Dans notre société, y a-t-il encore des personnes qui croient que certaines races sont inférieures à d'autres ? Que penses-tu de cette croyance ?

Inf**o** PLUS

La définition du mot *nègre* au XIXe siècle

La définition du mot nègre dans le *Dictionnaire universel Larousse* du XIXe siècle montre à quel point un grand nombre d'Européens croient appartenir à une « race supérieure » à cette époque. Selon cette définition, les Noirs auraient « le cerveau plus rétréci, plus léger et moins volumineux que celui de l'espèce blanche », ce qui prouverait la supériorité des Blancs ! Une telle définition serait inacceptable aujourd'hui.

LES DIFFÉRENTES FORMES D'IMPÉRIALISME COLONIAL

Au XIXe siècle, il existe plusieurs formes d'impérialisme colonial. Elles varient selon le niveau d'emprise que les puissances européennes exercent sur les territoires colonisés. Ainsi, il y a la colonisation proprement dite, le protectorat et la sphère d'influence.

La colonisation

La colonisation est le processus par lequel un pays s'empare d'un État ou d'un territoire pour y imposer son autorité gouvernementale. Généralement, la métropole, c'est-à-dire le pays colonisateur, établit une partie de sa propre population dans ses colonies. C'est le genre d'occupation que les grandes puissances imposent principalement à l'Afrique au sud du désert du Sahara.

Le protectorat

Le protectorat consiste, pour une puissance impérialiste, à gouverner un territoire par l'intermédiaire d'un chef ou d'un souverain local. Ce chef peut se soumettre volontairement à l'autorité coloniale mais, en général, il est forcé de le faire. Le protectorat est avantageux pour le colonisateur, car il coûte moins cher à administrer et à défendre. En fait, les gens qui habitent déjà le territoire sont souvent obligés d'assurer ces fonctions. Le Maroc et la Tunisie, par exemple, ont été des protectorats français en Afrique du Nord.

6 UN TIMBRE-POSTE DE L'EMPIRE COLONIAL FRANÇAIS

7 DES EUROPÉENS AU MAROC

Le Maroc devient un protectorat français en 1912.

Le but du protectorat

Le militaire français Lyautey est gouverneur au Maroc. Dans un rapport qui date de 1914, il décrit sa façon de concevoir le protectorat.

Le Protectorat apparaît ainsi [...] comme une réalité durable : la pénétration économique et morale d'un peuple, non par l'asservissement à notre force ou même à nos libertés, mais par une association étroite, dans laquelle nous l'administrons dans la paix par ses propres organes de gouvernement suivant ses coutumes et ses libertés à lui.

1 Selon l'extrait, quel est le but du protectorat?

2 Qui administre le protectorat?

La sphère d'influence

La sphère d'influence est une région sur laquelle un pays impérialiste exerce une influence économique, et où il a l'exclusivité du commerce et de l'investissement. Cette exclusivité est obtenue grâce à l'accord des autorités locales. Cette forme d'impérialisme est souvent pratiquée dans les territoires où la population est très nombreuse, pour éviter que celle-ci ne se révolte contre le pays colonisateur.

En général, la sphère d'influence est située dans une région avantageuse pour le pays colonisateur. Elle est bien positionnée sur le plan géographique et elle est riche en ressources naturelles. Parfois, plusieurs pays se font concurrence pour exercer un contrôle sur cette région. À la fin du XIXe siècle, les pays industrialisés d'Europe et les États-Unis ont des sphères d'influence en Chine.

Inf PLUS

L'impérialisme colonial américain

Les États-Unis entrent plus tard que les puissances européennes dans la course aux colonies. Cependant, ils ont les mêmes objectifs que les Européens, comme en témoigne l'extrait suivant, tiré du discours d'un sénateur américain en 1898.

> Les usines américaines produisent plus que le peuple américain ne peut utiliser; le sol américain produit plus qu'il ne peut consommer. La destinée nous a tracé notre politique; le commerce mondial doit être et sera nôtre. Et nous l'acquerrons comme notre mère (l'Angleterre) nous l'a montré. Nous établirons des comptoirs commerciaux à la surface du monde comme centres de distribution des produits américains. Nous couvrirons les océans de nos vaisseaux de commerce. Nous bâtirons une marine à la mesure de notre grandeur. De nos comptoirs de commerce sortiront de grandes colonies déployant notre drapeau et trafiquant avec nous. Nos institutions suivront notre drapeau sur les ailes du commerce. Et la loi américaine, l'ordre américain, la civilisation américaine et le drapeau américain seront plantés sur des rivages jusqu'ici en proie à la violence et à l'obscurantisme*, et ces auxiliaires de Dieu les feront dorénavant magnifiques et éclatants.

* Obscurantisme : Ignorance.

1 Qu'est-ce qui pousse les Américains à entrer dans le commerce mondial?

2 De quels moyens les Américains useront-ils pour dominer le commerce mondial?

Et aujourd'hui...

Les États-Unis et le Moyen-Orient

Les États-Unis sont les plus gros consommateurs de pétrole au monde. Ils consomment près d'un quart de la production mondiale. Toutefois, ils n'en produisent pas assez pour répondre à leurs besoins. Ils s'approvisionnent donc à l'étranger, notamment au Moyen-Orient, qui détient 66 % des réserves mondiales de pétrole. Pour assurer leur approvisionnement constant, les États-Unis s'ingèrent parfois dans les politiques économiques, militaires et sociales des pays producteurs de pétrole du Moyen-Orient.

■ Comment qualifierais-tu l'attitude des États-Unis au Moyen-Orient? Explique ta réponse.

Indice

• Existe-t-il encore des colonies, des protectorats ou des sphères d'influence?

■ Comment se fait le partage de l'Afrique à la fin du XIXᵉ siècle?

Le partage de l'Afrique

L'impérialisme colonial se manifeste de façon brutale dans les dernières années du XIXᵉ siècle, au moment du partage de l'Afrique entre les puissances occidentales.

L'Afrique avant 1880

Boers
Nom donné aux descendants des colons hollandais qui s'établissent en Afrique du Sud. Aujourd'hui, les descendants des Boers se nomment « Afrikaners » et forment la majorité de la population blanche en Afrique du Sud.

Depuis le XVIᵉ siècle, les Européens sont présents sur les côtes de l'Afrique, où ils ont des postes de commerce à partir desquels ils font la traite des esclaves et exploitent les ressources naturelles du territoire. Cependant, au début du XIXᵉ siècle, une des seules régions colonisées d'Afrique est celle de l'Afrique du Sud, où les Britanniques et les Boers se partagent la vaste pointe du continent.

Dans les premières décennies du XIXᵉ siècle, la plupart des pays d'Europe interdisent l'esclavage. Toutefois, l'Afrique reste un objet d'intérêt. En effet, dès le milieu du XIXᵉ siècle, les pays industrialisés voient dans ce continent un vaste réservoir de matières premières pour leurs usines et pour leurs populations en forte croissance.

8 **LES CHUTES VICTORIA**

Les chutes Victoria, situées sur la frontière du Zimbabwe et de la Zambie, sont les plus élevées au monde. Elles mesurent 108 mètres de hauteur!

L'EXPLORATION DU CONTINENT AFRICAIN

À partir de la deuxième moitié du XIXᵉ siècle, plusieurs explorateurs découvrent l'intérieur du continent africain. Les récits de leurs découvertes sont largement diffusés en Europe et suscitent un grand intérêt pour l'Afrique.

Ainsi, l'Écossais David Livingstone sillonne l'Afrique durant près de 30 ans. Il est le premier Européen à voir les chutes Victoria dans les années 1850. Au cours des années 1870, le journaliste britannique Henry Morton Stanley, à l'emploi d'un journal américain, remonte le fleuve Congo. À partir de 1875, l'explorateur d'origine italienne Pierre Savorgnan de Brazza parcourt quant à lui la rive droite du fleuve Congo, au nom de la France.

LÉOPOLD II

En 1877, le roi de Belgique Léopold II (1835-1909) prend à son emploi Henry Morton Stanley. Inspiré par les récits d'exploration de ce journaliste, le roi se dote d'une colonie personnelle dans le bassin du fleuve Congo. En 1885, les puissances européennes reconnaissent Léopold II comme souverain de l'État indépendant du Congo. Le roi cède sa colonie personnelle à la Belgique en 1908.

 **PLUS**

La rencontre de Stanley et de Livingstone

En 1871, David Livingstone n'a pas donné signe de vie depuis presque cinq ans. C'est pour le retrouver qu'un journal américain envoie Henry Morton Stanley en expédition en Afrique. Pendant les huit mois que dure sa recherche, Stanley envoie régulièrement des rapports à son journal, ce qui tient ses lecteurs en haleine. Finalement, le journaliste retrouve Livingstone sur les rives du lac Tanganyika. La salutation qu'il lui adresse alors – *« Dr. Livingstone, I presume ? »* (« Dr Livingstone, je suppose ? ») – est restée célèbre.

Selon les informations fournies dans le texte, lequel des deux personnages qui se tendent la main est Henry Morton Stanley ?

 Sur la carte 10, à la page 187, repère les chutes Victoria et le fleuve Congo.

LA CONFÉRENCE DE BERLIN

C'est à partir des années 1880 que les pays industrialisés d'Europe partent véritablement à l'assaut de l'Afrique. Les pays colonisateurs se disputent le territoire et des tensions éclatent entre eux. Chaque pays cherche à augmenter l'étendue de ses possessions.

Dans ce contexte, et afin d'éviter les conflits, l'Allemagne invite les dirigeants des grandes puissances à se réunir pour discuter de la délimitation de leurs zones d'influence en Afrique. Quatorze pays, dont les États-Unis et la Turquie, participent à la conférence de Berlin, qui débute en novembre 1884.

Les représentants des pays présents à la conférence de Berlin discutent devant une carte de l'Afrique. Cette carte est pleine de taches blanches, qui représentent les territoires encore inconnus ou peu connus du continent. Les pays déterminent alors leurs zones d'influence et chacun s'engage à exploiter les territoires qui lui sont attribués. La conférence se transforme donc rapidement en un partage de l'Afrique pour lequel les populations africaines ne sont pas consultées. Les pays colonisateurs ne tiennent pas compte du mode de vie ni de l'histoire de ces populations.

LA COURSE À LA COLONISATION

La conférence de Berlin se termine en février 1885. Aussitôt, les puissances européennes se précipitent en Afrique et entreprennent de l'occuper. La France et la Grande-Bretagne sont les premières à entrer dans la course aux colonies.

L'Acte de la conférence de Berlin

La conférence de Berlin, convoquée par le chancelier allemand Bismarck, débute le 15 novembre 1884. Voici un extrait de l'acte général de la conférence.

[Les pays occidentaux] voulant régler, dans un esprit de bonne entente mutuelle, les conditions les plus favorables au développement du commerce et de la civilisation dans certaines régions d'Afrique, et assurer à tous les peuples les avantages de la libre navigation sur les deux principaux fleuves africains qui se déversent dans l'océan Atlantique ; désireux d'autre part de prévenir les malentendus et les contestations que pourraient soulever à l'avenir les prises de possession nouvelles sur les côtes de l'Afrique, et préoccupés en même temps des moyens d'accroître le bien-être moral et matériel des populations indigènes*, ont résolu, sur l'invitation qui leur a été adressée par le gouvernement impérial d'Allemagne, d'accord avec le gouvernement de la République française, de réunir à cette fin une conférence à Berlin.

* Indigène : Se dit d'une personne qui est née dans le pays où elle vit.

■ Quels sont les objectifs de la conférence de Berlin ?

■ Comment les puissances coloniales présentes à la conférence de Berlin perçoivent-elles l'Afrique ?

9 L'AFRIQUE DÉCOUPÉE EN MORCEAUX

Cette caricature représente le chancelier Bismarck en train de partager l'Afrique entre les représentants des pays présents à la conférence de Berlin.

La France se taille un vaste empire à l'ouest du continent africain, de la mer Méditerranée jusqu'au cœur de l'Afrique équatoriale. La Grande-Bretagne s'impose au nord-est et au sud. L'Allemagne, l'Espagne, le Portugal et la Belgique suivent, chacun prenant son morceau du continent.

Au début du XXe siècle, il n'y a que deux pays indépendants en Afrique : l'Éthiopie et le Liberia. L'Italie a tenté de prendre l'Éthiopie, mais elle a été repoussée par l'armée du roi éthiopien Ménélik II. Quant au Liberia, il a été fondé par les États-Unis pour y installer des esclaves américains libérés et il devient indépendant en 1847.

Ainsi, en à peine 30 ans, le territoire africain s'est complètement transformé. La course à la colonisation a mené à un tracé artificiel des frontières. Des populations d'origine ethnique et de culture différentes se sont vues obligées de vivre à l'intérieur de ces nouvelles frontières. Cette situation a engendré, depuis, un grand nombre de tensions et de conflits entre les populations locales.

Indices

- De nos jours, quelle est la situation des pays qui ont été colonisés ?
- Y a-t-il des pays où les frontières sont contestées ?

10 L'AFRIQUE EN 1914

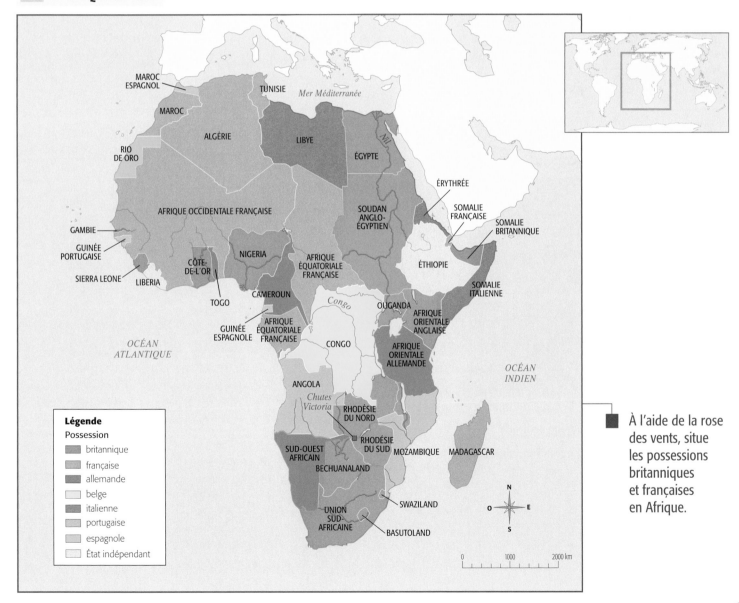

À l'aide de la rose des vents, situe les possessions britanniques et françaises en Afrique.

Légende

Possession
- britannique
- française
- allemande
- belge
- italienne
- portugaise
- espagnole
- État indépendant

- Comment l'impérialisme colonial s'exerce-t-il en Afrique?

- Quel est l'impact de l'impérialisme colonial sur les populations d'Afrique?

acculturation
discrimination

⚬ L'impérialisme colonial en Afrique

Selon le pays colonisateur, la façon d'administrer une colonie peut varier. En Afrique, il y a deux tendances principales. La plupart des pays, dont la France, préfèrent le « gouvernement direct », alors que la Grande-Bretagne privilégie le « gouvernement indirect ». Mais quel que soit le mode d'administration, les pays colonisateurs sont là pour exploiter leurs colonies et pour en tirer profit.

11 LA COLONISATION FRANÇAISE

Cette couverture d'un journal parisien de 1911 illustre la vision française de la colonisation.

LA FRANCE VA POUVOIR PORTER LIBREMENT AU MAROC LA CIVILISATION
LA RICHESSE ET LA PAIX

1 Que représente le personnage central?

2 Quel message cette illustration transmet-elle?

L'EMPIRE COLONIAL FRANÇAIS

En plus de ses possessions dans les Antilles et en Indochine, la France est, avec la Grande-Bretagne, le pays qui domine la plus grande partie de l'Afrique.

Le projet colonial de la France

Que cherche la France en Afrique? Le ministre français Jules Ferry l'explique lors d'un discours prononcé à l'Assemblée en 1885. En voici un extrait.

Au point de vue économique, pourquoi des colonies? La forme première de la colonisation, c'est celle qui offre un asile et du travail au surcroît de population des pays pauvres ou de ceux qui renferment une population [abondante]. [...] Les colonies sont, pour les pays riches, un placement de capitaux des plus avantageux. [...]

Au temps où nous sommes et dans la crise que traversent toutes les industries européennes, la fondation d'une colonie, c'est la création d'un débouché. [...]

Messieurs, il y a un second point, un second ordre d'idées que je dois également aborder [...] c'est le côté humanitaire et civilisateur de la question. Il faut dire ouvertement qu'en effet les races supérieures ont un droit vis-à-vis des races inférieures, parce qu'il y a un devoir pour elles. Elles ont le devoir de civiliser les races inférieures. [...]

Il faut que notre pays se mette en mesure de faire ce que font tous les autres, et, puisque la politique d'expansion coloniale est le mobile général qui emporte, à l'heure qu'il est, toutes les puissances européennes, il faut qu'il en prenne son parti.

■ Dans son discours, le ministre Ferry donne cinq points en faveur de la colonisation. Quels sont-ils?

L'expérience coloniale française en Afrique est un bon exemple de l'application du « gouvernement direct ». En effet, la France contrôle toutes les instances de pouvoir dans ses colonies. Les administrateurs sont Français, et les lois et les institutions de la colonie sont calquées sur le modèle de la métropole. Les Français supposent que les Africains ne sauraient se gouverner seuls, et ils se donnent comme devoir de le faire pour eux.

Avant la conférence de Berlin, la France est déjà établie en Afrique du Nord. Elle s'est installée en Algérie entre 1830 et 1847, et en a fait sa première colonie. Elle possède également une série de comptoirs commerciaux sur les côtes du Sénégal et de la Côte-d'Ivoire. C'est à partir de ces comptoirs qu'elle s'étend à l'intérieur du continent. Elle impose ensuite un protectorat à la Tunisie, en 1881, puis au Maroc, en 1912. De plus, elle s'empare de l'île de Madagascar, sur la côte est de l'Afrique. Au total, sur le continent africain, la France est à la tête d'un empire colonial qui fait près de 20 fois sa propre superficie.

L'EMPIRE COLONIAL BRITANNIQUE

Au début du XXᵉ siècle, la Grande-Bretagne est le plus grand empire colonial au monde. En plus d'être présente en Asie et en Amérique du Nord, elle domine une bonne partie de l'Afrique.

L'expérience coloniale britannique en Afrique est un bon exemple de l'application du « gouvernement indirect ». Ainsi, la Grande-Bretagne exploite les ressources des territoires qu'elle possède, mais elle laisse les Africains participer au gouvernement colonial. Les dirigeants africains sont choisis parmi les élites locales, c'est-à-dire les gens les plus en vue de la société. Ces dirigeants gardent une certaine autorité sur leur peuple, qui peut conserver ses coutumes. Quant aux administrateurs et aux commerçants britanniques, ils ne se mêlent pas à la population locale.

La Grande-Bretagne est surtout présente dans le sud et l'est de l'Afrique. Elle détient déjà le cap de Bonne-Espérance depuis 1815. En 1882, elle occupe l'Égypte, puis le Soudan. En 1899, elle s'empare de vastes territoires en Afrique du Sud. Dès lors, la volonté de la Grande-Bretagne est d'élargir son territoire « du Cap au Caire », c'est-à-dire de l'Afrique du Sud jusqu'à l'Égypte !

LA REINE VICTORIA

Reine de Grande-Bretagne et d'Irlande, Victoria (1819-1901) est une dirigeante autoritaire qui a redonné un prestige important à la couronne britannique. Au cours de son règne (1837-1901), elle s'intéresse entre autres à la politique extérieure de son royaume et elle devient impératrice des Indes en 1876. Elle joue un rôle déterminant dans l'expansion de la puissance coloniale britannique à travers le monde.

12 **LA COLONISATION BRITANNIQUE**

Cette photographie montre une réunion entre des administrateurs coloniaux et des membres d'une tribu au Nigeria.

La colonisation en Algérie

En 1847, l'homme politique français Alexis de Tocqueville rédige un rapport sur la colonisation en Algérie. Il déplore ici les conséquences négatives de l'impérialisme colonial sur la population algérienne.

La société musulmane, en Afrique, n'était pas incivilisée : elle avait seulement une civilisation arriérée et imparfaite. Il existait dans son sein un grand nombre [d'organismes] ayant pour objet de pourvoir aux besoins de la charité ou de l'instruction publique. Partout nous avons mis la main sur ces revenus en les détournant en partie de leurs anciens usages ; nous avons réduit les établissements charitables, laissé tomber les écoles, dispersé les séminaires. Autour de nous les lumières se sont éteintes, le recrutement des hommes de religion et des hommes de loi a cessé ; c'est-à-dire que nous avons rendu la société musulmane beaucoup plus misérable, plus désordonnée, plus ignorante et plus barbare qu'elle n'était avant de nous connaître.

■ Selon Tocqueville, quelles sont les conséquences de la colonisation sur la population de l'Algérie ?

Et aujourd'hui...

L'Afrique et le commerce mondial

Aujourd'hui, l'Afrique exporte la majorité de ses matières premières vers les pays industrialisés. La superficie des terres réservées à l'alimentation des Africains diminue de plus en plus, alors que la production agricole est en grande partie destinée à l'exportation vers les pays riches.

■ D'après toi, pourquoi l'Afrique est-elle encore dépendante des pays industrialisés ?

L'IMPACT DE L'IMPÉRIALISME COLONIAL

La colonisation entraîne des changements profonds dans la vie des Africains et dans la configuration du continent. Celui-ci se couvre de ports, de chemins de fer, de plantations agricoles modernes, etc. La colonisation permet également d'introduire les technologies occidentales en Afrique, ainsi que des principes de médecine et des mesures d'hygiène et de santé. De plus, la scolarisation de certains Africains permet de rapprocher leurs savoirs de ceux des Occidentaux. Par exemple, les élites sont initiées aux principes juridiques et démocratiques valorisés en France.

Toutefois, la domination économique, politique et culturelle de l'Afrique cause beaucoup de dommages. L'exploitation de l'Afrique ne correspond pas aux nobles principes des Européens, qui prétendent être investis d'une « mission civilisatrice ».

Politique, commerce... et injustice

Joseph Simon Gallieni est gouverneur général de Madagascar de 1896 à 1905. Dans l'extrait suivant, il explique quelle est la stratégie de la France pour établir et développer ses colonies en Afrique.

Le meilleur moyen pour arriver à la pacification est d'employer l'action combinée de la force et de la politique [...] Toute action politique doit consister à discerner et mettre à profit les éléments locaux utilisables, à neutraliser et détruire les éléments locaux non utilisables. L'élément essentiellement utilisable sera, avant tout, le peuple, la masse travailleuse de la population. L'élément essentiellement nuisible est formé par les chefs rebelles ou insoumis, autour desquels il faut faire le vide, en ruinant leur prestige. [...] Au fur et à mesure que la pacification s'affirme, le pays se cultive, les marchés rouvrent, le commerce reprend. Le rôle du soldat passe au second plan, celui de l'administrateur commence. Il faut, d'une part, étudier et satisfaire les besoins sociaux des populations soumises ; favoriser, d'autre part, l'extension de la colonisation qui va mettre en valeur les richesses du sol, ouvrir des débouchés au commerce européen.

1 En quoi la politique de Gallieni est-elle injuste ?

2 Quel est le but ultime de la stratégie qu'il propose ?

La politique d'assimilation de la France

Contrairement à la Grande-Bretagne et à d'autres pays colonisateurs, la France cherche à intégrer les Africains à sa propre culture, c'est-à-dire à les assimiler. La politique française d'assimilation, qui passe principalement par la scolarisation primaire, mène à l'acculturation des Africains. Progressivement, les Africains des colonies françaises sont initiés à la langue, à la religion, aux lois et aux mœurs de la métropole. Dans certaines colonies, on leur accorde le statut de citoyens français.

Ceux qui ont bien appris la langue française peuvent espérer devenir fonctionnaires pour la métropole et obtenir un poste de policier par exemple. Certains membres de l'élite africaine participeront même à la vie politique en France.

Cependant, la politique d'assimilation ne rejoint pas toutes les populations dans les colonies. Même au Sénégal, où les habitants de la côte sont considérés comme Français, de nombreuses personnes n'adhèrent pas complètement à la culture de la métropole. C'est le cas entre autres des musulmans, qui restent méfiants envers les colonisateurs.

acculturation
Processus par lequel un peuple ou un individu abandonne sa culture pour en assimiler une autre.

13 LE POIDS DE LA COLONISATION

Cette caricature est publiée dans un journal français en 1911.

Selon la caricature, quels sont les effets de la colonisation?

L'éducation française

Dans ses différents écrits, Gallieni se prononce sur «les bienfaits» de l'éducation française.

À tous la tâche sera facilitée par la connaissance de notre langue, que les indigènes auront acquise dans nos écoles. Un enseignement bien compris et bien dirigé fera, de la génération prochaine, une population qui nous sera toute dévouée et accessible à toutes nos idées. […]

J'ai créé un journal malgache, le *Vaovao,* qui me sert dans le but d'implanter ici non seulement notre influence française, mais aussi notre langue, nos habitudes et surtout nos marchandises.

Une classe de lecture en Afrique occidentale française (Niger) vers 1908.

1 Quel est le but de l'enseignement du français dans les écoles africaines, selon Gallieni?

2 Selon toi, la politique d'assimilation sert-elle les intérêts des populations africaines ou les intérêts de la France? Justifie ta réponse.

discrimination
Fait de ne pas traiter tout le monde également. Ainsi, lorsqu'un individu ou un groupe social n'a pas les mêmes droits qu'un autre, il est victime de discrimination.

L'exploitation et la discrimination

De façon générale, la colonisation repose sur l'exploitation du territoire et des populations locales pour le bénéfice de la métropole. Les populations colonisées sont soumises au travail forcé, aux impôts, à la dépendance et à la discrimination. Elles sont souvent dépossédées de leurs terres et de leurs moyens de subsistance. L'économie traditionnelle, basée sur l'artisanat et le troc, est progressivement remplacée par une économie monétaire dans laquelle les biens sont fabriqués en Europe. Les Africains perdent ainsi leurs repères culturels et leurs traditions.

Lettre ouverte à Léopold II

George Washington Williams est un homme politique américain dévoué à la cause des Noirs. En 1890, il mène une enquête au Congo sur le sort réservé aux Africains. Au terme de son enquête, il rédige une lettre ouverte à Léopold II, roi des Belges et souverain du Congo.

1. Aucun des vingt administrateurs ne connaît la langue des indigènes, mais ils font constamment des lois que les indigènes sont censés comprendre et appliquer, alors que même les Européens les trouvent difficiles [...]

2. Votre gouvernement a établi environ cinquante postes de deux à huit esclaves-soldats mercenaires [...] Ces postes de pirates et boucaniers forcent les indigènes à leur procurer poissons, chèvres, volailles et légumes sous la menace du fusil ; si les indigènes refusent [...] des officiers blancs viennent avec un corps expéditionnaire et brûlent leurs maisons [...]

4. Vos tribunaux sont inefficaces, injustes, partiaux et délinquants [...]

5. Votre gouvernement est excessivement cruel pour les prisonniers, les condamnant à l'enchaînement pour la moindre offense [...]

10. Votre gouvernement est engagé dans le commerce des esclaves, en gros ou en détail [...]

■ L'auteur est un Noir américain qui milite pour les droits des Noirs. S'il était un colonisateur européen, tiendrait-il les mêmes propos ? Justifie ta réponse.

14 LA CONSTRUCTION D'UN CHEMIN DE FER AU CAMEROUN

Des milliers d'ouvriers camerounais ont été victimes de mauvais traitements et sont morts lors de la construction de ce chemin de fer, au début du XXe siècle.

Les révoltes

Malgré l'envahissement rapide du continent africain, l'expansion coloniale ne se fait pas sans résistance. Au contraire, les pays colonisateurs se heurtent à un grand nombre de révoltes des populations locales. Mais si les Africains ne restent pas passifs devant l'impérialisme colonial, ils doivent quand même céder devant les puissantes armées européennes.

Un des principaux adversaires de la colonisation française en Afrique est Samory Touré. Ce souverain du Soudan et ses troupes de soldats combattent les Français pendant près de 20 ans, à l'aide de fusils achetés aux Britanniques. Cependant, en 1898, les soldats français, mieux équipés et assistés de chefs africains, capturent Touré.

15 **Samory Touré**

Samory Touré (vers 1837-1900) est un de ceux qui luttent contre la colonisation en Afrique. Ce portrait a été réalisé par Pierre Castagnez.

16 **Une révolte contre l'envahisseur**

Un grand nombre d'Africains résistent à la colonisation et se révoltent contre les puissances coloniales. Cette estampe représente des Africains du sud-ouest qui s'attaquent à un poste de soldats allemands. Elle a été publiée dans *Le Petit Journal* en 1904.

1 De quelles armes disposent les soldats européens?

2 De quelles armes disposent les Africains?

Indices

- En général, quels rapports les pays industrialisés entretiennent-ils avec les pays d'Afrique?
- Quelles sont les responsabilités des puissances occidentales envers les pays d'Afrique?

AILLEURS

Le Japon impérialiste

- Qu'est-ce qui entraîne le Japon vers la modernisation ?

- Pourquoi le Japon devient-il impérialiste ?

Au XVIIe siècle, le Japon est une société féodale dirigée par des shoguns de la dynastie des Tokugawa. À partir de 1630, les Tokugawa ferment le Japon aux étrangers, entre autres parce qu'ils craignent l'invasion des pays occidentaux. Du XVIIe au XIXe siècle, le Japon connaît une longue période de paix intérieure. Cette paix mène à une certaine prospérité. Ce sont surtout les secteurs marchand et agricole qui en profitent. Au cours de cette période, le pays s'urbanise et près de la moitié de sa population devient scolarisée, ce qui est considérable pour l'époque. Par ailleurs, les arts traditionnels s'épanouissent.

Au début du XIXe siècle, les Tokugawa sont encore au pouvoir et le Japon est toujours fermé aux étrangers. Mais la fermeture n'est pas parfaitement étanche, car des Japonais arrivent à obtenir des informations sur la réalité occidentale et sur les avancées technologiques des pays industrialisés.

L'OUVERTURE FORCÉE À L'OCCIDENT

Vers 1850, les puissances occidentales, dont la France et la Grande-Bretagne, dominent des territoires en Asie. Elles s'intéressent également au Japon, mais ce sont les États-Unis qui débarquent les premiers dans l'archipel.

L'EMPEREUR MUTSUHITO

Aussi nommé *Meiji tennô*, Mutsuhito (1852-1912) règne de 1868 à 1912. C'est un homme instruit et curieux de tout, autant des arts que des sciences. Il valorise la civilisation occidentale, et en adopte même les habitudes vestimentaires et alimentaires. Durant tout son règne, il favorise la modernisation du Japon. Son prestige auprès de la population s'apparente à un culte, à tel point qu'un des ses grands généraux, le héros de guerre Maresuke Nogi, se suicide à la mort de l'empereur pour ne pas avoir la honte de lui survivre.

En 1853, une flotte de la marine américaine dirigée par le commodore Perry jette l'ancre dans la baie de Tōkyō. Le commodore Perry demande l'ouverture du Japon au commerce avec l'Occident. Pris de court sous la pression armée des États-Unis, le gouvernement shogounal se voit obligé de signer un traité de commerce avec les Américains, puis avec les autres puissances impérialistes. Ces traités de commerce, qualifiés plus tard de « traités inégaux », sont le symbole de la domination occidentale au Japon. Les Japonais tenteront à plusieurs reprises de les faire abolir.

Dès la signature des traités avec l'Occident, le pouvoir des shoguns est contesté. Les grands seigneurs féodaux accusent les shoguns d'être responsables de l'« invasion » occidentale. En conséquence, ils souhaitent que l'empereur, écarté depuis des siècles, revienne au pouvoir. En 1867, le dernier des shoguns de la dynastie des Tokugawa est forcé de démissionner. L'année suivante, l'empereur Mutsuhito est mis sur le trône, à l'âge de 15 ans, et prend les rênes du gouvernement.

17 LE « VAISSEAU NOIR »

C'est ainsi que les Japonais ont nommé le bateau du commodore Perry. Cette illustration de l'artiste Yoshitoshi représente le navire américain à son arrivée au Japon.

18 LE GRATTE-CIEL

Cette illustration représente le premier gratte-ciel japonais, construit à Tōkyō en 1890.

Inf➕ PLUS

Le shintoïsme

Le shintoïsme est une religion très ancienne au Japon. Elle célèbre à la fois les forces de la nature, le culte des ancêtres et les grands hommes au pouvoir. Elle semble être la religion idéale pour unir la nation derrière l'empereur et pour revaloriser son pouvoir.

Au début de l'ère Meiji, le shintoïsme est réformé. D'abord, en 1868, le gouvernement sépare le shintoïsme du bouddhisme, religion indienne qui avait été introduite au Japon au VIe siècle. Le shintoïsme devient alors la religion officielle du Japon. Il célèbre l'origine divine de l'empereur et la spécificité du peuple japonais et de sa culture. Ainsi, le shinto d'État devient un instrument de pouvoir politique. Il permet au Japon d'affirmer son identité face à l'Occident et d'unir ses forces pour réussir rapidement sa modernisation.

LA MODERNISATION DU JAPON

L'ouverture forcée à l'Occident et l'arrivée au pouvoir de l'empereur Mutsuhito entraînent le Japon dans une ère de modernisation. Cette période est appelée «ère Meiji», c'est-à-dire «règne éclairé», et dure de 1868 à 1912.

Dès le début de cette ère, un groupe de jeunes samouraïs influents auprès de l'empereur font valoir leur volonté de moderniser le pays. Ils désirent que le Japon conjugue le meilleur de la civilisation occidentale et le meilleur de la civilisation japonaise, afin qu'il devienne une nation puissante et respectée dans le monde. Les samouraïs obtiennent une déclaration de l'empereur à cet effet. Il s'agit du *Serment des cinq articles*.

À partir de ce moment, des spécialistes japonais de tous les domaines d'activité se rendent dans le monde occidental afin de mieux le connaître. Ces spécialistes observent et étudient les institutions, les valeurs et les habitudes des Occidentaux. À l'inverse, des spécialistes occidentaux de différents domaines sont invités à séjourner au Japon pour enseigner leurs savoirs ou exercer leur art.

La modernisation politique

Durant l'ère Meiji, qui dure à peine 50 ans, le Japon se transforme profondément sur le plan politique. Voici quelques exemples de réformes.

- Abolition du régime féodal. Les seigneuries et les fiefs sont remplacés par des préfectures qui sont sous l'autorité du gouvernement central.

- Mise sur pied d'une armée nationale et instauration du service militaire obligatoire. Le Japon adopte la devise «Un pays riche, une armée forte».

- Formation d'un ministère de l'Éducation. L'enseignement primaire devient obligatoire. Un système d'enseignement secondaire et une première université sont créés.

Par ailleurs, en 1889, le Japon se donne une Constitution qui accorde à l'empereur un grand pouvoir. Cependant, la Constitution s'inspire des principes politiques occidentaux et prévoit que l'empereur sera assisté d'un premier ministre et d'un Parlement, appelé la Diète. La Constitution reconnaît aussi aux Japonais des droits fondamentaux, comme la liberté des individus. Cette avancée démocratique fait du Japon le seul pays non occidental à faire partie des nations dites «modernes».

Le Serment des cinq articles

En 1868, l'empereur Mutsuhito énonce les cinq principes suivants, qui annoncent les réformes à venir au Japon.

1. Une assemblée délibérante doit être instituée, et toute matière doit être décidée publiquement.

2. La nation entière doit s'unir pour que l'administration des affaires de l'État puisse s'effectuer.

3. Chaque personne doit avoir la possibilité de poursuivre la vocation de son choix.

4. Les coutumes et les pratiques sans valeur du passé doivent être écartées, et la justice doit être rendue selon les principes de droit naturel.

5. Sagesse et savoirs doivent être recherchés partout dans le monde afin de promouvoir le bien-être de l'empire.

1 Quelles sont les réformes attendues?

2 Un article annonce l'instauration de structures démocratiques. Lequel?

3 Un article souligne l'intention du Japon de s'ouvrir à l'Occident. Lequel?

La modernisation économique

Le Japon se transforme aussi sur le plan économique. D'abord, le gouvernement crée un impôt national sur les terres et les immeubles. Cet impôt permet au Japon d'avoir des fonds pour entreprendre sa modernisation. Ainsi, le gouvernement fait construire des ports et des chemins de fer, met sur pied un système bancaire et introduit le télégraphe. Avec les tramways, l'éclairage au gaz puis à l'électricité, le paysage japonais se transforme. Enfin, les industries japonaises se développent rapidement. Bientôt, le Japon satisfait largement ses besoins dans plusieurs domaines et dispose de surplus à exporter.

Apprendre de l'Occident

Dès le début de l'ère Meiji, des Japonais ont pour mission d'aller étudier le monde occidental. C'est le cas de l'éducateur et ministre Fukuzawa Yukichi, qui a vécu de 1835 à 1901. Voici quelques-unes de ses observations.

Durant la mission en Europe, j'ai tenté d'apprendre certains des détails les plus ordinaires de la culture étrangère. [...] par exemple, quand je voyais un hôpital, je voulais savoir comment il était dirigé – qui payait les dépenses courantes ; quand je visitais une banque, j'espérais apprendre comment l'argent était reçu et payé. Par de semblables questions directes, j'ai appris des choses sur le service postal et la conscription militaire qui existait en France mais pas en Angleterre. Une institution qui me laissait confus était le gouvernement responsable. [...]

Le but ultime de mon travail était de faire du Japon une nation civilisée aussi bien équipée en arts de la guerre et de la paix que celles du monde occidental.

19 LES EXPORTATIONS DU JAPON, EN 1893 ET EN 1913

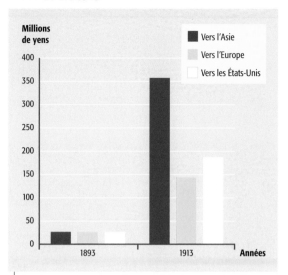

Millions de yens

- Vers l'Asie
- Vers l'Europe
- Vers les États-Unis

Années

1 De combien de millions de yens environ les exportations du Japon en Asie ont-elles augmenté entre 1893 et 1913 ?

2 Vers quelle région s'est faite la plus forte augmentation des exportations ?

■ Qu'est-ce qu'un « gouvernement responsable » ? Selon toi, pourquoi l'auteur ne semble-t-il pas connaître ce type de gouvernement ?

20 LE TRAIN

Durant l'ère Meiji, le Japon se couvre de voies ferrées. On peut voir ici le premier train régulier entre Tōkyō et Yokohama, inauguré en 1872.

L'IMPÉRIALISME JAPONAIS

Avec le développement des industries au Japon, les besoins en matières premières augmentent. De plus, la croissance rapide de la population japonaise épuise les ressources du territoire, qui sont déjà assez rares. Le Japon doit alors chercher à s'approvisionner à l'extérieur. Il cherche également de nouveaux débouchés pour écouler ses surplus de production. À partir de 1890, le pays se lance donc à l'assaut de territoires extérieurs.

La volonté d'expansion du Japon est à l'origine de conflits importants, dont la guerre avec la Chine (guerre sino-japonaise) et celle avec la Russie (guerre russo-japonaise). En fait, le Japon souhaite contrôler l'Asie. Pour ce faire, il dispose d'une armée moderne et puissante. Il a également l'appui d'une population fière et nationaliste.

La guerre sino-japonaise (1894-1895)

Depuis plusieurs siècles, le Japon désire étendre sa domination sur la Corée, car celle-ci constitue un accès vers la Chine, que le Japon rêve de conquérir.

À la fin du XIXe siècle, la Chine exerce une autorité sur la Corée. La guerre sino-japonaise débute lorsque la Chine envoie ses troupes en Corée pour calmer des tensions internes. Le Japon se sert de ce prétexte pour débarquer en force en Corée et il écrase l'armée chinoise. À l'issue de la guerre, la Chine et le Japon signent un traité par lequel le Japon gagne l'île de Formose (aujourd'hui Taiwan) et diverses petites îles. De plus, la Chine abandonne son autorité sur la Corée. Le traité permet aussi au Japon de montrer sa puissance aux Occidentaux.

21 L'EXPANSION DU JAPON DE 1860 À 1914

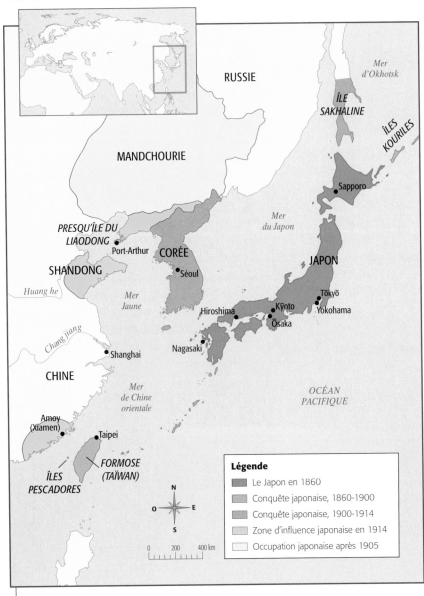

Légende

- Le Japon en 1860
- Conquête japonaise, 1860-1900
- Conquête japonaise, 1900-1914
- Zone d'influence japonaise en 1914
- Occupation japonaise après 1905

Quels sont les territoires contrôlés par le Japon en 1914?

La guerre russo-japonaise (1904-1905)

Une dizaine d'années plus tard, le Japon s'inquiète des avancées de la Russie en Mandchourie. En effet, le territoire de la Russie s'approche de plus en plus de la Corée. En 1904, le Japon demande à la Russie de retirer ses troupes de Mandchourie. La Russie ne répond pas, ce qui déclenche la guerre.

La guerre russo-japonaise dure près d'un an et demi. Le Japon est vainqueur. En 1905, la Russie reconnaît la présence du Japon en Corée. De plus, le Japon prend à la Russie la moitié sud de l'île Sakhaline, ainsi que quelques entreprises minières et industrielles en Mandchourie.

UNE PUISSANCE EN PLEINE EXPANSION

Après avoir annexé la Corée en 1910, le Japon poursuit ses visées expansionnistes. L'Empire colonial japonais s'agrandit considérablement jusqu'à la Seconde Guerre mondiale. Ainsi, en moins d'un demi-siècle, le Japon passe de la féodalité à la modernité, de l'état de joueur isolé en Orient à celui d'acteur influent sur la scène internationale.

Les Japonais, forts de leurs victoires militaires, et de la modernisation industrielle et politique de leur pays, pensent que leur civilisation est supérieure à celle des territoires colonisés.

22 UN COMBAT EN CORÉE

Cette œuvre a été réalisée en 1895, lors de la guerre sino-japonaise en Corée, par l'artiste Kokunimasa.

PENSER EN HISTOIRE

■ Quels sont les arguments des adversaires de l'impérialisme colonial?

Contre l'impérialisme colonial

Au XIXᵉ siècle, les puissances industrielles justifient leur expansion et leur domination du monde en évoquant leurs intérêts commerciaux et économiques, et leur « mission civilisatrice ». Mais l'impérialisme colonial n'est pas défendu par tous les Occidentaux. Au contraire, certains intellectuels et hommes politiques en sont des adversaires farouches, comme en témoignent les extraits qui suivent.

Lis ces extraits et réponds aux questions suivantes.

1 Quel est le point de vue de chaque auteur?

2 Quels arguments chacun utilise-t-il pour défendre son point de vue?

3 Sélectionne les arguments qui te semblent les plus importants.

Rédige ensuite ta propre argumentation contre l'impérialisme colonial, en tenant compte des objections qui pourraient être faites.

Races supérieures! Races inférieures! C'est bientôt dit. Pour ma part, j'en rabats* singulièrement depuis que j'ai vu des savants allemands démontrer scientifiquement que le Français est d'une race inférieure à l'Allemand. Non, il n'y a pas de droit des nations dites supérieures contre les nations dites inférieures. Il y a la lutte pour la vie qui est une nécessité fatale, qu'à mesure que nous nous élevons dans la civilisation nous devons contenir dans les limites de la justice et du droit. Mais n'essayons pas de revêtir la violence du nom hypocrite de civilisation.

Georges Clemenceau, homme politique français, 1885.

* En rabattre : Perdre ses illusions.

[Les pays impérialistes] possèdent au loin des terres, dont ils tirent des revenus sans même les avoir foulées de leurs pieds ; ils ont des hypothèques sur de vastes territoires qu'ils font cultiver, à leur profit, par des nègres d'Afrique et des [travailleurs] chinois, voire par des Blancs d'Europe ou d'Amérique : ils sont actionnaires de mines ou d'usines dont ils touchent les dividendes, sans les avoir jamais vues de leurs yeux ; en un mot, ils s'engraissent sans scrupule du travail d'autrui. Si c'est là un crime contre l'humanité, l'Europe occidentale est la grande criminelle ; c'est une « exploiteuse » et une « accapareuse » qui, avec ses capitaux, met en coupe réglée* les quatre parties du monde.

Anatole Leroy-Beaulieu, historien français, 1896.

---

* Mettre en coupe réglée : Exploiter systématiquement.

Nous réprouvons la politique coloniale parce qu'elle gaspille des richesses et des forces qui devraient être appliquées à l'amélioration du sort des peuples. Nous la réprouvons parce que la conséquence la plus déplorable du régime capitaliste, qui resserre sur place la consommation en ne rémunérant pas tout le travail des travailleurs, est qu'il est obligé de se créer au loin, par la conquête et la violence, des débouchés nouveaux. Nous la réprouvons enfin parce que dans toutes les expéditions coloniales la justice capitaliste se complique et s'aggrave d'une exceptionnelle corruption.

Jean Jaurès,
homme politique français,
vers 1910.

Les Blancs ne communiquent avec les Noirs ou les Jaunes que pour les asservir ou les massacrer. Les peuples que nous appelons barbares ne nous connaissent encore que par nos crimes. […] Impérieusement et sans nous lasser, nous demanderons pour les Jaunes et les Noirs de notre empire colonial le respect des droits de l'homme. Nous demanderons justice au nom de l'humanité que l'on n'outrage pas en vain ; au nom de la patrie dont on sert mal les intérêts par cette barbarie coloniale.

Anatole France, écrivain français, 1906.

Il se trouve, à la base de ce qu'on appelle l'impérialisme, une doctrine qui, si elle est adoptée, risque de retourner le monde en faveur du despotisme. Elle est en contradiction directe avec la doctrine sur laquelle nous avons fondé notre propre révolution […] et selon laquelle lorsqu'une nation désapprouve les institutions qu'un autre peuple a établies et maintient pour la gouverner, elle a le droit de les renverser […]

Nos amis impérialistes semblent avoir oublié l'emploi du mot liberté. Ils parlent de donner un bon gouvernement : « Nous leur donnerons le gouvernement qui, selon nous, leur convient » […] Cette seule phrase est pour un homme libre et un peuple libre la plus mordante des insultes. Cette petite phrase contient le germe de tout despotisme et de toute tyrannie.

George Frisbie Hoar, sénateur américain, 1900.

✓ J'analyse des documents historiques.

✓ Je dégage l'essentiel des points de vue des auteurs.

✓ J'argumente à partir de faits et non d'opinions.

LE PATRIMOINE DE L'HUMANITÉ

■ Comment s'exprime l'impérialisme colonial dans la littérature ?

Un exemple de littérature coloniale

Aux XIXe et XXe siècles, de nombreuses œuvres littéraires traitent de la colonisation. On parle d'une véritable « littérature coloniale », dans laquelle tous les préjugés des Occidentaux se retrouvent. Même si ces œuvres sont parfois controversées, certaines d'entre elles font partie du patrimoine de l'humanité. Le fameux poème de Rudyard Kipling, *Le fardeau de l'Homme blanc,* en est un bon exemple.

Analyse le poème de Kipling à l'aide des questions suivantes. Par la suite, tente d'écrire un court poème qui serait la réplique d'un homme noir au texte de Kipling.

1 À quoi font allusion les termes suivants ?

a) *forte race*   d) *ton cadeau*

b) *l'exil*   e) *la lumière*

c) *tes captifs*   f) *nos ténèbres*

2 Qu'est-ce que le « lourd fardeau » de l'homme blanc ?

3 Quelle image Kipling donne-t-il des peuples colonisés ?

4 Quels passages montrent à quel point l'auteur croit que civiliser est un devoir ?

5 Comment interprètes-tu la dernière strophe ?

6 À ton avis, pourquoi ce poème est-il considéré comme une des grandes œuvres de la littérature coloniale ?

RUDYARD KIPLING

Né dans l'Inde britannique, Rudyard Kipling (1865-1936) est un homme très représentatif de son époque. Il est un fier nationaliste et un partisan de la colonisation. Pour les jeunes de langue anglaise, Kipling est un maître de la littérature de jeunesse. Il écrit, entre autres, *Le Livre de la jungle, Kim* et *Capitaine Courageux.* Dans ses œuvres, il partage sa conviction que les peuples d'Occident ont une mission civilisatrice à accomplir auprès d'autres peuples qu'il estime moins avancés. Rudyard Kipling obtient le prix Nobel de littérature en 1907.

Le fardeau de l'Homme blanc

Ô Blanc, reprends ton lourd fardeau :
Envoie au loin ta plus forte race,
Jette tes fils dans l'exil
Pour servir les besoins de tes captifs ;

Pour – lourdement équipé – veiller
Sur les races sauvages et agitées,
Sur vos peuples récemment conquis,
Mi-diables, mi-enfants.

Ô Blanc, reprends ton lourd fardeau :
Non pas quelque œuvre royale,
Mais un travail de serf, de tâcheron,
Un labeur commun et banal.

Les ports où nul ne t'invite,
La route où nul ne t'assiste,
Va, construis-les avec ta vie,
Marque-les de tes morts !

Ô Blanc, reprends ton lourd fardeau ;
Tes récompenses sont dérisoires :
Le blâme de celui qui veut ton cadeau,
La haine de ceux-là que tu surveilles.

La foule des grondements funèbres
Que tu guides vers la lumière :
« Pourquoi dissiper nos ténèbres,
Nous offrir la liberté ? »

Rudyard Kipling, 1899.

Inf⊕ PLUS

Batouala, véritable roman nègre

La littérature coloniale ne représente pas seulement le point de vue des Occidentaux. Certains écrivains noirs, souvent scolarisés dans la métropole, ont publié des romans sur leur expérience de la colonisation. C'est le cas de René Maran (1887-1960), un auteur prolifique du début du XXᵉ siècle. Né dans une famille de fonctionnaires coloniaux, il passe son enfance entre l'Afrique et la France. Dans son roman intitulé *Batouala, véritable roman nègre*, il dénonce les excès de la colonisation en Afrique, en accusant les Européens de bâtir leurs empires sur des cadavres. Malgré la controverse que ce roman suscite dans les pays occidentaux, il obtient le prix Goncourt de la littérature en 1921.

FAIRE LE POINT

A

→ J'analyse un document iconographique et je dégage des éléments en lien avec la colonisation.

1. Que représente cette affiche?

2. Quels éléments sont en lien avec:

   a) l'économie?

   b) la culture?

3. Pourquoi cet événement se déroule-t-il en France?

B

→ Je m'intéresse aux facteurs de l'impérialisme et de la colonisation.

Quels facteurs expliquent l'expansion des puissances industrialisées d'Europe? Dresses-en la liste dans un tableau semblable à celui-ci.

	FACTEURS
Sur le plan économique	
Sur le plan démographique	
Sur le plan politique	
Sur le plan culturel	

C

 Je m'intéresse aux différentes formes d'impérialisme colonial.

1. Sous quelles formes l'impérialisme colonial se manifeste-t-il?

2. Qu'est-ce qui caractérise chacune de ces formes?

D

 Je compare la colonisation française avec la colonisation britannique en Afrique.

1. Dans un tableau semblable à celui-ci, inscris les particularités de la colonisation française et les particularités de la colonisation britannique en Afrique.

COLONISATION FRANÇAISE	COLONISATION BRITANNIQUE

2. Quelles sont les différences entre les deux types de colonisation?

E

 Je compare deux réalités historiques.

1. Quels sont les facteurs qui mènent à l'impérialisme japonais?

2. Ces facteurs sont-ils les mêmes que ceux de l'impérialisme occidental? Explique ta réponse.

F

 Je réfléchis à l'impact de l'impérialisme colonial en Afrique.

Rédige un court texte sur l'impact de l'impérialisme colonial sur les populations d'Afrique.

CONSTRUIRE SA CONSCIENCE CITOYENNE

A

Assumer le passé

Aujourd'hui, plusieurs groupes réclament que les pays riches effacent la dette des pays pauvres. Es-tu d'accord avec eux ? Pourquoi ?

B

Nos responsabilités citoyennes

Le Canada est un pays riche et industrialisé. Cependant, il n'a pas été un pays colonisateur dans le passé.

D'après toi, la société canadienne a-t-elle quand même des responsabilités envers les populations qui ont été colonisées ? Explique ta réponse.

C

La mondialisation : nouvel impérialisme ?

Le crime parfait : l'inégalité dans le monde néolibéral

Les chefs politiques de la planète ont embrassé la mondialisation […] d'abord parce que la mondialisation leur semblait inévitable, et parce que les bénéfices devaient se répandre à tous les peuples, riches et pauvres. […] Dans les pays pauvres, la mondialisation est devenue le nouveau synonyme de l'impérialisme et du colonialisme.

James K. Galbraith, *La Presse,* 18 novembre 2004.

■ Selon cet article, la mondialisation serait une forme nouvelle d'impérialisme et de colonialisme. Qu'en penses-tu ? Illustre ta réponse à l'aide de faits de l'actualité.

D

Préjugés, racisme et discrimination

1. D'après toi, existe-t-il encore des préjugés vis-à-vis des gens qui appartiennent à différents groupes culturels ? Donne quelques exemples.

2. Dirais-tu que les préjugés sont une forme de racisme ? Explique ta réponse.

3. Quels groupes de la société sont parfois victimes de discrimination ? Donne des exemples précis de discrimination.

E

Quelle histoire enseigner?

1. Dans ta classe ou ton école, y a-t-il des élèves originaires d'anciennes colonies? Si oui, lesquelles?

2. Est-ce qu'on s'intéresse à leur histoire?

3. L'école devrait-elle enseigner leur histoire? Pourquoi?

✓ J'établis un rapport entre le passé et le présent.

✓ Je réfléchis aux responsabilités des nations et des citoyens.

✓ Je tiens compte de la diversité des identités culturelles et sociales.

OPTION **PROJET**

Un rapport de forces… un équilibre à trouver

Tu as préparé un article sur la situation politique, économique et culturelle d'un pays africain et sur ses relations avec les anciennes puissances coloniales.

1. **Présentation du projet**

   a) Quelle forme vas-tu donner à la présentation de ton article?

   b) Quel pays as-tu choisi? Par quelle puissance a-t-il été colonisé?

   c) As-tu regroupé les renseignements concernant les ressources de ce pays et ses principales activités économiques?

   d) As-tu regroupé les renseignements concernant le type de gouvernement de ce pays et le niveau de vie de sa population?

   e) Assure-toi de donner de l'information sur les relations politiques, économiques ou culturelles que ce pays entretient avec les anciennes puissances coloniales.

2. **Conclusion**

   a) Comment qualifierais-tu les rapports entre le pays que tu as choisi et les anciennes puissances coloniales?

   b) Crois-tu que ces rapports pourraient un jour être plus équilibrés?

Chapitre **6**
La reconnaissance des droits et des libertés

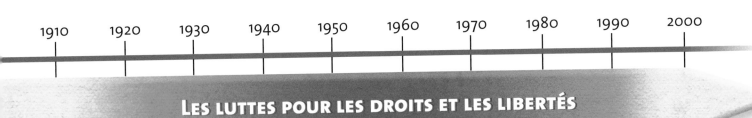

1910 — 1920 — 1930 — 1940 — 1950 — 1960 — 1970 — 1980 — 1990 — 2000

LES LUTTES POUR LES DROITS ET LES LIBERTÉS

Dans ce chapitre, tu verras qu'au cours du XXe siècle le monde est le théâtre de plusieurs guerres et conflits. C'est dans ce contexte que se déroulent les nombreuses luttes pour la reconnaissance des droits et des libertés. Tu découvriras, entre autres, que :

- l'Inde et des colonies africaines acquièrent leur indépendance ;
- les Noirs des États-Unis mais aussi de l'Afrique du Sud se battent contre la ségrégation ;
- les femmes obtiennent plusieurs droits, dont le droit de vote ;
- les Juifs perdent tous leurs droits dans l'Allemagne nazie.

Tu auras également l'occasion de répondre à tes propres interrogations sur la reconnaissance des libertés et des droits civils au XXe siècle.

HISTOIRE

En 1948, à la suite de la Seconde Guerre mondiale, 58 États adoptent la Déclaration universelle des droits de l'homme. Ils veulent ainsi protéger le monde contre les nombreux actes de barbarie. La Déclaration affirme, entre autres, que les êtres humains doivent être « libres de parler et de croire, libérés de la terreur et de la misère ».

Quelles sont les luttes menées pour la reconnaissance des droits et des libertés au cours du XXe siècle ?

CONCEPTS

Voici les concepts explorés dans ce chapitre.

Concept central
• liberté

Concepts particuliers
• censure
• démocratisation
• discrimination
• dissidence
• droits
• égalité
• répression
• ségrégation

Ces concepts te sont-ils familiers ?
Tente dès maintenant de définir chacun de ces concepts à ta manière. Au cours de tes lectures, tu pourras préciser tes définitions.

CITOYENNETÉ

En 1955, Rosa Parks est arrêtée pour avoir refusé de céder sa place à un Blanc dans un autobus. L'événement sera un déclencheur dans la lutte des Noirs contre la ségrégation raciale aux États-Unis. Cette photo de madame Parks date de 1956.

Quelle est la responsabilité de l'individu dans la conquête et la reconnaissance des libertés et des droits civils ?

OPTION **PROJET**

Changer le monde

MISSION

Prépare une fiche d'information sur une personne qui a contribué ou qui contribue à faire avancer la cause des droits et des libertés.

• Choisis une personne qui, selon toi, collabore à la cause des droits et des libertés.

• Spécifie dans quel domaine cette personne est impliquée.

• Précise la cause qui lui tient à cœur.

• Explique pourquoi tu as choisi cette personne.

• Donne des exemples d'actions qu'elle mène ou qu'elle a menées dans sa lutte pour la reconnaissance des droits et des libertés.

• Renseigne-toi sur les changements reliés à ces actions.

OÙ ET QUAND?

- Où se déroulent les grandes luttes pour les droits et libertés?

- À quelle époque?

droits civils
génocide
guerre froide
hégémonie

Un siècle de changements

génocide
Élimination organisée d'un groupe important de personnes.

droits civils
Droits que la loi garantit à tous les citoyens.

Le XXᵉ siècle est une période de crises et de guerres, mais aussi de luttes importantes pour la reconnaissance des droits et des libertés. Les événements qui marquent ce siècle touchent l'ensemble de la planète.

Au début du XXᵉ siècle, quelques puissances impérialistes occidentales contrôlent un grand nombre de pays dont elles exploitent les richesses. L'Afrique, par exemple, est presque entièrement colonisée. Les rivalités entre ces puissances seront d'ailleurs à la base de la Première Guerre mondiale.

Le siècle sera aussi marqué par une révolution en Russie, une grave crise économique, la Seconde Guerre mondiale, de terribles génocides, mais aussi par de multiples luttes pour la reconnaissance des libertés et des droits civils.

1 LE MONDE DURANT LA PREMIÈRE GUERRE MONDIALE

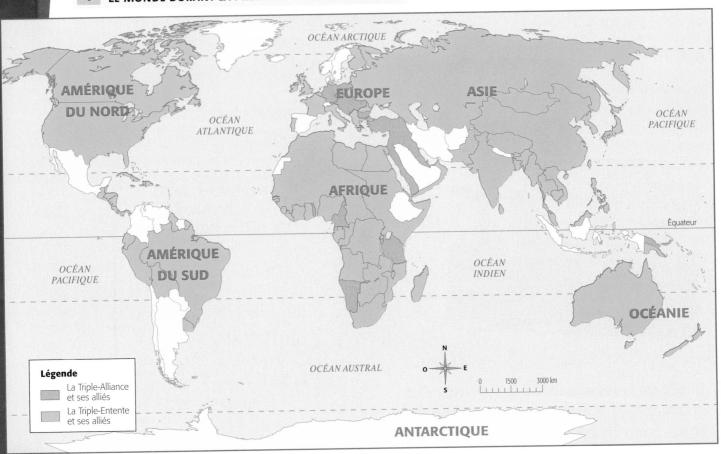

Légende
La Triple-Alliance et ses alliés
La Triple-Entente et ses alliés

La Première Guerre mondiale (1914-1918)

L'atmosphère politique en Europe est explosive au début des années 1900. Les grandes puissances occidentales se disputent l'Europe et même le monde. Les pays forment des alliances et s'affrontent dans le but de dominer la planète. Dans chaque camp, on se prépare à la guerre.

Ainsi, d'un côté, il y a la Triple-Alliance, qui comprend l'Allemagne, l'Autriche-Hongrie et l'Italie; ce pays s'en retirera en 1915. De l'autre, il y a la Triple-Entente, qui regroupe la France, la Russie et le Royaume-Uni.

En tout, près de 32 belligérants se joignent à un camp ou l'autre. Ils s'engagent dans la Première Guerre mondiale. Le conflit fera plus de huit millions de morts chez les soldats et plus de 13 millions chez les civils. Dévastée, ruinée, privée d'une partie importante de sa jeunesse morte au combat, l'Europe demeurera un continent instable.

La révolution russe (1917)

En 1894, la Russie est gouvernée par le tsar Nicolas II. Le pays s'industrialise et, comme dans les autres pays industrialisés, les conditions de vie et de travail du peuple russe sont horribles. Cette situation favorise le développement de mouvements politiques et révolutionnaires qui réclament des réformes. Finalement, une révolution populaire chasse le tsar en 1917. Un parti communiste, dirigé par Vladimir Lénine, prend le pouvoir. La Russie est formée en une fédération qui deviendra l'Union des républiques socialistes soviétiques (URSS) en 1922.

La Grande Crise (1929)

La décennie qui suit la Première Guerre mondiale connaît une forte prospérité économique. La consommation explose, ce qui entraîne un accroissement considérable de la production en Occident, notamment aux États-Unis. Les industriels font d'énormes bénéfices, et la valeur des entreprises en Bourse ne cesse de croître. Toutefois, lorsque la demande de biens diminue, les surplus s'accumulent et la valeur des entreprises s'effondre. En 1929, une crise économique d'une ampleur insoupçonnée éclate. Les faillites se multiplient, les entreprises ferment, le taux de chômage atteint des sommets inégalés. Au Canada, par exemple, 30 % des travailleurs sont sans emploi en 1933. Il faudra une dizaine d'années pour que l'économie reprenne de la vigueur. Malheureusement, cette reprise sera liée au déclenchement d'une autre guerre mondiale.

2 YPRES, EN BELGIQUE, APRÈS LA BATAILLE

Plus de 8000 Canadiens meurent ou sont blessés dans cette ville au cours de la Première Guerre mondiale.

3 LA SOUPE POPULAIRE

Des milliers de chômeurs montréalais se nourrissent à la soupe populaire dans les années 1930.

Parti nazi
Abréviation allemande de *National-sozialismus*, idéologie du Parti ouvrier national-socialiste allemand.

hégémonie
Domination politique, économique et culturelle d'une puissance sur d'autres.

guerre froide
Période de tensions très vives entre les deux superpuissances, les États-Unis et la Russie.

Tsiganes
Populations originaires de l'Inde qui ont migré en Europe vers le XIVe siècle, dont certaines vivent une existence nomade. On les appelle aussi « bohémiens » ou « gitans ».

LA SECONDE GUERRE MONDIALE (1939-1945)

Les traités signés à la fin de la Première Guerre mondiale laissent bien des mécontents, surtout en Allemagne. À cela s'ajoute la crise économique qui frappe durement la population.

En Allemagne, le Parti nazi exploite ce mécontentement dans le but d'accéder au pouvoir. Son chef, Adolf Hitler, promet le retour à la prospérité. Il entraînera plutôt le pays dans une nouvelle guerre mondiale.

La Seconde Guerre mondiale oppose les États de l'Axe (l'Allemagne, l'Italie, le Japon et quelques pays européens) aux puissances alliées (la France, la Grande-Bretagne, les Pays-Bas, la Belgique), auxquelles viendront se joindre les États-Unis, l'URSS et une trentaine d'autres pays, dont le Canada.

Au cours de cette guerre, un important mouvement de négation des libertés et des droits civils s'organise en Allemagne. Plus de cinq millions de Juifs d'Europe, ainsi que des Tsiganes, des homosexuels, des communistes, des personnes handicapées ne verront jamais la fin de la guerre.

Le conflit est d'une violence extrême. Quand finalement l'Allemagne puis le Japon capitulent, en 1945, c'est environ 50 millions de morts qu'il faut compter. Les territoires de guerre sont ravagés, des villes entières sont en ruine. L'économie européenne dans son ensemble s'effondre.

4 LA VILLE D'HIROSHIMA

Une fois l'Allemagne vaincue, la guerre se poursuit dans l'océan Pacifique où les Japonais poursuivent les combats. Le 6 août 1945, les Américains larguent une bombe atomique sur la ville japonaise d'Hiroshima. Elle fait d'un coup 75 000 morts et 90 000 blessés. La photo montre la ville dévastée.

Est-ce justifié de s'en prendre à la population civile pour vaincre l'ennemi?

LA GUERRE FROIDE

Au lendemain de la Seconde Guerre mondiale, l'Europe se divise en deux grands blocs. D'un côté, il y a les pays qui reconnaissent l'hégémonie américaine; ces États adhèrent généralement aux principes du capitalisme. C'est ce que l'on a appelé le bloc de l'Ouest. De l'autre, il y a les pays qui s'alignent sur l'URSS; ces derniers adhèrent plutôt aux principes socialistes. C'est le bloc de l'Est. Sauf dans le cas de quelques pays que l'on dit «non alignés», les nations se rangent dans un camp ou l'autre.

Pendant près de 50 ans, ces deux blocs s'opposeront, et leurs peuples vivront dans la crainte constante d'un affrontement. C'est la guerre froide. À la fin des années 1980, le bloc de l'Est s'effondre, ce qui laisse toute la place aux États-Unis et à leurs alliés.

5 LA CHUTE DU MUR DE BERLIN

Le mur de Berlin tombe en novembre 1989. Il avait été construit en 1961 pour séparer la partie de la ville sous l'autorité du bloc de l'Ouest de la partie sous le contrôle du bloc de l'Est.

6 LE MONDE DURANT LA GUERRE FROIDE EN 1962

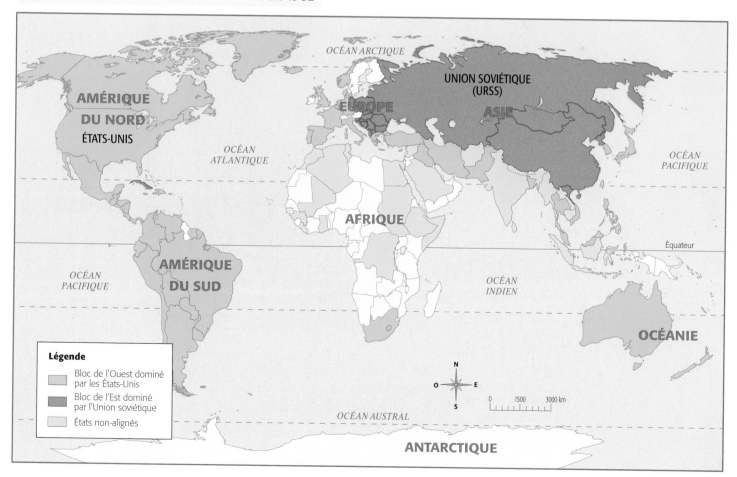

OCÉAN ARCTIQUE

UNION SOVIÉTIQUE (URSS)

AMÉRIQUE DU NORD

ÉTATS-UNIS

EUROPE

ASIE

OCÉAN ATLANTIQUE

OCÉAN PACIFIQUE

AFRIQUE

Équateur

OCÉAN PACIFIQUE

AMÉRIQUE DU SUD

OCÉAN INDIEN

OCÉANIE

Légende
- Bloc de l'Ouest dominé par les États-Unis
- Bloc de l'Est dominé par l'Union soviétique
- États non-alignés

N O E S

0   1500   3000 km

OCÉAN AUSTRAL

ANTARCTIQUE

EXPLORATION
Les libertés et les droits civils

liberté
ségrégation

La question des droits humains fait des avancées considérables aux XVIIIe et XIXe siècles. Les philosophes du Siècle des Lumières font progresser la cause des droits fondamentaux des individus. Ces droits sont par la suite reconnus par la Déclaration des droits en Grande-Bretagne, la déclaration d'Indépendance aux États-Unis, puis la Déclaration des droits de l'homme et du citoyen en France.

7 LE VOTE DES FEMMES

Cette carte postale date de 1909, aux États-Unis.

SUFFRAGETTE SERIES N°12.

OFFICIAL BALLOT

I LOVE MY HUSBAND, BUT—
OH YOU VOTE
COPYRIGHTED

■ Selon toi, quel est le message de la carte postale ?

ségrégation
Pratique consistant à mettre un groupe à part, le plus souvent sur la base de la couleur ou de la religion.

Au XXe siècle, il reste toutefois à généraliser ces droits à tous les peuples. Cette reconnaissance sera malheureusement acquise au prix de dures luttes et d'importants sacrifices. Ainsi, les peuples des colonies, les Noirs des États-Unis et d'Afrique du Sud de même que les femmes partout dans le monde devront se battre pour que cessent l'exploitation, la ségrégation et la discrimination.

8 « LES BLANCS EN AVANT, LES NOIRS EN ARRIÈRE »

Une affiche dans un autobus en Caroline du Nord en 1956.

■ Que penses-tu de cette affiche ?

CONCEPT

Que veut-on dire par liberté ?

En société, la liberté se traduit par le droit qu'a un individu de se conduire selon sa volonté et ses convictions, dans le respect de règles définies, reconnues et égales pour tous. On parle alors de « libertés civiles ».

Dans cette séquence, tu auras l'occasion d'approfondir ta compréhension du concept de liberté. Tu verras aussi que certains groupes dans la société ont dû se battre pour faire respecter leurs droits.

9 UNE MARCHE CONTRE LA COLONISATION

Le leader spirituel de l'Inde, Gandhi, parcourra 150 kilomètres à pied pour protester contre la domination de son pays par les Britanniques.

1 Qu'est-ce qui ressort de cette image ?

2 Comment une marche peut-elle contribuer à faire avancer une cause ?

■ Quelles conditions mènent à la décolonisation?

decolonisation
non-violence
résistance passive

La décolonisation

décolonisation
Processus par lequel
une colonie obtient
son indépendance.

boycotter
Refus de consommer ou
d'acheter des produits,
ou encore de prendre
part à un événement
dans un geste
de protestation.

À la fin du XIXe siècle, et ce, en quelques décennies, les puissances occidentales les plus industrialisées colonisent de larges portions du monde. Les pays colonisés vont toutefois réagir au lendemain de la Première Guerre mondiale. Ils s'opposent à ce que les puissances européennes exploitent les ressources de leur pays et s'enrichissent aux dépens de la population.

Dans les années 1930, alors que l'attention des pays industrialisés est centrée sur la crise économique, naissent les premiers mouvements d'indépendance. L'Irak se libère de la Grande-Bretagne en 1932 et l'Égypte en 1936.

Après la Seconde Guerre mondiale, les États colonisés se révoltent et acquièrent peu à peu leur indépendance. Les pays d'Asie sont les premiers à se libérer, suivis par les pays d'Afrique. Avant la fin du XXe siècle, la majorité des pays colonisés seront indépendants. Les empires coloniaux s'écroulent: c'est ce que l'on a appelé la décolonisation.

10 DES BLESSÉS DE GUERRE INDIENS

Le palais de Brighton en Angleterre est transformé en hôpital de guerre pour les soldats d'origine indienne qui combattent aux côtés des Britanniques lors de la Première Guerre mondiale.

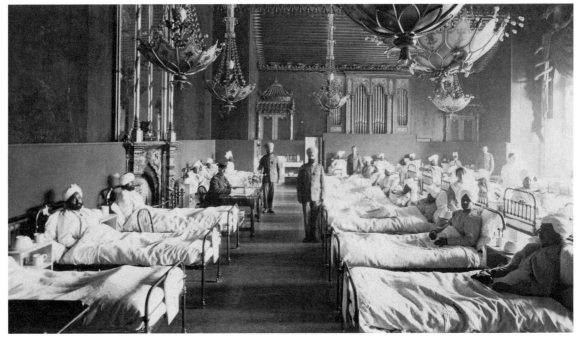

L'INDÉPENDANCE DE L'INDE

L'Inde est une des plus importantes colonies de l'Empire britannique. Au cours de la Première Guerre, de nombreux Indiens combattent aux côtés des Britanniques. Ils s'attendent donc à de la reconnaissance de la part de la métropole. Ils obtiennent bien quelques postes dans l'administration locale, mais cela ne sera pas suffisant pour les militants nationalistes. Le Parti du Congrès, fondé par des hindouistes en 1885, se radicalise et milite pour l'indépendance complète de l'Inde.

Le leader spirituel du Parti du Congrès, Mohandas Gandhi, est un jeune avocat qui a étudié en Grande-Bretagne. Selon lui, c'est par l'économie plutôt que par la force qu'il faut combattre les colonisateurs britanniques. D'après Gandhi, il faut rapatrier la fabrication des biens. Par exemple, le coton, qui est cultivé en Inde, devrait être tissé au pays et les vêtements fabriqués sur place plutôt qu'en Grande-Bretagne.

La Grande-Bretagne reste sourde aux différentes demandes des Indiens. Elle réussit à étouffer les ambitions séparatistes du Parti du Congrès.

GANDHI

Mohandas Gandhi (1869-1948) fait des études de droit en Angleterre. Il travaille d'abord comme avocat dans son pays, puis en Afrique du Sud. Il retourne ensuite en Inde où il prend la tête du mouvement nationaliste antibritannique. Il prône la désobéissance civile et l'action non violente. Il sera d'ailleurs emprisonné à plusieurs reprises. Tant dans sa vie privée que publique, Gandhi se comporte en homme modeste, austère et pieux, ce qui lui vaut le surnom de « mahatma », qui signifie « grande âme ». En 1948, moins d'un an après l'indépendance de son pays, Gandhi est assassiné par un fanatique hindou.

 **PLUS**

Des pratiques non violentes

La pratique de la non-violence est surtout préconisée lorsque l'adversaire est très puissant. C'est une façon pacifique de perturber le fonctionnement d'un pays ou d'un organisme et de nuire ainsi à l'adversaire pour l'obliger à agir. Boycotter un produit ou un service, refuser de payer ses impôts, etc., sont des exemples de pratiques non violentes. On parle aussi de résistance passive. Voici comment Gandhi définit la non-violence.

> La non-violence ne consiste pas à s'abstenir de tout combat réel face à la méchanceté. Au contraire, je vois dans la non-violence une forme de lutte plus énergique et plus authentique que la simple loi du talion […] Je ne cherche pas à émousser le tranchant de l'arme que m'oppose le tyran en employant une lame encore plus aiguisée que la sienne. Je m'emploie à désamorcer le ressort du conflit en n'offrant aucune résistance d'ordre physique. […] Tout d'abord, il sera décontenancé, puis il lui faudra bien admettre que cette résistance spirituelle est invincible.

Tous les hommes sont frères, 1969.

1 En quoi consiste la loi du talion ?

2 D'après toi, qui est le tyran dont parle Gandhi ?

Indices

- La stratégie de la non-violence est-elle encore valable de nos jours ?
- Quels avantages la non-violence offre-t-elle ?

11 LA PARTITION DE L'INDE EN 1947

À la suite d'une rébellion de la population, le Pakistan oriental devient le Bangladesh en 1971.

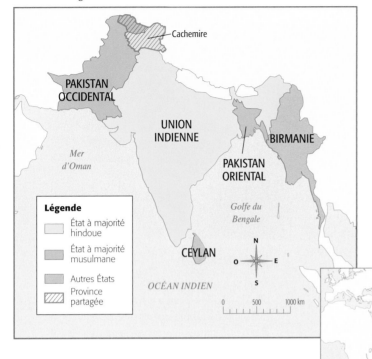

Légende
- État à majorité hindoue
- État à majorité musulmane
- Autres États
- Province partagée

L'indépendance et la partition

Au cours de la Seconde Guerre mondiale, la Grande-Bretagne doit de nouveau faire appel aux troupes indiennes. Mais le Parti du Congrès exige l'indépendance du pays en échange de la participation des Indiens à la guerre. La Grande-Bretagne refuse et emprisonne les leaders nationalistes. Devant l'ampleur du conflit, la métropole finira toutefois par céder. L'Inde sera donc la première grande colonie à accéder à l'indépendance.

Quand la Grande-Bretagne se retire, en 1947, il y a formation de deux États : le Pakistan, à majorité musulmane, et l'Union indienne, à majorité hindoue. La séparation laisse cependant de nombreux musulmans dans le territoire hindou et vice-versa. D'immenses migrations et une guerre civile meurtrière s'ensuivront.

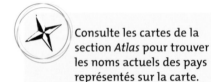

Consulte les cartes de la section *Atlas* pour trouver les noms actuels des pays représentés sur la carte.

12 DES RÉFUGIÉS INDIENS ET PAKISTANAIS

En 1947, des millions de musulmans fuient l'Inde pendant que des millions d'hindous fuient le Pakistan, le train des uns croisant celui des autres. Il s'agit là d'une des plus grandes migrations de l'histoire.

UNE RENCONTRE DÉTERMINANTE

En 1955, 29 pays non alignés d'Afrique et d'Asie se réunissent à la conférence de Bandung, en Indonésie. Ces pays ne veulent s'aligner sur aucun des deux blocs. Lors de cette conférence, les pays participants sont invités à se libérer et les pays colonisateurs à se retirer.

La conférence de Bandung

Les recommandations de la conférence de Bandung constituent un programme pour l'indépendance des pays d'Afrique et d'Asie. Voici quelques-unes de ces recommandations.

La conférence afro-asiatique a discuté des problèmes des peuples dépendants et du colonialisme et des maux résultant de la soumission des peuples à l'assujettissement* de l'étranger, à leur domination et à leur exploitation par ce dernier. La conférence est d'accord :

1. Pour déclarer que le colonialisme, dans toutes ses manifestations, est un mal auquel il doit être mis fin rapidement ;

2. Pour déclarer que la question des peuples soumis à l'assujettissement à l'étranger, à sa domination et à son exploitation constitue une négation des droits fondamentaux de l'homme [...] ;

3. Pour déclarer qu'elle appuie la cause de la liberté et de l'indépendance de ces peuples ;

4. Et pour faire appel aux puissances intéressées pour qu'elles accordent la liberté et l'indépendance à ces peuples.

---

* Assujettissement : Dépendance, soumission.

Dans plusieurs pays d'Afrique, l'indépendance se fait dans la violence. Les participants à la conférence de Bandung envisagent-ils la décolonisation de cette façon ?

13 **DES PARTICIPANTS À LA CONFÉRENCE DE BANDUNG**

14 **LA DÉCOLONISATION EN QUELQUES DATES**

1947	Indépendance de l'Inde et du Pakistan.
1949	Reconnaissance de l'indépendance de l'Indonésie.
1954	Indépendance de l'Indochine.
1956	Indépendance du Maroc et de la Tunisie.
1960	Indépendance du Nigeria, du Congo belge et de la majorité des colonies de l'Afrique française.
1961	Indépendance de l'Afrique du Sud.
1962	Indépendance de l'Algérie.
1966	Indépendance du Botswana.
1974	Indépendance de la Guinée-Bissau.
1975	Indépendance de l'Angola.
1990	Indépendance de la Namibie.

La poésie de la liberté

En Afrique, des poètes s'emploient à chanter l'indépendance et la liberté, comme le poète David Diop, dans l'extrait suivant.

Afrique dis-moi Afrique
Est-ce donc toi ce dos qui se courbe
Et se couche sous le poids de l'humilité
Ce dos tremblant à zébrures rouges
Qui dit oui au fouet sur les routes de midi
Alors gravement une voix me répondit
Fils impétueux cet arbre robuste et jeune
Cet arbre là-bas
Splendidement seul au milieu de fleurs blanches
et fanées
C'est l'Afrique ton Afrique qui repousse
Qui repousse patiemment obstinément
Et dont les fruits ont peu à peu
L'amère saveur de la liberté.

Coups de pilon

Inf+ PLUS

Le Commonwealth et la Francophonie

Les pays occidentaux, forcés de quitter les colonies, conservent toutefois des liens avec celles-ci. Ils forment des associations économiques et culturelles, tout en ayant des préoccupations politiques. C'est le cas pour la Grande-Bretagne avec le Commonwealth, qui compte 53 États membres, tous d'anciennes colonies. La France fait de même avec l'Organisation internationale de la Francophonie, qui regroupe 49 États ou gouvernements membres, dont plus de la moitié sont d'anciennes colonies.

L'AFRIQUE LIBÉRÉE

Après l'Inde et quelques autres pays asiatiques, c'est l'Afrique qui se libère de ses colonisateurs. S'inspirant de l'exemple indien, les pays d'Afrique réclament leur indépendance.

Les facteurs de décolonisation

Plusieurs facteurs poussent à la décolonisation des pays africains. Au lendemain de la Seconde Guerre mondiale, les Africains, qui ont combattu aux côtés des métropoles, s'attendent à de la reconnaissance. La guerre leur a aussi appris que les puissances européennes ne sont pas invincibles. Les élites africaines, qui ont servi les colonisateurs, ne veulent plus dépendre de la métropole. Elles veulent disposer du pouvoir politique et administratif de leur pays. Ces mêmes élites ont étudié dans les grandes écoles des pays colonisateurs. Elles sont désormais acquises aux principes des droits fondamentaux et de la démocratie. Elles joueront donc un rôle clé dans les luttes pour l'indépendance.

De leur côté, les colonisateurs craignent de perdre l'accès aux ressources naturelles des colonies et un marché où écouler leurs produits manufacturés si les pays obtiennent leur indépendance. Ils commencent toutefois à trouver que les colonies coûtent cher à administrer et à développer. Par ailleurs, certains pays qui ont peu de colonies, comme les États-Unis et l'Union soviétique, voient d'un bon œil un monde décolonisé, où ils pourraient plus facilement exercer leur influence.

En trois décennies seulement, plus de 50 pays africains accèdent à l'indépendance. Ce processus se déroule à la suite de longues et dures négociations avec parfois de violents conflits armés. À la fin de 1965, près de 80 % du continent est libéré de la domination coloniale. À terme, une Afrique nouvelle prend forme sur les ruines des anciens empires coloniaux.

LÉOPOLD SENGHOR

Léopold Sédar Senghor (1906-2001) est un homme d'État et un poète sénégalais. Il passe une bonne partie de sa vie en France, où il fait des études avancées. Durant la Seconde Guerre mondiale, il combat dans l'armée française, puis il est fait prisonnier par les Allemands. Après la guerre, soit en 1945, il devient député, puis ministre en France. Pendant toutes ces années, il élabore le concept de « négritude » avec le poète martiniquais Aimé Césaire. Ce concept prône la valorisation des cultures et des civilisations noires plutôt que l'assimilation à la culture occidentale. Dans les années 1950, ceux qui mettent de l'avant l'idée de négritude sont fortement anticolonialistes.

En août 1960, au moment de l'indépendance du Sénégal, Senghor est élu président de la République et le restera jusqu'en 1981. Il poursuivra son œuvre poétique toute sa vie.

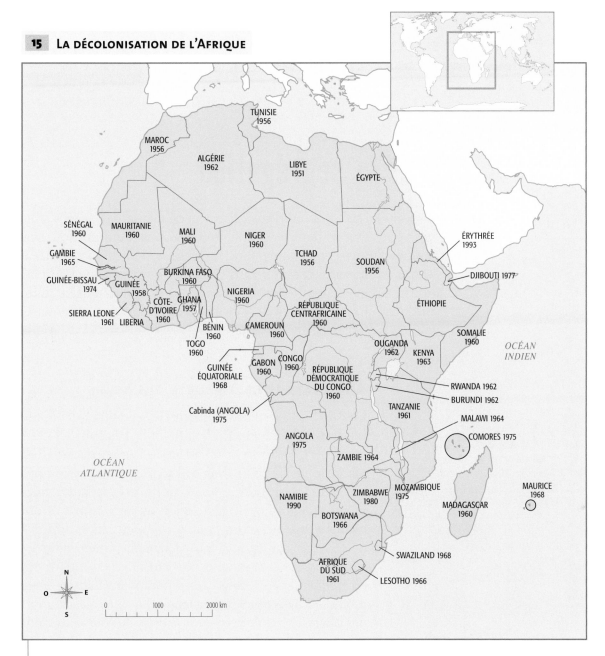

TUNISIE 1956
MAROC 1956
ALGÉRIE 1962
LIBYE 1951
ÉGYPTE
SÉNÉGAL 1960
MAURITANIE 1960
MALI 1960
NIGER 1960
ÉRYTHRÉE 1993
GAMBIE 1965
TCHAD 1956
SOUDAN 1956
DJIBOUTI 1977
GUINÉE-BISSAU 1974
BURKINA FASO 1960
GUINÉE 1958
CÔTE-D'IVOIRE 1960
GHANA 1957
NIGERIA 1960
RÉPUBLIQUE CENTRAFRICAINE 1960
ÉTHIOPIE
SIERRA LEONE 1961
LIBERIA
BÉNIN 1960
CAMEROUN 1960
SOMALIE 1960
OCÉAN INDIEN
TOGO 1960
OUGANDA 1962
KENYA 1963
GUINÉE ÉQUATORIALE 1968
GABON 1960
CONGO 1960
RÉPUBLIQUE DÉMOCRATIQUE DU CONGO 1960
RWANDA 1962
BURUNDI 1962
Cabinda (ANGOLA) 1975
TANZANIE 1961
MALAWI 1964
COMORES 1975
ANGOLA 1975
ZAMBIE 1964
OCÉAN ATLANTIQUE
MOZAMBIQUE 1975
MAURICE 1968
NAMIBIE 1990
ZIMBABWE 1980
MADAGASCAR 1960
BOTSWANA 1966
SWAZILAND 1968
AFRIQUE DU SUD 1961
LESOTHO 1966

N O E S

0   1000   2000 km

■ Durant quelle décennie la plupart des pays obtiennent-ils leur indépendance ?

HABIB BOURGUIBA

Pour les Tunisiens, Habib Bourguiba (1903-2000) est le « combattant suprême » et le père de la nation. Dans les années 1920, Bourguiba étudie à Paris, d'où il revient en 1927 avec un diplôme d'avocat. Il est alors totalement acquis à la cause de l'indépendance et il projette de faire de la Tunisie un État moderne et laïc. Il organise donc de nombreuses manifestations et grèves, qui lui valent plusieurs séjours en prison. S'ensuivront des années de luttes, d'emprisonnement et d'exil. Après une série de manifestations et d'émeutes, les Français finiront par négocier avec lui. En 1956, Bourguiba rentrera en triomphateur dans son pays libéré. La République est proclamée l'année suivante et Habib Bourguiba devient le premier président de la Tunisie.

- Quelles sont les principales luttes contre la ségrégation raciale?

- Quels sont les résultats de ces luttes?

Afrikaners
apartheid
censure
discrimination

Le racisme et la ségrégation

lynchage
Exécution sommaire d'une personne par une foule, sans procès ni possibilité de défense.

Au début du XXe siècle, plusieurs chartes et déclarations des droits affirment que tous les hommes sont libres et égaux. Pourtant, certains groupes continuent de faire preuve de racisme et de discrimination à l'endroit de certaines communautés. Celles-ci se voient privées de leurs droits fondamentaux. L'obtention des droits pour tous deviendra un enjeu majeur au cours du siècle. Nous assisterons donc à de dures luttes politiques et sociales, dont celle des Noirs des États-Unis et d'Afrique du Sud.

16 LES LYNCHAGES À ATLANTA

Le 7 octobre 1906, le journal français traite de la question des lynchages.

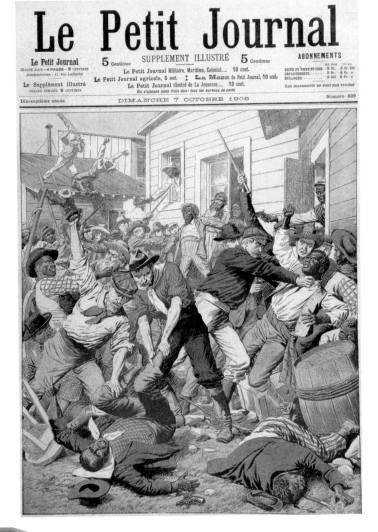

AUX ÉTATS-UNIS, LA LUTTE DES NOIRS

De 1861 à 1865 a lieu la guerre de Sécession qui oppose les États du Sud aux États du Nord. À la suite de cette guerre, la Constitution américaine est modifiée afin d'interdire toute discrimination et d'accorder à tous, y compris aux Noirs, le droit de vote. Mais les 14e et 15e amendements, qui portent sur cette question, ne sont pas véritablement appliqués. Une politique de ségrégation continue de s'exercer contre les Noirs, particulièrement dans les États du Sud. Par exemple, plusieurs lois leur interdisent de fréquenter les écoles, les hôpitaux et d'autres lieux publics, d'habiter les quartiers ou d'occuper les emplois des Blancs. En théorie, ils ont le droit de vote mais, dans la pratique, de nombreuses contraintes leur sont imposées.

Les Noirs du sud des États-Unis qui contestent ces discriminations font l'objet de nombreuses agressions de la part de racistes blancs, allant jusqu'au lynchage dans certains cas. Ainsi, entre 1865 et 1965, des milliers de Noirs seront lynchés. Un véritable système de terreur raciale est mis en place dans certaines régions du pays.

Inf✚ PLUS

Le Ku Klux Klan

Fondé en 1865 dans l'État du Tennessee, le Ku Klux Klan est une société secrète qui vise à empêcher l'intégration des Noirs dans la société américaine. Créé à la suite des troubles qui ont suivi la guerre de Sécession, le Ku Klux Klan regroupe des Blancs qui sont bien décidés à empêcher les Noirs d'exercer leur droit de vote. Vêtus de longues robes blanches et de cagoules, les membres de l'organisation sèment la terreur chez les Noirs mais aussi chez les Blancs qui sont contre la ségrégation. Ils organisent des manifestations spectaculaires, mettent le feu à des croix, incendient des maisons, participent à des séances de flagellation, de torture, de lynchage, etc.

Cette photo a été prise en 1948.

Et aujourd'hui...

Des excuses au passé

En juin 2005, le Sénat américain s'excuse de son inaction face au racisme. Le journal *Le Soleil* de Québec rapporte l'événement.

> Le Sénat américain a approuvé hier par un simple vote à main levée un projet de loi par lequel il s'excuse de n'avoir rien fait pour interdire explicitement les lynchages, des crimes racistes ayant fait quelque 4570 morts, pour les trois quarts des Noirs, entre 1881 et 1964 [...] «Les excuses sont une bonne idée, mais elles ne font revenir personne», a déclaré le seul survivant connu d'un lynchage, James Cameron, 91 ans, venu à Washington pour l'occasion.

Indice

- Quelles sont les différentes façons d'agir pour revendiquer des droits ou des libertés?

1 Quelle est la valeur de ces excuses?

2 Connais-tu d'autres cas où des institutions ont formulé des excuses publiques? Lesquels?

Des décennies de luttes

Au début de la Première Guerre mondiale, les Noirs du Sud migrent de plus en plus vers les centres urbains du nord du pays. La demande de main-d'œuvre y est plus forte, entre autres, à cause de la production de guerre. Cette grande migration joue un rôle clé dans la lutte des Noirs contre la discrimination. Dans les villes du Nord, la cohabitation avec les Blancs n'est pas toujours facile. Les Noirs améliorent néanmoins leurs conditions de vie et leur niveau d'instruction.

Après la Seconde Guerre mondiale, les Noirs américains, qui ont combattu les nazis en Europe, reviennent au pays avec la ferme intention d'obtenir les mêmes droits que les Blancs. Ils constatent que la discrimination raciale n'est pas dans la nature des choses et qu'on peut la combattre. Ils comprennent aussi que de nombreux Blancs sont disposés à lutter à leurs côtés. Plusieurs associations de lutte pour les droits des Noirs naissent chez les étudiants universitaires ou dans les communautés religieuses noires ou mixtes. Parmi les plus importantes, mentionnons l'Association pour l'avancement des gens de couleur (NAACP), le Comité étudiant de coordination non violent et le Congrès pour l'égalité raciale.

Les années 1950 et 1960 s'avèrent cruciales dans la lutte contre la ségrégation. En effet, les États-Unis sont le théâtre de nombreuses manifestations, particulièrement dans les États ségrégationnistes du Sud : marches pour la liberté regroupant des milliers de personnes, boycottages de commerces ou de services publics, procès retentissants, etc. Ces actions sont, dans la majorité des cas, non violentes.

17 **NON AU LYNCHAGE !**

Le macaron est distribué par la NAACP (National Association for the Advancement of Colored People).

18 **UNE MANIFESTATION POUR LES DROITS DES NOIRS**

Cette marche pacifiste a lieu dans l'État du Tennessee en 1968.

1 Qu'est-ce qui est écrit sur l'affiche ?

2 Pourquoi les manifestants portent-ils cette affiche ?

3 Pourquoi, selon toi, le manifestant blanc ne porte-t-il pas la même affiche ?

Je fais un rêve

Voici un extrait du célèbre discours que Martin Luther King prononce à Washington en 1963.

Je rêve que, un jour, notre pays se lèvera et vivra pleinement la véritable réalité de son credo : « Nous tenons ces vérités pour évidentes par elles-mêmes que tous les hommes sont créés égaux. »

Je rêve que, un jour, sur les rouges collines de la Géorgie, les fils des anciens esclaves et les fils des anciens propriétaires d'esclaves pourront s'asseoir ensemble à la table de la fraternité.

Je rêve que, un jour, l'État du Mississippi lui-même, tout brûlant des feux de l'injustice, tout brûlant des feux de l'oppression, se transformera en oasis de liberté et de justice.

Je rêve que mes quatre petits enfants vivront un jour dans un pays où on ne les jugera pas à la couleur de leur peau mais à la nature de leur caractère.

Je fais aujourd'hui un rêve !

■ Pourquoi Martin Luther King rêve-t-il que ses enfants ne soient pas jugés à la couleur de leur peau ?

MARTIN LUTHER KING

À partir de 1955, Martin Luther King (1929-1968), pasteur dans l'Alabama, devient le principal leader de la communauté noire. Adepte de la non-violence, il coordonne de nombreux boycottages, marches symboliques et gestes de désobéissance civile pour protester contre la ségrégation raciale. En 1963, il organise une marche de la liberté sur Washington qui rassemble plus de 200 000 personnes. Il y prononce un discours resté célèbre : « Je fais un rêve ». L'année suivante, il reçoit le prix Nobel de la paix. Il sera assassiné quatre ans plus tard, soit en 1968.

Des mesures législatives marquantes

Les nombreuses luttes et revendications des années 1950 et 1960 entraînent plusieurs réformes juridiques et législatives. En effet, petit à petit, les Noirs, avec l'appui des progressistes blancs, obtiennent davantage de droits.

Voici quelques étapes dans la reconnaissance des droits des Noirs.

- 1954 : la Cour suprême des États-Unis déclare illégales les lois de ségrégation scolaire.
- 1956 : la même Cour suprême déclare illégal l'ensemble des lois ségrégationnistes de l'Alabama.
- 1964 : le Congrès adopte le *Civil Rights Act* (loi sur les droits civils), qui interdit la ségrégation raciale dans les lieux publics et au travail. C'est une réaffirmation du 14e amendement de la Constitution, adopté en 1868, mais non respecté dans certains États du Sud.
- 1965 : le Congrès adopte le *Voting Rights Act* (loi sur le droit de vote), qui réaffirme le droit de vote des Noirs, droit déjà inscrit dans le 15e amendement adopté en 1870.

Et aujourd'hui...

La situation des Noirs

Les conditions de vie des Noirs américains se sont améliorées au fil des ans, mais il reste encore de nombreuses inégalités : des revenus inférieurs, une sous-scolarisation et, malgré les progrès législatifs, des cas de discrimination dans l'emploi et le logement. Ainsi, en 2004, 24,7 % de la population noire vivait sous le seuil de pauvreté comparativement à 8,6 % pour la population blanche. L'espérance de vie d'un enfant noir né en 2002 était de cinq ans inférieure à celle d'un enfant blanc. De plus, environ 45 % des prisonniers masculins aux États-Unis sont noirs.

■ La discrimination existe-t-elle encore aux États-Unis ? Explique ta réponse.

Afrikaners
Descendants des
Hollandais qui
colonisent l'Afrique
du Sud au XIXe siècle.

apartheid
Système de
ségrégation instauré
en Afrique du Sud.

ANC
Sigle de African
National Congress.

En Afrique du Sud, l'apartheid

Dans les années 1960, la situation des Noirs aux États-Unis connaît des progrès sensibles. C'est loin d'être le cas en Afrique du Sud, où un système politique raciste nommé apartheid exerce une discrimination contre les Noirs et les autres communautés d'origine non européenne.

Les Blancs, qui ne comptent que pour 19 % de la population, détiennent la totalité du pouvoir et presque toute la richesse du pays.

Une politique de discrimination

Les Noirs d'Afrique du Sud sont témoins du génocide de millions de Juifs en Europe au cours de la Seconde Guerre mondiale. Ils critiquent la prétendue supériorité raciale des nazis. Plusieurs d'entre eux entreprendront de revendiquer la justice et la liberté dans leur pays.

Les Afrikaners du Parti national, qui arrivent au pouvoir en 1948, réagissent aux revendications des Noirs en votant des lois d'apartheid, mot qui signifie « séparation » dans leur langue. Ces lois divisent la société en quatre catégories : les Blancs, les Noirs, aussi nommés Bantous, les Métis et les Asiatiques, la plupart venus de l'Inde ou du Pakistan.

Selon les lois d'apartheid, aucun non-Blanc n'est autorisé à habiter ou même à circuler dans les quartiers ou régions des Blancs. Des laissez-passer délimitent le droit d'accès.

Les lois interdisent pratiquement tous les rapports entre les différentes communautés. Les mariages entre Blancs et non-Blancs sont prohibés. Les Blancs ont des écoles, commerces, restaurants, cinémas et autres lieux publics qui leur sont réservés et que les non-Blancs n'ont pas le droit de fréquenter. Les Noirs des campagnes sont confinés dans des réserves arides, les bantoustans, tellement petites qu'ils peuvent à peine survivre. Beaucoup sont forcés de travailler pour les grands propriétaires blancs, qui les exploitent. Les mêmes lois encadrent l'accès au travail, aux professions et à l'éducation. Évidemment, les non-Blancs ne sont pas représentés au gouvernement.

Nelson Mandela

Premier de sa famille à faire des études, Nelson Mandela devient avocat et milite très tôt dans l'ANC. Proche du Parti communiste et des syndicats ouvriers, il est étroitement surveillé, arrêté puis forcé à l'exil en dehors de Johannesburg. Mais il retrouve toujours le chemin de l'action, avec son lot d'arrestations et de procès, et finalement une condamnation à la prison à vie. Mandela passera 27 ans en prison.

Devant les troubles croissants et la pression internationale, le gouvernement finit toutefois par libérer Mandela en 1990. Celui-ci reprend la tête de l'ANC, puis négocie avec le gouvernement la fin de l'apartheid et la mise en place de la démocratie. Il reçoit le prix Nobel de la paix en 1993 avec Frederik De Klerk. L'année suivante, à l'occasion des premières élections multiraciales, il est élu président de l'Afrique du Sud.

Les Noirs vivent dans des ghettos misérables – les townships – généralement sans services, tels eau courante et égouts.

De luttes et de répression

L'apartheid constitue une violation absolue des droits fondamentaux des non-Blancs, pourtant majoritaires. Au cours des années 1950, ces derniers entreprennent donc de revendiquer davantage de justice et de droits. Ces revendications gagnent en force dans les années 1960, sous l'influence du mouvement pour la décolonisation qui a lieu en Afrique notamment.

Au début, ce combat se fait de manière pacifique, par des marches, des boycottages, des grèves. Le Congrès national africain, l'ANC, qui se voue à la promotion des droits des Noirs depuis un demi-siècle, joue un rôle de coordination. Le gouvernement réprime toutefois le mouvement de façon violente. Ainsi, en 1960, il lance ses troupes contre des manifestants non armés dans le township de Sharpeville, en banlieue de Johannesburg : 69 personnes, hommes, femmes et enfants, sont tuées.

À partir de ce moment, la lutte contre l'apartheid gagne l'attention du monde entier. Le gouvernement sud-africain, appuyé par plusieurs États occidentaux à cause de la position stratégique et des politiques anti-communistes du pays, reste sourd aux demandes des Noirs. Il déclare l'état d'urgence, interdit l'ANC et fait arrêter des milliers de protestataires.

La situation dégénère. Les opposants répondent à leur tour par la violence. En 1962, leurs principaux leaders sont accusés de conspiration dans le but de renverser le gouvernement. Ils sont arrêtés, jugés sommairement et plusieurs sont condamnés à la prison à vie. C'est le cas de Nelson Mandela, le leader le plus connu de la cause anti-apartheid.

20 **LA TOILETTE PUBLIQUE**

Cette photo a été prise à Soweto, en banlieue de Johannesburg.

1 Que dit l'inscription au-dessus de la porte ?

2 Selon toi, pourquoi l'inscription est-elle en trois langues ?

Le recul de l'apartheid

Dans les années 1970 et 1980, la répression contre les adversaires de l'apartheid est de plus en plus violente. L'émeute de Soweto est un exemple de répression particulièrement brutale. En 1976, la police charge une manifestation d'étudiants : 700 personnes sont tuées et environ 5000 sont blessées. La police se voit par la suite attribuer tous les pouvoirs, dont l'emprisonnement sans procès, et les autorités censurent l'information. Cette attitude renforce la détermination des adversaires de l'apartheid et, surtout, leur vaut des appuis croissants à l'intérieur mais aussi à l'extérieur du pays.

De partout dans le monde, les critiques envers le régime se font entendre, de plus en plus fortes. L'Afrique du Sud doit se retirer du Commonwealth. L'Organisation des Nations Unies condamne le régime et demande un embargo sur la vente d'armes. Certaines institutions financières boycottent ou déconseillent les placements en Afrique du Sud et des entreprises refusent de faire affaire avec le pays. Pendant plusieurs années, les athlètes sud-africains sont bannis des compétitions mondiales, y compris des Jeux olympiques.

censurer
Interdir de diffuser de l'information ou d'exprimer une opinion.

embargo
Mesure visant à interdire les exportations vers un pays.

Asimbonanga

Né en Angleterre, Johnny Clegg est élevé en Afrique du Sud, où il s'initie à la culture zouloue. Au cours des années 1980, Clegg et ses musiciens noirs du groupe Savuka font entendre *Asimbonanga* aux jeunes du monde entier. Voici un extrait de sa chanson en zoulou avec sa traduction en français.

Asimbonanga
Asimbonang' uMandela thina
Laph'ekhona
Laph'ehleli khona

Steve Biko, Victoria Mxenge
Neil Aggett*
Asimbonanga
Asimbonang 'umfowethu thina
Laph'ekhona
Laph'wafela khona
Hey wena
Hey wena nawe
Siyofika nini la' siyakhona

Nous ne l'avons pas vu
Nous n'avons pas vu Mandela
Là où il est
Là où il est gardé

Steve Biko, Victoria Mxenge
Neil Aggett
Nous ne l'avons pas vu
Nous n'avons pas vu notre frère
Là où il est
Là où il est gardé
Hé, toi !
Et toi et toi aussi
Quand arriverons-nous à notre
Vraie destination

* Steve Biko, Victoria Mxenge et Neil Aggett : Militants contre l'apartheid morts en détention ou au cours de manifestations.

■ Les artistes peuvent-ils contribuer à faire avancer des causes sociales ?

En 1989, un nouveau président, Frederik De Klerk, accède au pouvoir. L'Afrique du Sud paraît alors étranglée par l'opposition intérieure et la pression extérieure. De Klerk entreprend d'éliminer la politique d'apartheid. Progressivement, les lois racistes sont abolies, l'ANC n'est plus interdite, les prisonniers politiques sont libérés. Mandela sort de prison en 1990. Durant les quatre années suivantes, il négocie avec De Klerk la reconstruction de l'Afrique du Sud, ce qui conduit à la première élection multiraciale en 1994. Mandela est alors élu par une imposante majorité. Il devient le premier président noir de l'Afrique du Sud.

21 QUELQUES ÉVÉNEMENTS EN LIEN AVEC L'APARTHEID

Année	Événement
1912	Création d'un mouvement noir africain, le Congrès national africain (l'ANC).
1948	Victoire du Parti national. Instauration de l'apartheid.
1960	Interdiction de l'ANC et des mouvements nationalistes africains.
1964	Condamnation de Nelson Mandela à la prison à vie pour terrorisme. Condamnation des autres chefs de l'ANC à la prison ou à l'exil.
1974	Exclusion de l'Afrique du Sud de l'Assemblée générale des Nations Unies.
1976	Émeute de Soweto : manifestation contre l'enseignement obligatoire en afrikaans, la langue des Afrikaners. Répression sanglante de la manifestation.
1990	Légalisation de l'ANC, du Parti communiste et de tous les mouvements noirs. Libération de Nelson Mandela.
1991	Abolition officielle de l'apartheid.
1992	Référendum par lequel 68 % des Blancs approuvent les négociations constitutionnelles avec l'ANC.
1994	Premières élections multiraciales au suffrage universel remportées par l'ANC. Élection de Nelson Mandela comme premier président noir de l'Afrique du Sud.
1995	Mise en place de la Commission vérité et réconciliation qui permet d'établir un processus de réconciliation entre les Blancs et les Noirs en Afrique du Sud.
1996	Adoption de la nouvelle Constitution.

Indices

- La discrimination raciale existe-t-elle encore dans le monde ?
- Comment peut-on la combattre ?

22 LA PREMIÈRE ÉLECTION

La première élection multiraciale a lieu en 1994. Des électeurs impatients de voter se présentent plusieurs heures avant l'ouverture des bureaux de vote. Dans certaines régions, les files d'attente s'étendent sur deux kilomètres.

Et aujourd'hui...

Les jeunes et le racisme

Lors d'un sondage récent, on a demandé à des jeunes de se prononcer sur le racisme au Canada. Voici ce que le journal *Le Devoir* rapporte.

Plus des deux tiers des Québécois pensent que le niveau de racisme diminuera ou restera le même au cours de la prochaine décennie. C'est ce qui ressort d'un sondage […] Parmi les 1010 Québécois sondés, 30 % pensent que le degré de racisme restera le même et 39 % croient qu'il diminuera. Fait à noter, les jeunes de 18 à 24 ans sont beaucoup plus optimistes que le reste de la population : 51 % sont convaincus que le racisme évoluera à la baisse. Le directeur général de l'Association d'études canadiennes, Jack Jedwab, avance que l'optimisme des jeunes pourrait s'expliquer par la grande diversité culturelle qui s'observe dans les écoles.

Le Devoir, 23 mars 2005.

1 Si tu avais participé au sondage, quel aurait été ton point de vue sur le racisme ? Pourquoi ?

2 Partages-tu le point de vue de M. Jedwab quant au rôle de la diversité culturelle ? Explique ton point de vue.

féminisme
suffragette

■ Quelles sont les luttes et les revendications des femmes
au cours du XXᵉ siècle?

■ Quels sont les résultats de ces luttes?

La lutte des femmes

suffragette
Femme qui réclame
le droit de vote.

Au début du XXᵉ siècle en Occident, la femme est considérée comme
une personne mineure sur les plans politique et juridique. De façon
générale, les femmes sont tenues à l'écart de plusieurs professions ou
emplois, l'enseignement supérieur leur est difficile d'accès, elles ne peuvent pas voter et encore moins être élues. Les femmes mariées ne
peuvent pas signer de contrat ni s'adresser à un tribunal. Elles doivent
s'en remettre à leur mari, qui est le seul responsable des biens et de l'autorité dans la famille.

Toutefois, au cours du XXᵉ siècle, les choses vont changer grâce à la
lutte des femmes pour l'égalité. Cela va entraîner d'importantes
transformations dans la société.

LES PREMIÈRES REVENDICATIONS

Dans les années 1820-1830, les femmes se préoccupent de plus en plus
des droits dont elles sont privées, mais aussi de l'ensemble des droits
humains. Aux États-Unis notamment, elles prennent une plus grande
place sur la scène politique en militant, entre autres, contre l'esclavage,
mais aussi contre la prostitution et l'alcoolisme. Il faudra cependant
attendre le début du XXᵉ siècle pour qu'elles commencent réellement
à revendiquer l'égalité des droits entre les hommes et les femmes.

Les Britanniques se lancent quant à elles dans la lutte pour l'égalité
des droits. En effet, dès les années 1850, elles forment des associations
dites de suffragettes. Elles réclament le droit de vote. À l'époque,
elles remportent toutefois peu de succès.

Les suffragettes se radicalisent

Les suffragettes vont se radicaliser au début du XXᵉ siècle. Elles vont
mener des actions beaucoup plus importantes, spectaculaires à l'occasion. En Angleterre, elles font de nombreux adeptes et deviennent
très militantes. Elles ne reculent devant aucune tactique pour attirer
l'attention sur leur cause. Elles organisent des manifestations de
masse, des sit-in au cœur de Londres, elles occupent les galeries du
parlement, détruisent le mobilier urbain, les lignes télégraphiques, etc.
Les autorités réagissent par la répression. Des suffragettes sont arrêtées
et emprisonnées. Certaines répondent par la grève de la faim; on les
nourrira de force...

23 LA UNE D'UN JOURNAL EN 1908

Des suffragettes envahissent un bureau de vote.

L'ACTION FÉMINISTE
Les « suffragettes » envahissent une section de vote et s'emparent de l'urne électorale

Le vote aux hommes, la maternité aux femmes!

Voici ce que pense Henri Bourassa, éditeur et fondateur du journal *Le Devoir*, du rôle des hommes et des femmes dans la société.

Le prétendu droit de suffrage n'est qu'une forme des fonctions […] qui incombent à l'homme, soit à cause de sa conformation physique ou mentale, soit, surtout, à cause de sa situation et de ses devoirs de chef de famille. La principale fonction de la femme est et restera – quoi que disent et quoi que fassent les suffragettes – […] la sainte et féconde maternité, qui fait véritablement de la femme l'égale de l'homme et, à maints égards, sa supérieure. Or la maternité exclut les charges trop lourdes et les fonctions publiques.

Le Devoir, 1918.

■ Quels sont les arguments de l'auteur sur le rôle des femmes et des hommes?

24 **VOTEZ NON**

Cette affiche, qui date de 1912, est un appel à voter contre le suffrage des femmes.

MR. VOTER:

VOTE NO

ON WOMAN SUFFRAGE

NOVEMBER 6

The Ballot will secure a Woman no Right that she Needs and does not Possess

WOMAN'S ANTI SUFFRAGE ASSOCIATION
280 MADISON AVENUE
NEW YORK

1 Quel message l'affiche transmet-elle?

2 À qui s'adresse-t-elle?

3 Quelle association publie cette affiche?

25 **LES FUNÉRAILLES D'UNE SUFFRAGETTE**

Pour attirer l'attention du roi George V sur la cause féminine, la suffragette Emily Davison meurt après s'être jetée sous les sabots d'un des chevaux du souverain, en 1913.

émancipation
Libération par rapport
à une autorité.

26 Nous sommes capables !

En 1942, l'affiche appelle les Américaines
à participer à l'effort de guerre.

We Can Do It!

WAR PRODUCTION CO-ORDINATING COMMITTEE

■ Quelle image de la femme
l'affiche projette-t-elle ?

LE RÔLE DES FEMMES AU COURS DES DEUX GUERRES

La Première Guerre mondiale (1914-1918) puis la Seconde (1939-1945) jouent un rôle crucial dans l'émancipation des femmes. En effet, dans les pays en guerre, les hommes sont au combat. Au Canada, par exemple, un demi-million d'hommes participent à la Première Guerre et près d'un million à la Seconde. Ce sont autant de personnes à remplacer dans les industries. Les femmes prendront donc la relève pour fabriquer des munitions, des avions et des chars d'assaut, des uniformes, etc.

Elles participent en grand nombre à l'effort de guerre. Elles découvrent alors des responsabilités nouvelles. Employées à des tâches jusque-là réservées aux hommes, elles reçoivent un salaire et goûtent à l'indépendance. Elles sont conscientes de l'importance de leur rôle, en tirent de la fierté et elles ont le sentiment qu'elles mériteraient davantage de considération et d'autonomie.

Ainsi, à la suite de la Première Guerre, en remerciement pour leur contribution et les sacrifices consentis, les femmes obtiennent le droit de vote. Par exemple, au Canada, le droit de vote est accordé aux femmes en 1918. Au Québec, les autorités religieuses et civiles refuseront toutefois de leur accorder les mêmes droits. En 1922, toutes les provinces auront accordé le droit de vote aux femmes, sauf le Québec, où il faudra attendre 1940.

Le travail des femmes pendant la Seconde Guerre mondiale est aussi un des facteurs déterminants dans leur émancipation. Après la guerre, nombre d'entre elles choisiront en effet de conserver un emploi et obtiendront ainsi une autonomie qui leur permettra de s'opposer aux valeurs traditionnelles.

Le travail féminin

Au Canada et au Québec, près de 300 000 femmes sont employées dans l'industrie de guerre durant la Seconde Guerre mondiale. Dans les milieux religieux et conservateurs, on s'en inquiète, comme le montrent les extraits suivants d'une chansonnette composée en 1943.

Pour multiplier les canons (bis)
Les chars d'assaut, les avions (bis)
On ne fait plus mystère
Que pour gagner la guerre
On veut intensifier dès demain
Le travail féminin […]

Sens du devoir, santé, pudeur (bis)
À l'atelier tout cela meurt (bis)
Ses bombes, ses torpilles
Font sauter la famille
C'est la mort des foyers de demain
Le travail féminin […]

Les alliés vainqueurs d'Hitler (bis)
Diront : « Baptiste* est mort hier » (bis)
Il parcourut les ondes**
Pour sauver tous les mondes
Et ne vit pas chez lui l'assassin
LE TRAVAIL FÉMININ.

* Baptiste : Représente le Canadien français.
** Onde : Océan.

■ Quels dangers les femmes courent-elles, selon la chansonnette ?

Inf+ PLUS

Des femmes d'avant-garde au Québec

Le Québec connaît plusieurs femmes d'avant-garde, des femmes courageuses et déterminées.

MARIE GÉRIN-LAJOIE (1867-1945) – Inspirée par le mouvement des suffragettes et piquée de voir que les femmes des autres provinces ont le droit de vote mais pas les femmes du Québec, Marie Gérin-Lajoie consacre des années de sa vie à convaincre les autorités civiles et religieuses de modifier leur point de vue. Ses conférences et ses livres sensibilisent les femmes du Québec à leurs droits.

THÉRÈSE CASGRAIN (1896-1981) – Vice-présidente de la Société du suffrage féminin en 1920, Thérèse Casgrain devient présidente de la Ligue pour les droits de la femme en 1928. Elle joue un rôle de premier plan dans l'obtention du droit de vote féminin au Québec. En 1966, elle fonde la Fédération des femmes du Québec. Puis, en 1970, elle devient membre du Sénat canadien.

LÉA ROBACK (1903-2000) – Immigrante venue de Pologne, Léa Roback consacre sa vie à la défense des droits des femmes en général, des ouvrières en particulier, et à militer pour la paix. En tant qu'organisatrice syndicale, elle dirige la première grande grève des ouvrières du textile à Montréal en 1937. Au même moment, elle s'associe à Thérèse Casgrain dans la lutte pour le droit de vote féminin.

MADELEINE PARENT – Madeleine Parent est née en 1918. À partir des années 1930, elle est de toutes les luttes syndicales et féministes. Très impliquée dans les grandes grèves du textile des années 1940 et 1950, elle est condamnée à deux ans de prison. Elle sera acquittée des années plus tard. Dans les années 1980, elle œuvre à la défense des droits des femmes autochtones et immigrantes.

SIMONE MONET-CHARTRAND (1919-1993) – Militante catholique, Simone Monet-Chartrand s'implique dans les mouvements d'action sociale, éducative, religieuse et nationaliste. Elle milite aux côtés des chômeurs et œuvre dans le monde syndical, en plus d'être cofondatrice de la Fédération des femmes du Québec.

27 L'OBTENTION DU DROIT DE VOTE POUR LES FEMMES EN QUELQUES DATES

1893	Nouvelle-Zélande
1902	Australie
1915	Danemark
1918	Allemagne, Autriche, Canada, Grande-Bretagne, Irlande, Pologne, Union soviétique
1919	Belgique, Luxembourg, Pays-Bas, Suède
1920	États-Unis
1934	Brésil, Cuba
1940	Province de Québec
1944	Bulgarie, France, Jamaïque
1945	Italie, Japon
1949	Chine
1950	Inde
1962	Algérie
1963	Congo, Iran, Maroc
1971	Suisse
1980	Irak
2005	Koweït

Pourquoi, selon toi, plusieurs pays accordent-ils le droit de vote aux femmes en 1918 ?

Indice

- Les individus, hommes ou femmes, qui s'engagent dans la défense des droits et des libertés jouent-ils un rôle important ?

Inf PLUS

La Journée de la femme

L'Organisation des Nations Unies a institué le 8 mars Journée internationale de la femme. Cette journée permet de souligner les progrès accomplis dans le but d'assurer l'égalité des femmes, mais aussi de réfléchir à la condition féminine dans le monde. La journée aurait été choisie en 1977 afin de rappeler au monde entier les grèves des ouvrières du textile déclenchées en 1857 et en 1911 à New York. Le 25 mars 1911 en particulier, des ouvrières trouvent la mort dans un incendie. Les portes de l'usine avaient été verrouillées pour ne pas que les ouvrières sortent avant la fin de leur journée de travail.

DES MILITANTES FÉMINISTES

Après la Seconde Guerre mondiale, les femmes restent nombreuses sur le marché du travail. Dans les années 1950, par exemple, la proportion de main-d'œuvre féminine au Québec augmente deux fois et demie plus vite que la main-d'œuvre masculine. Les femmes se retrouvent toutefois dans des emplois traditionnellement féminins. Elles sont aussi moins payées que les hommes, pour un travail égal.

À partir de la seconde moitié du XXe siècle, elles acquièrent une conscience plus claire de leur situation et se mobilisent pour la changer. Les années 1970 et 1980 deviennent les grandes années du féminisme, c'est-à-dire de ce mouvement de militantes dont le but est d'accroître le rôle et les droits des femmes dans la société.

Certaines féministes soutiennent l'idée que la situation d'infériorité des femmes est le résultat de l'oppression que les hommes font peser sur elles. Elles remettent en question l'ensemble des rapports entre les deux sexes. Pour les féministes, l'égalité, revendiquée depuis longtemps, devient synonyme de libération.

C'est aussi à cette époque que le mouvement féministe se radicalise. Les militantes se battent pour des enjeux spécifiquement féminins : valorisation du rôle de la femme dans le couple, assouplissement des lois sur le divorce, accès à la contraception et libéralisation de l'avortement, criminalisation du viol et d'autres offenses sexuelles, etc. Elles revendiquent l'égalité des sexes avec encore plus d'ardeur et obtiennent des gains notables. C'est le cas dans le domaine du travail, où les emplois non traditionnels s'ouvrent aux femmes, ainsi que les postes plus élevés dans les entreprises, par exemple.

Il reste néanmoins beaucoup de chemin à parcourir pour que, dans les faits, l'égalité totale des droits soit reconnue. L'égalité entre les hommes et les femmes restera un enjeu social encore longtemps.

28 LE 8 MARS EN AFFICHE

Observe cette affiche. Quelles sont les préoccupations des femmes ?

Inf⊕ PLUS

Le *Dinner Party*

Des artistes consacrent leur art à la cause féministe, telle l'Américaine Judy Chicago. Dans une œuvre intitulée *Dinner Party*, elle projette la cause des femmes dans l'histoire en créant un ensemble de 39 assiettes disposées sur une vaste table triangulaire. Chaque assiette est consacrée à une « invitée d'honneur », c'est-à-dire une femme qui a marqué le passé.

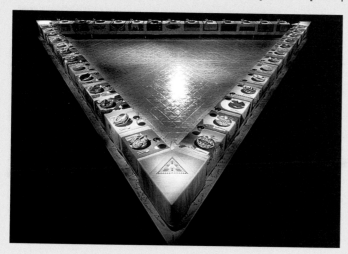

SIMONE DE BEAUVOIR

En 1949 paraît *Le Deuxième Sexe*, un essai de Simone de Beauvoir (1908-1986). En deux volumes et plus de mille pages, l'auteure s'emploie à démontrer qu'« on ne naît pas femme, on le devient ». Elle veut ainsi signifier que la condition de la femme n'est pas inscrite dans la nature mais plutôt dans la culture, c'est-à-dire les lois, les traditions, etc. L'ouvrage devient une référence pour les féministes.

Et aujourd'hui...

Le salaire des femmes reste moins élevé

Le journal *Le Devoir* fait état de la situation des femmes sur le marché du travail au Québec.

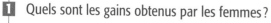

Une étude québécoise démontre que l'augmentation du nombre de femmes sur le marché du travail n'a pas été suivie par une amélioration significative de leurs conditions de vie. [...]

Le comité souligne que la présence des femmes sur le marché du travail n'a cessé de croître, passant de 37,4 % à 54,6 % de 1976 à 2003. Il ajoute que sur le plan de la scolarisation, les femmes constituent maintenant la majorité de l'effectif étudiant au secondaire, au collégial et au baccalauréat.

Or, l'écart salarial se maintient entre les hommes et les femmes. Ainsi, en 2004, les femmes gagnaient 83,4 % du salaire horaire moyen des hommes, soit le même ratio qu'en 1998.

Le Devoir, 5 avril 2005.

Indice

• Y a-t-il des domaines d'activité où les femmes n'ont pas des droits égaux ?

1 Quels sont les gains obtenus par les femmes ?

2 Quelles sont les inégalités qui persistent ?

AILLEURS
L'Holocauste

■ Comment la négation des libertés et des droits des Juifs se manifeste-t-elle en Europe ?

Holocauste
Mot hébreux qui désigne l'extermination des Juifs par les nazis durant la Seconde Guerre mondiale. Dans la Bible, le mot *holocauste* signifie « sacrifice ». En Europe francophone, en France particulièrement, on préfère parler de *Shoah*, qui veut dire « anéantissement ».

Dès leur accession au pouvoir, les nazis posent des actes inhumains à l'endroit des Juifs et des communautés minoritaires. L'Allemagne nazie organise le génocide de plus de cinq millions de Juifs. C'est ce que l'on a appelé l'Holocauste.

L'ASCENSION D'HITLER

La crise économique des années 1930 frappe durement l'Allemagne. La monnaie s'effondre, l'industrie aussi. Le tiers des travailleurs allemands, soit six millions de personnes, est au chômage. Un homme politique, Adolf Hitler, va tirer profit de cette situation pour prendre le pouvoir.

En 1920, Hitler participe à la formation du Parti ouvrier national-socialiste allemand, le Parti nazi, dont il prend la tête l'année suivante. En 1923, le Parti tente un coup d'État, qui vaut à Hitler une année de prison.

29 *EIN FÜHRER !*

Sous ce portrait officiel d'Hitler, on peut lire « Un peuple, un empire, un chef ! ».

Ein Volk, ein Reich, ein Führer !

■ Hitler était-il démocrate ?

Inf PLUS

Mein Kampf

Hitler profite de son année en prison pour écrire *Mein Kampf,* qui signifie « Mon combat », dans lequel il explique son point de vue. Hitler y affirme que le peuple allemand est issu d'une race supérieure, la race aryenne. Il ajoute que, pour progresser, la race doit se purifier, c'est-à-dire éliminer ceux qui, au pays, nuisent à son évolution. C'est le cas de groupes marginaux ou dissidents, dont les communistes, les Tsiganes, les personnes handicapées, les malades mentaux, les homosexuels, mais surtout les Juifs, pour lesquels Hitler manifeste une haine toute particulière. D'après lui, il faut aussi se libérer de ceux qui, à l'extérieur, soit aux frontières de l'Allemagne, empêchent le pays de grandir, de jouir de l'« espace vital » qui lui serait dû en tant que nation supérieure.

S'appuyant sur le sentiment d'échec des Allemands à la suite de la Première Guerre mondiale et sur leur inquiétude à propos des conditions de vie de plus en plus difficiles, le Parti nazi prend rapidement de l'importance. Les nazis cultivent le mécontentement populaire d'un côté et les promesses d'un avenir radieux de l'autre, tout en usant de la menace et de la force.

En 1933, Hitler prend le pouvoir et devient chancelier. Dès lors, il s'emploie à mettre toutes les ressources de l'Allemagne au service de ses projets de grandeur. Il utilise la propagande et la censure pour s'assurer que son message est transmis partout au pays. Il se sert aussi des ressources militaires en privilégiant le développement de l'industrie de guerre et la mobilisation d'une armée de plus d'un demi-million d'hommes.

Les nazis tentent d'éliminer tous les autres partis politiques et interdisent la formation de syndicats. Ils mettent sur pied une police politique, la Gestapo. Celle-ci est chargée, entre autres, de chasser les personnes qui expriment leur dissidence. À partir de là, l'Europe puis le monde sont entraînés dans un fantastique tourbillon guerrier qui coûtera cinquante millions de vies à l'humanité.

30 UN DÉFILÉ DES JEUNESSES HITLÉRIENNES EN 1933

Les jeunes garçons de 10 à 18 ans, ainsi que les filles à partir de 1930, doivent s'engager dans les Jeunesses hitlériennes. Ils reçoivent une formation militaire et ils sont soumis à la propagande du Parti nazi.

31 UN RASSEMBLEMENT MILITAIRE POUR LE CONGRÈS NAZI DE 1934

Hitler est friand de manifestations militaires d'envergure destinées à impressionner les foules.

propagande
Action exercée sur l'opinion dans le but de propager une idée.

dissidence
Action ou état d'une personne qui n'adhère pas à l'opinion de la majorité et qui exprime généralement son désaccord. En démocratie, la dissidence est un droit fondamental normalement protégé par des lois.

LES POLITIQUES ANTISÉMITES

Pour Hitler et les nazis, les Juifs sont les coupables par excellence. Ils n'acceptent pas que les Juifs occupent une place importante dans l'économie et la culture. Les nazis les accusent même de travailler à l'organisation d'un complot dans le but de prendre le pouvoir à la grandeur de la planète.

Dans les années 1930, diverses mesures répressives sont adoptées à l'endroit des 500 000 Juifs allemands. L'objectif est de les pousser à quitter le pays. Cette politique antisémite deviendra de plus en plus dure tout au long de la décennie, jusqu'à conduire à l'enfermement dans des camps de concentration, puis à l'extermination.

Les Juifs se voient attribuer des cartes d'identité spéciales et un « J » est apposé sur leur passeport. On leur interdit d'exercer certaines fonctions publiques ou de pratiquer des professions comme la médecine ou le droit. On leur confisque aussi leurs biens sous toutes sortes de prétextes.

En 1935, l'Allemagne vote les Lois de Nuremberg pour la protection du sang et de l'honneur allemands. Dans un premier temps, ces lois interdisent tout mariage ou toute relation sexuelle entre Juifs et non-Juifs, puis elles retirent la nationalité allemande aux personnes ayant des grands-parents juifs ou étant mariées à des personnes juives.

La situation des Juifs ne cesse de s'aggraver. Dans la nuit du 9 au 10 novembre 1938, les vitrines de milliers de magasins juifs sont fracassées, les synagogues sont pillées et incendiées. C'est ce que l'on a appelé la « Nuit de cristal ». Des centaines de personnes sont agressées et des milliers sont arrêtées.

politique antisémite
Hostilité systématique et délibérée envers les Juifs.

L'arithmétique des aliénés

Voici le passage d'un livre destiné à la jeunesse publié en Allemagne en 1933.

Un aliéné* coûte quotidiennement 4 marks**, un invalide, 5,5 marks, un criminel 3,5 marks. Dans beaucoup de cas, un fonctionnaire ne touche que 4 marks, un employé 3,5 marks, un apprenti 2 marks. D'après des estimations prudentes, il y a en Allemagne 300 000 aliénés dans les asiles. Calculez combien coûtent annuellement ces 300 000 aliénés. Combien de prêts aux jeunes ménages à 1000 marks pourrait-on faire si cet argent pouvait être économisé ?

---

* Aliéné : Personne qui souffre de trouble mental.
** Mark : Ancienne monnaie allemande.

■ Quel est le message de ce texte de propagande ?

---

32 UN TERRAIN DE JEUX À PARIS EN 1942

La France occupée par les Allemands adoptera des politiques antisémites pendant la guerre.

«Maintenant, tout ira bien dans cette école…» dit la légende de cette image dans un livre d'enfant publié en 1936.

1 Comment interprètes-tu cette image?

2 Pourquoi peut-on parler d'une image de propagande?

Inf+ PLUS

Le *Journal d'Anne Frank*

Les drames humains sont parfois le sujet d'œuvres littéraires très prenantes, tel le *Journal d'Anne Frank*. Anne est une jeune Juive d'Amsterdam, aux Pays-Bas. Quand les Allemands envahissent le pays, toute la famille se cache derrière une fausse cloison de la maison. Anne a alors 13 ans. De juin 1942 à août 1944, moment où les Frank seront dénoncés, Anne tient le journal de sa vie clandestine. Quelques jours avant son arrestation, elle écrit:

> «Il est étonnant que je n'aie pas abandonné tous mes espoirs, car ils paraissent absurdes et irréalisables. […] Je vois le monde transformé de plus en plus en désert, j'entends, toujours plus fort, le grondement du tonnerre qui approche, et qui annonce probablement notre mort…»

Anne Frank est morte dans un camp de concentration. Son journal, retrouvé après la guerre, devient rapidement un succès mondial.

Les Lois de Nuremberg

En 1935, le Reichstag (le Parlement allemand) adopte les premières d'une série de lois contre les Juifs. Pendant la Seconde Guerre mondiale, d'autres pays européens, occupés par l'Allemagne ou membres de l'Axe, adopteront des lois semblables.

Pénétré de la conscience que la pureté du sang allemand est la prémisse* de la perpétuation du peuple allemand, et inspiré de la volonté indomptable d'assurer l'avenir de la nation allemande, le Reichstag a adopté à l'unanimité la loi suivante, qui est proclamée par les présentes:

1. Les mariages entre Juifs et sujets de sang allemand […] sont interdits.

2. Le rapport extramarital entre Juifs et sujets de sang allemand […] est interdit.

3. Les Juifs ne peuvent pas utiliser au service de leur ménage des femmes de sang allemand […] âgées de moins de quarante-cinq ans.

5. Les infractions au numéro 1 seront sanctionnées par une peine de réclusion. Les infractions au numéro 2 seront sanctionnées par une peine d'emprisonnement ou une peine de réclusion**.

---

* Prémisse: Point de départ, hypothèse de départ.
** Réclusion: Emprisonnement avec obligation de travailler.

 Quel est le but des Lois de Nuremberg?

Le plan de Wannsee

Le chef de la police explique la «solution finale» adoptée lors d'une réunion tenue à Wannsee.

Dans le cadre de la solution finale, les Juifs devront, à partir de maintenant, être emmenés dans l'Est, pour y être employés comme main-d'œuvre. Les Juifs en état de travailler seront formés en groupes importants de travailleurs du même sexe et envoyés dans ces secteurs où ils seront affectés à la construction des routes. Sans aucun doute, une grande partie d'entre eux disparaîtra par le jeu d'une élimination naturelle. Le reste, ceux qui auront survécu à tout cela – et ce sera indubitablement ceux qui offriront la plus forte résistance physique – devront être traités en conséquence, car il faudra voir en ces gens qui représentent une sélection naturelle les germes d'une nouvelle renaissance juive.

Heydrich, 20 janvier 1942.

1 Qu'advient-il des Juifs employés à la construction des routes?

2 Si l'on pense que les nazis recherchaient une «solution finale», que veut-on dire par «devront être traités en conséquence»?

35 **DES ENFANTS DANS UN CAMP DE CONCENTRATION**

LA «SOLUTION FINALE»

En 1939, la guerre éclate entre les puissances de l'Axe et les Alliés. Dans les territoires qu'elle conquiert, l'Allemagne instaure une politique d'élimination des Juifs. Ainsi, l'Allemagne regroupe 550 000 Juifs polonais dans le seul ghetto de Varsovie. Des milliers mourront de faim, les rations alimentaires n'étant que de 300 calories par jour alors qu'il en faut environ 2000 pour un adulte. D'autres seront envoyés dans des camps de concentration ou encore exécutés sur place.

À partir de 1941, les autorités nazies planifient ce qu'elles nomment la «solution finale». Il s'agit de trouver un moyen d'éliminer tous les Juifs d'Europe. Le plan est mis au point lors d'une réunion tenue à Wannsee, en banlieue de Berlin, en 1942.

34 **L'ARRESTATION DE JUIFS DANS LE GHETTO DE VARSOVIE**

Des familles juives sont encerclées, puis arrêtées par des soldats nazis. Elles seront déportées vers des camps de concentration.

Ainsi, on a planifié un véritable génocide. On repère désormais facilement les Juifs à cause de l'étoile jaune qu'ils doivent porter. Ils sont arrêtés en masse, puis transportés par trains vers des camps de concentration. Plusieurs de ces camps sont construits en Pologne et dans d'autres pays occupés par l'Allemagne. Dans certains camps, les Juifs sont immédiatement exécutés. Dans d'autres, on sépare les hommes qui sont suffisamment forts pour travailler des autres, soit les femmes, les enfants, les vieillards et les malades. Ces derniers sont exécutés, généralement dans des chambres à gaz où ils meurent asphyxiés. Les corps sont ensuite jetés dans d'immenses fosses communes ou brûlés dans des fours crématoires. Bientôt, ceux qui ont été choisis pour travailler connaîtront le même sort, car les conditions de travail et de vie sont telles qu'ils ne peuvent pas résister bien longtemps.

36 LE CAMP D'AUSCHWITZ

On estime qu'environ 1,3 million de personnes sont déportées à Auschwitz ; 1,1 million y meurent, dont 960 000 Juifs.

37 LES VICTIMES JUIVES EN EUROPE

À la fin de la guerre, plus de cinq millions de Juifs seront morts. Dans certains pays, c'est la presque totalité de la population juive.

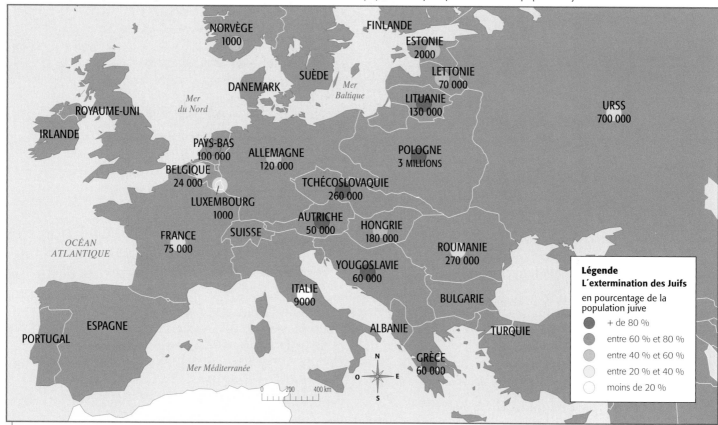

NORVÈGE
1000

FINLANDE

ESTONIE
2000

SUÈDE

DANEMARK

Mer Baltique

LETTONIE
70 000

LITUANIE
130 000

URSS
700 000

Mer du Nord

ROYAUME-UNI

IRLANDE

PAYS-BAS
100 000

BELGIQUE
24 000

ALLEMAGNE
120 000

POLOGNE
3 MILLIONS

LUXEMBOURG
1000

TCHÉCOSLOVAQUIE
260 000

AUTRICHE
50 000

OCÉAN ATLANTIQUE

FRANCE
75 000

SUISSE

HONGRIE
180 000

ROUMANIE
270 000

YOUGOSLAVIE
60 000

ITALIE
9000

BULGARIE

ESPAGNE

PORTUGAL

ALBANIE

TURQUIE

Mer Méditerranée

GRÈCE
60 000

Légende
L'extermination des Juifs

en pourcentage de la population juive

- + de 80 %
- entre 60 % et 80 %
- entre 40 % et 60 %
- entre 20 % et 40 %
- moins de 20 %

0   200   400 km

Quels pays ont le plus souffert de l'Holocauste ?

Inf+ PLUS

La liste de Schindler

Les Allemands ne sont pas tous nazis. Certains résistent et s'opposent au Parti. C'est le cas d'Oscar Schindler, propriétaire d'une usine de marmites, de casseroles et de munitions en Pologne. Ces produits sont destinés à l'armée allemande. La main-d'œuvre est en grande majorité juive. Tout au long de la guerre, Schindler protège cette main-d'œuvre. Il conclut aussi des ententes avec les camps de concentration des environs pour obtenir davantage de travailleurs juifs, qui seront à leur tour protégés. Il s'agit d'une opération de sauvetage, car Schindler n'a pas besoin d'autant de personnes pour faire fonctionner son entreprise. Grâce à lui, la plupart de ces ouvriers auront survécu à la guerre. On estime qu'il a sauvé la vie d'environ 1200 Juifs. En 1993, le cinéaste Steven Spielberg a réalisé le film *La liste de Schindler* qui relate ces événements.

STADT KRAKAU

Kennkarte Nr. 01664
Karta rozpoznawcza Nr
für den Juden = die Jüdin (dla żyda = żydówki)
Familienname: *Rosenzweig*
nazwisko:
Bei Ehefrauen Geburtsname: *Wiener*
przy mężatkach nazwisko panieńskie:
Vorname: *Cyrla*
imię:

Eigenhändige Unterschrift (podpis własnoręczny):
Besondere Kennzeichen (Znaki szczególne):

Die Kennkarte ist nur gültig, wenn sie die zeitlich richtigen Gültigkeitsbestätigungen auf Seite 4, bzw. 6 enthält.
Karta rozpoznawcza jest tylko wówczas ważna, jeżeli czasowo obowiązujące potwierdzenia ważności na str. 4 wzgl. 6 zawiera.

Cyria Rosenzweig, dont on voit ici la carte d'identité avec la mention «juive» (*jüdin*), est une de ces ouvrières sauvées de la mort par Schindler.

POUR QUE LE MONDE SE SOUVIENNE

La tragique histoire de l'Holocauste nous rappelle que l'être humain peut être cruel, mais elle nous rappelle également que, dans les pires moments, il sait se lever pour défendre les droits des opprimés. Au cours de la Seconde Guerre mondiale, plusieurs résistants gardent espoir et refusent de céder devant les forces infiniment supérieures de l'occupant allemand.

La résistance

Tout au long de la guerre, des milliers de personnes forment des groupes de résistance dans les pays occupés. De tels groupes cherchent à empêcher l'occupation complète de leur pays. Souvent, ils s'emploient à sauver les Juifs de la déportation en les cachant ou en les aidant à fuir. Voici un extrait des instructions données par le Conseil national de la résistance (CNR), en France, aux Comités départementaux de libération (CDL).

Pour mobiliser les ressources immenses d'énergie du peuple français, […] le CNR décide d'inviter les responsables des organisations déjà existantes à former des «comités de lutte» de villes et de villages, d'entreprises, par la coordination des formations qui existent actuellement, par la formation de comités là où rien n'existe encore et à enrôler les patriotes non organisés. […]

Ces comités devront, selon les circonstances et en se conformant aux instructions données par les CDL […]: Développer la lutte contre la déportation et aider les réfractaires à se cacher, à se nourrir, à se vêtir et à se défendre, enlevant ainsi des forces à l'ennemi et augmentant le potentiel humain de la résistance.

Le Programme commun de la résistance, 1944.

Et aujourd'hui...

Un devoir de mémoire

Notre époque reste marquée par ce génocide. Des principes ont été tirés de ce drame terrible et des lois ont été votées. Ainsi, le génocide est désormais considéré comme un crime contre l'humanité. Il s'agit donc d'un crime imprescriptible, c'est-à-dire que ses auteurs peuvent être poursuivis tant et aussi longtemps qu'ils sont vivants. Encore aujourd'hui, des criminels nazis sont traduits en justice.

■ Connais-tu d'autres génocides que l'Holocauste? Lesquels?

Un monde à reconstruire

Le génocide de la Seconde Guerre mondiale provoque de nombreuses réactions à l'échelle de la planète. Non seulement des dirigeants nazis sont-ils condamnés au cours du procès de Nuremberg, mais l'opinion publique se révolte contre ce genre de pratique. La découverte des camps de concentration soulève l'indignation générale. Des organismes internationaux ont depuis été créés pour que des événements semblables ne puissent pas se reproduire. En 1945, une cinquantaine d'États s'engagent à défendre la liberté et la paix en signant le traité de San Francisco, qui est à la base de la création de l'Organisation des Nations Unies. La mission de l'ONU est principalement de faire respecter les droits de l'homme et de garantir la sécurité et la paix dans le monde.

Le crime contre l'humanité

Après la guerre, les Alliés poursuivent en justice les chefs nazis. C'est le procès de Nuremberg. Les dirigeants allemands sont accusés de « crime contre l'humanité », et la définition qu'on en donne alors reste substantiellement la même aujourd'hui.

Les crimes contre l'humanité : c'est-à-dire l'assassinat, l'extermination, la réduction en esclavage, la déportation, et tout autre acte inhumain commis contre toutes populations civiles, avant ou pendant la guerre, ou bien les persécutions pour des motifs politiques, raciaux ou religieux, lorsque ces actes ou persécutions, qu'ils aient constitué ou non une violation du droit interne du pays où ils ont été perpétrés, ont été commis à la suite de tout crime rentrant dans la compétence du Tribunal, ou en liaison avec ce crime.

Article 6c du statut du tribunal militaire de Nuremberg, 1945-1946.

38 QUELQUES ÉVÉNEMENTS EN LIEN AVEC L'HOLOCAUSTE

30 janvier 1933	Nomination d'Hitler comme chancelier de l'Allemagne.
1933	Ouverture du premier camp de concentration officiel à Dachau. Début du boycottage des entreprises et des magasins juifs.
1935	Adoption des lois de Nuremberg : les Juifs perdent leur citoyenneté allemande et ne peuvent se marier avec des Allemands d'origine.
1936	Interdiction pour les médecins juifs de soigner des non-Juifs.
1938	Pillage des magasins juifs et incendie des synagogues (Nuit de cristal). Déportation de 30 000 personnes dans des camps de concentration. Exclusion des élèves juifs des écoles allemandes.
1er septembre 1939	Début de la Seconde Guerre mondiale : l'Allemagne envahit la Pologne.
1940	Ouverture du camp de concentration d'Auschwitz, en Pologne. Création du ghetto de Varsovie, en Pologne.
1941	Planification de la « solution finale », qui vise l'extermination des Juifs d'Europe.
1942	Conférence de Wannsee : mise en application de la « solution finale ».
1945	Évacuation et libération des camps de concentration.

39 LE MUSÉE DE L'HOLOCAUSTE À MONTRÉAL

Des monuments commémoratifs et des musées, tel le musée de l'Holocauste à Montréal, permettent de garder en mémoire le drame de l'Holocauste. Ici, on a gravé les noms des disparus sur les murs.

PENSER EN HISTOIRE

- Les droits économiques sont-ils accessibles à tous ou respectés partout dans le monde ?

Des droits économiques

Les droits économiques font partie des droits fondamentaux évoqués dans la Déclaration universelle des droits de l'homme en 1948. Or, près de 60 ans plus tard, ces droits sont loin d'être acquis pour tous. Voici quelques articles de la Déclaration qui portent sur ces droits.

Des droits économiques

22. Toute personne, en tant que membre de la société, a droit à la sécurité sociale ; elle est fondée* à obtenir la satisfaction des droits économiques, sociaux et culturels indispensables à sa dignité et au libre développement de sa personnalité […]

23. Toute personne a droit au travail […] Quiconque travaille a droit à une rémunération équitable et satisfaisante lui assurant ainsi qu'à sa famille une existence conforme à la dignité humaine […]

25. Toute personne a droit à un niveau de vie suffisant pour assurer sa santé, son bien-être et ceux de sa famille, notamment pour l'alimentation, l'habillement, le logement, les soins médicaux ainsi que pour les services sociaux nécessaires.

* Être fondé à : Être en droit de.

Les documents suivants présentent des informations sur la situation économique dans différentes régions du monde.

Associe les articles de la Déclaration universelle des droits de l'homme aux documents suivants. Pour t'aider, réponds au questions ci-dessous.

✓ J'interprète et je compare des documents

✓ Je construis une interprétation.

1 Quelles informations contiennent les documents ?

2 Quel aspect de l'économie est traité dans chaque document ?

3 À quel article de la Déclaration universelle peux-tu associer chaque aspect traité ?

4 D'après ces documents, les droits économiques cités dans la Déclaration universelle des droits de l'homme sont-ils respectés ? Explique ta réponse.

40 DES INDICATEURS DE LA SANTÉ

PAYS	ESPÉRANCE DE VIE	MÉDECINS (PAR 100 000)	MORTALITÉ INFANTILE* (PAR 1000)
Brésil	70,5	206	33
Canada	80	209	5
États-Unis	77,4	549	7
France	79,5	329	4
Haïti	51,6	25	76
Inde	63,3	51	63
Japon	82	201	3
Maroc	69,7	48	36
Niger	44,4	3	154
Rwanda	43,9	2	118

* Mortalité infantile : Nombre de décès durant la première année de vie.

42 LE REVENU QUOTIDIEN DANS LE MONDE EN 2000 (EN DOLLARS AMÉRICAINS)

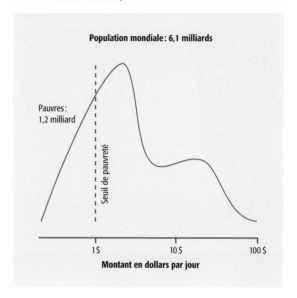

41 UN BIDONVILLE À MUMBAI (BOMBAY), EN INDE

> # Malgré la prospérité, la pauvreté frappe encore les enfants canadiens
>
> Dans son rapport annuel, l'organisme Campagne 2000 déplore que la pauvreté chez les enfants demeure environ au même niveau qu'au cours des 14 dernières années.
>
> En 2001, plus d'un million (15,5 %) d'enfants canadiens vivaient dans une famille pauvre. La tendance enregistrait un léger recul comparativement à l'an 2000, où 16,4 % des enfants étaient considérés comme pauvres.
>
> Le Québec se classe parmi les pires provinces, avec 18,7 % d'enfants vivant dans la pauvreté.
>
> *La Presse*, 25 novembre 2003.

LE PATRIMOINE DE L'HUMANITÉ

- Quelle est la valeur historique de l'affiche?

- À quoi sert l'affiche? Est-ce de l'art ou un outil d'information?

L'art de l'affiche

Vers la fin du XIXe siècle, l'affiche prend de l'importance. Puis, à partir du XXe siècle, elle devient un véhicule et un médium de premier plan dans tous les secteurs d'activité.

De nos jours, l'affiche fait partie de notre décor. Parfois, c'est son esthétisme qui attire notre regard; à d'autres moments, c'est le message qui prime. Mais quelle est la fonction de l'affiche? Pourquoi occupe-t-elle une si grande place dans notre vie?

Pour te faire une opinion, observe attentivement les affiches suivantes et réponds aux questions ci-dessous.

1 Selon toi, quel est le message de chaque affiche?

2 Qu'est-ce qui ressort dans chaque affiche: le texte ou l'image?

3 Les affiches nous renseignent-elles sur l'époque où elles ont été conçues? Sont-elles liées à des événements particuliers?

4 Considères-tu les affiches comme de l'art ou comme un outil d'information? Explique ton point de vue.

43 LA PARTICIPATION À LA GUERRE

L'inscription dit: «Le pays a besoin de vous, les femmes!» États-Unis, 1917.

44 LIBÉREZ L'AFRIQUE DU SUD

Cette affiche a été publiée aux États-Unis en 1985.

45 La Journée de la femme

L'inscription dit : « Donnez-nous le droit de vote ». Allemagne, 1914.

47 L'ennemi à abattre

Cette affiche a été publiée en URSS en 1942.

46 L'effort de guerre

Cette affiche date de la Seconde Guerre mondiale.

48 Un exemple de propagande

L'inscription dit : « Le Juif éternel ». Cette affiche a été publiée en Allemagne en 1937.

FAIRE LE POINT

A

✓→ Je me réfère à des repères temporels.

Sur une ligne du temps allant de 1900 à nos jours, situe chronologiquement des événements qui se rapportent aux thèmes suivants :

- la décolonisation ;
- l'antiracisme ;
- le féminisme ;
- l'Holocauste.

Utilise une couleur différente pour chaque thème.

B

✓→ Je montre ma compréhension des concepts.

Associe un concept à chaque situation.

- Censure
- Démocratisation
- Discrimination
- Dissidence
- Égalité
- Répression
- Ségrégation

a) Désormais, tous les jeunes qui le voudront pourront aller au collège.

b) Je n'ai pas eu l'emploi, car il était réservé aux hommes.

c) Je respecte votre opinion, mais je suis en désaccord avec vous.

d) Le collège admet en priorité les enfants des anciens élèves.

e) Les étrangers peuvent aller à ce magasin, mais en dehors de heures normales d'ouverture.

f) Mon journal ne peut publier que ce qui convient au propriétaire.

g) Pour avoir dénoncé l'injustice, on m'a mise à la porte.

C

✓→ Je trouve les facteurs qui contribuent à la décolonisation.

Quels sont les principaux facteurs qui poussent à la décolonisation de l'Afrique ?

D

✓→ **Je reconnais la responsabilité des individus dans la lutte pour la reconnaissance des libertés.**

1. Qu'est-ce qui caractérise l'action de Gandhi?

2. Selon Gandhi, quel était le meilleur moyen de combattre le colonisateur? Pourquoi? Donne un exemple.

E

✓→ **Je trouve des facteurs qui contribuent à l'émancipation des femmes.**

Comment les deux guerres mondiales ont-elles contribué à l'émancipation des femmes? Donne quelques exemples.

F

✓→ **Je réalise que les droits et libertés n'ont pas toujours été respectés.**

Au cours du XXe siècle, les droits des Noirs et des Juifs n'ont pas été respectés.

Pour chaque cas:

a) explique de quelle manière ces droits ont été niés;

b) donne un nom à chacune de ces négations.

G

✓→ **Je relève les conséquences des luttes pour les libertés.**

Quels sont les principaux gains obtenus au XXe siècle en lien avec les droits et les libertés? Rédige un court texte pour expliquer ton point de vue.

CONSTRUIRE SA CONSCIENCE CITOYENNE

A

La citoyenneté mondiale et le droit d'ingérence

En 1994, un terrible génocide a lieu au Rwanda. Des centaines de milliers de personnes sont tuées sans que les puissances étrangères n'interviennent. Selon l'extrait de journal ci-dessous, les autorités canadiennes considèrent qu'elles auraient dû intervenir, en vertu du droit d'ingérence dans le cas de crimes contre l'humanité.

Commémoration du génocide au Rwanda

La communauté internationale n'a toujours pas tiré 10 ans plus tard les leçons du génocide survenu au Rwanda, déplore le ministre des Affaires étrangères du Canada […] qui presse les États de la planète de s'engager résolument en faveur du droit d'ingérence pour éviter la répétition de tels drames.

Marc Thibodeau, *La Presse*, 2004.

1. Selon l'article, que veut-on dire par «droit d'ingérence»?

2. À ton avis, a-t-on le droit de s'ingérer dans les affaires d'un autre pays? Explique ton point de vue.

3. Dans un cas comme celui du Rwanda, devrait-on parler de droit d'ingérence ou de devoir d'ingérence? Pourquoi?

B

Les autres, ce n'est pas moi!

En 1941, le pasteur allemand Martin Niemöller écrit ce poème. Il est dans un camp de concentration.

Lorsque les nazis sont venus
    chercher les communistes
Je n'ai rien dit
Je n'étais pas communiste.

Lorsqu'ils sont venus chercher
    les sociaux-démocrates
Je n'ai rien dit
Je n'étais pas social-démocrate.

Lorsqu'ils sont venus chercher
    les syndicalistes
Je n'ai rien dit
Je n'étais pas syndicaliste.

Lorsqu'ils sont venus chercher
    les catholiques
Je n'ai rien dit
Je n'étais pas catholique.

Lorsqu'ils sont venus chercher
    les Juifs
Je n'ai rien dit
Je n'étais pas juif.

Puis ils sont venus me chercher
Et il ne restait plus personne
    pour protester.

1. D'après toi, quel est le rôle de l'individu dans la défense des droits et des libertés?

2. Quelle est la leçon de ce poème?

C

L'école : un lieu pour tous

1. Existe-t-il aujourd'hui, dans ton école, des situations de discrimination ? Si oui, donne deux exemples.

2. Que pourrais-tu faire pour remédier à la situation ?

> ✓ Je questionne ma responsabilité citoyenne.
>
> ✓ J'établis un rapport entre le passé et le présent.
>
> ✓ Je planifie mon engagement social.

OPTION **PROJET**

Changer le monde… c'est possible

Tu as préparé une fiche d'information sur une personne qui a contribué ou qui contribue à faire avancer la cause des droits et des libertés.

1. **Présentation du projet**

   a) Quelle forme vas-tu donner à la présentation de ta fiche ?

   b) Quelle personne as-tu choisie ? Pourquoi ?

   c) Quelle cause cette personne tente-t-elle de faire avancer ?

   d) As-tu bien décrit les actions menées par cette personne ?

   e) Ces actions ont-elles fait avancer la cause qu'elle défendait ou qu'elle défend ? Comment ?

2. **Conclusion**

   a) Selon toi, un individu peut-il jouer un rôle dans la reconnaissance des libertés et des droits ?

   b) Pourrais-tu t'engager dans une action semblable ? Pourquoi ?

Chapitre **7**

Pour la suite de l'histoire : une réalité du présent

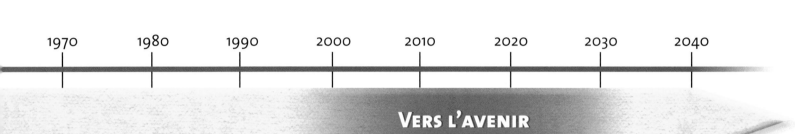

1970 1980 1990 2000 2010 2020 2030 2040

VERS L'AVENIR

D'où venons-nous ? Qui sommes-nous ? Où allons-nous ? Pour les individus comme pour les sociétés, l'histoire sert à comprendre le présent à l'aide du passé et permet, en conséquence, d'envisager l'avenir.

Ce chapitre ne t'amènera pas à remonter le temps pour découvrir une réalité sociale du passé. Cependant, tu auras l'occasion de vivre une situation d'apprentissage qui te permettra de constater comment l'étude de l'histoire est utile pour :

- t'aider à comprendre le présent et à vivre comme une personne informée et lucide ;
- préparer ta participation sociale, tant pour vivre le présent que pour orienter l'avenir.

Tu auras surtout l'occasion de répondre à tes propres interrogations sur le présent pour mieux envisager l'avenir.

D'HIER...

Jusqu'ici, nous avons étudié des réalités du passé. Sans la connaissance de ce passé, nous ne pourrions savoir où nous en sommes, comment nous y sommes arrivés et pourquoi. En interrogeant et en interprétant le passé, nous devenons plus conscients de notre présent.

Sommes-nous satisfaits de notre présent ? Serait-il mieux autrement ? Pouvons-nous le changer ?

SOMMAIRE

Dans ce chapitre, tu devras choisir un enjeu, le présenter et proposer des solutions. Tu feras d'abord un survol de différents concepts qui se trouvent souvent au cœur de l'actualité. Puis, tu exploreras différents thèmes qui pourront t'inspirer et t'aider à choisir un enjeu. Enfin, pour la réalisation de ton projet, un modèle de démarche de recherche te sera proposé.

CONCEPTS

VOICI LES CONCEPTS EXPLOITÉS DANS CE CHAPITRE.

Concept central
• société

Concepts particuliers
• changement
• continuité
• démocratie
• diversité
• enjeu
• territoire

Ces concepts te sont-ils familiers ?
Rappelle-toi les définitions de ces concepts. Le chapitre t'aidera à les préciser.

... À DEMAIN

Chaque jour de ce présent qui résulte de l'histoire nous conduit vers l'avenir. Cet avenir, le souhaitons-nous comme un simple prolongement, une continuité du présent, ou désirons-nous des changements ? Cela, c'est à nous de le décider, de le dire et de le faire. Dans notre société démocratique, contribuer au présent et à l'avenir est la responsabilité de tous et on ne peut oublier que, de toutes façons, ce sont les humains qui font l'histoire.

> **Jeune citoyenne, jeune citoyen, vers quel avenir faudrait-il s'orienter, à ton avis ?**

OPTION **PROJET**

Des enjeux du présent

MISSION

Imagine que tu fais partie d'un Parlement mondial. Ton rôle, en tant que membre du Parlement, est de présenter un enjeu que tu considères comme important pour l'avenir et de proposer des solutions et des actions pertinentes.

• À partir de thèmes qui te seront proposés dans le chapitre, ou à partir d'autres thèmes que tu jugeras appropriés, choisis un enjeu.

• Justifie le choix de ton enjeu.

• Documente-toi pour bien comprendre toutes les facettes de l'enjeu, ses causes et ses conséquences éventuelles.

• Détermine les groupes concernés par cet enjeu et informe-toi sur leurs différents points de vue.

Parlons concepts

Voici différents concepts qui sont fréquemment évoqués lorsqu'il est question d'enjeux actuels. Ils te permettront de faire le lien entre le passé, le présent et l'avenir.

LA SOCIÉTÉ

Tu as appris ce que signifie le concept de société quand il est question des premiers humains. Dans ce cas, on parle de société lorsqu'un certain nombre d'individus s'organisent sur un même territoire et établissent des liens durables entre eux. Évidemment, le concept a évolué. Les sociétés se sont d'abord définies par le territoire sur lequel elles se sont organisées et par le mode de vie de leurs membres. Puis, elles se sont définies par leur façon de concevoir le pouvoir et la hiérarchie sociale, par leur culture, par le niveau de vie de leurs habitants, etc.

- Qu'est-ce qui caractérise une société de nos jours?

- Quelles sont les principales différences entre les sociétés?

- Comment imagines-tu les sociétés dans l'avenir?

LE TERRITOIRE

Le concept de territoire est étroitement lié à celui de société, car la société se définit, entre autres, par le territoire qu'elle occupe. C'est en s'établissant de façon durable sur un territoire que les premières sociétés se sont organisées. Les premières grandes civilisations et les empires coloniaux ont étendu leur influence sur d'immenses territoires. En général, les sociétés, comme les individus, cherchent à préserver le territoire qu'elles occupent.

- Est-ce que tu t'identifies au territoire sur lequel tu habites? Pourquoi?

- À qui appartient le territoire?

- En quoi le territoire peut-il être source de conflit?

La continuité et le changement

On parle de continuité lorsqu'un phénomène n'est pas interrompu dans le temps. Il peut s'être modifié ou transformé avec le temps, mais il perdure. Ainsi, le fait que la subsistance des individus repose toujours sur l'agriculture et l'élevage constitue un élément de continuité, même si l'agriculture a profondément évolué depuis 12 000 ans. Sur une période de temps plus courte, les traditions et les valeurs sont aussi des exemples d'éléments de continuité dans une société, bien qu'elles se transforment et qu'elles soient parfois remises en question par les nouvelles générations.

On parle de changement lorsqu'il y a remplacement d'une chose par quelque chose d'autre, comme le passage de l'être humain de l'état de nomade à celui de sédentaire. Le changement peut être plus ou moins rapide. S'il se fait graduellement, on parle d'évolution. Par exemple, les lois ont évolué depuis le code d'Hammourabi, il y a 4000 ans, jusqu'à nos codes de lois actuels. Le changement peut aussi se faire de façon rapide ou brusque, comme lors de la Révolution française.

- Que devrait-on s'assurer de maintenir dans notre société ?
- Qu'est-ce qui devrait changer dans notre société ?
- Comment pourrais-tu contribuer à la continuité ou au changement ?

La démocratie

Le concept de démocratie a souvent été abordé dans le cadre de ton cours d'histoire. C'est d'abord dans les cités grecques que la démocratie a pris forme. Mais à l'époque, seule une petite partie de la population pouvait participer aux décisions politiques. Au cours de l'histoire, des hommes et des femmes se sont battus pour rendre la démocratie accessible à un plus grand nombre de personnes. La démocratie est aujourd'hui le fondement de plusieurs sociétés, dont la nôtre, puisqu'elle est à la base de la vie politique et sociale. Dans une société démocratique, les citoyens occupent une place importante, car l'essence même de la démocratie, c'est le gouvernement par le peuple. Or, le peuple, ce sont tous les citoyens, et le gouvernement, ce sont tous les lieux où il y a des décisions à prendre et des orientations à définir pour le bien commun de la société.

- Qu'est-ce qui assure le maintien de la démocratie dans notre société ?
- Qu'est-ce qui pourrait la menacer ?
- Comment peux-tu participer à la vie démocratique ?

Ces images témoignent-elles du changement ou de la continuité ?

LA DIVERSITÉ

On parle de diversité lorsqu'en comparant des choses, on constate des différences notables. Des exemples frappants de la diversité sont les goûts, comme pour la musique et les vêtements, les opinions, la religion, etc. En histoire, on constate que la diversité au sein d'une société peut être une richesse, mais qu'elle peut aussi devenir une source de conflit. Par exemple, l'intolérance à la diversité religieuse ou à la diversité ethnique a parfois entraîné des guerres et l'exclusion de certaines communautés.

○ En quoi la diversité est-elle une richesse ?

○ Notre société est-elle ouverte à la diversité ?

○ Pourquoi certaines personnes ne sont-elles pas ouvertes à la diversité ?

L'ENJEU

Tous les êtres humains partagent le même territoire et vivent en collectivité. Cependant, tous les membres d'une collectivité ne partagent pas nécessairement les mêmes opinions quant à l'utilisation du territoire ou à l'organisation de la société. Lorsque les individus ne s'accordent pas sur certains points, il faut que chacun défende ses positions et ses intérêts tout en faisant des compromis, afin de trouver une solution qui convient à tous.

Un enjeu, c'est donc une situation qui pose problème pour certains individus ou pour certains groupes, qui espèrent la rendre meilleure. Ici, ce sont les enjeux sociaux qui nous intéressent, c'est-à-dire ceux qui concernent les collectivités.

L'enjeu est souvent perçu comme quelque chose qui fait problème. Ainsi, l'environnement en lui-même n'est pas un enjeu, mais la dégradation de l'environnement en est un. Dans un enjeu, il y a à gagner, mais il peut y avoir à perdre. Par exemple, si l'enjeu est de diminuer l'écart entre les riches et les pauvres, il y aurait certainement des gains chez les pauvres, mais aussi des pertes chez les riches.

Décider d'un enjeu

Souvent, ce sont des événements de l'actualité qui nous font prendre conscience de l'existence d'un enjeu. Une nouvelle présentée à la télévision, un article de journal, une image ou une conversation peuvent attirer notre attention sur un problème de société et provoquer une réaction. Cette réaction peut être différente pour chaque personne. C'est pourquoi il est important de réfléchir et d'analyser le problème sous toutes ses formes pour trouver une solution qui convient aux intérêts individuels comme aux intérêts collectifs.

Un enjeu peut se présenter sous différents angles et ne pas être perçu de la même façon par tous. Notre perception d'un enjeu repose sur :

- nos connaissances (du passé, du présent ou des réalités en cause) ;

- notre position dans la société ou dans le monde (patron ou employé, riche ou pauvre, instruit ou non, société industrialisée ou pays pauvre, etc.) ;

- nos intérêts personnels (opinions, valeurs, goûts, préférences, croyances, etc.).

Mais une chose est sûre : plus nous prenons connaissance de ce qui se passe dans notre société et dans le monde qui nous entoure, plus nous sommes aptes à prendre conscience de l'existence de certains problèmes, à en comprendre les causes et à envisager des solutions.

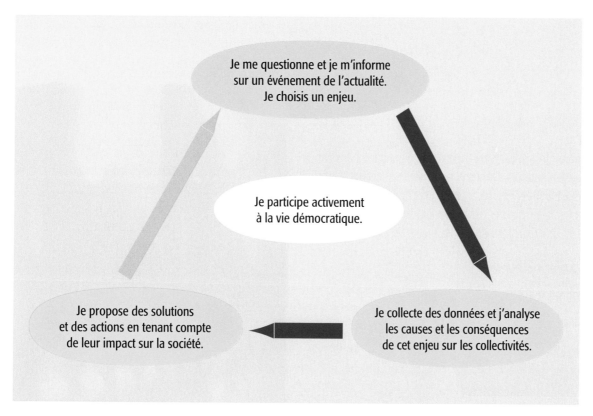

Je me questionne et je m'informe sur un événement de l'actualité. Je choisis un enjeu.

Je participe activement à la vie démocratique.

Je propose des solutions et des actions en tenant compte de leur impact sur la société.

Je collecte des données et j'analyse les causes et les conséquences de cet enjeu sur les collectivités.

Quelques thèmes

Les thèmes suivants te sont proposés pour t'aider à choisir un enjeu. Ils peuvent être abordés sous différents angles. Tu pourras choisir un de ces thèmes et déterminer l'enjeu que tu souhaites en faire ressortir. Pour t'aider à choisir, tu peux te servir du questionnement suggéré. Ces thèmes ne sont que quelques propositions. Tu pourrais décider d'en choisir un autre.

LA MONDIALISATION

Dès le XVIᵉ siècle, on assiste à l'augmentation des échanges entre différentes régions du globe. Les échanges ne sont pas seulement économiques, ils sont aussi sociaux (langues, coutumes, valeurs) et culturels (alimentation, mode de vie). La mondialisation n'est donc pas un phénomène récent, mais elle est plus présente que jamais, grâce entre autres au développement des nouvelles technologies.

Sous quel angle peux-tu traiter ce thème?

- Pourquoi certaines personnes sont-elles en faveur de la mondialisation alors que d'autres sont contre?

- Quels sont les effets de la mondialisation sur la culture? sur l'économie?

- Qui bénéficie de la mondialisation?

- Quels sont les avantages et les inconvénients de la mondialisation?

L'ENVIRONNEMENT

Pour subvenir à leurs besoins, les collectivités humaines exploitent l'environnement depuis des millénaires. Toutefois, un grand nombre de questions surgissent aujourd'hui relativement à la préservation et au respect de l'environnement. Certains sonnent l'alarme et veulent instaurer des règlements et des lois pour protéger l'environnement, tandis que d'autres pensent que ce n'est pas nécessaire.

Sous quel angle peux-tu traiter ce thème?

- Faut-il protéger l'environnement?

- Qui est responsable de la protection de l'environnement?

- Quelles sont les conséquences de l'organisation des sociétés humaines sur l'environnement?

- Quelle est la situation environnementale actuelle?

LA CULTURE

La culture est un élément essentiel à toutes les civilisations. La diversité culturelle s'est manifestée tout au long de l'histoire, par exemple entre la culture occidentale et la culture orientale ou encore entre les cultures des différents peuples. Aujourd'hui, avec l'immigration et la mobilité des individus, la diversité culturelle est présente au sein même des collectivités locales. La question des cultures dominantes, comme la culture américaine, est également d'actualité.

Sous quel angle peux-tu traiter ce thème?

- Pourquoi certaines cultures sont-elles dominantes?

- Pourquoi et comment certaines cultures parviennent-elles à dominer les autres?

- Quels sont les avantages et les inconvénients de la diversité culturelle?

- La culture doit-elle être protégée?

LES DROITS DE LA PERSONNE

Au cours de l'histoire, les êtres humains se sont révoltés et se sont battus pour obtenir le respect de leurs droits et libertés. Aujourd'hui, dans les sociétés démocratiques, la liberté et l'égalité sont des droits fondamentaux garantis et protégés par des lois, des chartes et des institutions. Mais dans certains pays du monde et dans certains groupes de la société, d'importantes luttes doivent encore être menées pour obtenir l'égalité entre les individus.

Sous quel angle peux-tu traiter ce thème?

- Y a-t-il des endroits dans le monde où les droits de la personne ne sont pas protégés ou respectés? Pourquoi?

- Qu'est-ce qui menace les droits et les libertés dans une société?

- Les lois peuvent-elles garantir le respect des droits et des libertés?

LES CONFLITS

De tout temps, les humains se sont affrontés pour défendre leurs intérêts, comme leur territoire, leurs valeurs, leurs idées ou leurs croyances. Il existe d'innombrables exemples de conflits à travers l'histoire. Aujourd'hui, on tente de trouver des solutions pacifiques aux conflits, mais des enjeux importants provoquent des affrontements armés qui viennent encore secouer de nombreuses régions du monde.

Sous quel angle peux-tu traiter ce thème?

- Quels sont les conflits ou les guerres qui font rage dans le monde?
- Ces conflits sont-ils régionaux ou ont-ils un impact planétaire?
- Quelles sont les sources des conflits armés? Sont-elles d'ordre économique, religieux, territorial, etc.?
- Pourquoi les pays occidentaux interviennent-ils militairement dans certaines régions du monde?

LA RELIGION

La religion a grandement influencé l'organisation des sociétés humaines à travers le temps. Ainsi, le christianisme a rassemblé les peuples d'Europe et s'est répandu rapidement en Occident. Il a aussi exercé une influence considérable sur les structures sociales et politiques en place. En Orient, l'islam et les autres religions, telles que le bouddhisme et le shintoïsme, ont contribué au développement de brillantes civilisations. Aujourd'hui, les valeurs de notre société s'inspirent de ces religions et les citoyens peuvent adhérer à la religion de leur choix.

Sous quel angle peux-tu traiter ce thème?

- Que signifie la liberté de religion?
- La liberté de religion est-elle respectée partout dans le monde?
- La religion joue-t-elle un rôle important dans les sociétés modernes?

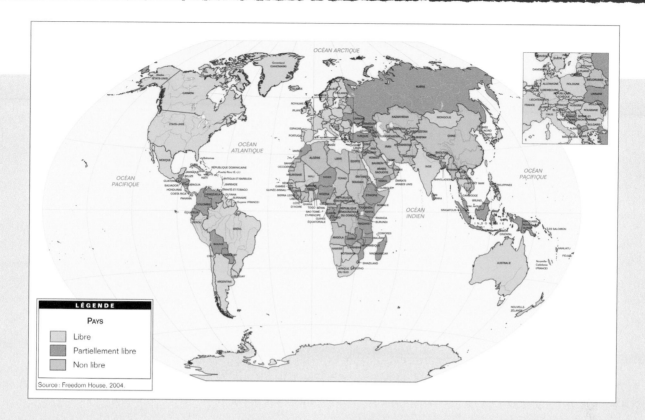

LÉGENDE

PAYS

Libre

Partiellement libre

Non libre

Source : Freedom House, 2004.

LES RÉGIMES POLITIQUES

L'organisation d'une société est en grande partie définie par le type de régime politique en place. Au cour de l'histoire, ces régimes ont pris différentes formes et se sont complexifiés. De nos jours, il y a entre autres la monarchie absolue, où un individu gouverne, et la dictature militaire, où ce sont les militaires qui gouvernent. Ces régimes sont qualifiés d'autoritaires. Il y a aussi la monarchie parlementaire ou la république, qui permettent à une majorité représentant le peuple de gouverner. Dans ce cas, on parle de régime démocratique.

À l'heure actuelle, la démocratie semble être le régime politique le plus répandu. Cependant, plusieurs pays maintiennent d'autres formes de régimes.

Sous quel angle peux-tu traiter ce thème ?

○ La démocratie est-elle le type de régime politique idéal ?

○ La démocratie est-elle menacée dans les sociétés occidentales et ailleurs dans le monde ?

○ Quel est le lien entre le type de régime politique d'un État et les droits de la personne ?

D'AUTRES THÈMES

Voici d'autres suggestions de thèmes auxquels tu pourrais t'intéresser.

○ Les ressources naturelles : certains se plaignent que l'on coupe trop d'arbres et que l'on détruit la forêt ; d'autres disent que l'exploitation de la forêt est essentielle pour les emplois en région. Qui a raison ?

○ Le travail : est-ce un droit ou un privilège ? Doit-il être garanti pour tous ? Les travailleurs sont-ils respectés ?

○ Le patrimoine collectif : doit-on conserver certains édifices et s'assurer de préserver certains paysages ? Qui est responsable du patrimoine collectif ?

○ L'éducation : est-elle accessible à tous partout dans le monde ?

○ La santé : est-ce que tous les citoyens profitent gratuitement de soins de santé de qualité ?

○ La condition des femmes : s'est-elle améliorée ? Est-elle la même que celle des hommes ? Est-elle la même partout dans le monde ?

○ La science : peut-elle contribuer à améliorer les conditions de vie des citoyens ? Est-elle au service de l'humanité ?

Une démarche de recherche

Dans le cadre du cours d'histoire et éducation à la citoyenneté, tu as appris à te servir de la démarche de recherche pour répondre à tes interrogations et pour résoudre des problèmes. Dans le projet de ce chapitre, tu as comme mission de choisir un enjeu, de découvrir ses causes et ses conséquences, et de proposer des solutions et des actions pertinentes. Pour t'aider, voici un exemple du traitement d'un enjeu à l'aide de la démarche de recherche.

RÉFLÉCHIR À PARTIR D'UN THÈME

Prenons un sujet comme **la répartition de la richesse.** Il est possible, en analysant le sujet sous différents angles, d'en faire ressortir plusieurs enjeux selon nos connaissances et l'intérêt que nous portons à cette question. Ainsi, la répartition de la richesse dans le monde peut être abordée sous l'angle de :

- la faible espérance de vie dans les pays pauvres ;
- l'endettement des pays pauvres ;
- le faible niveau de scolarisation dans les pays pauvres ;
- la rareté des ressources essentielles comme la nourriture et l'eau dans certains pays.

DÉMARCHE

PRENDS CONNAISSANCE DE L'ENJEU

Supposons que tu choisisses comme enjeu **le faible niveau de scolarisation dans les pays pauvres.** Comment devrais-tu procéder ? D'abord, tu dois définir le problème précis dans tes propres mots, à l'aide d'une fiche semblable à celle ci-contre.

INTERROGE-TOI SUR LE PROBLÈME

Quand tu réfléchis au faible niveau de scolarisation dans les pays pauvres, quelles sont les questions qui te viennent à l'esprit ?

Dans la liste suivante, quelles sont les questions qui, selon toi, sont les plus pertinentes ?

- **Quels** sont les problèmes causés par le faible niveau de scolarisation dans les pays pauvres ?
- **Depuis quand** ce problème existe-t-il ?
- **Quels** sont les pays concernés ?
- **Où** sont-ils situés ?
- **Quelles** sont les causes et les origines du faible niveau de scolarisation dans ces pays ?
- **Quelles** en sont les conséquences ?
- **Quelles** en sont les principales victimes ?
- **Comment** peut-on corriger la situation ?
- **Quelles** sont les solutions ou les actions à envisager ?

Quelles questions ajouterais-tu ?

Enjeu : Le faible niveau de scolarisation dans les pays pauvres.

La question à laquelle je veux répondre :
Pourquoi le niveau de scolarisation est-il faible dans les pays pauvres ?

Ce que je sais déjà à ce sujet : Quelles informations ai-je déjà ? Est-ce que je connais la situation de la scolarisation dans un pays en particulier ? Je sais qu'au Québec, par exemple, la scolarisation est obligatoire jusqu'à l'âge de 16 ans et qu'elle est gratuite, etc.

Les solutions envisagées : Quelles sont les solutions que j'envisage à cette étape-ci ? Est-ce que le fait de prévoir plus d'aide humanitaire dans les pays pauvres pourrait aider ?

L'ANALPHABÉTISME DANS LE MONDE

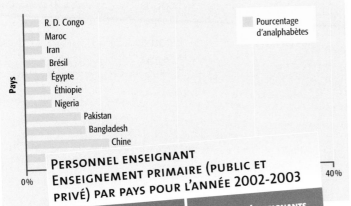

Pays: R. D. Congo, Maroc, Iran, Brésil, Égypte, Éthiopie, Nigeria, Pakistan, Bangladesh, Chine

Pourcentage d'analphabètes

0%   40%

PERSONNEL ENSEIGNANT — ENSEIGNEMENT PRIMAIRE (PUBLIC ET PRIVÉ) PAR PAYS POUR L'ANNÉE 2002-2003

PAYS	NOMBRE D'ENSEIGNANTS
Algérie	167 529
Bénin	19 836
Burundi	17 931
République démocratique du Congo	7818
Égypte	
États-Unis	
Pérou	

Enjeu : Le faible niveau de scolarisation dans les pays pauvres.

Question : Quels sont les pays concernés ?

Information trouvée : Le faible niveau de scolarisation se concentre surtout dans les pays en voie de développement, mais il existe aussi dans les pays industrialisés. Dans certains pays pauvres, jusqu'à 80 % des jeunes...

DÉMARCHE

PLANIFIE TA RECHERCHE

Pour amorcer ta recherche :

1. Établis un plan. Pense aux principales étapes et à l'organisation de ton travail. Prends en note ce que tu souhaites faire.

2. Demande-toi quel type de données ou quelles sources d'information pourraient t'être utiles. Par exemple, pour déterminer les pays où il y a un faible niveau de scolarisation, as-tu besoin d'une carte géographique, de statistiques, de graphiques ?

3. Détermine le genre de document que tu utiliseras : dictionnaires, encyclopédies, atlas, livres, journaux, sites Internet, etc.

4. Prévois des outils pour recueillir les données utiles (par exemple, une fiche différente pour chaque catégorie d'information).

RECUEILLE ET TRAITE L'INFORMATION

La cueillette de données

Il existe plusieurs types de documents : documents écrits, photos ou illustrations, tableaux ou graphiques, cartes, etc. Chaque document présente des informations particulières. Ces données sont-elles en lien avec l'enjeu que tu as choisi ou avec les questions que tu te poses ? Pour t'aider, consigne l'information sur des fiches. Assure-toi de bien **classer** tes données selon les différentes questions que tu as soulevées.

DÉMARCHE

Le traitement de l'information

Les renseignements que tu peux trouver ne sont pas toujours fiables. Tu dois donc faire preuve d'esprit critique et de méthode. Assure-toi de vérifier la provenance des documents que tu consultes et le contexte dans lequel ils ont été écrits. Distingue les documents pertinents des documents non pertinents, les faits des opinions. Cela te permettra de juger de la valeur et de la crédibilité d'un document. Enfin, compare les données recueillies avec celles provenant d'autres documents.

ORGANISE L'INFORMATION ET COMMUNIQUE LES RÉSULTATS DE TA RECHERCHE

Une fois tes données recueillies et bien classées, choisis un moyen efficace pour organiser et communiquer l'information. Le moyen que tu choisiras dépendra du type d'information que tu veux présenter. Voici une liste des différentes formes que peut prendre la présentation d'une recherche.

- Affiche
- Exposé oral
- Reportage
- Publication (journal ou magazine)
- Lettre
- Entrevue
- Site Internet
- Participation à un débat

Une fois la forme de ta présentation choisie, tu devras organiser tes informations en conséquence. Pour ce faire, tu dois d'abord concevoir un plan qui va te permettre d'organiser le temps dont tu disposes pour présenter ton enjeu. Si tu dois participer à un débat, assure-toi d'avoir à portée de main les exemples, les faits et tous les éléments qui seront utiles pour exposer ou défendre ton point de vue.

Par ailleurs, tu dois toujours citer tes sources. Tu as été critique vis-à-vis des sources que tu as trouvées tout au long de ta recherche. Ceux qui écoutent ou qui consultent ta présentation le seront aussi envers toi.

Il se peut, lors de ta recherche ou à la suite de ta présentation, que tu constates qu'il y aurait plus à dire ou que tu te poses de nouvelles questions. C'est tout à fait normal : plus on détient d'information sur un sujet, plus on découvre de nouveaux angles d'analyse. Note les commentaires reçus à la suite de ta présentation et les questions qui te viennent à l'esprit. Ils pourront te servir à approfondir un nouveau problème ou un nouvel enjeu.

« Dans plusieurs pays pauvres, les filles ne vont pas à l'école. »

« Les pays pauvres sont au premier rang en ce qui concerne l'analphabétisme chez les jeunes comme chez les adultes. »

« Selon la Déclaration universelle des droits de l'homme, l'éducation est un droit fondamental. »

Mes références

Le Petit Robert des noms propres, Paris, Dictionnaires Le Robert, 2006.

ROBILLARD, C. ET A. PARENT, *Atlas de géographie et d'histoire*, Montréal, Chenelière Éducation, 2005, 144 p.

UNESCO. *Rapport mondial de suivi sur l'éducation pour tous 2006.* [http://portal.unesco.org]

OPTION **PROJET**

Des enjeux du présent… des solutions pour l'avenir

MISSION

En tant que membre du Parlement mondial, tu as présenté un enjeu que tu considères comme important pour l'avenir et tu as proposé des solutions et des actions pertinentes.

1. Présentation du projet

a) Quel enjeu as-tu choisi ?

b) En quoi l'enjeu que tu as choisi est-il important ?

c) As-tu trouvé les causes et les conséquences éventuelles de cet enjeu ?

d) Quels sont les groupes concernés et leurs différents points de vue ?

e) Quelles solutions ou actions as-tu proposées pour faire face à cet enjeu ?

f) As-tu pensé aux effets possibles des solutions que tu as proposées ?

g) Les solutions que tu as proposées entraînent-elles des changements importants ou sont-elles en continuité avec le présent ?

2. Conclusion

a) Quelles sont les réactions des membres du Parlement ?

b) Considèrent-ils que l'enjeu que tu as présenté est important ?

c) Sont-ils d'accord avec les solutions que tu as proposées ? Pourquoi ?

d) Comment envisages-tu l'avenir ?

e) Quelle vision as-tu de ton rôle de citoyenne ou de citoyen ?

✓ Je relève les occasions de participation sociale.

✓ J'utilise mes compétences méthodologiques.

✓ J'analyse les documents de façon critique.

✓ J'argumente à partir de faits et non d'opinions.

Outils et techniques

SOMMAIRE

1 | Des outils en histoire

En histoire, on tente de comprendre les événements du passé et les faits relatifs à l'évolution de l'être humain. Pour ce faire, les historiens appliquent une démarche de recherche et utilisent des outils et des techniques.

Au fil de ton manuel, tu auras toi aussi l'occasion d'utiliser certains de ces outils et techniques pour résoudre des problèmes et répondre à des questions.

Les sources écrites

En général, les historiens fondent leurs recherches sur des sources écrites. Ils se consacrent à l'analyse et à l'interprétation de documents de toutes sortes qui proviennent de différentes sociétés à différentes époques.

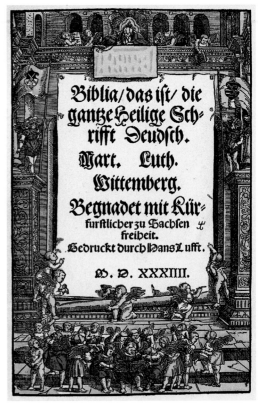

La première Bible traduite en allemand, par Luther.

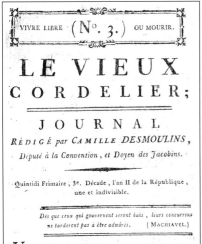

Un journal français publié au lendemain de la Révolution.

Les représentants du peuple français, constitués en Assemblée nationale [...] ont résolu d'exposer, dans une déclaration solennelle, les droits naturels, inaliénables et sacrés de l'homme [...]

1. Les hommes naissent et demeurent libres et égaux en droits. [...]

2. Le but de toute association politique est la conservation des droits naturels et imprescriptibles de l'homme. Ces droits sont la liberté, la propriété, la sûreté et la résistance à l'oppression.

4. La liberté consiste à pouvoir faire tout ce qui ne nuit pas à autrui [...]

5. La loi n'a le droit de défendre que les actions nuisibles à la société. [...]

6. La loi est l'expression de la volonté générale. [...] Elle doit être la même pour tous [...]

7. Nul homme ne peut être accusé, arrêté, ni détenu que dans les cas déterminés par la loi, et selon les formes qu'elle a prescrites. [...]

9. Tout homme [est] présumé innocent jusqu'à ce qu'il ait été déclaré coupable [...]

10. Nul ne doit être inquiété pour ses opinions, même religieuses, pourvu que leur manifestation ne trouble pas l'ordre public établi par la loi.

11. La libre communication des pensées et des opinions est un des droits les plus précieux de l'homme, tout citoyen peut donc parler, écrire, imprimer librement [...]

17. La propriété [est] un droit inviolable et sacré [...]

Un extrait de la Déclaration des droits de l'homme et du citoyen.

LES ARTÉFACTS

Les artéfacts sont des objets fabriqués ou transformés par les êtres humains (poteries, outils, bijoux, vêtements, etc.) ou des traces d'occupation (fondations ou ruines d'habitations, limites des champs destinés à l'agriculture). Ces trouvailles, avec les sources écrites, constituent les documents sur lesquels les archéologues et les historiens se basent pour étudier les sociétés humaines.

Le premier globe terrestre connu, conçu en 1492.

Une boussole datant du XVe siècle.

Une pièce d'or à l'effigie du pape Clément VII.

La conservation des documents

Les historiens consultent souvent des documents très anciens qui doivent être manipulés avec soin. En effet, le papier et le parchemin peuvent se détériorer rapidement s'ils ne sont pas conservés à la bonne température ou s'ils sont trop exposés à la lumière. Pour cette raison, les documents doivent être conservés dans les meilleures conditions possibles.

Des volumes de l'*Encyclopédie* de Diderot et d'Alembert, publiée entre 1751 et 1772.

Un astrolabe probablement utilisé à l'Université de Cracovie en Pologne, vers 1500.

2 | Appliquer une démarche de recherche

Dans la vie de tous les jours, lorsque tu veux régler un problème ou prendre une décision, tu suis un certain raisonnement. Autrement dit, tu appliques une démarche selon un ordre logique. Au fil de ton manuel, pour répondre aux interrogations, résoudre des problèmes ou réaliser des projets, tu devras appliquer une démarche similaire. C'est ce qu'on appelle une **démarche de recherche.**

Voici les étapes de cette démarche.

Prends connaissance du problème

- Définis le problème dans tes propres mots.
- Fais appel à ce que tu connais déjà sur le sujet.
- Envisage des solutions à ce problème.

Interroge-toi

- Formule les questions qui te viennent spontanément.
- Organise ces questions en catégories.
- Sélectionne les questions utiles.

Communique les résultats de ta démarche

- Présente ta production en utilisant le vocabulaire approprié.
- As-tu relevé de nouveaux problèmes ? Te poses-tu de nouvelles questions ?

À la fin de chaque étape, pose-toi la question suivante :

Si je devais recommencer, que ferais-je différemment pour me corriger ou m'améliorer ?

Cette autoévaluation te permettra de développer tes compétences.

Organise l'information

- Choisis un moyen pour transmettre l'information (texte écrit, exposé, présentation visuelle, affiche, site Internet, reportage, diaporama, etc.).
- Conçois un plan de travail détaillé pour organiser et communiquer l'information.
- Sélectionne l'information importante en fonction du plan.
- Dispose les données dans des tableaux, des lignes du temps, des diagrammes, etc.
- Rassemble les documents pertinents afin d'appuyer tes arguments (sources primaires et secondaires, documents iconographiques, etc.).
- Indique la source de tes documents.

Quelle est l'utilité d'appliquer une démarche de recherche ?

Une démarche de recherche t'aide à :

- bien définir ton sujet ;
- trouver des documents afin de bâtir une argumentation solide ;
- livrer des résultats basés sur des faits et non sur des impressions générales ou des sentiments personnels ;
- prendre conscience des stratégies d'apprentissage auxquelles tu as eu recours.

Planifie ta recherche

- Établis un plan de recherche, pense aux différentes étapes.
- Repère des sources d'information accessibles et fiables (livres, journaux, magazines, atlas, dictionnaires, encyclopédies, sites Internet, reportages et documentaires télévisés, etc.).
- Choisis ou conçois des outils pour la collecte des données (feuilles, fiches, tableaux, etc.).

Recueille et traite l'information

- Recueille les données.
- Classe les données.
- Distingue les faits des opinions.
- Use de ton jugement critique.
- Distingue les documents pertinents des documents non pertinents. (Les documents pertinents sont liés au problème et contribuent à ta recherche.)
- Compare les données.

Sous un autre angle

Lors de l'étape « Interroge-toi », tu peux choisir d'émettre une **hypothèse.** Autrement dit, tu donnes une réponse provisoire aux questions que tu te poses. Ensuite, tu vérifies cette hypothèse à l'aide des données recueillies avant de conclure.

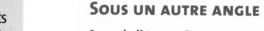

3 Lire une carte historique

Une carte historique ressemble beaucoup à une carte géographique. Elle contient les mêmes éléments de base comme l'échelle, la rose des vents, la légende. Cependant, certaines indications s'éloignent de la géographie pour se rattacher à des éléments historiques qu'on représente habituellement avec des couleurs, des symboles, des flèches, etc.

Observe la carte suivante.

5 Certaines cartes sont accompagnées d'un **carton**. Il s'agit d'une carte complémentaire en format réduit qui situe dans le monde la région représentée sur la carte principale.

Par exemple, grâce au carton, tu peux situer le Japon par rapport à l'Europe et en tirer des éléments d'information, tels que la distance qui les sépare ou leur superficie.

1 Le **titre** annonce le thème de la carte. En général, la date ou la période à l'étude y est précisée.

Grâce au titre de cette carte, tu peux découvrir que la zone étudiée est l'Europe, que le thème est celui des religions et que l'époque est le XVIᵉ siècle.

2 La **légende** est reliée au thème de la carte. On y trouve tous les éléments visuels nécessaires à la compréhension de l'information (couleurs, symboles, etc.).

Ici, la légende te permet de reconnaître les religions qui sont présentées sur la carte.

3 L'**échelle** permet de calculer ou d'évaluer des distances.

Un coup d'œil sur l'échelle de cette carte t'aide, par exemple, à évaluer la distance entre Rome et Genève.

4 La **rose des vents** indique l'orientation des points cardinaux.

Sur cette carte (comme sur la plupart des cartes), le nord est en haut. Par conséquent, le sud est en bas, l'est à droite et l'ouest à gauche.

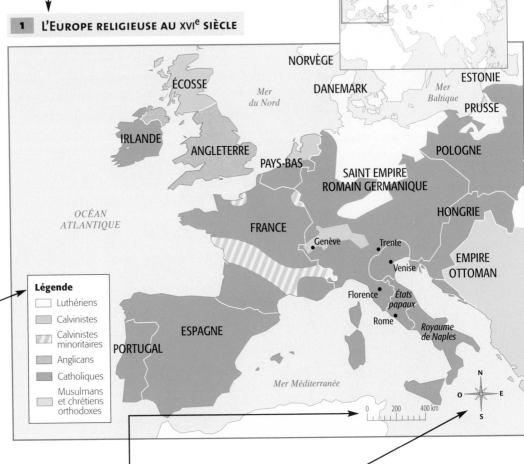

1 L'EUROPE RELIGIEUSE AU XVIᵉ SIÈCLE

Légende
- Luthériens
- Calvinistes
- Calvinistes minoritaires
- Anglicans
- Catholiques
- Musulmans et chrétiens orthodoxes

QUELLE EST L'UTILITÉ D'UNE CARTE HISTORIQUE ?

La carte historique permet de situer dans l'espace des événements et des sociétés. Elle peut aussi montrer l'évolution d'une société, d'un fait historique, etc.

SOUS UN AUTRE ANGLE

Les cartes anciennes te donnent un point de vue particulier. On y voit comment le monde était perçu à une autre époque. La carte ci-dessous aurait été dessinée par le mathématicien et géographe florentin Paolo Toscanelli à la fin du XVe siècle. Aujourd'hui, on sait que les cartes anciennes comportent beaucoup d'erreurs, car les géographes faisaient leurs observations sur terre ou sur mer à l'aide d'instruments rudimentaires.

COMMENT LIRE UNE CARTE HISTORIQUE

Tout d'abord, détermine ton intention : précise ce que tu cherches en étudiant cette carte.

Voici les principales questions reliées à l'observation d'une carte historique.

1. Quel espace géographique cette carte montre-t-elle ? Tu peux t'aider du carton.

2. Que t'apprend le titre de cette carte ?

3. Que révèlent les couleurs et les symboles de la légende ?

4. As-tu besoin de l'échelle et de la rose des vents pour bien situer le territoire ou calculer des distances ?

5. Que te révèle la carte ?

6. Quels liens peux-tu faire entre ce que révèle la carte et tes propres connaissances ?

7. Que peux-tu conclure de tes observations ?

Si tu as d'autres questions, n'hésite pas à les formuler. Elles t'aideront à guider ton observation d'une carte.

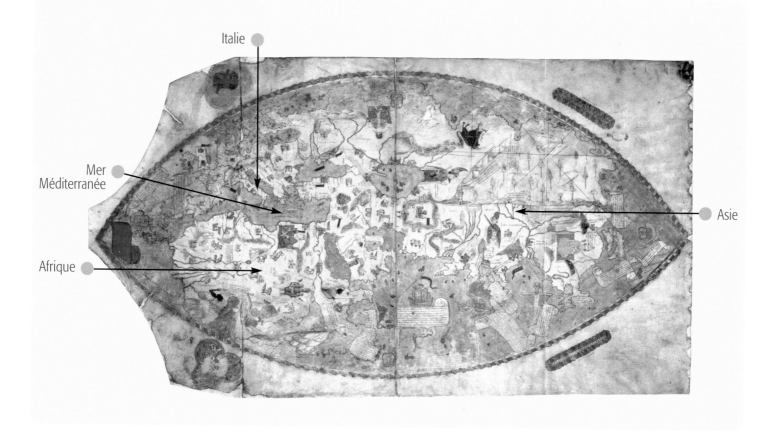

Représenter le temps

En histoire, on utilise un vocabulaire varié pour situer des événements historiques ou des réalités sociales dans le temps. Observe ci-contre quelques exemples de formulations extraites de ton manuel.

«À partir de 1613, la famille Romanov prend le pouvoir.»

«Du XIᵉ au XIIIᵉ siècle, l'Occident connaît des conditions de développement avantageuses.»

«Au début du IIᵉ millénaire, la société japonaise est composée de grandes familles […]»

Pour dater et représenter dans le temps des événements historiques et des réalités sociales, il est important de connaître et de savoir utiliser des outils comme le calendrier et la ligne du temps.

«À la Renaissance, la religion est encore très importante en Europe.»

LE CALENDRIER DE L'ÈRE CHRÉTIENNE

Pour situer les événements dans le temps, il faut déterminer un **point de référence.** De nos jours, la grande majorité des pays utilisent le **calendrier de l'ère chrétienne.** Ce calendrier se base sur la naissance de Jésus-Christ, qui est à l'origine de la religion chrétienne.

«Elle débute vers 1450 et s'étend sur environ un siècle et demi.»

L'an 1 marque le début de l'**ère chrétienne. L'an 2000** signifie donc 2000 ans **après** la naissance de Jésus-Christ. Pour les événements qui se sont déroulés avant la naissance de Jésus-Christ, il faut par conséquent «soustraire» le nombre d'années, de siècles ou de millénaires. Ainsi, l'an –2000 signifie 2000 ans avant Jésus-Christ.

Pour bien comprendre ces éléments, consulte le schéma suivant.

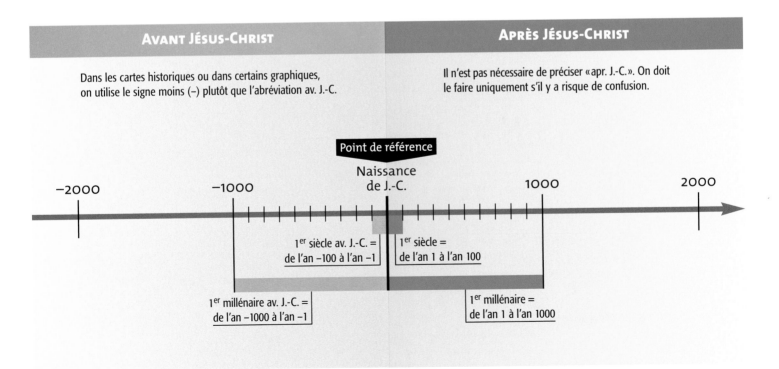

AVANT JÉSUS-CHRIST	APRÈS JÉSUS-CHRIST
Dans les cartes historiques ou dans certains graphiques, on utilise le signe moins (–) plutôt que l'abréviation av. J.-C.	Il n'est pas nécessaire de préciser «apr. J.-C.». On doit le faire uniquement s'il y a risque de confusion.

Point de référence
Naissance de J.-C.

–2000   –1000   1000   2000

1ᵉʳ siècle av. J.-C. = de l'an –100 à l'an –1

1ᵉʳ siècle = de l'an 1 à l'an 100

1ᵉʳ millénaire av. J.-C. = de l'an –1000 à l'an –1

1ᵉʳ millénaire = de l'an 1 à l'an 1000

LES CHIFFRES ROMAINS

En histoire, on écrit générale-ment les siècles, les millénaires et certaines dénominations en chiffres romains, plutôt qu'en chiffres arabes.

Par exemple,

ON ÉCRIT	PLUTÔT QUE
XVIIIᵉ siècle	18ᵉ siècle
IIIᵉ République	3ᵉ République
Le pape Clément VII	Clément 7
Le roi Louis XIV	Louis 14

Rappel

CHIFFRES ARABES	CHIFFRES ROMAINS
1	I
2	II
4	IV
5	V
6	VI
9	IX
10	X
11	XI
19	XIX
20	XX

SOUS UN AUTRE ANGLE

D'autres calendriers sont utilisés ailleurs dans le monde. Selon la culture, chacun de ces calendriers a pour point de référence un événement histo-rique important.

Pour les Juifs, le point de référence du calendrier est l'an 3761 av. J.-C. D'après leur interprétation de la Bible, il s'agit de la date de la créa-tion du monde.

Pour les Chinois, la date de référence du calendrier est l'an 2637 av. J.-C. Selon une légende, cette date corres-pondrait à l'invention du calendrier par l'empereur Huangdi.

Les musulmans font commencer le calendrier en l'an 622. Il s'agit d'une année clé dans la vie de Mahomet, le fondateur de l'islam.

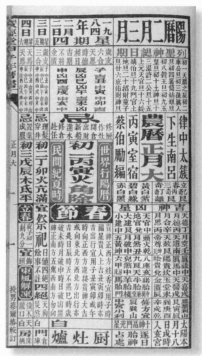

Un calendrier chinois.

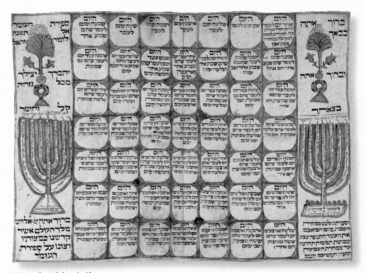

Un calendrier juif.

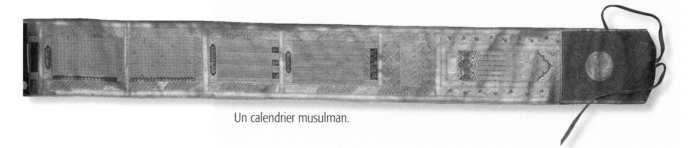

Un calendrier musulman.

LES REPÈRES TEMPORELS

Tout comme la carte est essentielle pour situer le territoire d'une société, un repère temporel est essentiel pour situer des événements historiques et des réalités sociales dans le temps.

QUELLE EST L'UTILITÉ DU REPÈRE TEMPOREL ?

Le repère temporel permet de représenter visuellement et concrètement les éléments qui concernent le temps. Il rend possible plusieurs opérations intellectuelles importantes :

- situer les événements ou les réalités dans un ordre chronologique ;
- observer leur proximité ou leur éloignement par rapport à aujourd'hui ;
- s'intéresser à leur évolution (durée, changements).

TROIS REPÈRES TEMPORELS

Il existe plusieurs types de repères temporels.

La **ligne du temps** est une façon simple de représenter des événements ou des réalités.

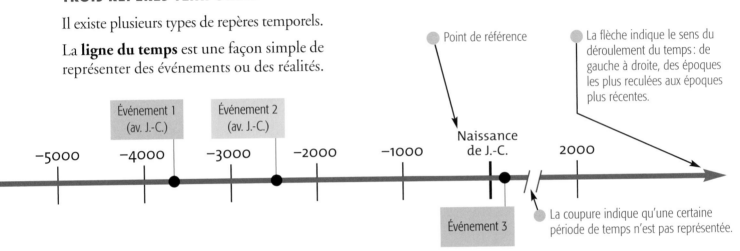

Le **ruban du temps** permet de situer des périodes de temps. Il est un peu moins précis que la ligne du temps, mais il permet de représenter des durées.

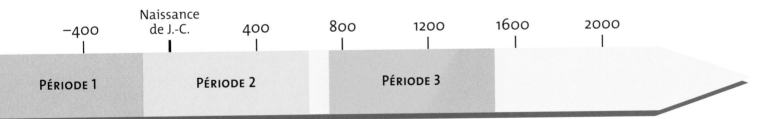

La **frise du temps** est un repère à plusieurs niveaux. Chaque niveau représente un thème différent. Le nombre et le contenu des niveaux dépendent de ce qu'on souhaite représenter.

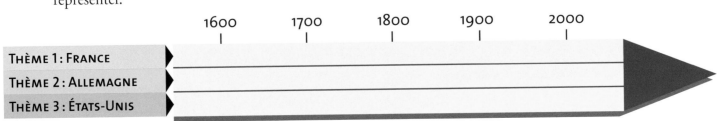

COMMENT CONSTRUIRE UNE LIGNE DU TEMPS

Pour construire une ligne du temps, tu dois suivre certaines étapes.

1. Relève les éléments d'information que tu juges importants pour ta ligne du temps (événements, personnages, documents, lieux, etc.).

2. Date-les à l'aide des questions suivantes.

   • Durant quel siècle, quel millénaire ou quelle période historique l'événement s'est-il produit?

   • La date est-elle précise ou approximative?

   • L'événement s'est-il produit avant ou après tel autre événement? Combien de temps avant ou après?

3. Choisis une échelle adéquate. Pour ce faire, calcule la durée entre l'événement le plus ancien et l'événement le plus récent qui doivent apparaître sur la ligne du temps. À partir de ce calcul, choisis une unité qui convient: année, décennie, siècle, millénaire.

4. Trace la ligne et installe les repères selon l'unité choisie comme dans l'exemple ci-dessous. Tu peux ajouter des repères intermédiaires qui faciliteront le repérage. Au besoin, place la naissance de J.-C.

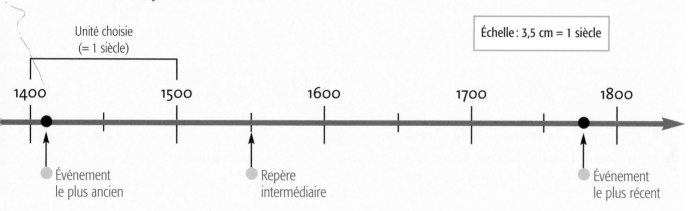

5. Positionne dans l'ordre chronologique les éléments d'information que tu as sélectionnés. Indique les dates et les durées.

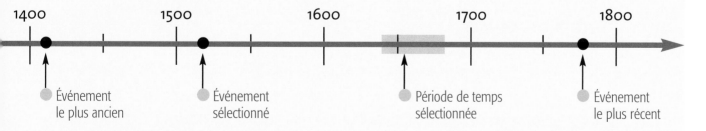

Une fois la ligne du temps construite, tu pourras la compléter selon tes besoins. Garde-la sous la main afin de t'y référer chaque fois que ce sera nécessaire. Cela facilitera ton interprétation du passé.

5 Utiliser des concepts en histoire

Dans ton manuel, tu peux lire des mots comme « droits », « classes sociales », « colonisation », « hiérarchie sociale », « commerce », « révolution ». On utilise souvent ces mots et plusieurs autres dans l'étude de l'histoire. On les appelle des « concepts ».

QU'EST-CE QU'UN CONCEPT ?

Un concept est la représentation mentale de quelque chose. Ce quelque chose peut être concret ou abstrait. Un concept est composé d'un ensemble de caractéristiques qui le définissent.

D'une personne à l'autre, la représentation mentale qu'on a d'un concept peut varier. C'est pourquoi il est important de reconnaître les caractéristiques essentielles d'un concept pour s'assurer de bien le comprendre.

Prenons un exemple **concret** : « avion ». Les caractéristiques essentielles de ce concept sont les suivantes :

Prenons maintenant un concept **abstrait** : « droits ». Selon toi, quelles sont les caractéristiques de ce concept ?

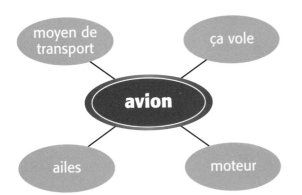
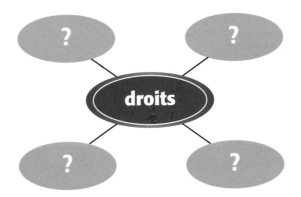

Dans chacun des chapitres de ton manuel, tu auras l'occasion de construire ta compréhension de concepts comme celui de droits.

Pour ce faire, tu dois déterminer ce que tu considères comme les caractéristiques essentielles de ce concept et les organiser en **réseau.**

QUELLE EST L'UTILITÉ DES CONCEPTS ?

Les concepts sont un outil de travail intellectuel important. Leur utilisation te permet de clarifier ta pensée, de l'organiser et de développer tes compétences en histoire.

Les concepts t'aident à faire des liens entre tes apprentissages. Tu peux ainsi comparer plusieurs sociétés du passé entre elles, ou encore des sociétés du passé et du présent. Les caractéristiques essentielles du concept « régime politique » devraient par exemple te permettre de reconnaître les différents types de régimes politiques dans les sociétés d'hier et d'aujourd'hui.

COMMENT CONSTRUIRE UN RÉSEAU DE CONCEPTS

Tout d'abord, relève les caractéristiques que tu considères essentielles pour définir ton concept.

Ensuite, trace un schéma pour représenter ton concept et ses caractéristiques.

Procède de la façon suivante.

1. Place ton concept au centre.

2. Place ensuite les caractéristiques essentielles autour de ton concept. Relie chacune de ces caractéristiques au concept.

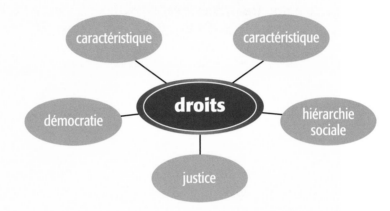

Remarque que chacune des caractéristiques de ton concept peut à son tour être considérée comme un concept qui possède ses propres caractéristiques.

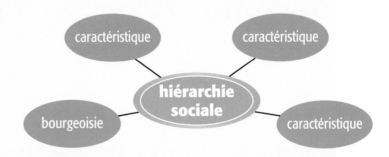

SOUS UN AUTRE ANGLE

Tu peux ajouter des illustrations à ton schéma conceptuel afin de le rendre vivant et fidèle à ta représentation mentale. Cela le rend aussi plus facile à mémoriser et plus intéressant à consulter.

TECHNO-LOGIQUE !

Pour créer des schémas organisés et dynamiques, tu peux utiliser différents logiciels. Tu peux même créer des hyperliens vers Internet ou vers d'autres réseaux de concepts !

6 Analyser un document écrit

Dans ce manuel, il y a de nombreux extraits de textes originaux tirés de différents ouvrages. Ce sont des documents écrits. Les documents écrits sont les principaux outils dont disposent les historiens. Ils leur permettent de connaître, de comprendre et de reconstituer le passé.

UN EXEMPLE DE DOCUMENT ÉCRIT

Le document et l'auteur

La source et le texte d'introduction fournissent des renseignements sur l'auteur et le document.

Dans le texte ci-dessous, l'auteur, Alexis de Tocqueville, homme politique et philosophe français, a été témoin des événements qu'il rapporte. Ce document constitue donc une **source primaire.**

L'auteur est un Français ; cet extrait est tiré de l'œuvre originale intitulée *Voyages en Angleterre, Irlande, Suisse et Algérie,* et non d'une traduction.

Le contenu

Certains passages livrent beaucoup d'information :

① *Trente ou quarante manufactures […]*: le nombre de manufactures nous laisse penser que Manchester est une ville industrielle.

② *[…] leur immense enceinte annonce au loin la centralisation de l'industrie […]*: les manufactures sont imposantes dans le paysage de la ville et elles sont regroupées en un même lieu.

③ *[…] Autour d'elles ont été semées […] les chétives demeures du pauvre […]*: les gens qui habitent autour des usines, probablement des ouvriers, sont pauvres.

④ *[…] Des tas d'ordures, des débris d'édifices, des flaques d'eau dormante […]*: les habitants vivent dans des conditions insalubres.

Le contenu de ce texte présente surtout des **faits.** L'auteur, Alexis de Tocqueville, décrit un paysage. Il ne livre pas son **opinion.** Toutefois, le choix des mots dans sa description peut nous laisser penser qu'il trouve la situation inacceptable.

Les **sources primaires** sont des documents (récit, carnet de voyage, loi ou déclaration, article de journal de l'époque, etc.) rédigés par un témoin ou un acteur des événements relatés. Les **sources secondaires** sont des documents (livre sur un sujet historique, roman, article de magazine, site Internet, recueil de textes, etc.) rédigés par des personnes qui analysent, commentent ou interprètent des sources primaires.

Introduction — Auteur du texte

À l'ombre de l'industrie, le logement ouvrier

L'homme politique et philosophe français Alexis de Tocqueville décrit la ville de Manchester.

① Trente ou quarante manufactures s'élèvent au sommet des collines que je viens de décrire. Leurs six étages montent dans les airs, leur ② immense enceinte annonce au loin la centralisation de l'industrie. ③ Autour d'elles ont été semées comme au gré des volontés les chétives demeures du pauvre. ④ […] Des tas d'ordures, des débris d'édifices, des flaques d'eau dormante et croupie se montrent çà et là le long de la demeure des habitants ou sur la surface bosselée et trouée des places publiques. […]

Voyages en Angleterre, Irlande, Suisse et Algérie, 1835.

Source du texte — Les crochets indiquent que le texte a été coupé. Les coupures permettent d'alléger le texte et d'en faciliter la lecture.

Un **fait** est une information qui peut être vérifiée. Une **opinion** présente le point de vue personnel de quelqu'un. Savoir distinguer les faits des opinions te permet d'exercer ton jugement critique.

Quelle est l'utilité d'analyser un document écrit ?

Analyser un document écrit te permet :

- d'extraire et d'organiser le maximum de renseignements du texte ;
- de juger de l'intérêt, de l'importance et de la fiabilité du document ;
- de tirer tes propres conclusions de façon éclairée.

Sous un autre angle

Une bonne façon d'approfondir l'analyse et l'interprétation d'un document écrit est de le comparer à un autre document qui traite du même sujet ou qui relate les mêmes événements. Ainsi, en diversifiant tes sources, tu peux explorer différents témoignages et points de vue sur un même événement. Cela permet d'exercer ton jugement critique et de nuancer ton interprétation.

> C'est un fort dur travail ; ne sais pas combien de fois je fais le trajet du fond du puits au mur, aller et retour. Je porte environ 64 kg de charbon sur mon dos ; je dois tant me courber et me glisser à travers l'eau qui me monte jusqu'aux chevilles. Je n'aime pas ce travail ; les autres filles non plus ; mais il faut bien s'y faire.
>
> Isabelle, 12 ans, porteuse de charbon, en Angleterre, 1842.

> Pour évident que puisse paraître, à première vue, l'argument qu'il faut donner une éducation aux pauvres qui travaillent, celle-ci se révélerait, dans ses effets, nuisible à leur moral et à leur bonheur. En effet, l'éducation apprendrait aux pauvres à haïr leur situation au lieu d'en faire de bons domestiques dans l'agriculture ou d'autres métiers, ce à quoi leur place dans la société les a destinés. Au lieu de leur apprendre la soumission, l'éducation les rendrait découragés et récalcitrants, comme cela se voit dans les villes d'usines. […] Elle les rendrait impertinents envers leurs supérieurs.
>
> Un parlementaire britannique, vers 1830.

Comment analyser un document écrit

Tout d'abord, détermine ton intention : précise ce que tu cherches en analysant ce document.

1. Identifier le document

Identifier le document consiste à se demander : Qui ? Quoi ? Quand ? Comment ? Dans quelles circonstances ?

Observe le document et pose-toi les questions suivantes.

À propos du document

a) Quelle est l'origine du document (provenance, date) ?

b) Est-ce une version originale, une traduction ?

c) Est-ce un extrait ou une reproduction intégrale ?

d) Est-ce une source primaire ou secondaire ?

e) Le texte présente-t-il des faits ou des opinions ?

À propos de l'auteur

f) Qui est l'auteur ?

g) Est-il un acteur ou un témoin des événements rapportés ?

2. Retrouver l'intention du document, de son auteur

Cette étape consiste à répondre à la question « Pourquoi ? ».

a) À qui ce document s'adresse-t-il ?

b) Dans quel but a-t-il été rédigé ?

c) Quels sont les mots et les passages importants pour la compréhension du texte ?

3. Interpréter le contenu du document

Cette étape consiste à donner un sens à tous les éléments d'information et à en tirer tes propres conclusions.

a) Que t'apprend le texte ?

b) D'après toi, quelles sont les idées essentielles à retenir ?

7 | Lire un document iconographique

Tu as certainement remarqué que les textes de ton manuel sont accompagnés de très nombreuses photographies, peintures, fresques, etc. Ce sont des documents iconographiques.

QUELLE EST L'UTILITÉ D'UN DOCUMENT ICONOGRAPHIQUE ?

Le document iconographique permet de **visualiser une réalité.** Il livre une grande quantité de renseignements sur cette réalité. C'est pourquoi il a autant d'importance que le document écrit. D'ailleurs, on dit souvent : « Une image vaut mille mots. »

Usine et travailleurs quittant l'usine

2   UNE GRÈVE À BERLIN EN 1886

Ville et cheminées d'usines

Rassemblement d'ouvriers

LIRE UNE PEINTURE

Observe le document iconographique ci-dessus.

Premier niveau de lecture : l'observation

Découpe mentalement l'image en trois plans et observe attentivement chacun d'entre eux. Au premier plan, un grand nombre de personnes sont rassemblées près d'un édifice et certaines discutent entre elles. Un homme est penché et ramasse une roche. Sur le perron de l'édifice, un homme coiffé d'un haut-de-forme s'adresse au groupe. Au deuxième plan se trouvent une usine et des personnes qui marchent en direction du groupe. À l'arrière-plan se trouvent des bâtiments et des cheminées qui crachent une fumée grisâtre dans le ciel.

Deuxième niveau de lecture : l'interprétation

Tu peux déduire de tes observations que la peinture illustre une région industrialisée et un rassemblement d'ouvriers. Les usines et la façon dont les personnes sont vêtues le confirment. Les ouvriers qui se dirigent vers le groupe ont probablement quitté l'usine derrière eux. Les personnes à l'avant-plan semblent discuter vivement. La tenue vestimentaire de l'homme qui s'adresse au groupe laisse penser qu'il est peut-être le patron de l'usine.

Se pourrait-il que les ouvriers de l'usine aient décidé d'arrêter de travailler pour manifester contre leurs conditions de travail ou pour entendre une annonce de leur patron ? Quelle pourrait être l'intention de l'homme qui ramasse une roche ?

LIRE UNE CARICATURE

Observe cette caricature des trois ordres de la société française réalisée à la fin du XVIIIe siècle.

Premier niveau de lecture : l'observation

Sur cette image, il y a trois personnages. Deux personnages sont assis sur le dos du troisième. Chacun des personnages a ses propres caractéristiques physiques. Entre autres, ils sont tous habillés différemment. Le personnage de gauche porte une épée et celui de droite, une faucille. Il y a des animaux qui mangent au bas de l'image.

Deuxième niveau de lecture : l'interprétation

Le personnage qui porte les deux autres est probablement un paysan, car il est vêtu de façon modeste et s'appuie sur une faucille. Le personnage de gauche semble être un noble, à cause de son riche habillement et de son épée. Le personnage du centre fait probablement partie du clergé puisqu'il est vêtu de façon austère et qu'il tient à son cou ce qui pourrait être un crucifix.

Troisième niveau de lecture : l'interprétation symbolique

En poursuivant ton interprétation de cette caricature, tu peux découvrir des **symboles,** autrement dit des éléments de l'image qui portent un message.

3 UNE CARICATURE DES TROIS ORDRES DATANT DE 1789

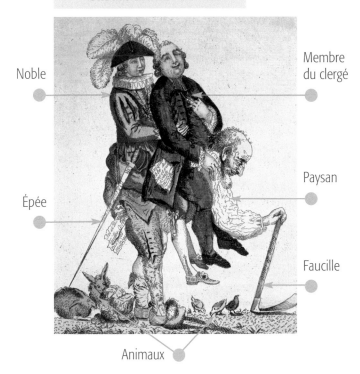

Noble — Membre du clergé — Épée — Paysan — Faucille — Animaux

Le paysan a les traits d'une personne âgée qui semble fatiguée et épuisée. L'image peut vouloir faire comprendre que le paysan s'écroule sous le poids de la société. En plus des deux personnages qui représentent les classes supérieures, les animaux, qui mangent les récoltes du paysan, symbolisent tous ceux qui, dans la société, profitent du travail du paysan.

DÉMARCHE

COMMENT LIRE UN DOCUMENT ICONOGRAPHIQUE

Tout d'abord, détermine ton intention : précise ce que tu cherches en étudiant ce document.

Observe le document en te posant les questions suivantes.

Premier niveau : l'observation

1. De quoi s'agit-il ? Est-ce un paysage, une peinture, une statue, un bâtiment, etc. ?

2. Quelle est l'origine du document (provenance, époque, auteur) ?

3. Décris ce que tu vois. Au besoin, découpe mentalement le document en plusieurs plans pour organiser ton observation.

Deuxième niveau : l'interprétation

Donne un sens à ton observation en te posant des questions et en faisant des déductions.

4. Quels liens peux-tu établir entre les divers éléments du document ?

5. Quels liens peux-tu faire entre ce que tu observes et ce que tu sais ?

Troisième niveau : l'interprétation symbolique

6. Ce document contient-il des symboles qui livrent un message ?

7. Que peux-tu conclure de tes observations et de tes déductions ?

N'hésite pas à formuler d'autres questions si tu les juges pertinentes. Elles t'aideront à approfondir ta recherche.

Déterminer les causes et les conséquences

Les événements historiques, comme les événements du présent, ne se créent pas à partir de rien. Ils sont le résultat, autrement dit la conséquence, d'autres faits qui les ont précédés, c'est-à-dire les causes.

QUELLE EST L'UTILITÉ DE DÉTERMINER LES CAUSES ET LES CONSÉQUENCES ?

Déterminer les causes et les conséquences d'un événement permet de :

- remonter à l'origine de cet événement, donc de savoir « pourquoi » il a eu lieu ;
- comprendre quel impact a eu cet événement.

QU'EST-CE QU'UNE CAUSE ?

Pour trouver les causes d'un événement, il faut remonter dans le passé, c'est-à-dire **avant** l'événement.

Il faut donc se poser des questions comme celles-ci :

- Qu'est-ce qui est à l'origine de tel événement ?
- Pourquoi tel événement s'est-il produit ?

Il est rare qu'un événement ne provienne que d'une seule cause. Beaucoup d'événements historiques sont le résultat d'un ensemble de faits ou de circonstances qui agissent les uns sur les autres. Par ailleurs, les causes d'événements historiques peuvent s'étaler sur une très longue période.

QU'EST-CE QU'UNE CONSÉQUENCE ?

Pour trouver les conséquences d'un événement, il faut se demander ce qui s'est produit **après** l'événement.

Il faut donc se poser des questions comme celles-ci :

- Quel a été le résultat de cet événement ?
- Quel effet cet événement a-t-il eu ?
- Qu'est-ce que cet événement a entraîné ?

Un événement peut entraîner des conséquences immédiates et des conséquences à plus long terme.

Avant l'événement CAUSES	ÉVÉNEMENT	Après l'événement CONSÉQUENCES

LES CAUSES ET LES CONSÉQUENCS DE L'IMPÉRIALISME COLONIAL

Prenons l'exemple de l'impérialisme colonial qui débute à la fin du XIXᵉ siècle. Quelles sont les causes et les conséquences de cet événement historique majeur?

Causes	Événement	Conséquences
• Besoins des pays industrialisés en matières premières. • Besoin de nouveaux marchés pour écouler les surplus. • … • … • …	**L'expansion du monde industriel**	• Colonisation de nouveaux territoires et exploitation des ressources. • Exploitation de la population colonisée. • … • … • …

4 LE POIDS DE LA COLONISATION

Une caricature publiée en 1911, qui montre les effets négatifs de la colonisation en Afrique.

COMMENT DÉTERMINER LES CAUSES ET LES CONSÉQUENCES

Premièrement, précise l'événement dont tu veux trouver les causes et les conséquences.

Deuxièmement, pense au déroulement du temps: les **causes** se situent **avant** l'événement et les **conséquences** se situent **après** l'événement.

Puis, pose-toi des questions semblables aux suivantes.

Pour trouver les causes

• Qu'est-ce qui est à l'origine de cet événement?

• Pourquoi cet événement s'est-il produit?

Les causes peuvent être multiples et trouver leur origine dans un passé lointain.

Pour trouver les conséquences

• Quel a été l'impact de cet événement?

• Quel a été son résultat?

Les conséquences peuvent être immédiates ou à long terme.

9 Lire et bâtir des tableaux

Dans certaines pages de ton manuel, des éléments d'information sont présentés sous forme de tableaux. Peut-être as-tu eu l'occasion de construire un tableau au cours d'une collecte de données? Tu as sûrement constaté que c'est un outil de travail très efficace.

QUELLE EST L'UTILITÉ D'UN TABLEAU?

Le tableau permet de **recueillir** des données diverses, souvent dispersées ou présentées de différentes façons, et de les **organiser** de façon cohérente. Il permet aussi de **faire des liens** (ressemblances, différences, associations).

En construisant toi-même un tableau, tu réorganises l'information selon ce que tu veux savoir et tu fais des liens entre différents éléments d'information. Cet exercice favorise la mémorisation.

QU'EST-CE QU'UN TABLEAU?

Un tableau présente des informations classées et organisées en rangées et en colonnes.

Les titres des colonnes (ou en-têtes) et les titres des rangées désignent les éléments sur lesquels porte l'information, c'est-à-dire les **éléments à étudier,** et les **différents aspects** sous lesquels on veut les étudier. Dans le tableau ci-contre, on présente quelques indicateurs de la santé (espérance de vie, nombre de médecins, mortalité infantile) selon certains pays.

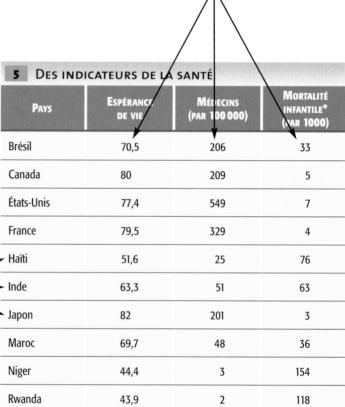

Colonnes

Rangées

5 DES INDICATEURS DE LA SANTÉ

PAYS	ESPÉRANCE DE VIE	MÉDECINS (PAR 100 000)	MORTALITÉ INFANTILE* (PAR 1000)
Brésil	70,5	206	33
Canada	80	209	5
États-Unis	77,4	549	7
France	79,5	329	4
Haïti	51,6	25	76
Inde	63,3	51	63
Japon	82	201	3
Maroc	69,7	48	36
Niger	44,4	3	154
Rwanda	43,9	2	118

DÉMARCHE

COMMENT LIRE UN TABLEAU

1. Lis le titre du tableau. Il donne des indices sur le contenu du tableau.

2. Repère le titre des colonnes et le titre des rangées, qui précisent les éléments à l'étude et les différents aspects sous lesquels ces éléments sont étudiés.

3. Lis le tableau de façon active en faisant des liens entre les données. Vérifie fréquemment à quel titre de colonne et de rangée correspond l'information que tu lis.

DÉMARCHE

COMMENT BÂTIR UN TABLEAU

1. Relève les éléments à étudier.

2. Précise aussi les aspects sous lesquels ces éléments doivent être étudiés.

3. Prépare les colonnes et les rangées de ton tableau. Pense à la place dont tu disposes sur ta feuille : mets plutôt les éléments qui sont moins nombreux en colonne ou mets ta feuille dans l'autre sens.

4. Sélectionne l'information pertinente pour remplir ton tableau. Au cours de ta collecte de données, pose-toi les questions suivantes.

   - Cette information est-elle pertinente pour mon tableau ?
   - Est-ce que je peux combiner cette information avec une autre information ?

5. Inscris l'information à l'endroit approprié dans le tableau. Utilise des mots clés et, au besoin, indique la page où est située l'information afin de t'y référer.

6. Mets ensuite ton tableau au propre.

7. Donne-lui un titre qui résume bien ton travail.

TECHNO-LOGIQUE !

Utilise un logiciel de traitement de texte ou un chiffrier électronique pour bâtir tes tableaux. Ce sont des outils formidables pour :

- ajouter ou retrancher des lignes ou des colonnes ;
- corriger tes erreurs ;
- améliorer ta présentation (taille et forme des caractères, couleur, etc.) ;
- créer des diagrammes.

Tu peux même réutiliser un tableau que tu as déjà bâti pour une nouvelle tâche !

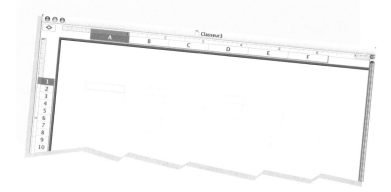

SOUS UN AUTRE ANGLE

Le tableau est aussi un excellent outil de base pour consigner des données que l'on peut ensuite représenter sous forme de diagramme*. Par exemple, à partir des données du tableau présenté ci-contre, tu pourrais construire :

- un diagramme linéaire ;
- un diagramme à bandes ;
- un diagramme circulaire.

6	LA POPULATION EUROPÉENNE EN 1340 ET EN 1450 (EN MILLIONS D'HABITANTS)	
PAYS	**1340**	**1450**
ITALIE	10	7,5
ESPAGNE	9	7
FRANCE ET PAYS-BAS	19	12
ANGLETERRE	5	3
ALLEMAGNE ET SCANDINAVIE	11,5	7,5

---

* Pour en savoir davantage sur les diagrammes, consulte l'outil «Lire et construire des diagrammes», à la page suivante.

Lire et construire des diagrammes

Les diagrammes sont des représentations graphiques de diverses données. Comme les tableaux, les diagrammes regroupent des données en un tout cohérent.

LES DIFFÉRENTS TYPES DE DIAGRAMMES

Le diagramme linéaire

Le diagramme linéaire s'appelle aussi «diagramme à ligne brisée». On le trace en reliant une suite de points. L'axe des *x* et l'axe des *y* présentent les éléments mis en relation.

Le résultat permet d'observer l'évolution et la tendance (augmentation ou diminution) d'un phénomène.

Le diagramme à bandes

Le diagramme à bandes présente des quantités à l'aide de bandes verticales ou horizontales. Les quantités sont généralement divisées en catégories. L'axe des *x* et l'axe des *y* indiquent les éléments mis en relation : les catégories et l'unité de mesure. Les bandes donnent la quantité ou la valeur de chaque catégorie.

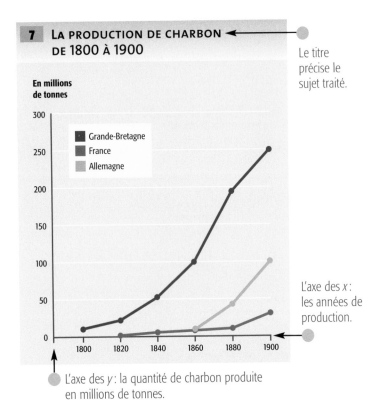

7 LA PRODUCTION DE CHARBON DE 1800 À 1900

Le titre précise le sujet traité.

En millions de tonnes

Grande-Bretagne
France
Allemagne

L'axe des *x* : les années de production.

L'axe des *y* : la quantité de charbon produite en millions de tonnes.

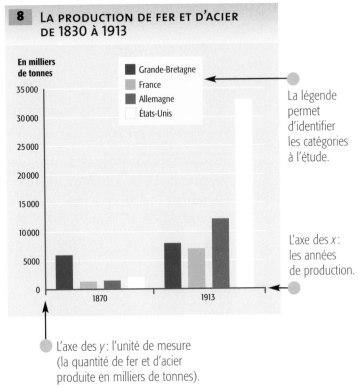

8 LA PRODUCTION DE FER ET D'ACIER DE 1830 À 1913

En milliers de tonnes

Grande-Bretagne
France
Allemagne
États-Unis

La légende permet d'identifier les catégories à l'étude.

L'axe des *x* : les années de production.

L'axe des *y* : l'unité de mesure (la quantité de fer et d'acier produite en milliers de tonnes).

Le diagramme circulaire

Le diagramme circulaire illustre la répartition d'un total connu. Chacune des sections représente une partie de ce total. Le contenu de chaque section est exprimé en pourcentage ou en unités. La somme des sections équivaut donc à 100 % ou au total des unités.

Le diagramme ci-contre illustre la répartition de la propriété terrienne en France selon les ordres sociaux. On peut facilement reconnaître les ordres qui possèdent le plus de terres et les ordres qui en possèdent le moins.

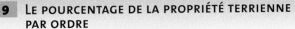

9 LE POURCENTAGE DE LA PROPRIÉTÉ TERRIENNE PAR ORDRE

Noblesse
Clergé
Tiers état

QUELLE EST L'UTILITÉ DES DIAGRAMMES ?

Les diagrammes permettent de classer, d'organiser et d'établir des liens entre des éléments d'information. Ils sont faciles à consulter et permettent de comprendre un phénomène en un coup d'œil. Ils facilitent aussi la mémorisation des éléments qui y sont présentés.

TECHNO-LOGIQUE !

Tu peux avoir recours à certains logiciels de traitement de texte ou à des tableurs qui facilitent la construction de diagrammes.

Après avoir saisi les données en tableau, il suffit de choisir le modèle de diagramme approprié. Le logiciel produit ensuite le modèle de diagramme choisi à partir des données fournies !

COMMENT LIRE UN DIAGRAMME

Tout d'abord, détermine ton intention : précise ce que tu cherches en étudiant le diagramme.

1. Lis le titre de même que la légende et les textes qui accompagnent le diagramme, s'il y a lieu.
2. Observe attentivement et méthodiquement le diagramme. Y a-t-il des axes ? des unités de mesure ?
3. Fais des liens entre les éléments représentés (comparaison, association, évolution, etc.).

COMMENT CONSTRUIRE UN DIAGRAMME

Tout d'abord, précise le travail à effectuer : Qu'est-ce que tu prévois illustrer ? dans quel but ?

1. Sélectionne l'information pertinente.
2. Choisis le type de diagramme le plus approprié.
3. Inscris l'information pertinente et construis ton diagramme en fonction de cette information. Fais une légende, au besoin.
4. Donne un titre à ton diagramme.
5. Au besoin, prépare un texte d'introduction ou d'accompagnement.

L'organigramme

L'organigramme représente de façon schématique la structure d'une organisation. Il illustre les liens entre les différents éléments de cette organisation, par exemple les liens hiérarchiques (du plus important au moins important).

On utilise souvent un organigramme pour illustrer un régime politique. Par convention, les éléments les plus importants sont placés en haut de l'organigramme.

10 LA SÉPARATION DES POUVOIRS AUX ÉTATS-UNIS SELON LA CONSTITUTION DE 1787

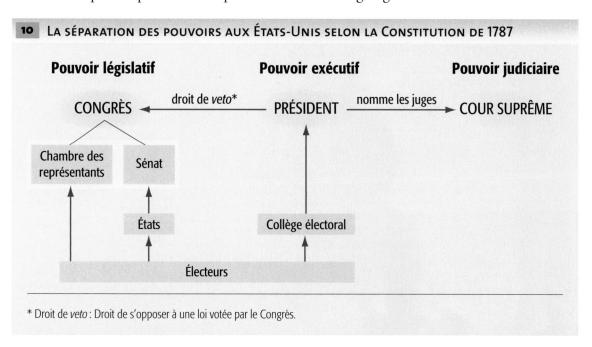

* Droit de *veto* : Droit de s'opposer à une loi votée par le Congrès.

Atlas

Dublin

ROYAUME-
UNI
Londres

Cop

PAYS-BAS
Amsterdam

BELGIQUE
Bruxelles

ALLEM

LUXEMBOURG
Luxembourg

Paris

FRANCE

LIECHTEN
Berne
SUISSE
Vaduz

SAINT
MARI

ANDORRE
Andorre-
la-Vieille

MONACO

Corse

Ro

PORTUGAL

ESPAGNE
Madrid

Sardaigne

Îles Baléares

Détroit de Gibraltar

Mer   Méditerranée

SOMMAIRE

1 Le monde politique

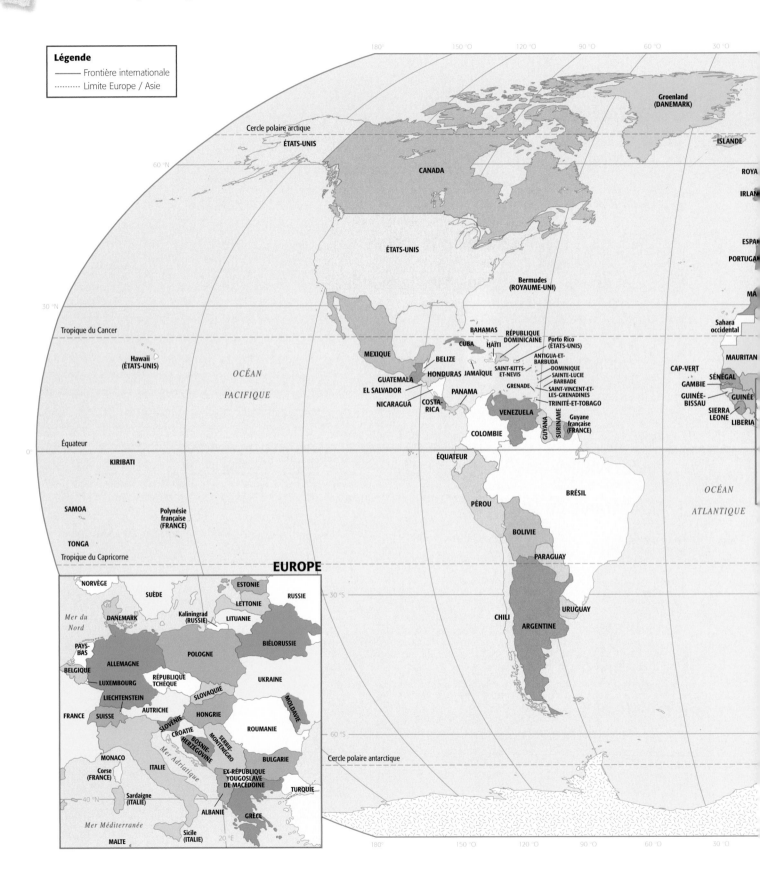

Cercle polaire arctique

Groenland
(DANEMARK)

ÉTATS-UNIS

ISLANDE

60 °N

CANADA

ROYA

IRLAN

30 °N

ÉTATS-UNIS

Bermudes
(ROYAUME-UNI)

ESPA

PORTUGA

MA

Tropique du Cancer

Sahara
occidental

BAHAMAS

CUBA   HAÏTI   RÉPUBLIQUE
DOMINICAINE

Porto Rico
(ÉTATS-UNIS)

MAURITAN

Hawaii
(ÉTATS-UNIS)

MEXIQUE

BELIZE

ANTIGUA-ET-
BARBUDA

CAP-VERT

OCÉAN

GUATEMALA

HONDURAS

JAMAÏQUE

SAINT-KITTS-
ET-NEVIS

DOMINIQUE
SAINTE-LUCIE
BARBADE

SÉNÉGAL

GAMBIE

PACIFIQUE

EL SALVADOR

PANAMA

GRENADE

SAINT-VINCENT-ET-
LES-GRENADINES

GUINÉE-
BISSAU

GUINÉE

NICARAGUA

COSTA-
RICA

TRINITÉ-ET-TOBAGO

SIERRA
LEONE

LIBERIA

VENEZUELA

Guyane
française
(FRANCE)

KIRIBATI

COLOMBIE

GUYANA

SURINAME

Équateur

ÉQUATEUR

OCÉAN

BRÉSIL

ATLANTIQUE

SAMOA

Polynésie
française
(FRANCE)

PÉROU

BOLIVIE

TONGA

PARAGUAY

Tropique du Capricorne

30 °S

EUROPE

CHILI

URUGUAY

ARGENTINE

NORVÈGE

SUÈDE

ESTONIE

RUSSIE

LETTONIE

Mer du
Nord

DANEMARK

Kaliningrad
(RUSSIE)

LITUANIE

PAYS-
BAS

ALLEMAGNE

POLOGNE

BIÉLORUSSIE

BELGIQUE

LUXEMBOURG

RÉPUBLIQUE
TCHÈQUE

UKRAINE

LIECHTENSTEIN

FRANCE

SUISSE

AUTRICHE

SLOVAQUIE

HONGRIE

MOLDAVIE

SLOVÉNIE

CROATIE

ROUMANIE

60 °S

MONACO

Corse
(FRANCE)

ITALIE

BOSNIE-
HERZÉGOVINE

SERBIE-
MONTÉNÉGRO

Mer Adriatique

BULGARIE

Cercle polaire antarctique

Sardaigne
(ITALIE)

EX-RÉPUBLIQUE
YOUGOSLAVE
DE MACÉDOINE

TURQUIE

40 °N

ALBANIE

GRÈCE

Mer Méditerranée

Sicile
(ITALIE)

20 °E

MALTE

AFRIQUE

MALI | BURKINA FASO | NIGER | TCHAD
CÔTE-D'IVOIRE | GHANA | TOGO | BÉNIN | NIGERIA | RÉPUBLIQUE CENTRAFRICAINE
GUINÉE ÉQUATORIALE | CAMEROUN
Équateur
OCÉAN ATLANTIQUE | SÃO TOMÉ-ET-PRINCE | GABON | CONGO
Méridien de Greenwich | Cabinda (ANGOLA) | RÉPUBLIQUE DÉMOCRATIQUE DU CONGO
ANGOLA

OCÉAN ARCTIQUE

FINLANDE

agrandissement
E

RUSSIE

AZERBAÏDJAN
KAZAKHSTAN
ARMÉNIE
GÉORGIE
TURQUIE
CHYPRE
OUZBÉKISTAN
TURKMÉNISTAN
KIRGHIZISTAN
TADJIKISTAN
MONGOLIE

CORÉE DU NORD
CORÉE DU SUD
JAPON

TUNISIE
LIBAN
ISRAËL
SYRIE
IRAK
JORDANIE
IRAN
AFGHANISTAN
CHINE

LIBYE
ÉGYPTE
KOWEÏT
BAHREÏN
QATAR
PAKISTAN
NÉPAL
BHOUTAN

30 °N

ARABIE SAOUDITE
OMAN
INDE
MYANMAR
Taiwan (CHINE)

NIGER
TCHAD
ÉRYTHRÉE
YÉMEN
ÉMIRATS ARABES UNIS
LAOS
THAÏLANDE
VIÊTNAM
OCÉAN
PACIFIQUE
ÎLES MARSHALL

agrandissement
AFRIQUE
SOUDAN
DJIBOUTI
BANGLADESH
PHILIPPINES

ÉTHIOPIE
SOMALIE
SRI LANKA
CAMBODGE
BRUNEI
PALAOS
MICRONÉSIE

OUGANDA
KENYA
MALDIVES
SINGAPOUR
MALAISIE
KIRIBATI

RÉPUBLIQUE DÉMOCRATIQUE DU CONGO
RWANDA
BURUNDI
INDONÉSIE
NAURU

TANZANIE
SEYCHELLES
PAPOUASIE-NOUVELLE-GUINÉE
ÎLES SALOMON
TUVALU

ANGOLA
ZAMBIE
COMORES
OCÉAN
INDIEN
TIMOR ORIENTAL
Nouvelle-Calédonie (FRANCE)
FIDJI

NAMIBIE
ZIMBABWE
MALAWI
MADAGASCAR
MAURICE
VANUATU

BOTSWANA
MOZAMBIQUE

AFRIQUE DU SUD
SWAZILAND
AUSTRALIE
30 °S

LESOTHO

NOUVELLE-ZÉLANDE

Échelle à l'équateur

0   1500   3000 km

60 °S

OCÉAN AUSTRAL

ANTARCTIQUE

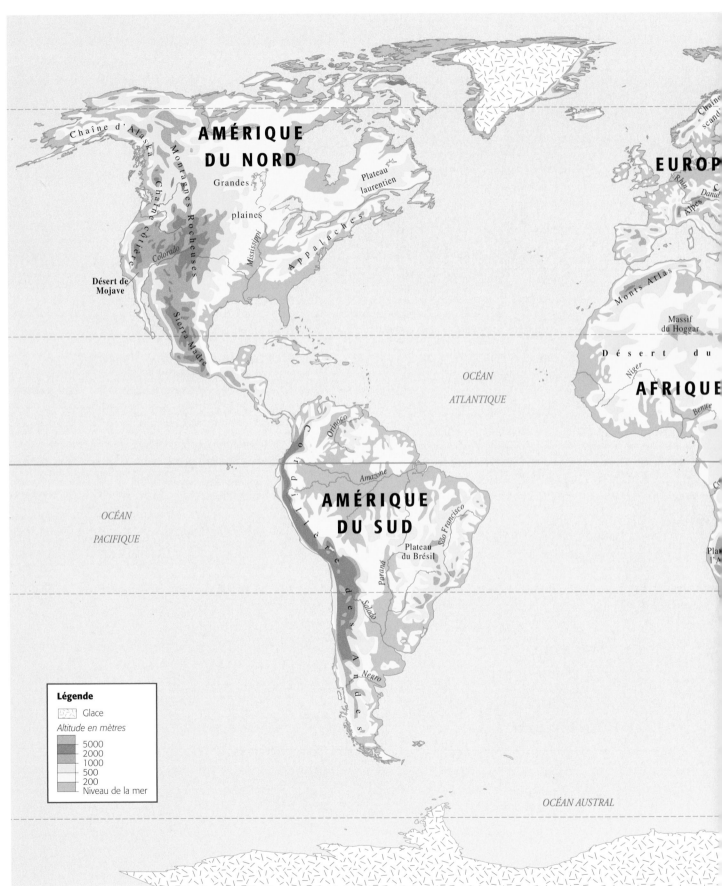

AMÉRIQUE
DU NORD

Chaîne d'Alaska

Montagnes Rocheuses

Chaîne côtière

Grandes

plaines

Colorado

Mississippi

Désert de
Mojave

Sierra Madre

Appalaches

Plateau
laurentien

EUROP

Chaîne
scand

Rhin

Danube

Alpes

Monts Atlas

Massif
du Hoggar

Désert   du

Niger

AFRIQUE

Bénoué

OCÉAN

ATLANTIQUE

Orénoque

Cordillère

Amazone

AMÉRIQUE
DU SUD

São Francisco

Plateau
du Brésil

Paraná

OCÉAN

PACIFIQUE

Salado

Andes

Negro

Cordillère des Andes

OCÉAN AUSTRAL

Légende

Glace

Altitude en mètres

5000
2000
1000
500
200
Niveau de la mer

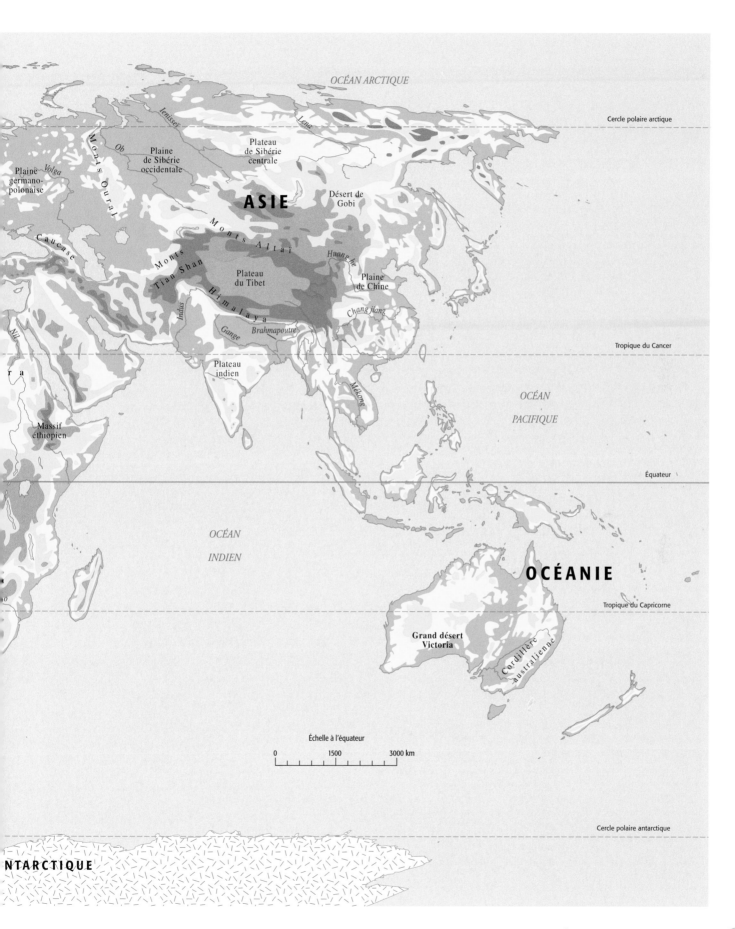

OCÉAN ARCTIQUE

Plateau
de Sibérie
centrale

Plaine
de Sibérie
occidentale

Ienisseï

Lena

Ob

Monts Oural

Volga

Plaine
germano-
polonaise

Caucase

Nil

ra

Monts Altaï

Désert de
Gobi

ASIE

Huang he

Monts
Tian Shan

Plateau
du Tibet

Plaine
de Chine

Himalaya

Indus

Chang jiang

Ganem

Brahmapoutre

Plateau
indien

Mékong

Massif
éthiopien

OCÉAN

PACIFIQUE

Tropique du Cancer

Équateur

OCÉAN

INDIEN

OCÉANIE

Tropique du Capricorne

**Grand désert
Victoria**

Cordillère
australienne

Échelle à l'équateur

0   1500   3000 km

Cercle polaire antarctique

NTARCTIQUE

3 L'état de la démocratie dans le monde

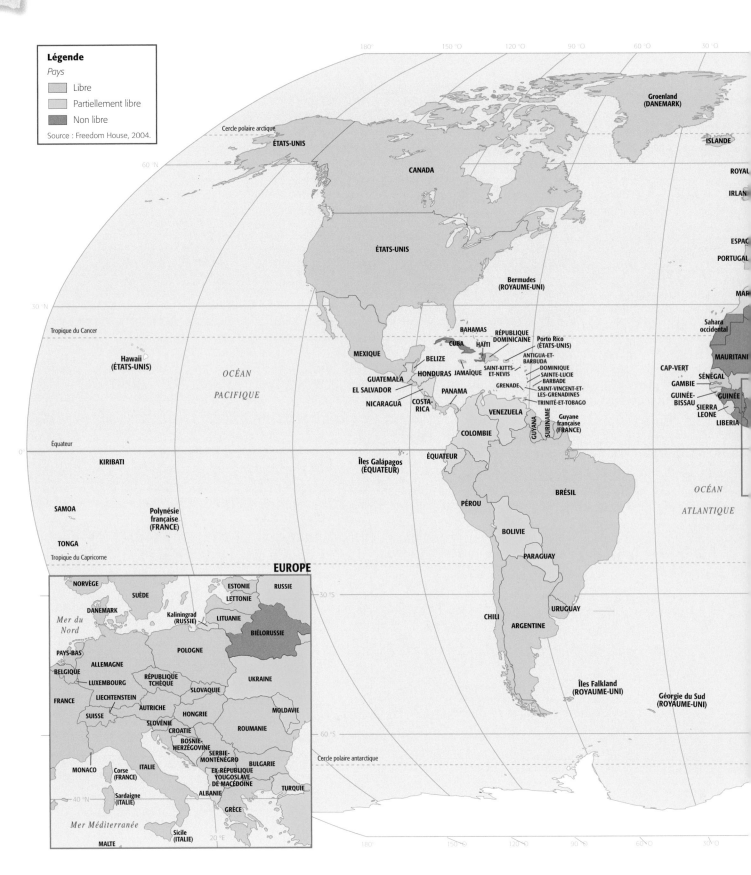

Cercle polaire arctique

60 °N

Tropique du Cancer

30 °N

Équateur

0°

Tropique du Capricorne

30 °S

60 °S

Cercle polaire antarctique

180°   150 °O   120 °O   90 °O   60 °O   30 °O

ÉTATS-UNIS

CANADA

Groenland (DANEMARK)

ISLANDE

ROYAL

IRLAN

ÉTATS-UNIS

Bermudes (ROYAUME-UNI)

ESPAC

PORTUGAL

MAR

Sahara occidental

MAURITANI

Hawaii (ÉTATS-UNIS)

OCÉAN PACIFIQUE

MEXIQUE

BAHAMAS

CUBA

HAÏTI

RÉPUBLIQUE DOMINICAINE

Porto Rico (ÉTATS-UNIS)

BELIZE

ANTIGUA-ET-BARBUDA

CAP-VERT

SÉNÉGAL

GUATEMALA

HONDURAS

JAMAÏQUE

SAINT-KITTS-ET-NEVIS

DOMINIQUE

SAINTE-LUCIE

BARBADE

GAMBIE

EL SALVADOR

GRENADE

SAINT-VINCENT-ET-LES-GRENADINES

GUINÉE-BISSAU

GUINÉE

NICARAGUA

PANAMA

TRINITÉ-ET-TOBAGO

SIERRA LEONE

COSTA-RICA

VENEZUELA

LIBERIA

Guyane française (FRANCE)

COLOMBIE

GUYANA

SURINAME

ÉQUATEUR

Îles Galápagos (ÉQUATEUR)

OCÉAN ATLANTIQUE

KIRIBATI

BRÉSIL

PÉROU

SAMOA

Polynésie française (FRANCE)

BOLIVIE

TONGA

PARAGUAY

CHILI

URUGUAY

ARGENTINE

Îles Falkland (ROYAUME-UNI)

Géorgie du Sud (ROYAUME-UNI)

EUROPE

NORVÈGE

SUÈDE

ESTONIE

RUSSIE

LETTONIE

DANEMARK

Kaliningrad (RUSSIE)

LITUANIE

Mer du Nord

BIÉLORUSSIE

PAYS-BAS

POLOGNE

ALLEMAGNE

BELGIQUE

UKRAINE

LUXEMBOURG

RÉPUBLIQUE TCHÈQUE

FRANCE

LIECHTENSTEIN

SLOVAQUIE

AUTRICHE

MOLDAVIE

SUISSE

HONGRIE

SLOVÉNIE

CROATIE

ROUMANIE

BOSNIE-HERZÉGOVINE

MONACO

Corse (FRANCE)

ITALIE

SERBIE-MONTÉNÉGRO

BULGARIE

EX-RÉPUBLIQUE YOUGOSLAVE DE MACÉDOINE

TURQUIE

ALBANIE

Sardaigne (ITALIE)

GRÈCE

Mer Méditerranée

Sicile (ITALIE)

MALTE

40 °N

20 °E

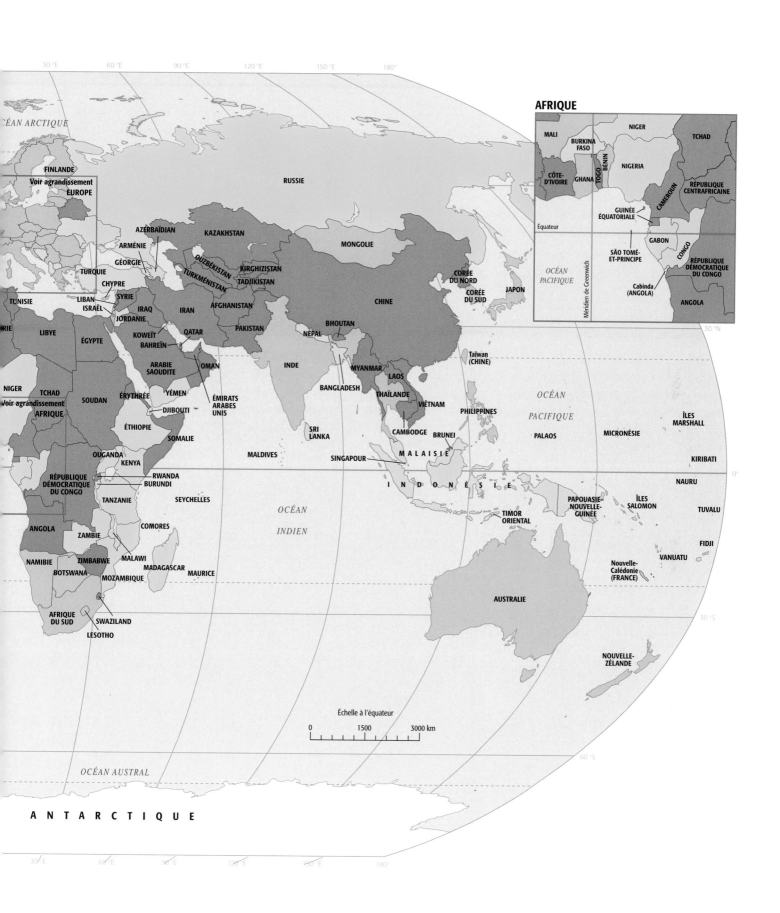

AFRIQUE

4 L'état de l'environnement dans le monde

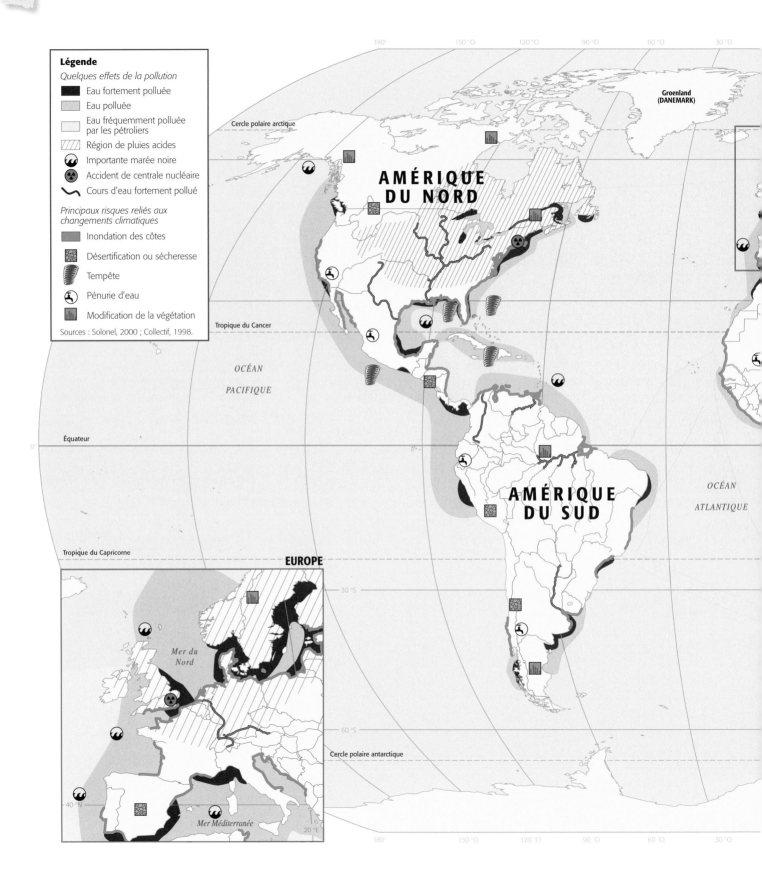

Légende

Quelques effets de la pollution

- Eau fortement polluée
- Eau polluée
- Eau fréquemment polluée par les pétroliers
- Région de pluies acides
- Importante marée noire
- Accident de centrale nucléaire
- Cours d'eau fortement pollué

Principaux risques reliés aux changements climatiques

- Inondation des côtes
- Désertification ou sécheresse
- Tempête
- Pénurie d'eau
- Modification de la végétation

Sources : Solonel, 2000 ; Collectif, 1998.

Groenland (DANEMARK)

Cercle polaire arctique

AMÉRIQUE DU NORD

OCÉAN PACIFIQUE

Tropique du Cancer

Équateur

AMÉRIQUE DU SUD

OCÉAN ATLANTIQUE

Tropique du Capricorne

EUROPE

Mer du Nord

Mer Méditerranée

Cercle polaire antarctique

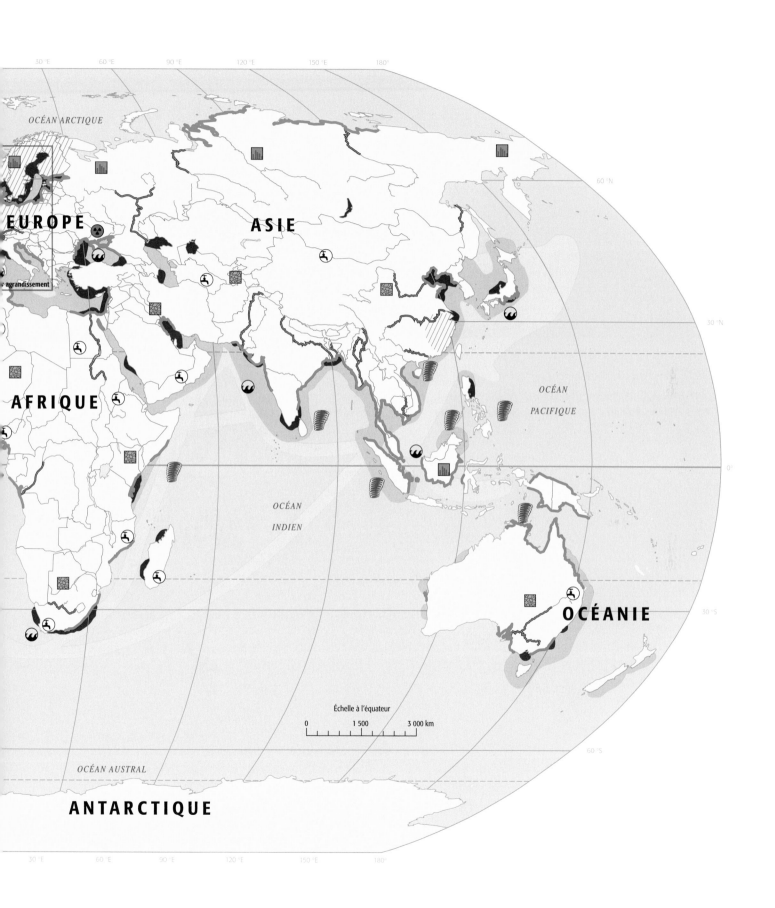

5 Les enfants et le travail

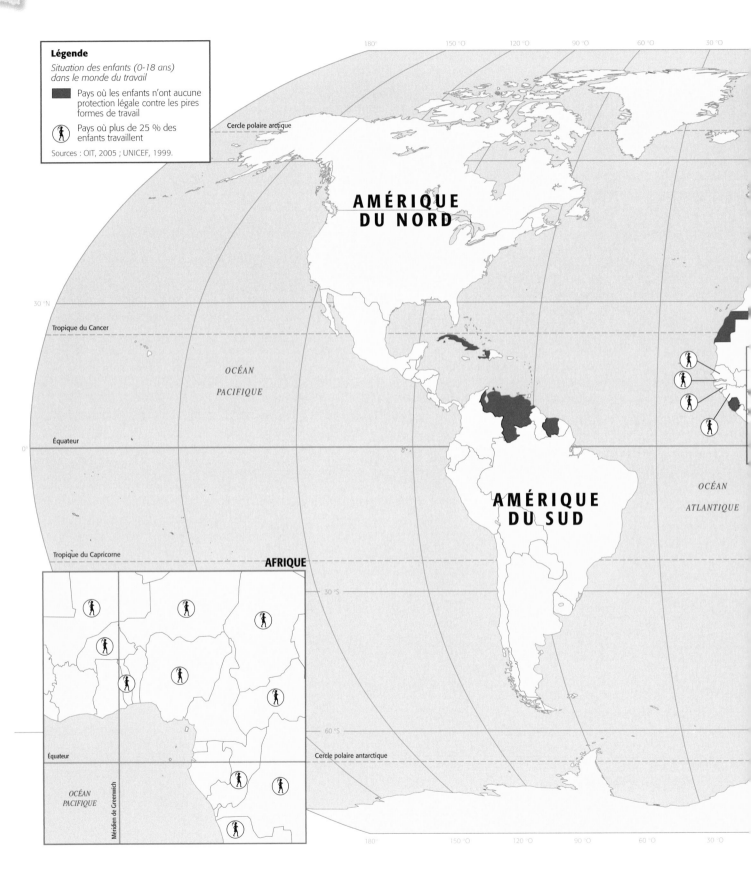

Légende

*Situation des enfants (0-18 ans)
dans le monde du travail*

Pays où les enfants n'ont aucune
protection légale contre les pires
formes de travail

Pays où plus de 25 % des
enfants travaillent

Sources : OIT, 2005 ; UNICEF, 1999.

Cercle polaire arctique

AMÉRIQUE
DU NORD

30 °N

Tropique du Cancer

OCÉAN
PACIFIQUE

Équateur

AMÉRIQUE
DU SUD

OCÉAN
ATLANTIQUE

Tropique du Capricorne

AFRIQUE

30 °S

Équateur

OCÉAN
PACIFIQUE

Méridien de Greenwich

60 °S

Cercle polaire antarctique

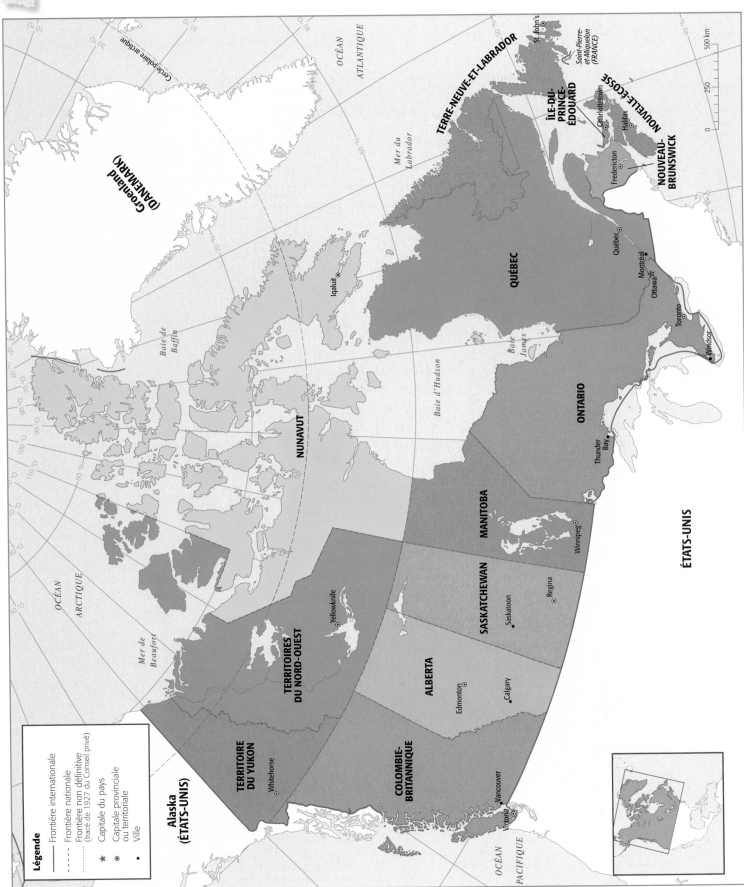

Légende

— Frontière internationale

--- Frontière nationale

···· Frontière non définitive (tracé de 1927 du Conseil privé)

★ Capitale du pays

⊙ Capitale provinciale ou territoriale

• Ville

OCÉAN ARCTIQUE

Cercle polaire arctique

Groenland (DANEMARK)

Mer de Beaufort

Alaska (ÉTATS-UNIS)

TERRITOIRE DU YUKON
Whitehorse

TERRITOIRES DU NORD-OUEST
Yellowknife

NUNAVUT
Iqaluit

Baie de Baffin

Mer du Labrador

OCÉAN ATLANTIQUE

TERRE-NEUVE-ET-LABRADOR
St. John's

Saint-Pierre-et-Miquelon (FRANCE)

ÎLE-DU-PRINCE-ÉDOUARD
Charlottetown

NOUVELLE-ÉCOSSE
Halifax

NOUVEAU-BRUNSWICK
Fredericton

QUÉBEC
Québec
Montréal
Ottawa

Baie James

Baie d'Hudson

ONTARIO
Toronto
Windsor
Thunder Bay

MANITOBA
Winnipeg

SASKATCHEWAN
Saskatoon
Regina

ALBERTA
Edmonton
Calgary

COLOMBIE-BRITANNIQUE
Vancouver
Victoria

OCÉAN PACIFIQUE

ÉTATS-UNIS

500 km
250
0

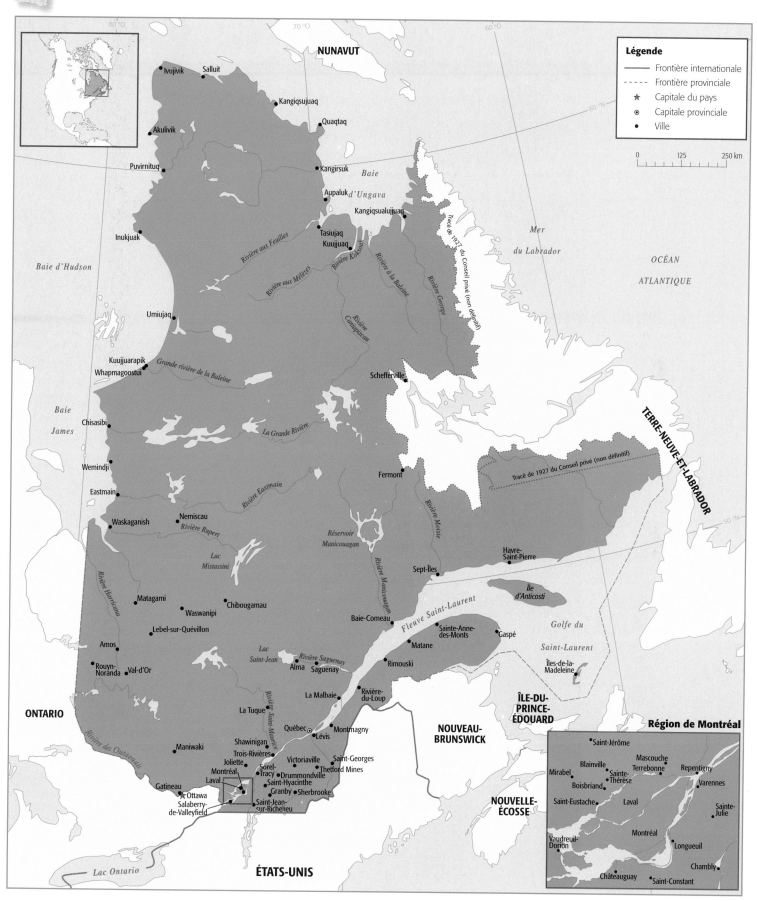

Légende

— Frontière internationale
- - - Frontière provinciale
★ Capitale du pays
◉ Capitale provinciale
• Ville

0   125   250 km

NUNAVUT

Ivujivik
Salluit
Kangiqsujuaq
Quaqtaq
Akulivik
Puvirnituq
Kangirsuk
Baie
d'Ungava
Aupaluk
Kangiqsualujjuaq
Inukjuak
Tasiujaq
Kuujjuaq
Baie d'Hudson
Rivière aux Feuilles
Rivière Koksoak
Rivière aux Mélèzes
Rivière à la Baleine
Rivière George
Mer du Labrador
OCÉAN ATLANTIQUE
Umiujaq
Rivière Caniapiscau
Kuujjuarapik
Whapmagoostui
Grande rivière de la Baleine
Schefferville
Tracé de 1927 du Conseil privé (non définitif)
Baie James
Chisasibi
La Grande Rivière
Wemindji
Eastmain
Fermont
Rivière Eastmain
Tracé de 1927 du Conseil privé (non définitif)
TERRE-NEUVE-ET-LABRADOR
Waskaganish
Nemiscau
Rivière Rupert
Réservoir Manicouagan
Rivière Moisie
Havre-Saint-Pierre
Lac Mistassini
Sept-Îles
Matagami
Chibougamau
Île d'Anticosti
Waswanipi
Rivière Manicouagan
Baie-Comeau
Fleuve Saint-Laurent
Golfe du Saint-Laurent
Lebel-sur-Quévillon
Sainte-Anne-des-Monts
Gaspé
Amos
Lac Saint-Jean
Rivière Saguenay
Matane
Rouyn-Noranda
Val-d'Or
Alma
Saguenay
Rimouski
Îles-de-la-Madeleine
La Malbaie
Rivière-du-Loup
ÎLE-DU-PRINCE-ÉDOUARD
La Tuque
Rivière Saint-Maurice
ONTARIO
Rivière Harricana
Québec
Montmagny
Lévis
NOUVEAU-BRUNSWICK
Maniwaki
Shawinigan
Trois-Rivières
Joliette
Victoriaville
Saint-Georges
Sorel-Tracy
Thetford Mines
Drummondville
Rivière des Outaouais
Montréal
Saint-Hyacinthe
Laval
Granby
Sherbrooke
NOUVELLE-ÉCOSSE
Gatineau
Ottawa
Salaberry-de-Valleyfield
Saint-Jean-sur-Richelieu
Lac Ontario
ÉTATS-UNIS

Région de Montréal

Saint-Jérôme
Mascouche
Blainville
Terrebonne
Repentigny
Mirabel
Sainte-Thérèse
Boisbriand
Varennes
Saint-Eustache
Laval
Sainte-Julie
Montréal
Vaudreuil-Dorion
Longueuil
Chambly
Châteauguay
Saint-Constant

Pôle Nord

Cercle polaire arctique

Alaska
(ÉTATS-UNIS)

Groenland
(DANEMARK)

TERRITOIRE
DU YUKON

TERRITOIRES DU NORD-OUEST

NUNAVUT

COLOMBIE-
BRITANNIQUE

Baie
d'Hudson

ALBERTA

SASKATCHEWAN

MANITOBA

CANADA

TERRE-NEUVE-ET-LABRADOR

WASHINGTON

ONTARIO

QUÉBEC

OCÉAN
PACIFIQUE

OREGON

MONTANA

ÎLE-DU-
PRINCE-
ÉDOUARD

Saint-Pierre-
et-Miquelon
(FRANCE)

IDAHO

DAKOTA
DU NORD

MINNESOTA

NOUVEAU
BRUNSWICK

NOUVELLE-ÉCOSSE

NEVADA

WYOMING

DAKOTA
DU SUD

WISCONSIN

MICHIGAN

Ottawa ★

MAINE

CALIFORNIE

UTAH

NEBRASKA

IOWA

NEW YORK

VERMONT
NEW HAMPSHIRE
MASSACHUSETTS

COLORADO

ÉTATS-UNIS

KANSAS

MISSOURI

ILLINOIS

INDIANA

OHIO

PENNSYLVANIE

RHODE ISLAND
NEW JERSEY CONNECTICUT

ARIZONA

NOUVEAU-
MEXIQUE

OKLAHOMA

ARKANSAS

KENTUCKY

Washington ★

VIRGINIE-
OCCIDENTALE

DELAWARE

MARYLAND

Tropique du Cancer

VIRGINIE

TENNESSEE

CAROLINE DU NORD

OCÉAN
ATLANTIQUE

TEXAS

MISSISSIPPI

ALABAMA

GÉORGIE

CAROLINE
DU SUD

LOUISIANE

FLORIDE

Golfe du
Mexique

Bermudes
(ROYAUME-UNI)

MEXIQUE

BAHAMAS
★ Nassau

La Havane ★

Îles Turks
et Caicos
(ROYAUME-UNI)

Îles Vierges
(ÉTATS-UNIS)

Îles Vierges britanniques
(ROYAUME-UNI)

Mexico ★

CUBA

Anguilla (ROYAUME-UNI)

Îles Caïmans
(ROYAUME-UNI)

Kingston

Saint-
Domingue

Porto Rico
(ÉTATS-UNIS)

SAINT-KITTS-ET-NEVIS

★ Belmopan

HAÏTI

ANTIGUA-ET-BARBUDA

Guatemala ★

BELIZE

JAMAÏQUE

Port-au-
Prince

San Juan

**RÉPUBLIQUE
DOMINICAINE**

Guadeloupe (FRANCE)

GUATEMALA

HONDURAS

Montserrat
(ROYAUME-UNI)

DOMINIQUE

Martinique (FRANCE)

San Salvador
EL SALVADOR

Tegucigalpa ★

Mer des Antilles

SAINTE-LUCIE

**SAINT-VINCENT-ET-
LES-GRENADINES**

NICARAGUA

Aruba
(PAYS-BAS)

BARBADE

★ Managua

Antilles
néerlandaises
(PAYS-BAS)

GRENADE

San José ★

Port of Spain

COSTA RICA

Panamá ★

TRINITÉ-ET-TOBAGO

PANAMA

Légende

───── Frontière internationale

- - - - Frontière nationale

········· Frontière non définitive
(tracé de 1927 du Conseil privé)

★ Capitale du pays

0   500   1000 km

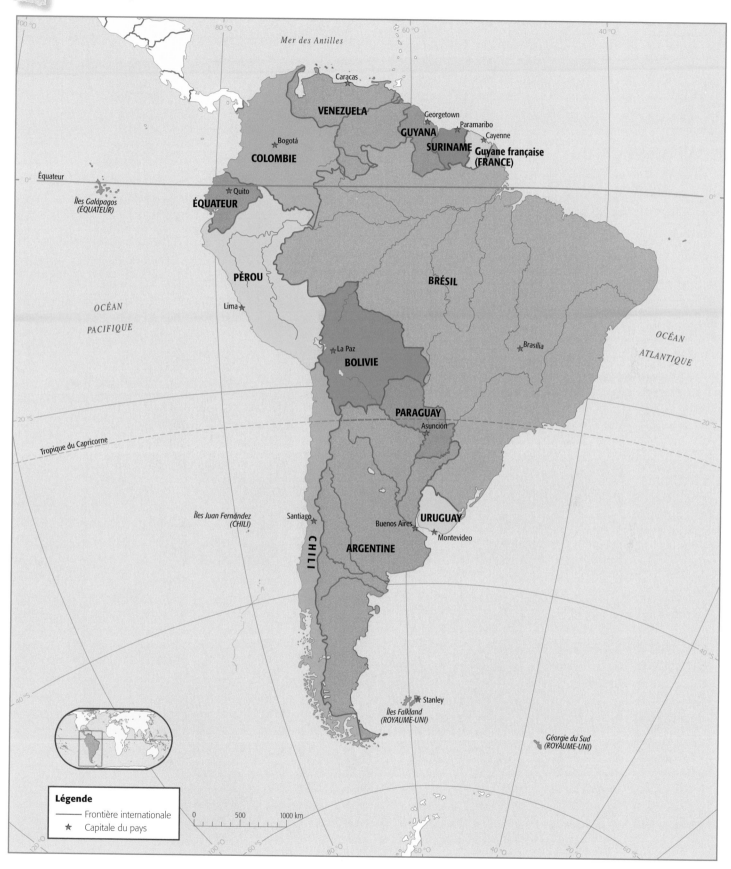

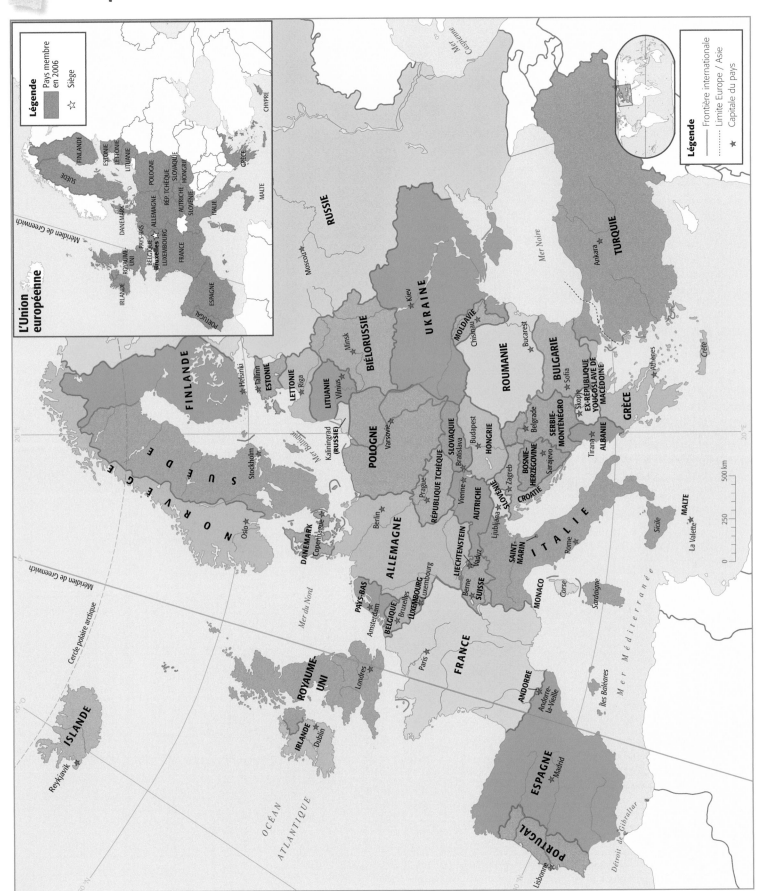

L'Union européenne

Légende
- Pays membre en 2006
- ☆ Siège

Meridien de Greenwich

SUÈDE
FINLANDE
ESTONIE
LETTONIE
LITUANIE
POLOGNE
RÉP. TCHÈQUE
SLOVAQUIE
HONGRIE
AUTRICHE
SLOVÉNIE
ITALIE
GRÈCE
CHYPRE
MALTE
DANEMARK
PAYS-BAS
ROYAUME-UNI
BELGIQUE
ALLEMAGNE
Bruxelles ☆
LUXEMBOURG
FRANCE
IRLANDE
ESPAGNE
PORTUGAL

Légende
- ―――― Frontière internationale
- ·········· Limite Europe / Asie
- ★ Capitale du pays

Carte principale

OCÉAN ATLANTIQUE
Cercle polaire arctique
Meridien de Greenwich

ISLANDE
★ Reykjavik

IRLANDE
★ Dublin

ROYAUME-UNI
★ Londres

Mer du Nord

NORVÈGE
★ Oslo

SUÈDE
★ Stockholm

FINLANDE
★ Helsinki

DANEMARK
★ Copenhague

Mer Baltique

ESTONIE
★ Tallinn

LETTONIE
★ Riga

LITUANIE
★ Vilnius

Kaliningrad (RUSSIE)

RUSSIE
★ Moscou

BIÉLORUSSIE
★ Minsk

UKRAINE
★ Kiev

POLOGNE
★ Varsovie

ALLEMAGNE
★ Berlin

PAYS-BAS
★ Amsterdam

BELGIQUE
★ Bruxelles

LUXEMBOURG
★ Luxembourg

RÉPUBLIQUE TCHÈQUE
★ Prague

SLOVAQUIE
★ Bratislava

HONGRIE
★ Budapest

AUTRICHE
★ Vienne

LIECHTENSTEIN
★ Vaduz

SUISSE
★ Berne

SLOVÉNIE
★ Ljubljana

CROATIE
★ Zagreb

BOSNIE-HERZÉGOVINE
★ Sarajevo

SERBIE-MONTÉNÉGRO
★ Belgrade

MOLDAVIE
★ Chisinau

ROUMANIE
★ Bucarest

BULGARIE
★ Sofia

EX-RÉPUBLIQUE YOUGOSLAVE DE MACÉDOINE
★ Skopje

ALBANIE
★ Tirana

GRÈCE
★ Athènes

Mer Noire

TURQUIE
★ Ankara

Crète

MONACO
SAINT-MARIN

ITALIE
★ Rome

Corse
Sardaigne
Sicile

MALTE
★ La Valette

Mer Méditerranée

FRANCE
★ Paris

ANDORRE
★ Andorre-la-Vieille

Îles Baléares

ESPAGNE
★ Madrid

PORTUGAL
★ Lisbonne

Détroit de Gibraltar

Mer Caspienne

0   250   500 km

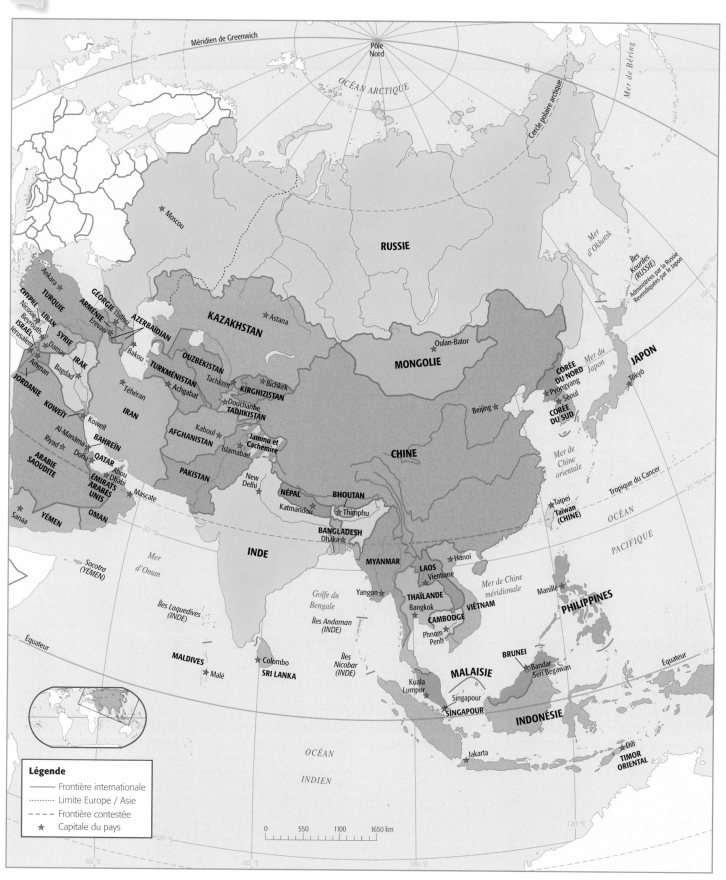

Légende

— Frontière internationale

········· Limite Europe / Asie

- - - Frontière contestée

★ Capitale du pays

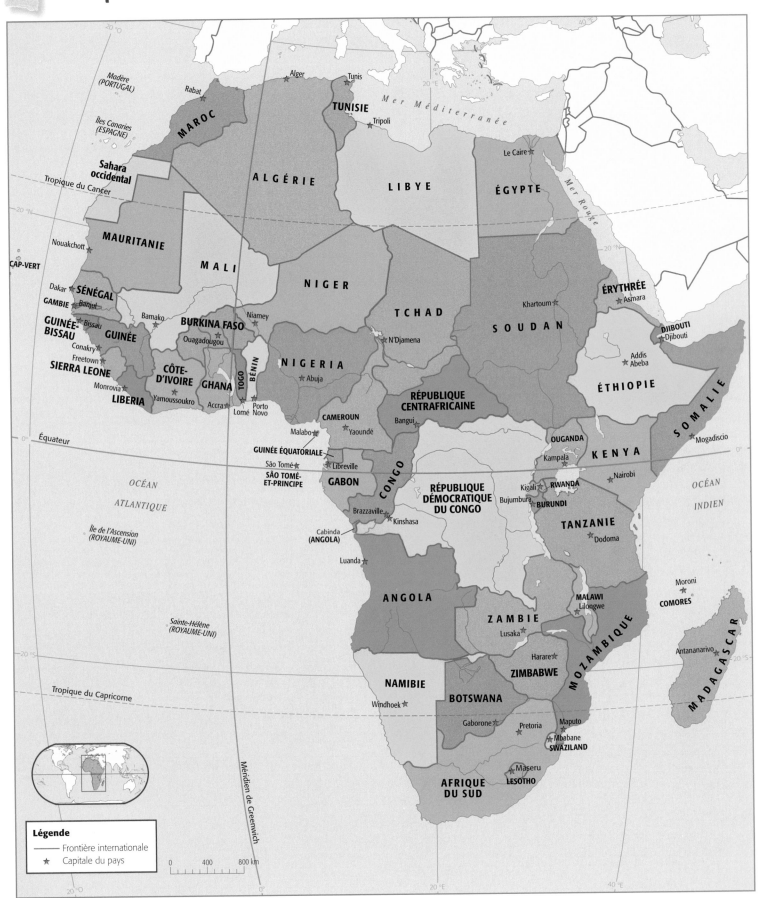

Légende

— Frontière internationale
★ Capitale du pays

0   400   800 km

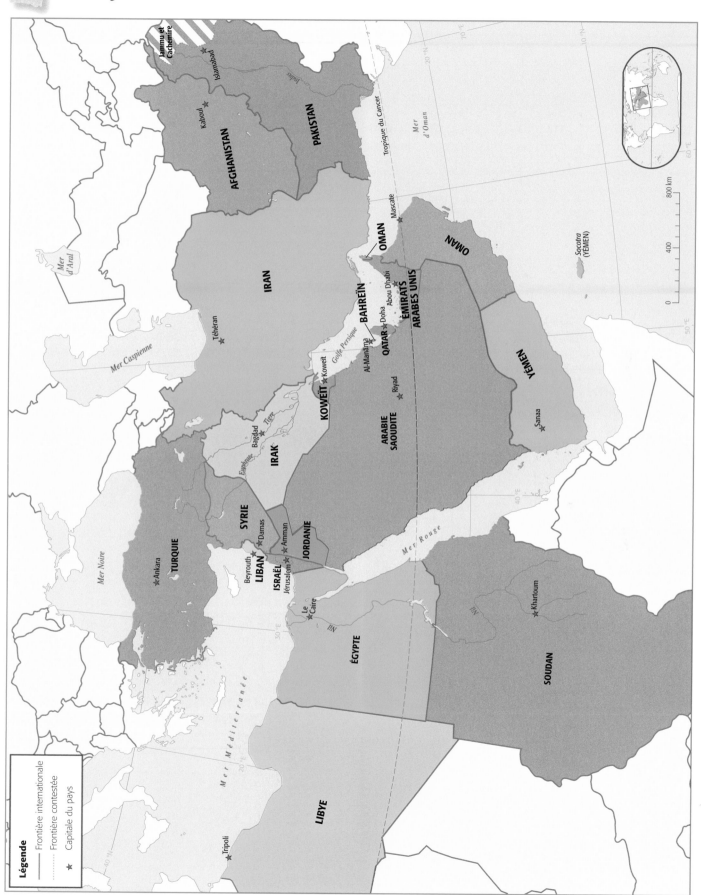

Légende
— Frontière internationale
··· Frontière contestée
★ Capitale du pays

Jammu et Cachemire
Islamabad
Kaboul
AFGHANISTAN
PAKISTAN
Indus
Tropique du Cancer
Mer d'Oman
OMAN
Mascate
OMAN
IRAN
Téhéran
Mer d'Aral
Mer Caspienne
BAHREÏN
Al-Manâma
QATAR
Doha
Abou Dhabi
ÉMIRATS ARABES UNIS
Golfe Persique
Koweït
KOWEÏT
Tigre
Bagdad
IRAK
Euphrate
ARABIE SAOUDITE
Riyad
YÉMEN
Sanaa
Socotra (YÉMEN)
SYRIE
Damas
Amman
JORDANIE
TURQUIE
Ankara
Beyrouth
LIBAN
ISRAËL
Jérusalem
Mer Noire
Le Caire
Nil
ÉGYPTE
Mer Rouge
Nil
Khartoum
SOUDAN
Mer Méditerranée
LIBYE
Tripoli

800 km
400
0

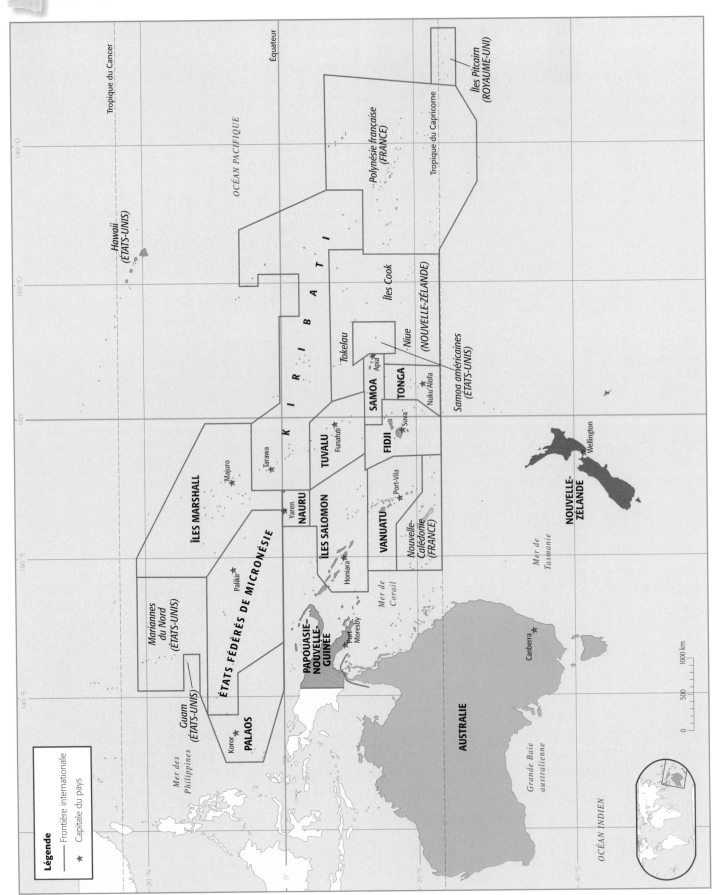

Légende

— Frontière internationale

★ Capitale du pays

OCÉAN PACIFIQUE

Équateur

Tropique du Cancer

Tropique du Capricorne

Hawaii
(ÉTATS-UNIS)

Îles Pitcairn
(ROYAUME-UNI)

Polynésie française
(FRANCE)

Îles Cook

Niue
(NOUVELLE-ZÉLANDE)

Samoa américaines
(ÉTATS-UNIS)

Tokelau

K I R I B A T I

SAMOA

TONGA

★ Apia

★ Nuku'Alofa

FIDJI

★ Suva

TUVALU

★ Funafuti

Tarawa ★

★ Majuro

ÎLES MARSHALL

Yaren ★

NAURU

ÎLES SALOMON

★ Honiara

VANUATU

★ Port-Vila

Nouvelle-
Calédonie
(FRANCE)

Wellington ★

NOUVELLE-
ZÉLANDE

Mer de
Tasmanie

Mer de
Corail

Palikir ★

ÉTATS FÉDÉRÉS DE MICRONÉSIE

Mariannes
du Nord
(ÉTATS-UNIS)

Guam
(ÉTATS-UNIS)

PAPOUASIE-
NOUVELLE-
GUINÉE

★ Port
Moresby

Koror ★

PALAOS

Mer des
Philippines

AUSTRALIE

Canberra ★

Grande Baie
australienne

OCÉAN INDIEN

0   500   1000 km

CHRONOLOGIE

- NÉOLITHIQUE
- ANTIQUITÉ
- MOYEN ÂGE
- TEMPS MODERNES
- ÉPOQUE CONTEMPORAINE

PÉRIODE	SOCIÉTÉ

Fin du Paléolithique

~ **–12 000** Début de la sédentarisation.

~ **–10 000** Début de l'agriculture.

NÉOLITHIQUE

–9000

~ **–9000** Émergence des premières sociétés sédentaires en Mésopotamie.

~ **–8000** Établissement des premiers villages, dont Jéricho.

~ **–8000** Début de la domestication de certains animaux.

~ **–7000** Fondation de la cité de Çatal Höyük.

–4000

ANTIQUITÉ

–3500

~ **–3500** Début de la civilisation de la Mésopotamie.

~ **–3300** Apparition d'une des premières formes d'écriture en Mésopotamie, l'écriture cunéiforme.

~ **–3100** Apparition des hiéroglyphes en Égypte.

~ **–3000** Début de la civilisation du Nil.

~ **–2500** Début de la civilisation de l'Indus.

~ **–2000** Début de la civilisation chinoise.

~ **–1500** Apparition de l'écriture chinoise.

~ **–1400** Naissance de l'alphabet.

▬▬ **–1200 à –900** Rédaction des Védas, textes sacrés de l'hindouisme.

–776 Premiers Jeux olympiques en Grèce.

▬▬ **–700 à –500** Établissement de colonies par les Grecs.

~ **–9000** Début de la métallurgie. Fabrication d'outils avec des métaux.

~ **–7000** Apparition des premiers récipients en céramique.

~ **–6500** Début du système d'irrigation des terres.

~ **–4000** Utilisation de la roue en Mésopotamie.

~ **–4000** Découverte du bronze.

~ **–3000** Avènement des premiers pharaons.

~ **–2325** Fondation de Babylone par les Akkadiens.

~ **–1800** Création du premier code de lois écrit : le code d'Hammourabi.

■■ **–1792 à –1750** Premier empire de Babylone.

■■ **–1500 à –1100** Règne de la dynastie chinoise des Shang.

■■ **–1479 à –1457** Règne de la reine Hatshepsout, première des rares Égyptiennes à avoir occupé le trône du pharaon.

~ **–1300** Rédaction d'un des premiers traités de paix de l'histoire, le traité de Qadesh.

■■ **–1027 à –221** Règne de la dynastie chinoise des Zhou.

~ **–814** Fondation de Carthage par les Phéniciens.

~ **–753** Fondation de Rome.

~ **–2600** Le mythe du Déluge raconté dans une épopée dont le héros est Gilgamesh.

~ **–2575** Construction de la pyramide de Khéops.

~ **–850** Homère, célèbre poète grec, auteur de l'*Iliade* et l'*Odyssée*.

LÉGENDE

■■ Durée   ~ Vers

ANTIQUITÉ

~ **–530** Naissance de Bouddha, fondateur de la religion bouddhiste.

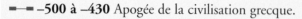 **–500 à –430** Apogée de la civilisation grecque.

–450 Publication de la Loi des douze tables.
Ces lois romaines sont rassemblées sur 12 tablettes de bronze.

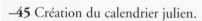 **–431 à –404** Guerre du Péloponnèse entre Athènes et Sparte.

–45 Création du calendrier julien.

An 1 Naissance de Jésus-Christ, selon la tradition chrétienne.

~ **33** Crucifixion de Jésus.

64 Première persécution romaine contre les chrétiens.

79 Destruction de Pompéi par une éruption du Vésuve.

131 Publication de l'édit perpétuel (recueil de lois) de l'empereur Hadrien.

212 Citoyenneté romaine offerte par Caracalla à tous les hommes libres de l'Empire.

313 L'édit de Milan permet aux chrétiens de pratiquer leur religion librement dans l'Empire romain.

392 Le christianisme devient la religion officielle de l'Empire romain.

395 Division de l'Empire romain : à l'ouest, l'Empire d'Occident et sa capitale, Rome ; à l'est, l'Empire d'Orient et sa capitale, Constantinople.

–700 Apparition des premières pièces de monnaie.

–522 à –486 Règne de Darius Ier sur l'Empire perse.

-509 Début de la république de Rome.

–500 Expérimentation de la démocratie à Athènes.

–555 à –479 Confucius, grand philosophe chinois.

–484 à –425 Hérodote, historien grec, considéré comme le « père de l'histoire ».

–490 à –480 Guerres médiques entre la cité d'Athènes et l'Empire perse.

–461 à –429 Règne de Périclès.

–470 à –399 Socrate, philosophe grec.

~ **–450** Construction du Parthénon sur l'Acropole.

–428 à –348 Platon, auteur de la *République des philosophes*.

–427 à –355 Xénophon, philosophe, historien et militaire grec.

–385 à –322 Aristote, grand philosophe grec. Il s'est occupé de l'éducation d'Alexandre le Grand.

–321 à –184 Règne de la dynastie des Maurya, en Inde.

-268 Accession au pouvoir d'Ashoka, de la dynastie des Maurya.

–264 à –146 Guerres puniques entre Romains et Carthaginois.

-221 Unification de la Chine par Qin, le premier empereur chinois.

–202 à 220 Règne de la dynastie des Han, en Chine.

-49 Conquête de la Gaule par Jules César.

-44 Assassinat de Jules César.

-27 Fin de la période républicaine. Début de la période impériale de Rome.

–27 à 14 Règne d'Auguste, considéré comme le premier empereur de Rome.

30 L'Égypte devient une province romaine.

80 Construction du Colisée à Rome.

100 à 200 Apogée de l'Empire romain.

122 à 127 Édification du mur d'Hadrien, fortifications entre la Bretagne et l'Écosse.

100 à 200 Période riche en construction de ponts, de routes et d'aqueducs à travers l'Empire romain.

306 à 337 Règne de l'empereur romain Constantin.

105 Invention du papier en Chine.

320 à 467 Règne de la dynastie des Gupta, en Inde.

330 Fondation de Constantinople.

400 Traduction de la Bible en latin par saint Jérôme.

476

498 Baptême du roi Clovis et début de la christianisation de la Gaule.

512 Début de l'écriture arabe.

570 Naissance de Mahomet, fondateur de l'islam.

590 Consécration du pape Grégoire Ier.

622 Mahomet quitte La Mecque et se rend à Médine :
c'est l'hégire, qui marque l'an 1 du calendrier musulman.

MOYEN ÂGE

976 à 992 Premières utilisations des chiffres arabes en Occident.

1054 Schisme entre Rome (Église catholique) et Constantinople (Église orthodoxe).

1080 Charte de Saint-Quentin.

1095 Début des croisades en Terre sainte.

1098 Création de l'ordre des cisterciens à l'abbaye de Cîteaux, en France.

1210 Fondation de l'ordre des franciscains par saint François d'Assise.

1215 Fondation de l'ordre des dominicains.

1229 Création du tribunal romain de l'Inquisition.

1291 Dernière croisade en Terre sainte.

~ 1300 Crise sociale en Occident en raison des guerres, de la famine et des épidémies de peste noire.

476 Chute de l'Empire romain d'Occident.

529 Construction du premier monastère des bénédictins.

537 Inauguration de la basilique Sainte-Sophie.

711 Conquête de l'Espagne par les musulmans.

762 Fondation de Bagdad par le calife al-Mansūr.

768 à 814 Règne de Charlemagne.

786 à 809 Règne du calife Haroun al-Rachid.

800 Sacre de Charlemagne comme empereur d'Occident
par le pape Léon III à Rome.

900 à 1200 Développement des bourgs et des villes dont
les activités sont basées sur le commerce et l'artisanat.

900 à 1200 *Les Mille et une nuits*, grande œuvre
de la littérature arabe.

910 Fondation de l'abbaye de Cluny par les bénédictins.

1000 à 1100 Construction d'églises de style roman.

~ 1100 Nouvelles techniques agricoles et nouveaux outils dont
la charrue avec soc de fer.

1073 à 1077 Querelle des Investitures entre le pape Grégoire VII
et l'empereur Henri IV.

1100 à 1300 Construction d'églises de style gothique.

1099 Conquête de Jérusalem par les croisés.

1163 à 1260 Construction de Notre-Dame de Paris.

~ 1200 Création d'un vaste réseau d'échange commercial sur presque
tout le territoire européen.

~ 1200 Publication du *Livre des Merveilles du monde*
de Marco Polo.

1204 Prise de Constantinople par les croisés.

1215 Fondation de l'Université de Paris.

1258 Destruction de Bagdad par les Mongols.

1266 à 1274 Thomas d'Aquin rédige la *Somme théologique*.

1300 à 1500 Essor du royaume du Mali, en Afrique.

1302 États généraux de Paris affirmant l'indépendance du roi de France
vis-à-vis du pape.

1337 à 1453 Guerre de Cent Ans entre la France et l'Angleterre.

1368 Fondation de la dynastie Ming par Hong-wou.

MOYEN ÂGE

XVᵉ siècle

1415 Henri le Navigateur fonde une école navale et forme plusieurs explorateurs.

~ 1418 Fin du Grand Schisme d'Occident ; la papauté s'installe définitivement à Rome.

■—■ 1454 à 1455 Première Bible imprimée par Gutenberg.

1488 Bartolomeu Dias contourne l'Afrique et atteint le cap de Bonne-Espérance.

1492 Découverte de l'Amérique par Christophe Colomb.

TEMPS MODERNES

1497 Jean Cabot atteint Terre-Neuve et les côtes de l'Amérique du Nord.

■—■ 1497 à 1498 Vasco de Gama contourne l'Afrique et atteint l'Inde.

■—■ 1499 à 1504 Amerigo Vespucci explore l'Amérique du Sud.

XVIᵉ siècle

1517 Publication des 95 thèses de Martin Luther.

■—■ 1519 à 1521 Conquête du Mexique par Cortez et effondrement de l'Empire aztèque.

■—■ 1519 à 1522 Premier tour du monde par Magellan.

1520 Excommunication de Martin Luther.

1533 Francisco Pizarro entre à Cuzco, au Pérou.

1534 Premier voyage de Jacques Cartier au Canada.

1540 Ignace de Loyola fonde la Compagnie de Jésus.

1541 Jean Calvin fonde l'Église réformée protestante à Genève, en Suisse.

~ 1570 Introduction de la pomme de terre en Europe.

1420 Henri V d'Angleterre est reconnu régent et héritier du trône de France.

1429 Jeanne d'Arc délivre Orléans.

1453 Fin de la guerre de Cent Ans, qui opposait l'Angleterre et la France depuis plus de 116 ans.

~ 1419 Filippo Brunelleschi entame le mouvement de la Renaissance architecturale en Italie.

1433 Publication du *De Concordia Catholica* de Nicolas de Cuse.

1435 Donatello sculpte le *David*.

~ 1440 Gutenberg invente la presse à imprimer.

1485 Botticelli peint *La Naissance de Vénus*.

■–■ 1498 à 1499 Michel-Ange sculpte la *Pietà* pour la basilique Saint-Pierre de Rome.

~ 1500 Premières dissections de cadavres humains dans les écoles médicales de Padoue.

~ 1503 Léonard de Vinci peint *La Joconde*.

■–■ 1508 à 1512 Michel-Ange décore la chapelle Sixtine.

~ 1510 Raphaël peint *L'École d'Athènes*.

1511 Parution de l'*Éloge de la folie* d'Érasme.

■–■ 1515 à 1547 Règne de François Ier en France.

■–■ 1519 à 1555 Règne de Charles Quint, empereur germanique.

~ 1513 Machiavel publie *Le Prince*.

1516 Parution de *L'Utopie* de Thomas More.

~ 1530 Nicolas Copernic publie son œuvre principale, *Des révolutions des sphères célestes*.

1532 Rabelais publie les premiers livres de *Pantagruel* et *Gargantua*.

1534 Henri VIII devient le chef de l'Église anglicane.

1542 Mise sur pied du tribunal de l'Inquisition à Rome.

■–■ 1545 à 1563 Concile de Trente (début de la contre-réforme).

■–■ 1547 à 1553 Règne d'Édouard VI en Angleterre.

1547 Ivan le Terrible devient tsar de Russie.

■–■ 1558 à 1603 Règne d'Élisabeth Ire en Angleterre.

1572 Massacre de la Saint-Barthélemy (3000 protestants sont tués en une nuit à Paris).

1580 Montaigne publie ses *Essais*.

■–■ 1588 à 1613 William Shakespeare entreprend l'écriture de pièces de théâtre.

1598 L'édit de Nantes met fin aux guerres de religion en France.

1596 Johannes Kepler publie *Mysterium Cosmographicum*.

XVIIᵉ siècle

TEMPS MODERNES

XVIIIᵉ siècle

1608 Champlain fonde Québec.

1620 Débarquement du *Mayflower* à Cape Cod ; les premiers colons américains fondent la ville de Plymouth.

1630 Les Tokugawa ferment le Japon aux étrangers.

➤ **1672 à 1673** Louis Joliet et le père Jacques Marquette explorent les cours d'eau du Wisconsin, du Mississippi et de l'Illinois.

1734 Voltaire publie ses *Lettres philosophiques*.

~ **1735** Découverte du caoutchouc en Amérique du Sud.

1748 Montesquieu publie *De l'Esprit des Lois*.

1755 Jean-Jacques Rousseau publie son *Discours sur l'origine et les fondements de l'inégalité parmi les hommes*.

1762 Rousseau publie *Du Contrat social*.

➤ **1768 à 1771** James Cook explore l'Australie.

1776 Thomas Paine publie *Le Sens commun (Common Sense)*.

~ **1780** Début de la révolution industrielle anglaise.

1789 Publication de la Déclaration des droits de l'homme et du citoyen en France.

1603 Début de l'ère d'Edo (l'ère des Tokugawa) au Japon.

1613 Début du règne des Romanov en Russie.

1648 Signature des traités de Westphalie (fin de la guerre de Trente Ans en Europe).

1661 Louis XIV prend le pouvoir en France.

1682 Début du règne de Pierre Ier, dit «le Grand», en Russie.

1685 Louis XIV révoque l'édit de Nantes; la religion protestante est interdite sur le territoire français.

1689 Guillaume d'Orange signe la Déclaration des droits *(Bill of Rights)* en Angleterre qui limite les pouvoirs du souverain.

1701 La Grande Paix de Montréal est signée par le gouverneur de la Nouvelle-France et les chefs amérindiens.

1715 Mort de Louis XIV.

1759 Québec tombe aux mains des Britanniques.

1760 Capitulation de Montréal.

1762 Début du règne de Catherine II de Russie.

1763 Bataille des plaines d'Abraham; signature du traité de Paris qui confirme la suprématie anglaise au Canada.

1773 Le *Boston Tea Party*.

1774 Acte de Québec.

1776 Déclaration d'Indépendance des Treize colonies britanniques.

1776 Publication de *Recherches sur la nature et les causes de la richesse des nations* d'Adam Smith.

1787 Adoption de la Constitution des États-Unis.

1789 Convocation des États généraux en France et début de la Révolution française.

1789 George Washington devient le premier président des États-Unis.

1792 La France devient une république.

1793 Louis XVI est exécuté.

1605 Cervantès publie la première partie de *Don Quichotte*.

1607 Claudio Monteverdi crée *Orfeo*.

1609 Galilée conçoit sa première lunette télescopique.

1637 René Descartes publie les essais qui composent le *Discours de la méthode*.

1642 Blaise Pascal met au point la machine à calculer.

1651 à 1666 Isaac Newton fixe les lois de la gravité.

1668 Jean de La Fontaine publie ses six premiers livres de *Fables*.

1690 John Locke publie son *Essai sur le pouvoir civil*.

~ 1714 Fahrenheit invente le thermomètre au mercure.

1742 Anders Celcius crée son système de gradation de température.

1751 Publication du premier volume de l'*Encyclopédie* de Diderot et d'Alembert.

1752 Benjamin Franklin invente le paratonnerre.

1759 Voltaire fait paraître *Candide*.

~ 1765 En Angleterre, James Hargreaves met au point la mule-jenny, une machine à filer performante.

1769 James Watt fait breveter la première machine à vapeur, qu'il perfectionne en 1784.

1783 Les frères Montgolfier réalisent le premier vol humain à bord d'un ballon à air chaud.

1784 Beaumarchais publie *Le Mariage de Figaro*.

1789 Antoine Laurent Lavoisier fait paraître son *Traité élémentaire de chimie*.

ÉPOQUE CONTEMPORAINE

XIXe siècle

~ **1806** L'éclairage au gaz se répand dans les villes d'Europe.

1824 En Angleterre, on accorde le droit de former des syndicats.

■—■ **1830 à 1860** Environ 4,6 millions d'Européens émigrent vers l'Amérique.

1833 Abolition de l'esclavage à travers l'Empire britannique.

■—■ **1846 à 1847** La maladie de la pomme de terre en Irlande engendre une vague d'émigration massive.

1848 Karl Marx et Friedrich Engels publient le *Manifeste du parti communiste.*

1851 Première exposition universelle à Londres.

1853 Le commodore Matthew Perry des États-Unis jette l'ancre dans la baie de Tōkyō, au Japon.

1863 Fondation de la Croix-Rouge.

1865 Abolition de l'esclavage aux États-Unis.

1867 Marx écrit *Le Capital.*

■—■ **1868 à 1912** Ère Meiji au Japon.

1886 Massacre d'ouvriers à Haymarket Square (Chicago).

1895 Les frères Lumière organisent la première séance publique de cinéma.

XXe siècle

1912 Le Maroc devient un protectorat français.

1912 Naufrage du *Titanic* près des côtes de Terre-Neuve.

1918 Au Canada, le droit de vote au fédéral est reconnu aux femmes.

1927 Charles Lindbergh traverse l'Atlantique en avion.

1804 Napoléon est nommé empereur.

1817 Fondation de la Banque de Montréal par James McGill et Peter Redpath.

1837 à 1838 Rébellion des patriotes dans le Bas-Canada.

1840 Signature de l'Acte d'union qui réunit le Haut-Canada et le Bas-Canada.

1848 Printemps des peuples. Une importante révolution éclate à Paris.

1860 Abraham Lincoln est élu président des États-Unis.

1861 Unification de l'Italie par Giuseppe Garibaldi.

1861 à 1865 Guerre de Sécession aux États-Unis.

1867 Acte de l'Amérique du Nord britannique : le Canada devient un dominion.

1869 Inauguration du canal de Suez en Égypte, qui relie l'Europe et l'Asie.

1870 John D. Rockefeller fonde la Standard Oil.

1871 Unification de l'Allemagne.

1871 Commune de Paris.

1884 Conférence de Berlin : l'Europe se partage l'Afrique.

1889 Adoption d'une première Constitution au Japon.

1894 à 1895 Guerre sino-japonaise.

1899 à 1902 Guerre des Boers.

1904 à 1905 Guerre russo-japonaise.

1914 à 1918 Première Guerre mondiale.

1917 Révolution russe : Lénine s'empare du pouvoir.

1919 Première liaison aérienne commerciale entre Londres et Paris.

1922 Création de l'Union des républiques socialistes soviétiques (URSS).

1922 Le Parti national fasciste de Benito Mussolini prend le pouvoir en Italie.

1923 Mustafa Kemal fonde la République turque.

1928 Joseph Staline impose l'industrialisation de l'URSS.

1929 à 1930 Crise économique mondiale.

1800 Alessandro Volta invente la pile électrique.

1802 Richard Trevithick met au point la première locomotive à vapeur.

1816 Nicéphore Niépce invente la photographie.

1830 Eugène Delacroix peint *La Liberté guidant le peuple*.

1837 Samuel Morse invente le télégraphe.

1838 Victor Hugo publie *Les Contemplations*.

1856 Sir Henry Bessemer invente le procédé de fabrication de l'acier.

1857 James Williams met au point la technique pour forer des puits de pétrole.

1859 Charles Darwin publie *De l'origine des espèces au moyen de la sélection naturelle*.

1860 Levi Strauss met en marché le blue-jeans.

1857 à 1862 Louis Pasteur met au point une méthode de conservation qui portera son nom.

1874 Naissance du mouvement impressionniste en peinture.

1876 Graham Bell fait breveter l'invention du téléphone.

1879 Thomas Edison invente l'ampoule électrique.

1885 Émile Zola publie *Germinal*.

1886 Carl Benz et Gottlieb Daimler mettent au point l'automobile.

1903 Marie Curie reçoit le prix Nobel de physique pour ses travaux sur le polonium et le radium.

1903 Les frères Wright mettent au point le premier avion.

1907 Naissance du mouvement cubiste en peinture.

1915 Albert Einstein formule la théorie de la relativité générale.

1919 Le Bauhaus, une école allemande d'architecture et d'arts appliqués, voit le jour en Allemagne.

1927 Fritz Lang tourne le film *Metropolis*, dont le contexte rappelle l'industrialisation et la différence entre les diverses classes sociales.

1927 Diffusion du premier film parlant.

1928 Walt Disney crée le personnage de Mickey Mouse.

ÉPOQUE CONTEMPORAINE

1935 Promulgation des Lois de Nuremberg ; début des mesures discriminatoires à l'endroit des Juifs.

1940 Au Québec, le droit de vote est reconnu aux femmes lors des élections provinciales.

1942 Conférence de Wannsee ; mise en place de la « solution finale » pour exterminer les Juifs.

1948 Les lois d'apartheid sont appliquées en Afrique du Sud.

1948 L'Organisation des Nations Unies (ONU) adopte la Déclaration universelle des droits de l'homme.

1948 Gandhi est assassiné.

1949 Simone de Beauvoir publie *Le Deuxième Sexe*.

1960 Début de la Révolution tranquille au Québec.

1963 Nationalisation de l'électricité au Québec.

1965 Adoption du *Voting Rights Act* aux États-Unis qui réaffirme le droit de vote des Noirs.

1966 Thérèse Casgrain fonde la Fédération des femmes du Québec.

1967 Exposition universelle de Montréal.

1968 Assassinat de Martin Luther King.

1968 Manifestations étudiantes et grève générale en France (Mai 68).

1970 Crise d'octobre au Québec.

1975 Création de Microsoft par Bill Gates et Paul Allen.

1976 Steve Jobs et Steve Wozniak fondent la compagnie Apple Computer.

1976 Émeute à Soweto en Afrique du Sud.

1983 Adoption de la Charte québécoise des droits et libertés.

1986 Explosion d'un réacteur nucléaire à Tchernobyl.

1988 Benazir Bhutto est la première femme à devenir chef d'un gouvernement dans un pays musulman.

1989 Soulèvement étudiant en Chine écrasé à la place Tienan Men.

1989 Destruction du mur de Berlin.

1990 Réunification de l'Allemagne.

1990 Création du World Wide Web (WWW).

1991 Éclatement de l'URSS.

1993 Nelson Mandela reçoit le prix Nobel de la paix avec Frederik De Klerk.

1994 Génocide au Rwanda.

POLITIQUE ET ÉCONOMIE

1931 Le Japon occupe la Mandchourie.

1933 Adolf Hitler est élu chancelier de l'Allemagne.

1939 à 1945 Seconde Guerre mondiale.

1945 Les Américains lancent une bombe atomique sur Hiroshima (6 août).

1945 Création de l'ONU.

1948 Proclamation de l'État d'Israël.

1949 Création de la République populaire de Chine.

1950 à 1953 Guerre de Corée.

1955 Conférence de Bandung : les pays non alignés affirment le droit des nations à l'autodétermination.

1959 Fidel Castro dirige le gouvernement de Cuba.

1959 Ouverture de la voie maritime du Saint-Laurent.

1962 Crise des missiles de Cuba. Les États-Unis et l'URSS craignent le déclenchement d'une guerre nucléaire.

1963 Assassinat de John Fitzgerald Kennedy.

1964 à 1973 Guerre du Viêtnam.

1967 Assassinat d'Ernesto « Che » Guevara.

1969 Yasser Arafat est nommé chef de l'Organisation de la libération de la Palestine (OLP).

1972 Entrée de la Chine à l'ONU.

1973 Crise du pétrole.

1973 Augusto Pinochet prend le pouvoir au Chili.

1979 Élection de la première assemblée européenne.

1991 Première guerre du Golfe à la suite de l'invasion du Koweït par Saddam Hussein en 1990.

1992 à 1999 Guerre en Bosnie.

1994 Nelson Mandela est élu président de l'Afrique du Sud.

1994 Entrée en vigueur de l'Accord de libre-échange nord-américain (ALENA).

1996 Instauration d'un régime islamiste dirigé par les talibans en Afghanistan.

1999 L'Union européenne passe à la monnaie unique.

ARTS ET SCIENCES

1928 Sir Alexander Fleming découvre les propriétés antibactériennes de la pénicilline.

1929 Hergé (Georges Remi) crée le personnage de Tintin.

1940 Charlie Chaplin tourne *Le Dictateur*, qui rappelle les comportements d'Adolf Hitler dans l'Allemagne nazie.

1955 J. R. R. Tolkien publie *Le Seigneur des anneaux*.

1957 Lancement du satellite *Spoutnik 1* par l'URSS.

1961 Youri Gagarine, à bord du *Vostok*, est le premier homme à effectuer un vol spatial.

1962 Les Beatles lancent leur premier album.

1969 Neil Armstrong est le premier homme à marcher sur la Lune.

1977 George Lucas réalise *Star Wars*.

1978 Naissance du premier bébé éprouvette.

1979 L'expédition *Voyager* découvre les anneaux de Jupiter.

1982 Les disques compacts font leur apparition sur le marché.

1984 Le virus du sida est isolé.

1985 Johnny Clegg lance *Third World Child* et connaît un succès international.

1997 J. K. Rowling publie son premier livre des aventures d'Harry Potter : *Harry Potter à l'école des sorciers*.

Glossaire

A

acculturation (p. 191) Processus par lequel un peuple ou un individu abandonne sa culture pour en assimiler une autre.

Afrikaners (p. 226) Descendants des Hollandais qui colonisent l'Afrique du Sud au XIXe siècle. *Voir* Boers.

Amérindien (p. 70) Nom donné aux autochtones d'Amérique. Quand Christophe Colomb arrive en Amérique, il se croit en Inde. Il appelle donc les autochtones des « Indiens ». Plus tard, on les appellera « Amérindiens » pour les distinguer des Indiens qui vivent en Inde.

ANC (p. 226) Sigle de African National Congress.

Ancien Régime (p. 106) Organisation politique de la France avant la révolution de 1789. L'Ancien Régime est caractérisé par un régime monarchique et par une société d'ordres. *Voir* société d'ordres.

antisémite (p. 238) Se dit d'une politique d'hostilité systématique et délibérée envers les Juifs.

apartheid (p. 226) Système de ségrégation instauré en Afrique du Sud. *Voir* ségrégation.

art (p. 14) Ensemble des œuvres que l'être humain crée, et qui expriment un idéal de beauté et d'harmonie.

autocrate (p. 113) Souverain qui gouverne seul et qui détient un pouvoir absolu.

B

Boers (p. 184) Nom donné aux descendants des colons hollandais qui s'établissent en Afrique du Sud. Aujourd'hui, les descendants des Boers se nomment « Afrikaners » et forment la majorité de la population blanche en Afrique du Sud. *Voir* Afrikaners.

boyard (p. 112) Nom qui désigne les grands nobles dans la Russie tsariste.

boycotter (p. 216) Refus de consommer ou d'acheter des produits, ou encore de prendre part à un événement dans un geste de protestation.

C

capital (p. 136) Ensemble des biens ou des avoirs en argent d'une personne ou d'une entreprise. Par extension, le capital représente aussi ceux qui possèdent les richesses.

capitalisme (p. 136) Régime économique dans lequel un groupe social détient les capitaux et les moyens de production.

censurer (p. 228) Interdire de diffuser de l'information ou d'exprimer une opinion.

chancelier (p. 154) Titre du premier ministre en Allemagne.

citoyen (p. 103) Habitant d'un pays qui détient des droits politiques.

classe sociale (p. 131) Ensemble de personnes qui partagent des conditions de vie similaires et des intérêts communs. Au moment de l'industrialisation, on trouve, d'un côté, la classe ouvrière, soit l'ensemble des travailleurs, et, de l'autre, la bourgeoisie, qui comprend des entrepreneurs, des financiers et des patrons.

colonie (p. 62) Territoire placé sous la domination d'un pays étranger qui l'exploite.

colonisation (p. 62) Processus par lequel un pays s'établit sur un territoire étranger qu'il place sous sa domination et qu'il exploite.

commerce triangulaire (p. 77) Commerce pratiqué, du XVIe siècle au XIXe siècle, entre l'Europe, l'Afrique et l'Amérique.

communisme (p. 144) Tendance particulière du socialisme qui prône l'abolition des classes sociales par le recours à la révolution. Karl Marx a présenté cette théorie dans son ouvrage *Manifeste du parti communiste* en 1848.

comptoir commercial (p. 62) Installation pour le commerce mise sur pied par un pays dans un territoire étranger.

concile (p. 28) Assemblée réunissant les évêques et le pape dans le but d'étudier des questions de doctrine ou de discipline au sein de l'Église.

conquistador (p. 66) Nom d'origine espagnole donné aux explorateurs et aventuriers espagnols qui ont conquis l'Amérique au XVIe siècle. Au pluriel, s'écrit « conquistadors » ou « conquistadores ».

Constitution (p. 104) Ensemble des textes qui sont à la base de l'organisation politique d'un pays et qui définissent la forme du gouvernement.

contrat social (p. 97) Théorie de Jean-Jacques Rousseau selon laquelle le peuple accepte de partager le pouvoir avec des institutions politiques.

critique (p. 10) Se dit d'une personne qui tente de distinguer le vrai du faux en faisant l'examen d'un texte ou d'un fait précis.

D

daïmio (p. 32) Puissant seigneur au Japon, à l'époque des shoguns. Il s'agit généralement d'un grand propriétaire terrien. *Voir* shogun.

décolonisation (p. 216) Processus par lequel une colonie obtient son indépendance.

démocratie (p. 103) Système politique où le peuple participe aux décisions politiques en élisant des représentants au gouvernement.

Diète (p. 196) Nom du Parlement japonais.

discrimination (p. 192) Fait de ne pas traiter tout le monde également. Ainsi, lorsqu'un individu ou un groupe social n'a pas les mêmes droits qu'un autre, il est victime de discrimination.

dissidence (p. 237) Action ou état d'une personne qui n'adhère pas à l'opinion de la majorité et qui exprime généralement son désaccord. En démocratie, la dissidence est un droit fondamental normalement protégé par des lois.

doctrine (p. 25) Ensemble des arguments, des principes ou des thèses qui sont à la base d'une religion.

dramaturge (p. 20) Auteur de pièces de théâtre.

droits (p. 93) Concept qui renvoie à tout ce qui est permis. Les droits de la personne, ou droits de l'homme, définissent ce que les citoyens sont libres de faire dans la société. Le droit est aussi l'ensemble des règles dans une société.

droits civils (p. 210) Droits que la loi garantit à tous les citoyens.

droits naturels (p. 96) Droits fondamentaux de l'individu, c'est-à-dire le droit à la vie, le droit à la liberté et le droit à la propriété. Au XVIIe siècle, John Locke qualifie ces droits de « droits naturels ».

E-F

économie-monde (p. 55) Concept qui permet de décrire le réseau économique qui se constitue dans le monde à la suite des explorations, puis de la mise sur pied de colonies par les Européens aux XVIe et XVIIe siècles.

émancipation (p. 232) Libération par rapport à une autorité.

embargo (p. 228) Mesure visant à interdire les exportations vers un pays.

enclosure (p. 133) Action de clôturer un champ pour protéger les récoltes et empêcher le bétail d'y paître.

épidémie (p. 4) Propagation rapide d'une maladie à un grand nombre de personnes. Quand l'épidémie touche un ou plusieurs continents, on parle de pandémie.

érudit (p. 8) Personne instruite et très cultivée. À la Renaissance, les érudits cherchent à approfondir leurs connaissances en puisant dans les textes des philosophes de l'Antiquité. *Voir* humaniste.

évangélisation (p. 28) Enseignement de la religion chrétienne, des Évangiles, aux non-chrétiens. Les jésuites ont été parmi les premiers missionnaires à venir en Nouvelle-France pour évangéliser les peuples autochtones.

exécutif (p. 96) Se dit du pouvoir d'appliquer les lois.

expérimentation (p. 12) Action de faire des expériences dans le but d'expliquer un phénomène.

féminisme (p. 234) Mouvement de militantes dont le but est d'accroître le rôle et les droits des femmes dans la société.

G

génocide (p. 210) Élimination organisée d'un groupe important de personnes.

géocentrisme (p. 58) Théorie selon laquelle la Terre est au centre de l'Univers et le Soleil tourne autour d'elle. Cette théorie est défendue par l'Église catholique au XVe siècle.

grève (p. 146) Arrêt de travail.

guerre froide (p. 212) Période de tensions très vives entre les deux superpuissances, les États-Unis et la Russie.

H

haïku (p. 36) Petit poème japonais composé de trois vers qui totalisent 17 syllabes.

hégémonie (p. 212) Domination politique, économique et culturelle d'une puissance sur d'autres.

héliocentrisme (p. 58) Mot qui vient du grec *hélios*, qui signifie « Soleil ». Théorie selon laquelle la Terre tourne sur elle-même et autour du Soleil. Copernic est l'auteur de cette théorie, publiée en 1543.

hérétique (p. 28) Personne dont les idées sont jugées contraires à celles de l'Église.

hiérarchie sociale (p. 106) Classement des membres d'une société selon leur degré de pouvoir, de richesse ou d'influence.

Holocauste (p. 236) Mot hébreux qui désigne l'extermination des Juifs par les nazis durant la Seconde Guerre mondiale. Dans la Bible, le mot *holocauste* signifie « sacrifice ». En Europe francophone, en France particulièrement, on préfère parler de *Shoah*, qui veut dire « anéantissement ».

homme (p. 5) Mot qui désigne l'être humain, autant la femme que l'homme.

huguenot (p. 26) Nom donné aux protestants calvinistes en France au XVIe siècle.

humanisme (p. 7) Philosophie qui a vu le jour à la Renaissance et qui place l'homme, plutôt que Dieu, au centre de ses préoccupations. Ce courant de pensée s'intéresse au rôle de l'individu au sein de la société et il puise son inspiration dans la pensée des savants de l'Antiquité. *Voir* Renaissance.

humaniste (p. 8) À la Renaissance, personne qui a une grande connaissance de la littérature ou des sciences, et qui étudie les philosophes de l'Antiquité.

I

impérialisme (p. 179) Politique qui vise l'expansion d'un État par la domination d'un ou de plusieurs États ou régions. La domination peut être politique, militaire, économique ou culturelle.

individu (p. 8) Unité de base de la société. Selon les humanistes de la Renaissance, l'individu est un être conscient et responsable qui doit pouvoir agir librement. *Voir* Renaissance.

indulgence (p. 23) Pardon des péchés accordé par l'Église catholique à un fidèle. La vente des indulgences par le clergé est une des causes de la Réforme au XVIe siècle.

J

judiciaire (p. 96) Se dit du pouvoir de rendre la justice.

juriste (p. 26) Personne qui s'intéresse au domaine de la justice.

justice (p. 104) Reconnaissance et respect des droits des individus. La justice désigne également le pouvoir de faire régner le droit ainsi que l'ensemble des autorités chargées de le faire respecter.

L

langue vulgaire (p. 20) Langue de tous les jours, parlée par tous les habitants d'un pays. À la Renaissance, les langues vulgaires remplacent peu à peu le latin, qui était employé dans les ouvrages littéraires et scientifiques.

latitude (p. 61) Position en degrés par rapport à l'équateur.

législatif (p. 96) Se dit du pouvoir de faire les lois.

législation (p. 137) Ensemble de lois concernant un secteur en particulier.

libéralisme (p. 96) Conception de la politique fondée sur la liberté des individus.

libéralisme économique (p. 137) Théorie, élaborée par Adam Smith en 1776, qui prône la liberté des entreprises.

liberté (p. 8) Pouvoir d'agir selon sa volonté, sans contrainte.

liberté de croyance (p. 97) Droit pour l'individu d'adhérer à la religion de son choix. Selon ce principe, défendu entre autres par Voltaire au XVIIIe siècle, l'État ne peut imposer une religion ni interdire les autres cultes.

libertés civiles (p. 215) Droit qu'a un individu de se conduire selon sa volonté et ses convictions, dans le cas de règles définies, reconnues et égales pour tous.

loggia (p. 15) Vaste balcon couvert et fermé sur les côtés, caractéristique de l'architecture de la Renaissance.

longitude (p. 61) Position en degrés d'un lieu par rapport au méridien de Greenwich.

lynchage (p. 222) Exécution sommaire d'une personne par une foule, sans procès ni possibilité de défense.

M

mécanisation (p. 128) Utilisation de machines pour produire des biens.

mécène (p. 14) Personne qui consacre une partie de sa richesse à aider les artistes. À la Renaissance, les mécènes sont de riches bourgeois, des princes ou encore des papes qui confient à des artistes des travaux importants.

mercantilisme (p. 75) Théorie économique selon laquelle la richesse d'un État est proportionnelle à la quantité d'or et d'argent qu'il possède.

métropole (p. 100) État qui possède des colonies ou des territoires extérieurs.

mode de production (p. 144) Selon Karl Marx, système économique capitaliste qui combine deux facteurs : les forces productives et les rapports de production.

monarchie absolue (p. 92) Régime politique dans lequel tous les pouvoirs sont entre les mains d'une seule personne, le roi (ou monarque).

N-O

nationalisme (p. 181) Sentiment de fierté et d'appartenance à une nation. Au XIXe siècle, le nationalisme mène à un sentiment de supériorité qui se manifeste par la volonté de puissance des États.

non-violence (p. 217) Forme d'action politique qui rejette le recours à la violence. La non-violence peut prendre diverses formes : boycottage de produits et de services, désobéissance civile, résistance passive. Elle a été popularisée par Gandhi, dans la première moitié du XXe siècle, dans le but d'obtenir l'indépendance de l'Inde.

observation (p. 12) Action d'examiner attentivement un phénomène.

P

Parlement (p. 94) Assemblée qui représente l'ensemble de la population et qui est chargée d'adopter les lois.

Parti nazi (p. 212) Abréviation allemande de *National-sozialismus*, idéologie du Parti ouvrier national-socialiste allemand.

peste noire (p. 4) Maladie hautement contagieuse et souvent mortelle, transmise par les rats ou par un contact direct avec une personne atteinte.

philosophie (p. 6) Courant de pensée, conception particulière du monde, de la société, de l'être humain.

portulan (p. 60) Carte géographique qui décrit les côtes ou rivages des pays.

prédestination (p. 26) Idée selon laquelle Dieu a choisi à l'avance les personnes qui obtiendront le salut à la fin de leurs jours, peu importe ce qu'elles font durant leur vie terrestre. L'idée de la prédestination est avancée par Jean Calvin au XVIe siècle.

profane (p. 16) Se dit de quelque chose qui n'est pas religieux.

propagande (p. 237) Action exercée sur l'opinion dans le but de propager une idée.

protectorat (p. 182) Forme d'impérialisme colonial qui consiste, pour une puissance impérialiste, à gouverner un territoire par l'intermédiaire d'un chef ou d'un souverain local.

R

Réforme (p. 23) Mouvement de contestation à l'égard de l'Église catholique au XVIe siècle, qui mène à la formation d'Églises protestantes.

régent (p. 32) Seigneur d'une région du Japon ou noble de la cour à l'époque Heian.

régime politique (p. 92) Ensemble des institutions et des pratiques qui caractérisent l'organisation politique et sociale d'un État.

Renaissance (p. 5) Période de l'histoire occidentale qui suit le Moyen Âge. La Renaissance débute vers 1450 et s'étend sur environ un siècle et demi. Cette période se caractérise par une nouvelle façon de concevoir l'homme, l'humanisme, et par un renouveau dans le domaine des arts. *Voir* homme *et* humanisme.

république (p. 110) Régime politique où le pouvoir est détenu par plusieurs personnes, contrairement au régime monarchique, et où la fonction du chef de l'État (président de la République) n'est pas héréditaire.

résistance passive (p. 217) Forme de pratique non violente. *Voir* **non-violence**.

responsabilité (p. 8) Capacité pour l'homme de prendre une décision sans devoir obtenir la permission d'une autorité supérieure, et capacité d'agir sur son destin.

révolution (p. 90) Changement rapide et parfois violent de l'ordre social et politique.

révolution industrielle (p. 128) Série d'innovations scientifiques, techniques et agricoles qui, vers la fin du XVIIIᵉ siècle, vont apporter des changements majeurs à l'économie en favorisant l'apparition d'industries.

rônin (p. 32) Samouraï qui n'est au service d'aucun seigneur et qui vit généralement dans la misère. *Voir* **samouraï**.

sakoku (p. 35) Fermeture du Japon aux étrangers entre les années 1630 et 1854. Durant cette période, les Japonais eux-mêmes ne peuvent plus sortir du pays.

samouraï (p. 32) Guerrier japonais. Le samouraï est au cœur du régime féodal des shoguns. Il se définit par le métier des armes et il est le seul à avoir le droit de porter le sabre. Il est au service du shogun ou d'un daïmio à qui il jure fidélité en échange d'une portion de terre. *Voir* **daïmio** *et* **shogun**.

schisme (p. 22) Séparation des croyants d'une même religion qui reconnaissent des autorités différentes. La création d'Églises protestantes au XVIᵉ siècle est considérée comme un schisme par l'Église catholique.

science (p. 12) Ensemble des connaissances générales qui se fondent sur l'observation et l'expérimentation.

ségrégation (p. 214) Pratique consistant à mettre un groupe à part, le plus souvent sur la base de la couleur ou de la religion.

séparation des pouvoirs (p. 96) Principe selon lequel le pouvoir exécutif, le pouvoir législatif et le pouvoir judiciaire ne doivent pas être exercés par les mêmes personnes. La séparation des pouvoirs est un des principes de base de la démocratie. Il a été énoncé par Montesquieu au XVIIIᵉ siècle. *Voir* **exécutif**, **législatif** *et* **judiciaire**.

serf (p. 113) Paysan attaché à une terre et qui doit des corvées à son seigneur.

shintoïsme (p. 31) Religion polythéiste et animiste, c'est-à-dire qui croit en plusieurs dieux et qui attribue une âme aux animaux et aux choses. C'est la religion officielle du Japon jusqu'en 1945.

shogun (p. 32) Puissant seigneur japonais qui a réussi à s'imposer aux autres seigneurs et qui est devenu, en quelque sorte, le général suprême. C'est lui qui assure le fonctionnement du gouvernement à la place de l'empereur. *Voir* **daïmio**.

Siècle des Lumières (p. 94) Nom donné au XVIIIᵉ siècle, en raison des connaissances nouvelles et des progrès scientifiques importants faits au cours de cette période. Le mot *Lumières* désigne alors les connaissances, l'intelligence.

simonie (p. 23) Vente aux fidèles par le clergé des différents services offerts par l'Église catholique, tels les sacrements. La simonie est une des causes de la Réforme au XVIᵉ siècle.

socialisme (p. 144) Doctrine prônant l'égalité et le bien commun plutôt que les intérêts des particuliers.

société d'ordres (p. 106) Société où les groupes sociaux n'ont pas les mêmes droits. Dans la France de l'Ancien Régime, les trois ordres sont la noblesse, le clergé et le tiers état. *Voir* **tiers état** *et* **Ancien Régime**.

souveraineté (p. 97) Pouvoir. Au XVIIIᵉ siècle, Jean-Jacques Rousseau avance l'idée que c'est le peuple et non le roi qui détient la souveraineté.

sphère d'influence (p. 183) Région sur laquelle un pays impérialiste exerce une influence économique, et où il a l'exclusivité du commerce et de l'investissement.

suffragette (p. 230) Femme qui réclame le droit de vote.

syndicalisme (p. 146) Mouvement qui vise à réunir des travailleurs en associations pour qu'ils puissent défendre leurs intérêts.

Tenochtitlán (p. 67) Capitale de l'Empire aztèque jusqu'à la chute de ce dernier en 1521. Aujourd'hui la ville de Mexico.

théâtre nô (p. 37) Forme de théâtre japonais très sobre. Les premières représentations du théâtre nô, au XVᵉ siècle, s'adressent aux nobles et à l'élite des samouraïs.

tiers état (p. 107) Un des trois ordres de la société française sous l'Ancien Régime. Le tiers état est composé des bourgeois, des artisans, des paysans et des ouvriers. *Voir* **Ancien Régime**.

tsar (p. 113) Titre porté par les empereurs de Russie. Le mot *tsar* est dérivé du mot *césar*, qui désignait les empereurs romains.

Tsiganes (p. 212) Populations originaires de l'Inde qui ont migré en Europe vers le XIVᵉ siècle, dont certaines vivent une existence nomade. On les appelle aussi « bohémiens » ou « gitans ».

urbanisation (p. 138) Concentration de la population dans les centres urbains (les villes).

Repères culturels

Sources

Photographies

Akg-images
Ret., PXIII, D1 : Erich Lessing ; Ret., PXV, D6 : Erich Lessing ; Ret., PXVIII, D12 : Erich Lessing ; C1, P14, D11 ; C1, P18, D18 ; C1, P19, D20 ; C1, P25, D25 ; C1, P35, D35 ; C1, P21, D23 ; C2, P51, D3 ; C2, P53, 2ᵉ dans la colonne de g. ; C2, P55, D6 ; C2, P56, en bas à g. ; C2, P66, D15 ; C2, P66, en haut à g. ; C2, P80, au centre ; C2, P83, D31 ; C2, P83, D32 ; C2, P57, D8 ; C2, P63, en bas à d ; C2, P75, en haut à d. ; C3, P115, haut à d. ; C3, P115, bas ; C3, P117, d. ; C3, P116, D28 ; C4, P134, D9 ; C4, P143, D19 ; C4, P141, D17 ; C4, P145, en haut à d. ; C4, P151, D29 ; C4, P152, D30 ; C4, P155, D32 ; C4, P156, D36 ; C4, P157, D37 ; C4, P158, D38 ; C4, P162, D44 ; C4, P168, D52 : Richard Booth ; C4, P166, D50 ; C4, P156, D35 ; C4, P159, en haut à d. ; C4, P171, en haut ; C5, P182, D7 ; C5, P85, à d. ; C5, P185, en bas ; C5, P186, D9 ; C5, P188, D11 ; C5, P192, D14 ; C5, P193, D15 ; C5, P204, en haut ; C6, P236, D29 ; C6, P236, D26 ; C6, P239, D33 ; C6, P240, D35 ; C6, P241, D36 ; C6, P247, D44 ; C6, P246, D43 ; C6, P246, D44 ; C6 P247, D45 ; C6, P241, D32 ; Chrono., P314, en haut ; Chrono., P315, g. ; Chrono., P315, d.

Altitude
C3, P93, D3 : Yann Arthus-Bertrand.

Archives de l'Institut Notre-Dame du Bon-Conseil de Montréal
C6, P233, en haut.

Archives Radio-Canada
C6, P233.

Art Archive
Couv. 3ᵉ à partir de la gauche : Château de Chambord / Dagli Orti ; Ret., PXIX, D14 : Dagli Orti ; Ret., PXIX, D16 : Bibliothèque des Arts Décoratifs Paris / Dagli Orti ; C1, P21, en bas à g. : Ashmolean Museum Oxford / Eileen Tweedy ; C1, P34, en bas à d. : Tokyo University / Laurie Platt Winfrey ; C2, P53, 3ᵉ dans la colonne de g. : Marine Museum Lisbon / Dagli Orti ; C2, P53, 3ᵉ dans la colonne de d. : Marine Museum Lisbon / Dagli Orti ; C2, P53, 2ᵉ dans la colonne Madrid / Dagli Orti ; C2, P57, D7 : Dagli Orti (A) ; C2, P67, D16 : Museo Ciudad Mexico / Dagli Orti ;C2, P76, D26 : Maritime Museum Kronborg Castle Denmark / Dagli Orti ; C3, P101, en haut à d. ; C3, P101, en bas à d. : National Archives Washington DC ; C3, P104, g. : Gift of James speyer / Museum of the City of New York / 31.227 ; C3, P113, en bas : Russian Historical Museum Moscow / Dagli Orti (A) ; C3, P121, g. : Private Collection / Dagli Orti ; C3, P121, d. : Private Collection / Dagli Orti ;

C3, P92, D4 ; C4, P145, D22 : Eileen Tweedy ; C4, P149, D23 : Private Collection / Marc Charmet ; C4, P161, D40 : Yale University New Haven ; C4, P161, à d. : Culver Pictures ; C4, P165, D48 : Culver Pictures ; C4, P163, D46 : Culver Pictures ; C4, P168, D54 : Neil Setchfield ; C5, P194, D16 : British Museum ; C5, P195, D18 : Ministry of Education Tokyo / Laurie Platt Winfrey ; C5, P197, D20 : Private Collection / Laurie Platt Winfrey ; C5, P199, en haut à d. : Tokyo National Museum / Laurie Platt Winfrey ; C6, P215, D9 : Dagli Orti (A) ; C6, P223, D16 : Culver Pictures ; C6, P243, D34 : Laurie Platt Winfrey ; Chrono., P316, en bas : Dagli Orti.

Art Resource, NY
Couv. 1ʳᵉ à gauche : Erich Lessing ; Ret., PXIV, D3 : Erich Lessing ; Ret., PXVI, D7 : Scala ; Ret., PXVII, D9 : Scala ; Ret., PXVIII, D11 : Bridgeman-Giraudon ; Ret., PXVIII, D13 : Scala ; Ret., p. XIX, D15 : Snark ; C1, P6, D3, g. : Giraudon ; C1, P6, D3, d. : Bildarchiv Preussischer Kulturbesitz ; C1, P9, D5 : Erich Lessing ; C1, P9, en haut à d. : Scala ; C1, P11, D6 : Réunion des Musées Nationaux ; C1, P15, D12 : Erich Lessing ; C1, P15, D14 : Vanni ; C1, P17, D16 : C1, P17, D17 : Erich Lessing ; C1, P18, D19 : Scala ; C1, P19, D21 : Alinari ; C1, P20, D22 : Réunion des Musées Nationaux ; C1, P12, D7 : Snark ; C1, P13, D8 : Erich Lessing ; C1, P13, D9 : Giraudon ; C1, P10, en bas à g. : Scala ; C1, P21, en haut à d. : Réunion des Musées Nationaux ; C1, P26, D26 : Erich Lessing ; C1, P27, D27 : National Trust ; C1, P29, D28 : Scala ; C1, P30, D30 : Erich Lessing ; C1, P33, D33 : C1, P34, D34 : Werner Forman ; C1, P36, D36 : Scala ; C1, P37, D38 : Werner Forman ; C1, P38, en bas : Erich Lessing ; C1, P40, en bas à g. : Alinari ; C1, P41, D40 : C1, P41, D39 ; C1, P42, D41 ; C1, P42, D43 : Réunion des Musées Nationaux ; C1, P43,D44 : Scala ; C2, P50, D1 : Scala ; C2, P53, 4ᵉ dans la colonne de g. : Réunion des Musées Nationaux ; C2, P53, 1ᵉʳ dans la colonne de g. ; C2, P58, au centre : Victoria & Albert Museum, London ; C2, P59, en bas à d. : Scala ; C2, P59, 2ᵉ en bas à g. ; C2, P59, 1ᵉʳ en bas à g. : Erich Lessing ; C2, P60, D9 : Scala ; C2, P61, D10 : Scala ;C2, P62, D12 : Giraudon ; C2, P64, D13 ; C2, P65, D14 : Erich Lessing ; C2, P69, en bas à g. : Réunion des Musées Nationaux ; C2, P73, à d. : Erich Lessing ; C2, P60, en haut à d. : Giraudon ; C2, P74, P23 : Erich Lessing ; C3, P96, en bas : Erich Lessing ; C3, P97, en haut : Réunion des Musées Nationaux ; C3, P97, en bas : Réunion des Musées nationaux ; C3, P98, D7 : Erich Lessing ; C3, P98, d. : Erich Lessing ; C3, P103, D13 ; C3, P107, D16 : Erich Lessing ; C3, P109, D19 : Erich Lessing ; C3, P108, en bas : Giraudon ; C3, P111, D21 : Réunion des Musées Nationaux ; C3, P110, D20 : Giraudon ; C3, P114, D24 : Scala ; C3, P114, D25 : Scala ; C3, P116, D27 : Scala ; C3, P118, g. : Erich Lessing ; C3, P120, en bas à d. : Erich Lessing ; C4, P130, D130 : HIP ; C4, P136, D11 : Giraudon ; C4, P139, D15 ; C4, P161, D39 : HIP ; C4, P164, D47 : Snark ; C4, P169, D56 : Archive Timothy McCarthy ; C4, P168, D54 : Vanni ; C5, P180, D5 : Erich Lessing ; C5, P189, en haut à d. : Victoria & Albert Museum, London ; C5, P193, D16 : Réunion des Musées Nationaux ; C6, P230, D23 : Giraudon ; Chrono., P312, en haut, Scala ; Chrono., P312, en bas : Bildarchiv Preussischer Kulturbesitz ; Chrono., P317, en bas ; Chrono., P320.

Associated Press
C2, P49, en bas à g. ; C7, P260, en bas : Lefteris Pitarakis.

Bibliothèque et archives Canada
C6, P211, D3.

Bourelle, Stéphane
C7, P261, P263 (carte), p. 264.

Bridgeman Art Library
C3, P95, D6 : Houses of Parliament, Westminster, London, UK ; C3, P98, D8 : Musee de l'Hotel Sandelin, Saint-Omer, France, Lauros / Giraudon ; C3, P120, au centre à g. : Comédie Francaise, Paris, France, Archives Charmet ; C1, P42, D42 : Bibliothèque des Arts Decoratifs, Paris, France, Archives Charmet ; C2, P61, D11 : © Boltin Picture Library ; C2, P71, D21 : British Library, London, UK ; C2, P79, en bas à g. : © The Barnes Foundation, Merion, Pennsylvania, USA ; C2, P79, en bas à d. : Museo de America, Madrid, Spain ; C4, P150, D28 : Private Collection ; C5, P178, D3 : Private Collection, Archives Charmet ; Chrono., P322, Archives Charmet.

British Library
C2, P79, en bas au centre.

Brookling Art Museum
C6, P235, à g. : 1979, Judy Chicago, Photo © Donald Woodman.

Chagnon Alain
C6, P233, quatrième à partir du haut.

CNRS
Ret., PXIV, D4 : Danielle Stordeur.

Collection Kharbine-Tapabor
C5, P191, D13.

Colvey, Stéphanie
C7, P257.

Corbis
Couv. 2ᵉ à partir de la gauche : © Bettmann ; Ret., PXIII, D2 : © Imagemore ; Ret., PXVI, D8 : © James Davis ; Ret., PXVII, D10 : © Free Agents ; C1, P7, D4 : © Alinari Archives ; C1, P15, D13 : © Chris Lisle ; C1, P37, D37 : Christie's Images ; C1, P45, centre ; C1, P3, en bas à g. : Libres de droits ; C2, P68, D17 : © Bettmann ; C2, P69, en bas à d. : © Bettmann ; C2, P78, D29, au centre à g. : © Adam Woolfitt ; C2, P78, D29, en bas : Michael Freeman ; C3, P104, d. ; C4, P135, D10 : © Bettmann ; C4, P137, en bas à d. : © Bettmann ; C4, P142, D18 : ©Stapleton Collection ; C4, P163, D45 : © Bettmann ; C4, P165, D47, C4, P168, D53 : © William Manning ; C4, P169, D55 : © Sandro Vannini ; C4, P165, D48 ; C4, P171, D59 : © Christel Gerstenberg ; C4, P154, au centre à g. : © Underwood & Underwood ; C5, P185, D8 : © Patrick Ward ; C5, P189, D12 : © Hulton-Deutsch Collection ; C5, P190, en bas à g. : © Louise Gubb : C5, P195, à d. : © Bettmann ; C5, P199, D20 : © Philadelphia Museum of Art ; C5, P201, en haut à d. : © Bettmann ; C5, P201, en bas à g. : © Bettmann ; C5, P200, en bas : © Bettmann ; C5, P209 : © Bettmann ; C6, P211. D2 : © Bettmann ; C6, P212, D4 : © Bettmann ; C6, P213, D5 : © Reuters ; C6, P214, D7 : © Lake County Museum ; C6, P215, D8 : © Jack Moebes ; C6, P216, D10 : © Hulton-Deutsch Collection ; C6, P17 : © Bettmann ;

C6, P18, D12 : © Bettmann ; C6, P20 : © Bettmann ; C6, P21 : © Bettmann ; C6, P22, D16 :© Leonard de Selva ; C6, P224, D17 : © Bettmann ; C6, P225 : © Bettmann ; C6, P226 : © Micheline Pelletier ; C6, P227, D19 : © Paul Velasco ; Gallo Images ; C6, P227, D20 © Betman ; C6, P228, © Henry Diltz ; C6, P229, D22 : © David Brauchli/Sygma ;C6, P231, D24 : © Hulton-Deutsch Collection ; C6, P231, D25 : © Bettmann ; C6, P232, D26 ; C6, P235, d © Hulton-Deutsch Collection ; C6, P236, à d. : © epa ; C6, P237, D31 ; C6, P237, D30 : © Stapleton Collection ; C6, P239, en haut à d. : © Reuters ; C6, P240, D34 : © Hulton-Deutsch Collection ; C6, P245, D41 : © Viviane Moos ; C6, P224, D17 : © David J. & Janice L. Frent ; C7, P256, en bas : © ITTEL J.F. ; C7, P54, en haut : © Bob Krist ; C7, P55, en haut : © H. Armstrong Roberts ; C7, P55, au milieu : © Royalty-Free ; C7, P60, en bas : © Randy Faris ; C7, P58, en haut : © Shoot/zefa ; C7, P58, en bas : © Guntmar Fritz/zefa ; C7, P59, en haut : © Craig Aurness ; C7, P59, en bas : © Robert van der Hilst ; C7, P260, en haut : © Henri Bureau/Sygma ; Chrono., P313, en haut : © Gianni Dagli Orti ; Chrono., P313, en bas : © Roger Ressmeyer ; Chrono., P325 © Guntmar Fritz ; Chrono., P314, en bas © Free Agents Limited ; Chrono., P317, en haut © John Heseltine.

Christies Images
C1, P32, D32.

Corel
C3, P105, d.

Fondation Léa Roback
C6, P233, troisième à partir du haut : Photographie Louise de Grosbois.

Fondation Voltaire
C3, P94, D5.

Gamma-Presse
Couv. à droite : © SOUTH LIGHT ; C3, P92, D2 : © Collection Roger Viollet / Topfoto / Ponopresse ; C3, P99, d. : © Collection Roger Viollet / Topfoto / Ponopresse.

Gazette (the)
C4, P127, en bas à g. : John Mahoney.

Getty
C4, P140, D16 : Time Life Pictures.

Lapointe, Michèle (artiste),
R. Rioux (infographiste)
C6, P234, D28.

Michaud, Jean-Marc
Ret., PXV, D5 ; Chrono., P312 au centre.

Musée canadien de la guerre
C6, P247, D46 : © Collection d'art militaire Beaverbrook.

NASA
Chrono., P325.

Organisation des Nations Unies (ONU)
C3, P119, d.

Photo Edit
C5, P181, à d. : Michael Newman.

Planet Art
C1, P17, D16 ; C1, P16, D15.

Presse canadienne
C7, P255, en bas : Jacques Boissinot.

Publiphoto
C2, P78, D29, en bas à g. : © Ouellette. Daniel ; C6, P233 , deuxième à partir du haut : B. Martin ; C7, P254, en bas : Paul G.Adam.

Robichaud, Michel
C4, P169, D54.

Roger Viollet
C1, P24, D24 : Topfoto / PONOPRESSE ; C4, P167, D51 : © US National Archives / Topfoto / PONOPRESSE ; C5, P179, D4 : Topfoto / Ponopresse ; C5, P191, en bas à g. : Ponopresse ; C5, P202, en bas à g. : © Harlingue / Ponopresse ; C5, P203, en bas à d. : © Harlingue / Ponopresse, C6, P238, D32 : Ponopresse ; C6, P247, D47 : Ponopresse ; C6, P247, D48 : Ponopresse ; Chrono., P316, en haut.

St-Jacques, Pierre
C6, P243, D36.

Sheffield galleries & Museums trust
C4, P138, D12.

Top Photo
C3, P96, en haut : © Verelst Harman / Topfoto / Ponopresse ; C6, P219, D13 : ©2004 Credit : Topham Picturepoint / Ponopresse.

University of Reading. Rural History centre
C4, P132, D6.

Wikipedia
C2, P53, 1er dans la colonne de d. : Droits réservés ; C5, P182, D6 : Droits réservés.

Textes

Chapitre 1

• **P9 (en haut) :** MORE, Thomas. *L'Utopie*, Paris, Nouvelle Office d'Édition, 1965, p. 69-70.
• **P9 (en bas) :** DE LA MIRANDOLE, Pic. « La dignité de l'homme »[l'extrait de Pic de la Mirandole est traduit par E. WATERHOUSE], dans MOLLAT, Michel et VAN SANTBERGEN, René, *Le Moyen Âge*, Paris (ou Liège), H. Dessain, p. 356, Recueils de textes et d'histoire (sous la direction de L. GOTHIER et A. TROUX) Tome 2. • **P10 :** Sylvius Piccolomini, « Dialogues », dans MOLLAT, Michel et VAN SANTBERGEN, René, *Le Moyen Âge*, Paris (ou Liège), H. Dessain, p. 355, Recueils de textes et d'histoire (sous la direction de L. GOTHIER et A. TROUX) Tome 2. • **P11 :** MONTAIGNE, Michel. *Les Essais*, édition réalisée sous la direction de Jean CÉARD, Paris, Le Livre de poche, 2001, passim, p. 231, 234, 239, 240. • **P17 :** VASARI, Giorgio. *Vies des plus illustres architectes, peintres et sculpteurs italiens*, cité dans « La Renaissance italienne, La documentation photographique », Paris, *La Documentation française*, dossier n° 55-08, hors série, 1958. • **P19 :** LOMAZZO, Giovanni. *Traité de l'art et de la peinture*, cité dans « La Renaissance italienne, La Documentation photographique », Paris, *La Documentation française*, dossier n° 55-08, hors série 1958. DOLCE, Lodovico. *Dialogue sur la peinture*, cité dans « La Renaissance italienne, La Documentation photographique », Paris, *La Documentation française*, dossier n° 55-08, hors série 1958. • **P20 :** VILLON, François. « Le Testament XXVI » dans *Poésies complètes*, Librairie générale française, 1972, page 63.
• **P23 (en haut) :** SAVONAROLE. *Sermon du carême 1497*, dans FLICHE et MARTIN, *Histoire de l'Église, tome 15*, « L'Église et la Renaissance », par AUBENAS et RICARD, 1951, Éd. BLOUD et GAY, p. 134. **P23 (en bas) :** ÉRASME. *Éloge de la folie*, trad. par Pierre de NOLHAC, Paris, Garnier-Flammarion, 1964, p. 76-77. • **P26 :** SIMARD, Marc et LAVILLE, Christian. *Histoire de la civilisation occidentale*, Montréal, Erpi, 2000, p. 196.

• **P27 :** « Acte de Suprématie voté par le Parlement sous Henri VIII », dans TROUX, LIZERAND et MOREAU, *Les temps modernes*, tome 3, Paris (ou Liège), H. Dessain, 1959, p. 76, Recueils de textes et d'histoire (sous la direction de L. GOTHIER et A. TROUX). • **P28 :** DE LOYOLA, Ignace. « Les Constitutions de la compagnie des Jésus », dans TROUX, LIZERAND et MOREAU, *Les temps modernes*, tome 3, Paris (ou Liège), H. Dessain, 1959, p. 78, Recueils de textes et d'histoire (sous la direction de L. GOTHIER et A. TROUX). • **P31 :** STEARNS, Peter, SCHWARTZ, Donald R., et BEYER, Barry K., *World history, Traditions and New directions*, Menlo Park (Ca), Addison-Wesley, 1991, p. 402. Notre traduction. • **P33 :** TSUNEMOTO, Yamamoto. *Hagakure*, cité dans CALVET, Robert, *Les Japonais*, Paris, © Armand Colin, 2003, p. 168. • **P35 :** CALVET, Robert, *Les Japonais*, Paris, © Armand Colin, 2003, p. 174. • **P36 :** Haïkus de Matsuo BASHO et de Yosa BUSON, dans YOTSUYA, Ryu. *Histoire du haïku, 10 haïkistes et leurs œuvres*, http://www.big.or.jp/~loupe/links/fhisto/fhisinx. shtml [consulté le 8 décembre 2005]. • **P39 :** RABELAIS, François. *Pantagruel* (extrait), dans *Les œuvres romanesques*, traduites en français moderne par Françoise JOUKOVSKY, Paris, © Honoré Champion classiques, 1999, p. 242-243. • **P40 :** DE VINCI, Léonard. « Carnets », dans *Documents d'histoire vivante de l'Antiquité à nos jours, XIVe, XVe et XVIe siècles*, Paris, Éditions sociales, dossier III, fiche 45. • **P41 :** DE VINCI, Léonard. « Carnets », cité dans Raoul GIRARDET, Pierre JAILLET, Marcel PACAULT, *Histoire, la fin du Moyen Âge et les temps modernes* (coll. Jean Monnier), Paris, Fernand Nathan, 1965, p. 130. • **P42, P43 (en haut) et P43 (en bas) :** DE VINCI, Léonard. « Carnets », cité dans « La Renaissance italienne, La Documentation photographique », Paris, *La Documentation française*, dossier n° 55-08, hors série 1958.

Chapitre 2

• **P54 :** POLO, Marco. *Le livre des merveilles ou Le Devisement du monde*, texte intégral mis en français moderne par A. T'SERSTEVENS, © Éditions Albin Michel, 1955 p. 152, 227, 236, 239, 240. • **P58 :** MOLLAT, Michel et VAN SANTBERGEN, René, *Le Moyen Âge*, Paris (ou Liège), H. Dessain, p. 356, Recueils de textes et d'histoire (sous la direction de L. GOTHIER et A. TROUX). • **P59 :** MARX, Devèze, Michel et Roland. *Textes et documents d'histoire moderne*, Paris, ©Armand Colin/Sedes, 1967, p. 119 • **P63 :** DE GAMA, Vasco. *La relation du premier voyage aux Indes (1497-1499)*, Éditions Chandeigne, Paris, 1998, p. 71, 78-79-80. • **P64 :** COLOMB, Christophe. *La découverte de l'Amérique, 1. Journal de bord et autres écrits 1492-1493*, La découverte/Poche, 2002, p. 100. • **P65 :** Selon PIGAFETTA, Antonio. *Relation du premier voyage autour du monde de Magellan (1519-1522)*, Librairie Jules Tallandier, 1991 p. 126.
• **P67 :** DEL CASTILLO, Bernal Diaz. *Histoire véridique de la conquête de la Nouvelle-Espagne*, traduit par D. JOURDANET, Paris, La Découverte/poche 2003, p. 99. • **P69 :** NISH, Camron. *Histoire du Canada documentaire, vol. 1 : Le Régime Français, 1534-1760*, Scarborough, Prentice-Hall of Canada, 1966, p. 4, 7. • **P71 (en haut) :** DE LAS CASAS, Don Fray Bartolomé. *Très brève relation sur la destruction des Indes*, Paris, Éd. Mouton, p. 23-24. • **P71 (en bas) :** NISH, Camron. *Histoire du Canada documentaire, vol. 1 : Le Régime Français, 1534-1760*, Scarborough, Prentice-Hall of Canada, 1966, p. 35.

• **P75 :** François BILLAÇOIS et al., *Documents d'histoire moderne, t.1*, Paris, Armand Colin, 1970, p. 83-86. • **P76** GAYNOR ELLIS, Elizabeth et ESLER, Anthony. *World History, Connections to Today*, Pearson/Prentice Hall, Upper Saddle River (NJ), 2003, p. 976. Notre traduction. • **P77 :** MARX, Devèze, Michel et Roland. *Textes et documents d'histoire moderne*, Paris, ©Armand Colin/Sedes, 1967 p. 162-163. • **P80 :** DE LAS CASAS, Don Fray Bartolomé. *Très brève relation sur la destruction des Indes*, Paris, Éd. Mouton, p. 23-24.
• **P81 :** COLOMB, Christophe. *La découverte de l'Amérique, 1. Journal de bord et autres écrits 1492-1493*, La découverte/Poche, 2002, p. 216.
• **P81 (texte du centre) :** COLLECTIF. *Les temps modernes, tome 3*, Recueils de textes et d'histoire (sous la direction de GOTHIER L. et TROUX A.), Paris, H. Dessain, 1959, p. 20. • **P85 :** MARX, Devèze, Michel et Roland. *Textes et documents d'histoire moderne*, Paris, ©Armand Colin/Sedes, 1967 p. 142-143. • **P86 :** Jacques BENOÎT, « Les bottes Kamik seront chinoises : 180 emplois perdus à Contrecoeur », *La Presse*, 24 janvier 2004.

Chapitre 3

• **P89 :** Associated Press, « Bush aurait autorisé des écoutes illégales », *Le Devoir*, édition du samedi 17 et du dimanche 18 décembre 2005 http://www.ledevoir.com/2005/12/17/97928. html?356 [consulté le 3 mars 2006]. • **P95 (en haut à g.) :** Jean BOUTIER et al., *Documents d'histoire moderne*, Bordeaux, Presses universitaires de Bordeaux, 1992, p. 99-100. • **P95 (à d.) :** TROUX, Albert, LIZERAND, Georges, et MOREAU, Gérard (sous la direction de). *Les temps modernes*, Liège, H. Dessain, 1959, p. 294 • **P96 (à g.) :** ibid., p. 174-175. • **P96 (à d.) :** ibid. p. 302-303. • **P97 (en haut à d.) :** ibid., p. 309-310. • **P97 (en bas à g.) :** VOLTAIRE. *Traité sur la tolérance*, introduction, bibliographie et chronologie de René POMEAU de l'Institut, Paris, GF Flammarion, 1989, p. 59-60. • **P98 :** COLLECTIF. *Encyclopédie ou Dictionnaire raisonné des sciences, des arts et des métiers, par une société de gens de lettres*, A Neuchatel, chez Samuel Faulche et compagnie, Libraires et imprimeurs, tome dixième, MDCCLXV, (FRANÇAIS MODERNISÉ). • **P101 :** PAINE, Thomas. *Le sens commun*, introduction, traduction et notes par Bernard VINCENT, Paris, Éditions Aubier Montaigne, 1983, p. 101 et 109.
• **P103 :** Odette VOILLIARD et al., *Documents d'histoire contemporaine, Tome 1:1776-1850*, Paris, Armand Colin, 1964, p. 9-10. • **P105 :** COLLECTIF. *L'esprit de 1789 et des droits de l'homme, Textes et documents (1725-1986)*, Paris, Larousse, 1989, p. 73-75. • **P106 :** Jean BOUTIER et al., *Documents d'histoire moderne*, Bordeaux, Presses universitaires de Bordeaux, 1992, p. 156-157.
• **P109 :** Odette VOILLIARD et al., *Documents d'histoire contemporaine, Tome 1:1776-1850*, Paris, Armand Colin, 1964, p. 47-49. • **P115 :** TROUX, Albert, LIZERAND, Georges, et MOREAU, Gérard (sous la direction de). *Les temps modernes*, Liège, H. Dessain, 1959, p. 335. • **P117 :** Jean BOUTIER et al., *Documents d'histoire moderne*, Bordeaux, Presses universitaires de Bordeaux, 1992, p. 112.
• **P118 :** Odette VOILLIARD et al., *Documents d'histoire contemporaine, Tome 1:1776-1850*, Paris, Armand Colin, 1964, p. 47-49. • **P119 :** COLLECTIF. « La Charte internationale des droits de l'homme », *Déclaration universelle des droits de l'homme*, New York, Nations Unies, 1988, p. 6-10.
• **P120 :** BEAUMARCHAIS, Jean-Pierre. *Beaumarchais, le voltigeur des Lumières*, Paris, Gallimard, 1996, p. 112-113. • **P121 :** *Encyclopédie ou Dictionnaire raisonné des sciences, des arts et des métiers, par une société de gens de lettres*, A Neuchatel, chez Samuel Faulche et compagnie, Libraires et imprimeurs, tome dixième, MDCCLXV, (FRANÇAIS MODERNISÉ) p. 217, 579, 898, 768.

Chapitre 4

• **P133 :** M. ARONDEL, J. BOUILLON, J. TRUDEL. *XVIe, XVIIe XVIIIe siècles*, Bordas, France, 1962, p. 456
• **P137 :** Jean BOUTIER et al., *Documents d'histoire moderne*, Bordeaux, Presses universitaires de Bordeaux, 1992, p. 265-266. • **P140 :** TROUX, Albert, LIZERAND, Georges, et MOREAU, Gérard (sous la direction de). *Les temps modernes*, Liège, H. Dessain, 1959, p. 300. • **P141 :** S. et P. COQUERELLE et L. GENET, *La fin de l'Ancien régime et les débuts du monde contemporain, 1715-1870*, Paris, Hatier, 1966, p. 314. • **P143 :** DE TOCQUEVILLE, Alexis. *Voyages en Angleterre, Irlande, Suisse et Algérie*, Paris, Gallimard, 1958. • **P80 P145 :** MARX, Karl et ENGELS, Friedrich. *Manifeste du Parti communiste*, Éditions Mille et une Nuits, 1994, p. 13-14, 21, 41, 43, 63. • **P146 :** Jean LEFEVRE et Jean GEORGES. *Les temps contemporains vus par leurs témoins*, Paris, Casterman, 1973, p. 222. • **P147 :** Odette VOILLIARD et al., *Documents d'histoire contemporaine, tome II: 1851-1967*, Paris, ©Armand Colin, 1964, p. 73. • **P150 :** ZOLA, Émile. *Germinal*, Presses Pocket, 1990, p. 51, 54. • **P151 (en haut):** Jean LEFEVRE et Jean GEORGES. *Les temps contemporains vus par leurs témoins*, Paris, Casterman, 1973, p. 58. • **P151 (en bas):** BLANQUI, Jerôme. *Des classes ouvrières en France, pendant l'année 1848*, Pagnerre, 1849, p. 71-72. • **P152 :** *La réaction des patrons*: Internet, www2.ac-lille.fr/patrimoine-caac/fourmies/1ermai/page11.htm [consulté le 29 mars 2006].
• **P153 (haut):** *Loi de 1841 sur le travail des enfants*, Votée le 22 mars 1841, sous Louis-Philippe 1er.
• **P153, P157, P159 et P163 :** Jean LEFEVRE et Jean GEORGES. *Les temps contemporains vus par leurs témoins*, Paris, Casterman, 1973, p. 179, 184, 206, 245. • **P164 :** GOMPERS, Samuel. *Letter on Labor in Industrial Society*, septembre 1894. Dans HOFSTADTER. *Great Issues in American History : vol. 3*, New York, 1982, p. 100-105. (Notre traduction)
• **P166 :** HUGO, Victor. *Les contemplations*, Presses Pocket, collection Lire et voir les classiques, Paris, Garnier frères, 1966, p. 179 et 180. • **P167 :** Jean LEFEVRE et Jean GEORGES. *Les temps contemporains vus par leurs témoins*, Paris, Casterman, 1973, p. 182-183, 184, 186, 245.

Chapitre 5

• **P175 :** *Déclaration du Caire*, mars 2000 Internet : http://www.euromedrights.net/francais/barcelone/societe_civile/Initiative_SC/caire_doc.htm [consulté le 7 mars 2006].
• **P180 :** LAROUSSE, Pierre. *Grand dictionnaire universel du 19e siècle*, Genève, Slatkine, 1982, fac-similé de l'édition de 1866-1879, vol. 11, p. 904.
• **P182 :** COLLECTIF. *L'époque contemporaine, tome 5, (1871-1946)*, Liège, H. Dessain, 1960, p. 207, Recueils de textes et d'histoire (sous la direction de GOTHIER L. et TROUX A.). • **P183 :** PRÉCLIN, Edmond, et RENOUVIN, Pierre. *Textes et documents d'histoire, 4 : l'époque contemporaine (1871-1919)*, Paris, Presses Universitaires de France, 1957, p. 170.
• **P186 :** *L'Acte général de la Conférence de Berlin – le 26 février 1885* – Internet, http://users.win.be/W0120966/ moanda/berlin. htm [consulté le 11 avril 2006]. • **P188 :** COLLECTIF. *L'époque contemporaine, tome 5, (1871-1946)*, Liège, H. Dessain, 1960, p. 189-192. Recueils de textes et d'histoire (sous la direction de GOTHIER L. et TROUX A.). • **P190 (en haut):** DE TOCQUEVILLE, Alexis. *Œuvres complètes, Écrits et discours politiques*, Texte établi et annoté par André Jardin, Paris, Gallimard, p. 323. • **P190 (en bas) et P191 :** COLLECTIF. *L'époque contemporaine, tome 5, (1871-1946)*, Liège, H. Dessain, 1960, p. 204. Recueils de textes et d'histoire (sous la direction de GOTHIER L. et TROUX A.).

• **P192 :** FRANKLIN, John Hope. *George Washington Williams, a biography*, Chicago, University Press of Chicago, 1985, Appendice 1, p. 248-251. (Notre traduction) • **P196 :** Marvin PERRY et al., *History of the world*, Boston, Houghton Mifflin, 1995, p. 583 (Notre traduction). • **P197 :** KUKUZAWA, Yukichi. *The Autobiography of Fukuzawa Yukichi*, translated by Eiichi Kiyooka with an introduction by Shinzo Koizumi, Tokyo, The Hokuseido Press, 1960, p. 133, 134 et 214. (Notre traduction) • **P200 :** Francis DÉMIER et al. *Histoire géographie 4e*, Paris, Hachette Éducation, 2002, p. 165. • **P201 (en haut à g.):** COLLECTIF. *L'époque contemporaine, tome 5, (1871-1946)*, Liège, H. Dessain, 1960, p. 176. Recueils de textes et d'histoire (sous la direction de GOTHIER L. et TROUX A.). • **P201 (en bas à g.):** Danielle CHAMPIGNY, Olivier LOUBES et Michel BERNIER, *Histoire géographie 4e*, Paris, Nathan, 2002, p. 167. • **P201 (au milieu à d.):** *Documents d'histoire vivante de l'Antiquité à nos jours*, dossier 6, de 1848 à 1917, textes choisis par P. BONNOURE et al., Mayenne, Éditions sociales, 1968, fiche 35. • **P201 (en haut à d.):** Marc FERRO et al. *Le livre noir du colonialisme*, Paris, Robert Laffont, 2003, p. 635. • **P203 :** JADOUILLE, Jean-Louis et TIHON, André. *Racines du futur, tome 3 : du 18e siècle à 1918*, Bruxelles, Didier Hatier, 1992, p. 124. • **P206 :** GALBRAITH, James K., « Le crime parfait : l'inégalité dans le monde néolibéral » *La Presse*, 18 novembre 2004, p. A21.

Chapitre 6

• **P217 :** GANDHI, Mohandas. *Tous les hommes sont frères*, Gallimard, 1969. • **P219 :** CONTE, Arthur. *Bandung tournant de l'Histoire (18 avril 1955)*, Robert Lafond, Paris, 1965. • **P220 :** DIOP, David. *Coups de pilon*, Extrait du poème « Afrique », Paris, 1961, p. 23. • **P223 :** *Le Soleil*, 14 juin 2005, p. A17. • **P225 :** KING, Martin Luther. *Autobiographie*, Extrait du discours « Je fais un rêve », Paris, Bayard, 2002, p. 275. • **P228 :** Extrait de la chanson « Asimbonanga », H. R. Music et Comotion. • **P229 :** *Le Devoir*, 23 mars 2005.
• **P231 :** BOURASSA, Henri. *Le Devoir*, 1918. • **P232 :** Chanson « Le travail féminin », *Le mouvement ouvrier*, Beauceville, mars 1943 dans AUGER, Geneviève et LAMOTHE, Raymond. *De la poêle à frire à la ligne de feu*, Montréal, Boréal Express, 1981. • **P235 :** *Le Devoir*, 5 avril 2005. • **P238 :** *Enfants, que savez-vous du Führer ?* Ouvrage destiné à la jeunesse, 1933, dans Vincent ADOUMIÉ et al. *Histoire géographie, 3e*, Paris, hachette Éducation, 2004, p. 80. • **P239 :** Odette VOILLIARD et al. *Documents d'histoire contemporaine, tome II:1851-1963*, © Armand Colin, 1964, p. 232. FRANK, Anne. *Journal de Anne Frank*, Préface de Daniel ROPS, Paris, Calmann-Lévy, 1976, p. 302. • **P240 :** Extraits du rapport de Heydrich, responsable de la Gestapo dans les territoires occupés, à la conférence de Wannsee, 20 janvier 1942. • **P242 :** ANDRIEU, Claire. *Le programme commun de la résistance*, Les Éditions de l'érudit, Paris, 1984, p. 161-162.
• **P243 :** Article 6c) du statut du tribunal militaire de Nuremberg. • **P244 :** COLLECTIF. « Des droits économiques » (extraits), *Déclaration universelle des droits de l'homme*, New York, Nations Unies, 1988, p. 6-10. • **P245 :** *La Presse*, 25 novembre 2003. • **P250 :** THIBODEAU, Marc. « Commémoration du génocide au Rwanda », *La Presse*, 2004. NIEMÖLLER, Martin. Internet, http://fr.wikipedia. org/wiki/Martin_Niem%C3%B6ller.